민주주의 구하기

SAVING DEMOCRACY: A PLAN FOR REAL REPRESENTATION IN AMERICA

by Kevin O'Leary originally published in English by Stanford University Press

This translation is published by arrangement with Stanford University Press, www.sup.org

Korean edition is published by arrangement with Stanford University Press through Imprima Korea Agency

민주주의 구하기

SAVING DEMOCRACY

미국에서 날아온 하나의 혁신적 개혁 모델

케빈 올리어리 지음 | **이지문** 옮김

글항아리

일러두기

- 이 책은 2006년 출간되었다. 따라서 이 책에서 20년 전이라고 했을 때는 2006년을 기준으로 삼은 것이다. '우리'는 미국인을 뜻한다.
- 저자 주는 책 끝 부분에 장별로 정리해두었다.
- 옮긴이 주는 독자의 이해를 돕기 위해 최대한 보충 설명을 달아 본문 각주로 처리했다.
- 본문 내용 중 기존 번역본이 있는 경우 이를 참고했으며, 해당 번역본의 서지 사항과 쪽수를 병기했다.

이 책은 2012년 정부(교육부)의 재원으로 한국연구재단의 지원을 받아 수행된 연구임 NRF-2012S1A3A2033542.

열렬한 민주주의자인
내 아내 리타에게

차례

자유를 보존하기 위해서는 자신의 수중에 자유를 확고하게 두어야 한다.

– 니콜로 마키아벨리, 1513~1517

코트가 개개인에게 잘 맞아야 하듯 정부 역시 나라의 성격과 목적에 잘 맞아야 한다는 몽테스키외에 동의한다.

– 알렉산더 해밀턴, 1799

작은 타운의 범위를 넘어서는 더 큰 규모의 공동체에서는 아주 미미한 공공 업무를 제외하고는 모든 구성원이 직접 참여하기가 어렵기 때문에 완전한 정부의 이상적인 형태는 대의제일 수밖에 없다.

– 존 스튜어트 밀, 1865

달리 말해 본질적으로 필요한 것은 토론, 논의, 설득의 방법과 조건을 증진시키는 것이다. 그것은 대중의 문제이기도 하다.

– 존 듀이, 1927

만약 민주적 과정이 데모스의 판단 속에 굳건하게 닻을 내리고 있지 않으면 그 체계는 의사擬似 수호자주의로 흘러갈 것이다. 만약 닻이 내려지면 표류는 멈출 것이다. 정책 엘리트들의 지식과 일반 시민의 지식의 차이 때문에 문제가 발생한다.

– 로버트 달, 1989

서문

"항상 더 나쁠 수도 있다It Could Always Be Worse"라는 유대 민담은 랍비를 붙잡고 비좁은 집에 대해 하소연하는 한 가난한 마을 남자의 이야기다. 랍비는 그에게 키우는 닭과 거위를 집 안으로 들이라고 말한다. 집이 더 좁아졌다. 랍비는 설상가상으로 염소와 소까지 들이라고 한다. 당연히 집 안은 난장판이 된다. 한참 지나 랍비는 남자가 가축들을 집 밖으로 내보내게 했다. 그러자 그는 오랫동안 기다렸던 평온을 만날 수 있었다.[1] 대부분의 국가와 비교할 때 미국은 정치적으로 축복받은 셈이다. 지난 세기의 불행과 고난을 생각하면 미국인들의 정치적 삶이 아마도 훨씬 더 나빠질 수도 있었다는 것은 명백하다. 미국인에겐 당연한 표현 및 집회의 자유, 선거, 엄격한 사법 체계와 같은 민주주의의 절차적 규범을 얻어내기 위해 많은 국가에서 여전히 투쟁이 벌어지고 있다. 그럼에도 미국에서 민주주의가 더 발전할 가능성은 크지 않다. 오늘날 민주주의를 이미지가 아닌 실재에 좀 더 부합하게 만드는 것은 기술적으로는 가능하다. 우리는 경제에서의 부단한 증진을 기대하고 요구하고 있으며, 혁신을 당연한 것으로 받아들인다. 그러나 정치에서는 민주주의에 관해 자주 반복되는 말인 윈스턴 처칠의 "민주주의는 지금까지 시도됐던 다른 모든 형태의 정부를 제외하고는 가장 나쁜 정부 형태다"• 를 중얼거리고 있을 뿐이고, 현재 상황이 미래에도 비슷할 것이라고 생각한다.

프랭클린 루스벨트의 뉴딜 정책•은 경제와 정부의 관계, 시민 특히 빈곤층에 대한 정부의 책임을 그 핵심으로 한다. 오늘날 사회안전망을 요구하는 것은 민주주의 그 자체다. 우리는 갑작스러운 경제적 재앙이 아니라 오랫동안 '시민 중심의 기본 구조civic fabric'를 계속해서 부식시키고 있는 정치적 위기들에 직면하고 있다. 지난 20여 년 동안 미국인들은 늘 그렇듯이 정치에 분노하고 만족스럽지 않다고 말하면서 귀를 기울이는 누군가에게 메시지를 보내고 있다. 투표자와 투표에 참여하지 않는 수

• **형태다** 처칠은 거국 내각의 수상으로 제2차 세계대전을 승리로 이끌었지만 전승 후 첫 총선에서 패해 전시내각 부수상이었던 노동당의 애틀리Clement Richard Attlee한테 수상 자리를 내주었다. 이 문장은 1947년 11월 11일 영국 하원에서 행한 연설의 일부다.

• **뉴딜정책** 미국 제32대 대통령 프랭클린 루스벨트(재임 1933~1945)의 지도 아래 경제대공황 극복을 위하여 추진했던 제반 정책(1933~1939)이다. 정부가 적극적으로 개입하여 자유주의 경제를 수정했던 점에서 미국 사상 획기적 의의가 있으며, 특히 연방정부 기능과 대통령의 권한 확대를 실현하여 적극적으로 구제 정책을 전개해 많은 성과를 올렸다. 뉴딜 정책 가운데 가장 광범위한 계획은 1935~1939년 제정한 사회보장법안으로, 이 법은 노인수당·과부수당·실업보상·노동장애자보험 등을 마련했다. 일부 산업체에서는 1938년 최대 근로시간과 최저임금을 정했다. 뉴딜의 '사회주의적인' 경향에 대해 경제계나 여타 사회 부문의 저항이 있었지만, 개혁 정책의 대부분은 점차 국민의 지지를 받았다. 정치·사회 전체에도 커다란 영향을 미쳐 미국의 항구적인 제도로서 확립되었기 때문에 역사적 의의도 크다.

백만 명은 정치 시스템에 불만족해한다. 많은 사람에게 미국 민주주의는 공허할 뿐이다. 미국 정치의 기본 구조인 삼권분립과 연방주의는 견실하나 정치 계급과 3억에 달하는 일반 대중 사이의 관계에는 큰 문제가 있다.[2]

'정치에서의 공식적 포함formal political inclusion'은 모든 성인 남녀에게 보장되지만, 안타깝게도 특권을 얻은 소수를 제외한 이들에게는 비공식적 배제가 현실이다. 미국 독립전쟁• 이후 200여 년이 지났지만 국가가 직면한 중요한 쟁점들을 사려 깊게 붙잡고 고민할 수 있는 수단을 아직 창안하지 못하고 있다. 공적인 업무를 수행하는 좀 더 나은 방식을 상상하는 데 실패했기에 모든 정책 결정, 모든 의회에서의 투표 그리고 모든 선거에 어두운 그림자가 드리운다.

우리는 즉각적인 커뮤니케이션과 24시간 뉴스 시대에 살고 있다. 그러나 한때는 3만 명 유권자당 한 명이었던 대표자가 지금은 65만 명 이상의 유권자당 한 명으로 의회 선거구가 거대하게 성장함에 따라 대부분의 미국인은 점점 더 자신이 정부와 연결되지 않고 있다고 느낀다.• 지역구 의원을 만난 적이 있거나, ABC 뉴스 또는 갤럽이 1000명 미만의 여론조사

• **미국 독립전쟁** 영국의 식민지였던 북아메리카 13개 주가 독립을 이룬 전쟁(1775~1783)으로 미국혁명, 미국혁명전쟁이라고도 한다. 18세기에 미국 식민지 의회는 영국 정부가 재정 악화를 해결하기 위해 미국 식민지 상인들에게 1764년 '설탕조례Sugar Act', 1765년 '인지조례Stamp Act', 1767년 '타운센드 법Townshend Acts(유리, 종이, 차에 수입세 등 각종 조세를 부과하는 것)에 대해 "대표 없이는 조세도 없다no taxation without representative"라는 주장으로 반발했지만, 결과는 저항하던 보스턴 시민 5명의 죽음이었다(보스턴 학살, 1770). 이는 1773년 보스턴 차茶사건으로 이어졌다. 그러나 영국 정부는 강경 대응을 유지했고, 결국 1775년 4월 19일 매사추세츠 주 렉싱턴과 콩코드에서 영국 정부와 미국 식민지 사이에 무력 충돌이 일어나면서 미국 독립전쟁이 시작됐다. 이승원, 『민주주의』, 책세상, 2014, 49쪽; 외교부, 『미국개황』, 2009. 6.

를 수행할 때 전화를 받아본 시민들을 보기란 매우 힘들다. 시민 개개인의 목소리와 영향력의 부족은 '민회assembled citizens'에 제도적 역할을 부여하지 않는 대의정부 시스템에 의해 더 심화되었다. 비록 각 시의회city councils와 교육위원회school boards가 지역 수준에서의 참여를 허용하고 있더라도,• 시민들에게 작금의 큰 쟁점을 토론하고 심의할 수 있게 권한을 부여하는 유사한 지역기구는 없다. 우리 민주주의가 안고 있는 이러한 핵심 약점은 현재의 중요한 의제인 지구 온난화, 테러와의 전쟁 수행 등으로 제기된 복잡한 윤리적 문제에 맞닥뜨릴 때 좀 더 극심하게 증가한다.[3] 인터넷, 잡지, 신문, 텔레비전 뉴스는 정보를 퍼붓는다. 그러나 뉴스를 읽고 보고 이해한 후에 시민으로서 무엇을 할 수 있을지는 의문스럽다.

• **느낀다** 하원의원 1인당 지역구 유권자 수는 로드아일랜드 주의 최저 52만5393명에서 몬태나 주의 최대 96만7440명에 이른다. http://www.imaeil.com/sub_news/sub_news_view.php?news_id=50663&yy=2010. 한국은 제19대 국회의 경우 유권자 수가 4020만5055명으로 비례대표를 포함한 300명 국회의원 정수를 감안하면 의원 1인당 13만4000명 정도다. 제헌국회 당시 선거관리위원회 기록에 따르면 유권자는 784만871명이었고 의석 수가 200명이었음을 감안하면 의원 1인당 3만9000명 정도였다. 그 비율이 산술적으로 3.4배 증가한 셈이다.

• **있더라도** 시의회 의원과 교육위원회 위원은 주민들이 직접 선거로 뽑는 경우가 대부분이다. 시의회와 교육위원회는 정기적인 공청회를 통해 주민들의 의사를 청취한다. 예를 들면 엘 파소에서 시의회는 매주 화요일 8시 개최하는 회의를 시민에게 개방하기 때문에 관심 있는 시민은 시의회에 가서 직접 의견을 제시할 수 있다. 의원과 위원을 선출하는 투표를 통해서도 참여가 가능하지만, 의사 결정을 하는 회의에 직접 참여해서 토론하거나 의견을 제시하는 방식으로 직접 참여가 가능하다. 또한 많은 경우 시의회나 교육위원회의 중요 사안은 주민들의 투표로 최종 결정되기도 한다. 참고로 미국에는 1만9431개의 시, 1만3522개의 학교구가 있다. 학교구의 크기는 일정치 않고 거의 시市·카운티·타운 등과 지리적 경계선이 일치하거나 가까울지라도 지방행정 단위와는 별도의 법인격法人格을 가지는 공공단체다. 교육위원회가 통솔하며 그 구성원은 시장이나 지방행정당국이 임명하는 경우는 극히 드물고 일반 투표에 의해 선출한다. 선출된 교육위원회는 교육 정책을 결정한다.

미국의 건국자들• 중 한 명인 제임스 매디슨James Madison•의 목적은, 민주주의의 하나의 독특한 형태, 즉 일반적인 공공복지 헌신에 기반을 둔 다수가 협소한 파벌적 욕심을 넘어 승리할 수 있는 대규모 공화국을 만드는 것이었다. 매디슨과 헌법 입안자들이 세계를 선도하는 민주공화국 창조라는 비상한 일을 했다는 것은 결코 부인할 수 없다. 그러나 그들의 디자인은 불완전했고 당시의 귀족적인 관점을 반영하고 있다는 한계를 노출한다. 특히 작은 도시국가에서의 파벌을 염두에 두고 만든 매디슨의 해결책은 미국이라는 대규모 공화국에 부패의 문을 열어놓는 결과를 불렀다. 출발 당시 300만 명에 불과했던 신흥국 미국에서 규모의 딜레마는 없었다. 그러나 중국과 인도를 제외하고 3억으로 지구상에서 세 번째로 인구가 많은 초강대국 미국에서, 통치자와 투표자 사이의 격차 증가는 주권을 손상시키고 미국 민주주의에서 그 핵심 의미를 앗아갈 조짐을 보이고 있다.

오늘날 몇몇 논평자는 미국을 '새로운 로마'라고 일컫는다. 미국의 군사적·경제적·문화적 힘은 제2, 제3의 힘을 갖고 있는 경쟁국들조차 왜소해 보이게 만든다. 그러나 비록 민주적이라도 제국은 부패하기 쉽다.

• **미국의 건국자들** 보통 '건국의 아버지들'이라고 불린다. 이들은 미국 독립전쟁과 관련된 미국 역사 초기의 5명의 대통령을 포함해, 미국 독립선언에 참여한 정치인들을 일컫는다. 주요 구성원으로 존 애덤스, 새뮤얼 애덤스, 벤저민 프랭클린, 알렉산더 해밀턴, 패트릭 헨리, 토머스 제퍼슨, 제임스 매디슨, 존 마셜, 조지 메이슨, 조지 워싱턴 등이 있다.

• **매디슨** 제임스 매디슨(1751~1836)은 미국의 제4대 대통령(재임 1809~1817)이다. 1787~1788년 대륙회의의 대표를 역임했으며, 1787년 헌법제정회의에는 버지니아 대표로 출석해 미국 헌법의 초안을 마련해 '미국 헌법의 아버지'로 불리기도 한다. 알렉산더 해밀턴, 존 제이와 함께 쓴 『페더럴리스트 페이퍼The Federalist Papers』는 지금도 미국 헌정체제와 정치구조를 이해하는 데 필수적인 문헌이다. 어니스트 칼렌바크·마이클 필립스, 손우정·이지문 옮김, 『추첨민주주의』, 이매진, 2011, 19쪽 옮긴이 주.

미국에서 대표자 대비 시민의 비율 증가를 고려할 때, 매디슨 시스템에서는 친구와 정치적 지지자에게 특별한 호의를 베푸는 공직자의 부패, 탐욕, 비도덕함이 주기적으로 발생하기 쉽다.[4] 최전성기를 맞은 미국에서 공화국의 건전성을 숙고하는 것은 시민들의 의무다. 어떤 전문가들은 정치 시스템이 고장났다고 말한다. 또 다른 이들은 시스템은 작동하나, 정상적이지 않다고 말한다. 보통 사람들이 알고 있는 것은 오늘날 미국 민주주의가 초기 세대들이 실행했고, 대부분 재능 있는 사상가들이 의도했던 것의 모조품에 지나지 않는다는 사실이다.[5] 토크빌이 오늘날 미국을 다시 방문했다고 상상해보자. 그가 1835년에 극찬했던 내용이 비슷하게 되풀이될 수 있을까?• 결코 그럴 리 없다.

50년 전 정당들은 일반인들이 의미 있는 방식으로 정치에 참여하는 것을 허용했다. 구區• 단위에서부터 상위 조직에 이르기까지, 정당은 권력을 행사할 수 있는 무대를 제공했다. 그러나 더 이상은 아니다. 지역정치는 부패했고, 정당의 지역 조직은 폐쇄적이며, 참여 메커니즘은 손상되었다.[6] 원래 정당은 지역에 기반을 두고 있었다. 특히 강한 노동운동과 함께 성장한 구舊정당 조직은, 중간층과 노동계급이 권력과 연결될 수

• **있을까?** 1831년 프랑스 정부는 미국 감옥제도를 연구하기 위해 알렉시스 드 토크빌을 파견했으나, 당시 미국이 앤드류 잭슨 대통령 재임 아래 정당의 커다란 변화—즉 시, 카운티의 엘리트 지방대회가 지배하는 소규모 조직에서 시, 카운티, 주 및 연방 수준에서 관리를 선출하는 대규모 당원 조직으로 변모—를 겪고 있을 때 이를 목격하게 된다. 이에 감탄한 그는 "미국에 발을 들이는 순간 일종의 격정에 휩싸이게 된다. (…) 미국인이 아는 거의 유일한 즐거움은 정부에 참여하여 정부의 활동을 논하는 것이다"라고 자신의 책인 『미국의 민주주의』에서 찬미했다.

• **구區** 미국의 구는 행정과 대의정부 목적을 위해 하나의 투표구로서 기능하는 시나 타운의 하부 단위를 의미한다.

있는 통로였다. 칼 로브Karl Rove와 제임스 칼빌James Carville•로 대표되는 정치 컨설턴트가 영향력을 행사하는 지금은 정당의 지역 조직이 대개 사라졌고, 협소한 의제에 초점을 맞추는 이익집단이 정책을 통제한다. 발안, 소환• 같은 직접민주주의 시도들은 원래 목적에서 벗어나 왜곡되고 있다.

미국의 대부분의 선거에서는 투표 자격이 있는 사람 중 절반 이하만 투표한다.• 2001년 9·11 테러 이후 첫 국가 선거인 2002년 11월 5일 중간선거가 그 한 예다.• 상하 양원은 선거 결과를 알 수 없는 불확실한 상태였고 선거에서의 압승을 통해 공화당이 워싱턴 D.C.에서 권력을 완전히 장악하게 되었다. 테러리즘, 경제 후퇴, 기업 부패와 같은 문제가 사람들이 투표장으로 향하지 않도록 잡아끌었다. 다시 생각해보자. 많은 미국인이 투표장에 몰려들었던 2004년 11월 2일의 중간선거는 하나의 예외

• **칼 로브와 칼 빌** 칼 로브는 조지 W. 부시의 2000년, 2004년 선거를 승리로 이끌었고, 제임스 칼빌은 1992년 빌 클린턴의 선거를 승리로 이끌었다.

• **발안, 소환** 미국은 현재 24개 주와 워싱턴 D.C.에서 주민 발의 및 주민투표제도를 실시하고 있으며, 다수의 주에서 주민소환제도를 실시하고 있다. 외교부, 『미국개황』, 2009. 6.

• **투표한다** 1960년대 이후 미국의 투표율이 계속 낮아지고 있는데, 현재 미국의 투표율은 주요 선진국 중에서 가장 낮은 수준이다. 대통령 선거 투표율은 50~55퍼센트 정도이고, 중간선거 투표율은 35~40퍼센트 정도다(외교부, 『미국 개황』, 2009. 6). 참고로 미국은 한국과 달리 선거 연령에 해당하더라도 자동적으로 투표할 수 있는 것은 아니며, 실제로 투표를 하기 위해서는 노스다코다 주를 뺀 모든 주에서 주 선거위원회에 유권자 등록을 해야 한다.

• **한 예다** 미국에서 대통령 임기는 4년, 하원의원은 2년이고 상원의원은 6년이며 2년마다 3분의 1씩을 다시 선출한다. 따라서 대통령의 임기 중간에 상·하 양원 의원이 새로 선출하게끔 되어 있어서 중간선거라 한다. 역사적으로 미국의 중간선거에서는 민주·공화 양당의 구분 없이 재집권한 대통령 소속의 정당이 승리한 사례는 매우 드문 편이나, 이 선거에서는 여당인 공화당이 상하원은 물론 주지사 선거에서도 모두 승리해 압승을 거두었다. 당시 투표율은 39.2퍼센트였다.

였다. 오하이오 선거구가 결전장이었던 2004년 대통령 선거에서 조지 W. 부시가 존 케리에게 근소한 차로 승리를 거두었을 때•, 투표율은 1968년 대통령 선거 이후 가장 높은 거의 60퍼센트로 급증했다.• 이라크 전쟁•, 경제 불안, 보수주의자와 자유주의자 사이의 극심한 긴장은 2000년의 54퍼센트 이상으로 투표 참여를 이끌어냈다. 그러나 정치적 관심이 급증했더라도, 일반 대중과 정치 엘리트 사이에 크게 벌어진 간극은 그대로 남아 있다. 휴일 저녁에 짜증내는 해리 삼촌Uncle Harry•처럼, 이 명백

• **거두었을 때** 2004년 대통령 선거 결과 선거인단 표에서 공화당 부시가 민주당 케리에게 286대 251로 이겼다. 이 선거의 결전장은 오하이오였다. 부시는 이곳에서 11만8061표 차로 이겨 20표의 선거인단 표를 가져갔다. 그러나 투표함이 봉인되기 전부터 오하이오에서 선거부정이 있다는 보도가 나왔다. 민주당 소속 하원 법사위의 존 코니어스가 조사에 나섰다. 2005년 1월 의회에 제출한 보고서에서 코니어스는 "오하이오의 대통령 선거에서 수많은 심각한 선거부정이 있었고, 그 결과 상당수의 유권자가 투표권을 행사하지 못했다"고 주장했다. 조셉 커민스, 박종일 옮김, 『미국 대통령 선거 이야기』, 인간사랑, 2009, 397쪽. 선거인단 표 차이가 37표인 것을 감안하면 오하이오 20표가 만일 케리에게 갔다면 266대 271로 대통령 선거 결과가 달라졌을지도 모른다.

• **급증했다** 2004년 11월 2일 대통령 선거의 투표율은 60.1퍼센트에 달했다. 2008년 대선 때는 64.1퍼센트로 증가했으나, 2012년 58.2퍼센트로 다시 하락했다.

• **이라크 전쟁** 2003년 3월 20일부터 4월 14일까지 미국과 영국 등 연합군이 이라크를 상대로 벌인 전쟁이다. 하지만 공식적으로는 오바마 대통령이 2011년 12월 5일에 이라크 전쟁이 끝났다고 밝혔다. 2001년 9·11 테러 이후 미국은 이라크의 대량살상무기를 제거함으로써 자국민 보호와 세계평화에 이바지한다는 대외 명분을 내세워 동맹국과 함께 2003년 3월 20일 바그다드 동남부 등에 미사일 폭격을 가함으로써 전쟁을 개시했다. 전쟁을 반대하는 시위가 세계 곳곳에서 이어졌으며, 민간 지역에 대한 오폭 등으로 인해 민간인 사상자가 늘어나면서 비난의 강도도 더욱 거세졌다. 게다가 미국의 실질적인 목적이 이라크의 자유보다는 이라크에서의 원유 확보, 중동 지역에서 친미 집단 구축, 미국의 경기 회복을 위한 돌파구 마련, 중동 지역 정치 구도 재편 등에 있다는 이유로 각국의 비난이 쏟아졌다.

• **해리 삼촌** 엉클 헨리Uncle Harry는 대공황 시대를 배경으로 하는 영화인 「The Strange Affair of Uncle Harry」(1945)의 주인공 엉클 해리를 말하는 것으로 이해된다. 영화 속에서 엉클 해리는 자신의 결혼에 반대하는 여동생과의 갈등을 직접 드러내지 못하고 짜증을 내곤 한다. http://en.wikipedia.org/wiki/The_Strange_Affair_of_Uncle_Harry

한 규모의 딜레마는 거의 논의되지 않고 있다. 부유층이 정치 과정에 과도한 영향을 미치고 시민 생활을 어렵게 만든다는 것은 사실로 인정되고 있다.

미국 인구가 증가함에 따라, 정치도 끝없이 펼쳐지는 강당에서 개최되는 것처럼 되어간다. 관중 대부분은 무대로부터 떨어져 있고 가장 큰 목소리만 무대에 도달한다. 이러한 사실을 알고 있는 배우는 짧고 반복적인 말sound bites•로 관심을 끌고, 무대 연출자는 배우의 등장에서부터 무대 배경과 메시지까지 조율한다. 중요한 것은 홀과 발코니까지 도달하는 데 필요한 광범위한 제스처다. 시사와 정치에 정통한 인구의 10~15퍼센트에 지나지 않는 객석 첫 줄에 있는 사람들은 공연에 좀 더 관여하기를 좋아할 것이다. 그러나 이들 역시 재산 수준이 하락해 더 이상 이 줄에 앉는 것이 허용되지 않는다면 배제되고 만다. 그리고 배우와 청중 사이의 거리가 멀어짐에 따라, 민주주의는 가치 공유와 토론의 공동체로부터 마케팅이 진실을 이기는 공허한 절차로 변질된다.

만약 정치 엘리트와 일반 대중 사이의 이 무시무시한 거리를 실감하지 못하겠다면 1790년 인구 300만 명인 미국이 하원 의원을 5명 두는 것과 같다고 생각해보라. 데니스 해스터트, 낸시 펠로시에 세 명을 더한 다섯 명으로 구성되는 미국 하원은 매디슨이 염두에 두었던 게 아니었다.•

• **반복적인 말** 정치인의 긴 연설에서 이해하기 쉽고 잘 들리는 몇몇 단어를 뽑아내 만든 짧은 문구나 문장을 가리킨다.

• **아니었다** 데니스 해스터트는 이 책 출간 당시 하원의장이었고 낸시 펄로시는 민주당 원내대표였다.

규모에서의 변화는 경악스러울 정도다. 하버드 대학의 토머스 패터슨Thomas Patterson은 "텔레비전의 친밀함과 여론조사의 신속성에도 불구하고, 현직 정치인과 시민 사이의 거리가 지금보다 더 멀었던 적은 없다. 정상에 있는 수백 명의 사람이 차지한 세계와 바닥에 있는 수백만 명이 살고 있는 세계는 여전히 요소요소 겹치긴 하지만 이전에 훨씬 못 미쳐 보인다"고 말했다.[7] 대통령 선거 시즌 초기에 열리는 뉴햄프셔 프라이머리•는 인간미를 찾아볼 수 있을 정도로 규모가 작기 때문에 큰 정치적 이벤트가 되고 있다. 대통령이 될 가능성이 있는 후보들은 투표자와 담화를 나누고, 타운 미팅•이 열린다. 투표자들은 민주주의에 열정적으로 반응한다. 성인들의 80퍼센트 이상이 투표하는 것으로, 그들의 시민 책임성은 진지하게 발휘된다.[8] 인접한 버몬트에는 150명의 주 하원의원이 있다. 버

• **뉴햄프셔 프라이머리** 4년마다 미국에서 열리는 일련의 전국적인 당내 경선을 일컫는다. 이 경선의 중요성은 엄청난 숫자의 언론이 갖는 관심에서부터 나오는데, 아이오와 주 경선과 더불어 뉴햄프셔 경선은 다른 모든 주의 경선을 합한 것만큼의 관심을 받는다. 참고로 미국 대통령 선거에서 유권자들은 선거가 있는 해 2월에서 6월까지 프라이머리나 코커스caucus를 통해 각 당의 전당대회에서 대통령 후보를 지명할 대의원을 뽑고, 여기서 뽑힌 대의원들은 7~8월 열리는 전당대회에 참석, 대통령 후보를 선출한다. 프라이머리에서는 대의원의 75퍼센트, 코커스에서 25퍼센트가 선출된다. 프라이머리는 일반 유권자들이 직접 참여해 전당대회에 나갈 대의원을 뽑는 것이고, 코커스는 당 임원(중진, 유력자)이나 당원이 대의원을 선출한다. 코커스는 아이오와 주에서 가장 먼저 열리고, 프라이머리는 뉴햄프셔 주에서 먼저 열린다. 아이오와 코커스가 민주·공화 양당의 많은 대통령 후보를 4~5명으로 정리하는 역할을 한다면 뉴햄프셔 프라이머리는 민주·공화 양당의 대통령 후보를 1~2명으로 압축하는 역할을 하고 있다. 미국정치연구회 편, 『미국 정부와 정치』, 명인문화사, 2011 등 참조.

• **타운 미팅** 주민들이 지역 공동체의 의사를 직접 결정하기 위해 모이는 일종의 주민회의로, 직접민주주의 공간이다. 뉴잉글랜드의 타운 미팅이 가장 유명하다. 17세기 식민지 시대 뉴잉글랜드 지역에서는 주민 전체가 한자리에 모여 토론한 후 투표를 통해 예산안·공무원 선출·조례 제정 등 지역의 법과 정책, 행정 절차에 대한 결정을 내리곤 했는데 이를 뉴잉글랜드 타운 미팅이라 부른다.

몬트 주의 인구가 59만3740명인 것을 감안하면 대표 비율은 3958명당 1명이다. 대조적으로, 3500만 명으로 인구가 가장 많은 주인 캘리포니아에서 버몬트와 같은 비율이 되려면 현재의 80명 주의회가 8842명이 되어야 한다.

오늘날 많은 미국인은 은연중에 '시민 없는 민주주의'를 지지하는 모양새다. 우리를 위해 민주주의를 작동하도록 전문가, 선출된 정치인, 언론, 여론조사를 기대하는 것은 잘못된 일이다. 전문가에게 의존할 수는 있으나, 많은 중요한 공공정책은 전문가가 다루기에 적당하지 않은 윤리적인 측면을 내포하고 있다. 선거로 선출된 이들에게 의존할 수 있으나, 현재 시스템에서 대통령, 주지사, 의원들은 선거운동에 자금을 대는 강력한 이익집단의 주장에 집중해서 귀를 기울인다. 언론에 의존할 수 있겠지만, 기자들은 비리를 폭로한 후 다음 이야기로 옮겨갈 뿐이고 타블로이드 신문은 문제가 되는 쟁점들로부터 관심을 선정적인 방향으로 바꾸는 데 관심이 있다. 여론조사에 의존할 수 있겠지만, 생각한 것을 요약하기 위해 답하기 전에 하나의 쟁점을 검토하고 논의하는 시민들의 견해를 측정하는 여론조사는 드물다.

물론 일상에 바쁜 국민이 공공정책을 꼼꼼하게 들여다보길 기대하기는 어렵다. 그럼에도 중요한 쟁점들이 결정될 때, 이와 연관 있는 대중을 포함시켜야 한다. 최근 몇 년간 가장 중요한 토론 주제였던 국가의료보험과 이라크 전쟁 두 가지를 보자. 이렇듯 대단히 복잡한 쟁점을 전문가와 이익집단에게만 맡겨둬서는 안 될 것이다. 대중은 토론에 관여해야만 한다. 물론 여론조사가 있지만 두 가지 측면에서 결점을 보인다. 첫째, 깊이가 없다. 대부분의 응답자는 여론조사가 대니얼 얀켈로비치가 '숙고한

후의 판단considered judgement'이라고 부르는, 정보에 근거해 생각하고 응답할 시간과 의향이 부족하다.[9] 제이 레노가 진행하는 「투나잇 쇼」•를 통해 자주 지식을 나누는, 믿을 수 없을 정도로 정보가 부족한 시민들을 떠올려보자. 아무도 이러한 사람들이 공공정책을 결정하기를 원하지 않는다. 둘째, 적절하게 이뤄질 때 과학적으로 유용할 수 있는 여론조사는 실제 존재하지 않는 '참여의 환상'을 심어준다. 1000명 미만 응답자를 대상으로 하는 전국 여론조사에서 필요로 하는 것은 적은 샘플이기 때문에, 『로스앤젤레스타임스』 또는 NBC 뉴스가 전화부에서 당신 집을 무작위로 선택하는 것은 복권에 당첨되는 것과 다름없다. 그리고 그들의 전화를 받을 가능성이 희박한 상황의 딜레마는 닐 포스트먼처럼 이렇게 포착할 수 있다. "여기서 우리 모두는 무기력의 심각한 악순환에 빠진다. 여론조사기관은 우리가 아무런 행동을 취할 수 없는 사건이나 상황에 대해 다양한 의견을 끌어가지만, 우리는 그러한 상황에 관한 뉴스거리를 추가로 제공하는 것 외에 할 수 있는 일이 없다."[10]

현재 시스템에서 공적인 논의와 토론이 부족하다는 것은, 2003년 3월 이라크 침공 준비 기간에 명백히 입증되었다. 이라크 위기에 대한 일관된 논조를 담고 있는 신문의 1면 보도가 6개월간 지속된 후, 미국 대중의 거의 50퍼센트는 사담 후세인이 세계무역센터와 국방성에 대한 9·11 공격과 직접 관련이 있다고 믿게 되었다. 후세인은 야만적인 정권을 이끌었으나, 미국의 정보요원과 세계적인 폭로 저널리스트들에 의한 철저한

• 「**투나잇 쇼**」 미국 NBC에서 1954년부터 방송돼온 심야 토크쇼다. 현재로서는 미국의 최장수 연예프로그램 중 하나다. 제이 레노는 1992년부터 2009년, 2010년 3월부터 2013년 4월까지 이 방송을 진행한 바 있다.

조사에도 불구하고 9·11과 관련 있다는 어떠한 증거도 찾을 수 없었다. 사실 부시 행정부는 테러리스트들을 원조한다고 의심을 불러일으킬 수 있는 불한당 국가로서 이라크를 묘사하는 데 최선을 다했다. 그러나 이러한 논의에 대해 조금이라도 알고 있는 누구라도 알카에다•와 사담의 이라크가 분리되어 있고 별개임을 알고 있었다. 물론 대중과 정치 엘리트 사이의 격차는 늘 있어왔고 그 자체가 불안하게 만드는 것은 아무것도 없다. 그러나 이것을 고려하자. 부시 대통령이 이라크 전쟁을 시작하기 바로 며칠 전, 『뉴욕타임스』 칼럼니스트인 토머스 프리드먼은 "워싱턴 D.C.에 있는 약 100명의 소규모 그룹이 이라크에서 전쟁하기를 결정했다"라고 NBC의 팀 러서트에게 말했다.[11] 이것은 강한 민주주의의 전형은 아닐 것이다.

21세기를 시작할 때, 미국은 부유하고 강력하지만 정치적으로는 문제가 많았다. 많은 사람이 우리 민주주의에 문제가 있다는 징후들을 감지하고 있었으나, 과도한 민주주의와 무관심에 의해 정치 시스템이 황폐해졌기 때문에 해결책은 마련되지 않고 있다. 몇몇 측면에서 정치 시스템은 미국 역사에서 그 어떤 시기보다 더 개방적이고 반응적이다. 선거로 선출된 공직자들과 이메일, 팩스, 전화 공세와 로비스트들은 마치 정치

• **알 카에다** 1979년 소련이 아프가니스탄을 침공했을 때 아랍 의용군으로 참전한 오사마 빈 라덴이 결성한 국제 테러지원 조직이다. 당초 창설 목적은 구소련과의 항전이었으나 소련군이 물러간 이후에도 계속 테러 요원을 양성했다. 1991년 걸프 전쟁이 일어나면서 반미 세력으로 전환했다. 주요 목적은 이슬람 국가들의 영향력 확대이며, 이를 위해 다양한 국적의 테러 조직과 연결해 3억 달러에 달하는 오사마 빈 라덴의 막대한 자금력을 이용, 각종 테러에 자금을 지원해왔다. 2001년 9월 11일 발생한 미국 뉴욕의 세계무역센터와 국방부(펜타곤)에 대한 항공기 납치 자살 테러 사건의 배후로 지목되면서 전 세계의 주목을 받았다.

시스템을 깨우는 각성제처럼 느껴진다. 그러나 선거 참여는 가끔씩 일어나는 이벤트일 뿐이고 종종 기록적인 참여율의 하향세로 치닫고 있으며 정치적 지식은 박약하다.[12] 표면상 무심함과 쿨한 냉소라는 허울 아래에서 미국인들은 특히 민주주의에 대해 이상주의자들로 남아 있다. 이상주의자로서 우리는 관심 있는 시민들의 적극적인 참여를 민주주의가 허용해야만 한다고 믿는다. 다른 한편으로 현실주의자인 우리는, 삶의 규모와 빠른 속도, 복잡성이 이것을 불가능하게 만든다는 것을 알고 있다.

국가 민회 개혁

미국은 건국 당시보다 100배나 인구가 늘었지만, 하원의원 수에서의 비례적 증가는 없었다. 그 결과 일반 시민과 입법자 사이의 거리는 멀어졌다. 또 다른 결과는 점점 더 적은 사람들에게만 정치 논의를 맡겨두는 정치 참여에서의 실패였다. 이것은 정치 과정을 통제하는 식자층과 부유층 엘리트에게는 좋을지 모르나, 민주주의 차원에서는 건전하지 못하다.

전통적인 타운 홀town hall 방식의 소규모 모임과 인터넷이 결합하면, 국민 발의에 의한 국민투표를 거치지 않고도 시민에게 권한을 주는 새로운 형태의 대의정부가 가능하다. 당면한 중요 쟁점을 검토하고 논의할 수 있는, 그래서 지금 이상으로 여론의 심의를 거치고 사려 깊은 샘플을 제공할 수 있는 100명의 시민으로 구성되는 민회assembly를 하원의원마다 둘 수 있을 것이다. 이러한 개혁은 시민들을 대의 시스템과 좀 더 가깝게 만들 것이고, 좀 더 많은 시민이 자기 통치self-government에 적극적인 역할을 하도록 해줄 것이다. 의회 선거구의 평균 규모는 지난 세기에 세 배가 되었다. 1990년 선거구의 평균 인구수는 19만5000명이었다. 오늘날 하원의원은 65만 명 이상을 '대표'할 것을 요구받는다. 또한 의회 선거구의 인구수는 줄어들지 않을 것이다. 오히려 미국 인구가 늘어남에 따라 하원 선거구의 인구수는 70만, 80만을 지나 결국 100만 명까지 늘어날 것이다. 대규모 인구가 초래하는 도전에 맞서 대표자 대비 유권자 비율을 낮추는 정부를 재구축할 필요가 있다.

여기서 제시하는 개혁은 미국 역사에 기반을 두고 매디슨과 토머스 제퍼슨Thomas Jefferson•의 민주주의에 대한 이해를 종합하는 것에서 시작한다. 개혁이 이루어지면 국내외 주요한 쟁점들을 다루고 논의할, '추첨'에 의해 선출된 100명의 시민으로 구성되는 지역민회가 435개 하원 선거구마다 설치된다. 개혁의 첫째 단계에서는, 추첨으로 선출된 대리인들이 현안 쟁점을 검토·토론할 것이고, 견해를 제시할 것이다. 그들의 견해는 전통 여론조사보다는 더 세련되었다. 이 지역민회라는 첫 단계에서 시민은 공식 권한을 갖지 않고 자문 능력에 국한하여 행동한다. 한편 선거로 선출된 공직자들, 언론과 대중은 이러한 '특별한' 시민들의 견해를 주시할 것이며, 435개 지역민회의 견해는 전체 여론 형성에 도움이 될 것이다.

• **토머스 제퍼슨** 자유와 평등으로 건국의 이상이 되었던 1776년 7월 4일 「독립선언서」의 기초위원이었다. 1800년 제3대 대통령에 당선되었고 1804년 재선되었다. 반反연방주의를 지향하여 자작농을 공화주의 미덕의 모범이라 이상화했고 도시와 자본가를 믿지 않았으며 각 주의 독립적인 권한과 그 권한이 강력히 제한된 연방정부를 지향했다. 미국 공화주의의 이상을 논파했다는 평가를 받는다.

둘째 단계에서, 지역민회들의 전국적 네트워크인 인민원人民院, the People's House•은 하원과 상원을 통과한 중요 법안을 인정하거나 거부할 권한을 가질 것이다. 이 거부권은 하원과 상원에서 통과된 법안을 돌려보내 다시 심사하게 하는 것이다. 또한 상하원 위원회에서 계류 중이거나 폐기될 법안에 대해, 본회의에서 표결에 부칠 수 있게 강제하는 권한 역시 주어질 것이다. 또 다른 긍정적인 권한들로 하원 또는 상원에 법안을 발의하는 권한•, 상하원에서 심사 중인 법안을 수정할 권한, 개별 하원의원에게 공식적인 지시를 전달할 수 있는 권한, 상하원 전체에게 전달하는 결의안을 만들 수 있는 권한 등이 있다.

과도한 복잡성을 피하기 위해 인민원은 위원회에서의 의안에 관한 심의에는 포함되지 않을 것이다. 1단계와 마찬가지로 인민원은 대중의 관심이 당시의 가장 중요한 쟁점에 초점을 맞추도록 도울 것이고, 국가 입법의 브레이크나 액셀러레이터 둘 중 하나로 대중에 의해 작동된다. 연방주의자•들은 일반 시민의 참여를 희생시키면서 부유하고 강력한 이익집단을 보호하는 미국 시스템을 구축했다. 급등하는 인구는 이러한 편향을 두드러지게 한다. 인민원은 대중적 에너지와 상식의 기운을 정부에

• **인민원** people은 라틴어 populus에서 나온 것으로, 이는 정치체의 정당한 구성원을 뜻하는 포풀루스populus를 의미한다는 점에서 오늘날에는 한 공동체의 구성원 전체로 이해할 수 있다. 그러나 people은 정치체 안에 거주하되 정치체의 정당한 성원으로 인정받지 못하는 플레브스plebs를 의미하기도 한다는 점에서 오늘날에는 소수의 엘리트나 통치계급을 제외한 나머지 다수(보통 사람들)로 이해할 수 있다. 반공주의 영향이 강한 한국에서는 보통 '국민'으로 번역하지만, 인민, 국민, 민중, 민民으로 다양하게 옮겨지고 있다. 이 책에서는 주로 인민으로 번역하되, 맥락에 따라 사람들, 보통 사람들로 옮겼다.

• **발의하는 권한** 미국 의회에서 법안 제출은 상원과 하원 어느 곳에서나, 양원에 동시에 동일하거나 유사한 내용으로 제출하는 것이 가능하다.

주입함으로써 시스템을 다시 균형 잡게 할 수 있다.

건국 시기에 매디슨과 그의 동료들은 좀 더 현명하고 덕성 있는 엘리트들을 신뢰했고, 특히 재산과 상업적 이익에 맞서는 강력한 '파벌'이 될 노동자들을 두려워했다. 이것은 그들이 보스턴 은행가들에 대항하여 빚에 시달리는 농부들이 일으켰던 쉐이즈Shays의 반란•과, 단원제와 입법부에 의해 통과된 모든 법안이 입법화되기 전에 전체 인민에 의해 숙고되도록 유포되게끔 했던 15조를 포함하는 1776년의 펜실베이니아 헌법•으로부터 끌어낸 교훈이었다. 독립전쟁으로 촉발된 민주 세력에 대해 두려움을 품었던 연방주의자들은 동의를 얻고 나서는 인민으로부터 한참 거리를 둔 정부를 창조하는 데 열심이었다.

• **연방주의자** 연방주의는 국가 통치 이념으로 각 주보다 국가 전체의 이익을 내세우는 통합 우선 이념이다. 반면 반연방주의는 연방 가입 주州의 자치권을 강화하는 등 중앙 정부의 권한을 강력히 규제하는 이념이다. 미국 연방헌법을 작성할 당시 연방주의자와 반연방주의자 간의 갈등이 심했고 이 대립은 헌법에 잘 나타나 있다. 그리하여 미국 중앙 정부는 헌법에 명시된 권한만 갖게 되었고, 나머지 권한은 주에 귀속되는 체계를 확립했다. 중앙정부가 절대적 권한을 갖는 것이 아닌 지방정부와 다른 영역에서 통치권을 행사하는 식으로 통치 구조가 형성되었다.

• **쉐이즈의 반란** 1786~1787년 미국 독립전쟁 당시 육군 대위였던 대니얼 쉐이즈의 지휘 아래 매사추세츠의 농부와 노동자들이 반란을 일으킨 사건을 말한다. 매사추세츠의 높은 세금이 농부들에게는 커다란 부담을 주었고 채무 불이행으로 재산을 몰수당했지만 보스턴 상인들에 의해 조정되고 있던 매사추세츠 주의회는 농부들의 요구, 즉 화폐 공급을 늘려 그들의 부담을 덜어주고 부당한 저당권을 철회해달라는 청원을 무시했다. 이에 농민과 노동자들이 반란을 일으켰으나 실패로 끝났다. 쉐이즈의 반란은 새로운 정부 형성에 대해 지대한 영향력을 미친 것으로 이해되며, 특히 헌법 내용과 비준에 대한 반란의 영향력이 낳은 결과와 속성에 대해서는 여전히 역사적인 논쟁이 지속되고 있다.『미국 정부와 정치』, 87쪽.

• **펜실베이니아 헌법** 독립선언 이후 미국의 첫 헌법이자 가장 민주적인 헌법이다. 로버트 화이트힐, 티머시 매틀랙, 토머스 영, 조지 브라이언, 제임스 캐넌, 벤저민 프랭클린 등에 의해 초안이 만들어졌다. 당시로서는 세금을 내는 모든 남성에 대한 투표권 부여나, 단임제로 선출되는 단원제의 입법부 설치 등 급진적인 조항을 많이 담았다.

우리가 살고 있는 세계는 1787년과 분명 다르다. 오늘날 우리는 모든 사람이 동등하게 갖고 있는 것으로서 덕성virtue과 부패를 꼽는다. 인민에게서 동떨어진 정부에 대한 반연방주의자들의 우려는 귀담아 들을 만하다. 그리고 오늘날 헌법적 융합체에 대중적 지역민회를 부가하는 것은 우리 권한에 속한다. 그렇게 함으로써 연방주의자의 사고가 지닌 결점을 고치고 민주주의의 약속을 다시 붙잡는 일을 도울 것이다. 그리고 일반 시민이 국가 토론에 참여할 가능성이 열릴 것이다. 물론 실제 활동할 수 있는 인원은 제한되어 있지만 모든 사람은 동등하게 대리인으로 선출될 수 있으며, 특히 인민원은 국가 통치 참여에서 동등한 기회를 얻을 것이다. 그리고 중요한 것은 연방정부로부터 분리되어 있다는 느낌이 급속히 감소할 것이라는 점이다. 일반 시민이 연방 하원의원을 만나거나 알 가능성은 선거구의 인구가 65만 명일 때는 극히 적을 수밖에 없다. 그러나 6500명의 구區에서는 당신이나 당신 가족 중 한 사람, 또는 친구가 지역 대리인을 잘 알고 있을 가능성이 높다. 이러한 단순한 역동성은 지역민회 대리인을 넘어서서 중요한 쟁점에 대한 일반 시민의 관심과 대화를 촉진할 것이다.

정치 시스템에서 대표를 아래로 확장하고, 시민 전체 의견을 골고루 반영하는 단면cross section에 국가 정책을 설정하기 위한 공적 심의 역할을 맡기는 것은 규모의 딜레마에 맞서고 부패를 통제하는 데 도움을 준다. 대표의 아래로의 확장은 환상에 불과한 투표 참여를 훨씬 넘어서는 방식으로 투표자들을 결합시킬 수 있을 것이다. 『페더럴리스트 페이퍼』 10장에서 공간을 넘어서서 수평적으로 대표를 확장하는 매디슨의 발상은 천재적인 것이었다. 이것은 미국이 대륙적 규모에서 민주주의를 세우는 것을 가능하게 했다. 지금은 인민 속으로 대표를 더 깊이 확장하는 것을 고려할 때다.

세 가지 혜택

강력한 처방인 이러한 개혁은 세 가지 구체적이고 중요한 방식으로 미국 정치를 강화할 것이다. 수평적인 다른 어떠한 개혁도 매디슨의 비전을 살리면서 그렇게 많은 혜택을 제공하지 못한다.

첫째, 총명한 참여를 위한 기회들을 만듦으로써 대중에게 그들의 목소리를 돌려줄 수 있다. 하버드 대학 법학 교수인 메리 앤 글렌던에 따르면 “자기 통치는 심의, 타협, 합의 도출, 정중함, 근거 제시와 같은 시민적 자질을 요구할 뿐만 아니라, 그러한 자질이 의미 있게 집행될 수 있는 공연장을 요구한다.”[13] 지역민회와 인민원은 충동적이고 감정적이 아닌 심의를 거치며 사려 깊은 방식으로 참여와 관여를 위한 기회를 급속하게 늘릴 것이다.

둘째, 광범위한 시민 다수의 형성이라는 매디슨의 목표를 촉진함으로써 이러한 개혁은 정치 컨설턴트들이 지배하는 오늘날 정치에서 힘을 얻고 있는 특별이익집단의 과도한 영향력을 억제할 것이다. 결과적으로 현안에 대해 분별 있는 해결책이 제시되지 못하게 막는 이익집단에 대항하여 균형추로 작동한다.

셋째, 인민원의 법적 기능은 의회 위원회에서 지체되고 있는, 대중의 지지를 받는 의안에 대한 표결을 강제할 수 있게 한다. 그러므로 참여를 증진시키는 개혁은 또한 입법 속도를 촉진한다.

지역민회들은 지역 수준에서 공적 참여의 세 번째 영역을 추가할 것이다. 오늘날 교육위원회와 시의회는 시민이 공무를 교대로 수행하고 있는 지역 기구들이다. 토크빌과 존 스튜어트 밀은 민주주의의 건전성 차원에서 지역에서의 참여가 수행하는 중요한 역할을 극찬했다. 지역민회는 시민들과의 밀접한 연결과, 선출된 대리인에게 주어지는 시간에서 교육위원회나 시의회와 유사하다. 다른 점이라면 국가 차원의 일에 초점을 맞춘다는 것이다. 글로벌 시대에 권력은 훨씬 전부터 시의 제한을 넘어 움직이고 있다. 지역민회는 지역적 참여가 무엇을 의미하는지 우리의 이해를 확장시키면서 지역에서의 정치 참여라는 미국적 전통 또한 계승한다.

1960년대에 참여민주주의의 발상은 한 세대의 열정을 북돋웠다. 오늘날, 대의정부에 대해 새로운 이해를 형성하고자 전통적 타운 홀과 인터넷을 결합하는 것은 일반 시민에 의한 참여와 영향력을 높일 것이다. 특별이익집단의 의회 장악을 깨고 이따금 제왕적인 양상을 띠는 대통령제를 통제할 것이다.[14] 모든 연방 하원의원 선거구마다 100명의 시민으로 구성되는 지역민회는 금권정치, 엘리트, 협소한 특별이익집단에 건전한 해독제다. 이러한 새로운 제도는 매디슨과 에이브러햄 링컨이 마음속에 그렸던 정치가 사리사욕을 초월하고 모금한 선거운동 수표책이 아니라 제시된 심의를 기반으로 쟁점을 결정하는, '시민으로서 의식을 가진' 다수라는 시민공화주의civic republicanism의 목표에 도달하기 위해 정기적으로 분투하는 국가가 되도록 도울 것이다.

지역민회는 배심제도와 유사하다. 배심에 참여한 사람들이 법과 제시된 증거에 기반하면서 감정에 좌우되지 않는 결정을 내리는 데 최선을 다할 것이라고 예상되듯, 지역민회 대리인들은 당파심과 사리 추구를 넘어 공동체와 국가를 위해 정당한 것이 무엇인지를 생각하도록 요구된다. 전국에 걸쳐 공동체에서의 면대면 타운 홀로 세워진, 사실상의 국가 민회는 공적 토론에서 더 큰 역할과 정부에 대해 강화된 지배권을 인민에게 부여함으로써 민주주의에 대한 미국의 약속을 재인식하도록 도울 것이다. 아테네 민회•와 뉴잉글랜드 타운 미팅을 업데이트함으로써, 여기서 제시하는 개혁은 시민들이 그들의 공동 미래를 논의하고 형성하는 일을 도울 것이다.

책의 구조

국가적인 일과 의회 표결에 투표자들의 진정한 목소리를 담을 수 있는 급진적이며 실행 가능한 계획을 제공하는 이 책은 다음과 같이 구성된다. 제1장에서는 규모의 딜레마와 여론조사의 문제에 초점을 맞춘다. 제2장은 대규모 공화국에서 발생하는 부패를 검토하되, 시스템이 왜 고장 났는지를 부분적으로 설명한다. 제3장에서는 이 책에서 제시하는 개혁이 어떻게 고전적인 미국의 정치적 사고로부터 출현하는지를 보여주고, 제4, 5, 6장에서는 구체적 제안, 혜택, 실현 가능성과 예상되는 반론을

• **아테네 민회** 아테네의 최고결정 권한을 소유한 기관으로 1년에 40회 이상 모였다. 공공질서의 유지에 관한 법적 틀, 재정, 직접 과세, 도편추방, 대외 업무 등과 같은 주요 의제들은 심의와 결정을 위해 민회에 참석한 시민들에게 제출되었다. 민회는 군복무를 마친 시민이 참여할 수 있다. 이지문, 『추첨민주주의 이론과 실제』, 이담Books, 2012, 112쪽 표 3.

탐구한다. 제7장에서는 이러한 개혁이 대중에게 어떻게 권한을 주고 그 개혁이 현대 심의민주주의 이론에 어떻게 부합하는지를 설명한다. 제8장에서는 미국의 독특한 헌법 구조에서 개혁이 끼칠 매력을 다룬다. 제9장에서는 미국이라는 국가가 지닌 전 세계적인 다양성과 함께 세계적 역할에 대해 참여와 대표의 융합이 갖는 좀 더 넓은 함축을 논의한다. 제3장에서 제9장까지는 현재의 기술적인 상황을 포용하면서 미국이라는 국가의 정치적 유산으로부터 추구하는 새로운 개혁이 어떻게 그리고 왜 가능한지를 설명한다.

독자들은 제시된 구체적인 개혁을 넘어서서 책이 전달하고자 하는 메시지를 이해해야 한다. 이 책은 하나의 가능한 청사진을 제시하고자 한다. 중요한 것은 어떻게 시민 참여, 심의, 대의정부를 증진시킬지에 관한 국가적 대화를 일으키는 것이다. 이 책을 쓴 목적은 세 가지다. 첫째는, 심의민주주의를 제도화하는 것이 왜 중요하고 어떻게 실행할지에 관해 논의하는 것이다. 둘째는, 그렇게 하는 것이 미국 정치 전통의 시민공화주의 요소들을 어떻게 강화하는지를 설명하는 것이다. 셋째는, 현재의 정치 시스템보다 각종 이익이나 선호를 좀 더 정확하고 공정하게 종합할 수 있는 대의정부 개혁을 발전시키는 것이다. 이 책에서 관심의 초점은, 예일대의 로버트 달Robert Dahl이 '민주주의의 세 번째 변환'•이라고 부르는 것에 있다. 이것은 "정책 엘리트들이 일반 시민들인 데모스the demos로

• **민주주의의 세 번째 변환** 달은 고대 아테네에서 민주적 도시국가로의 변환을 제1차 변환으로, 도시국가에서 민족국가로의 변환을 제2차 변환이라 하고 지금은 제3차 변환이 필요하다고 역설한다. Robert Dahl, *Democracy and its critics*, Yale University Press, 1989.

부터 분리됨으로써 늘어나고 있는 엘리트와 일반 시민 사이의 간극"을 좁히기 위한 절실한 필요로부터 일어난다.[15]

미국 정치 시스템은 권력분립과 연방주의라는 헌법의 핵심은 내버려 둔 채 주기적으로 수정을 해왔다.• 여기서 제공하는 개혁은 이러한 미국 전통의 핵심은 그대로 두면서도 시민들에게 민주적 권력을 느낄 수 있도록 새로운 활기를 불어넣을 것이다. 이것은 미국의 정치적 이상 및 역사와 밀접한 연관을 지닌다. 비례대표 또는 의원내각제 민주주의와 같은 유럽적인 것들의 이식보다 성공 가능성이 훨씬 더 크다.[16] 마이클 왈저Michael Walzer에 따르면, 이 책은 우리 역사에 뿌리를 둔 비평주의와 연관된 작품이라는 점에서 연방주의자와 반연방주의자들은 여기서 제시하는 개혁을 이해하고 그 진가를 인정한 것인지도 모른다.[17]

한 세기 전, 진보주의자들은 부패에 물든 지역 단위에서 조직된 정당들을 정화했다. 그들의 '좋은 정부 운동'은 발안제도와 프라이머리 시스템, 자치정부의 민선이 아닌 시의회에서 임명된 시 행정관• 형태로 귀결되었다.[18] 조직한 지 수십 년 후인 1920년, 여성들은 19차 수정•이 비준되었을 때 동등한 정치적 권리와 시민권을 획득했다. 1960년대의 분투는 모든 성인에게 완전한 정치적 권리를 인정하도록 끊임없이 이어졌다. 1964년과 1965년의 민권법the Civic Rights Acts•이 모든 인종의 소수자들에

• **수정을 해왔다** 1787년 9월 17일 미국 헌법이 완성되었고, 1787년 12월부터 1790년 5월 13개 주에서 헌법을 인준하는 의결이 이루어졌다. 이 헌법은 연방주의, 권력분립, 견제와 균형을 그 핵심으로 하고 있다. 1791년 12월 15일 권리장전이라 불리는 수정헌법 10개조를 확정했다. 이후에도 미국 헌법은 몇 차례 수정이 있었는데, 1795년 2월 7일부터 1992년 5월 7일까지 수정헌법 제11~27조의 비준이 있었다.

게 개방되었을 때 시민권 운동은 문자 그대로 미국의 얼굴을 바꾸었다. 그리고 지난 30년 동안 처음에는 로널드 레이건이, 그다음에는 조지 W. 부시가 동원한, 기독교 우파•는 미국 정치와 사법부를 재형성했다. 미국인들이 동원될 때 변화는 일어난다.

• **시 행정관** 지방정부의 시의회에서 선임하는 사무시장 제도 아래 존재하는 시의 주된 행정관을 일컫는다. 이러한 제도를 채택한 시의 주민들은 시의회 의원만을 선출하고, 시의회에서 그 감독 아래 시 행정 사무를 담당할 시행정관을 임명한다. 시의회는 집단의 이름으로만 활동하고, 시장을 포함한 시의원 개인은 행정적 기능을 담당하지 않는다. 시의회의 전반적인 감독을 받는 시행정관은 시 행정 사무에 대해 전적인 책임을 진다. 시행정관은 예산을 편성하고, 직원을 임면하며, 시 행정 사무를 감독한다. 그리고 시정사업에 관하여 권고하기 위해 시의회 회의에 참석하며, 토론과정에 적극 참여하기도 한다.

• **19차 수정** 미국 수정헌법 제19조는 미국 시민이 성별에 따라 투표권을 보장받지 못하는 것을 예방하기 위한 여성의 참정권을 보장하는 미국 수정 헌법이다. 1920년 8월 18일에 비준을 받았다. 1910년대까지 대부분의 주에서 여성에 대한 선거권을 인정하지 않았으며, 주에서 직접투표 자격권자를 결정하도록 헌법이 허용하고 있었다.

• **1964년과 1965년의 민권법** 1957년 7월 미국 의회는 전부터 문제가 되어 왔던 '민권법'을 성립시켜, 대통령에게 흑인투표권 실시에 관한 넓은 권한을 부여했다. 또한 연방의회는 1964년 7월 인종차별철폐법을 가결했다. 그 내용은 ①흑인선거권의 방해 제거, ②민권위원회의 임기 연장, ③인종차별 철폐과정에서의 학교에 대한 연방정부 원조 등 세 가지로 이루어져 있다. 이밖에 1965년 8월에 흑인의 투표권 등록에 관한 차별 철폐를 중심으로 한 민권법이 성립되었고, 또 1968년 4월 흑인에 대한 주택 면에서의 차별 대우를 금지한 민권법이 킹 목사의 암살사건을 계기로 성립되었다.

• **기독교 우파** 미국에서 복음주의 기독교인들을 정치에 끌어들이기 위한 초교파적 사회운동을 이른다. 1970년대 말 미국 공화당은 보수 기독교인들과 결탁하는데, 당시 공화당은 기독교인의 소리Christian Voice, 도덕적 다수Moral Majority 등의 보수 기독교 단체들을 활성화시켰다. 특히 침례교 목사 제리 폴웰이 주도한 도덕적 다수는 레이건이 대통령으로 당선되는 데 중요한 역할을 했는데, 이때부터 보수 기독교인들은 미국 정치에서 중요한 역할을 맡게 되었다고 할 수 있다. 1989년에는 기독교 우파운동의 중심 세력인 기독교연합Christian Coalition이 조직되어 2000년 대선 당시 조지 W. 부시가 기독교 우파로부터 40퍼센트의 표를 받아 대통령으로 당선되는 데 결정적으로 기여했다. 1990년대의 기독교 우파는 적극적인 선거 참여를 장려하고 정치적 견해를 드러내도록 기독교인들을 교육하고, 공립학교 내 종교 교육을 제창했으며 조지 부시를 미국 대통령에 당선시킬 정도로 정치적 영향력이 강했다. 또한 이슬람 같은 타종교에 대한 적대성이 강하고, 국수주의 성향을 띠어 미국이 하나님의 보호를 받는 신정국가인 양 주장하기도 했다.

정치적 전망에서 볼 때, 역사가 아서 슐레진저Arthur Schlesinger Jr.와 저널리스트 디온E. J. Dionne Jr.은 진보 시대가 다가왔다고 주장한다.[19] 만약 그것이 사실이라면 민주적 참여의 질과 내용에 관한 질문들은 확실히 우리가 풀어야 할 방정식일 것이다. 개혁 시대를 그려보는 것은 2004년 선거에 비추어볼 때 매우 힘든 예측이 될 것 같다. 그렇더라도 정치는 주기적으로 순환하고 기업의 정치 장악에 따르는 과잉과 부패는 종종 시민의 저항을 낳는다. 부유층과 권력자들은 일반 시민의 참여와 영향력을 증진시키는 운동을 이끌지 않겠지만, 정치적 신념으로 가득 찬 풀뿌리운동가들은 이 책에서 제안하는 것이 왜 가치 있는지를 알아볼 것이다. 사실상 이 책의 개혁은 정치적으로 중립에 위치한다는 것을 독자들은 이해해야 한다.[20] 지역민회들의 국가적 네트워크는 진보도 보수도 아니고, 공화당 지지도 민주당 지지도 아니다. 사회 규범과 정치 제도로서 민주주의에 관한 것이라는 점에서 제시하는 개혁은 일상적인 당파적 정치라기보다는 다른 수준에서 작동하고, 정치 엘리트들에게 자금 모금에 덜 주력하는 대신 시민들과 가까이 연결되고 이들을 더 잘 대표하도록 요구한다.

이 책은 광범위한 대중과 정치 시스템 및 정부를 운영하는 특권화된 계급 사이에 분리되어 있는 큰 간극을 어떻게 메울 수 있는가라는 질문에 대한 답이다.

| 제1장 |

규모와 민주주의

미국 정치 시스템은 1800년 인구가 500만 명 남짓에서 1900년 7600만 명으로, 2000년 2억8100만 명 이상으로 증가함에 따라 일반 시민으로부터 조금씩 멀어지고 있다.[1] 인구 증가, 규모의 성장과 권력으로부터의 소외, 이 모든 것은 시민과 대의정부 사이에 소원함을 가져온다. 인구가 적은 뉴햄프셔와 버몬트의 경우 주 하원의원은 대략 각각 3800명에서 4100명의 유권자를 대표한다.[2] 반면 인구가 많은 주에서 의회 선거구는 연방의회 선거구의 평균 규모에 달하거나 때때로 초과하기도 한다.[3] 매디슨 등이 연방의회를 구성할 대표자들을 직접 선거로 선출한다는 발상을 처음 도입했을 때, 그들은 3만 명 유권자로 구성되는 의회 선거구를 제안했다. 그 시기에는 이것조차 커다란 선거구였고, 많은 반연방주의자는 이러한 규모의 선거구들이 대의代議를 조롱거리를 만들 것이라고 생각했기 때문에 새로운 헌법안에 투표하는 것을 거부했다.[4] 오늘날 우리는 그러한 친밀한 규모로의 회귀를 반길 줄 모른다. 매디슨 자신의 선거 경험은 규모에 대한 놀랄 만한 변화를 시사한다. 『페더럴리스트 페이퍼』를 공동 저작한 후, 그는 나중에 제5대 대통령이 되는 제임스 먼로에 맞서 하원 의석을 차지하기 위해 버지니아로 돌아갔다. 힘든 선거운동 끝에 매디슨은 1308표를 얻어 973표를 얻은 먼로에 간신히 승리했다. 이 투표 총수는 오늘날 교육위원회 선거에서 승리하는 데 필요한 수보다 훨

씬 적다.[5]

규모의 문제는 우리의 사고를 주눅 들게 해 문제 자체를 거의 생각하지 않게 만든다. 토크빌이 찬미했던 작은 타운사회는 20세기 초기에 산업혁명과 도시화로 사라져버렸다. 진보주의자들은 이런 급격한 변화들에 고심했으나, 거대한 규모의 본격적인 영향은 20세기 후반부가 돼서야 인식하게 되었다. 1950년에는 모든 미국인의 절반 남짓이 광역권 도시 지역에 살았지만 1990년대 중반에 오면 5명 중 약 4명이 도시에서 산다. 소규모 타운과 농촌 지역 거주자는 1950년에는 인구의 44퍼센트였지만 1996년에는 20퍼센트로 뚝 떨어졌다. 동시에 광역권 도시의 중심도시에 사는 비율은 안정된 상태로 유지되었으며 20세기 마지막 절반에 걸쳐 평균적으로 32퍼센트였다. 가장 큰 증가는 광역권 도시에 속하지만 중심도시에서 벗어난 지역, 즉 외곽 도시에서 일어났다. 1950년 23퍼센트에서 1996년 49퍼센트로 인구가 폭발한 것이다.[6] 2000년에는 8500만 명의 미국인이 도심지에서, 1억4000만 명은 광역권 도시 외곽에서, 5600만 명(시에서 2300만 명, 농촌 지역에서 3300만 명)은 광역권 도시 밖에서 살았다.[7]

매우 큰 광역권 도시 지역에서 살고 있는 이들에게, 규모의 딜레마는 훨씬 더 사실적이다. 몇몇 이웃을 알 수 있으나 모두는 아니며 가장 친한 친구 중 몇몇은 전국에 걸쳐 다른 타임 존time zone•에 살고 있을지도 모른다. 커뮤니티 협회와 지역 교육위원회를 뛰어넘는 정치권력과의 연결은 희박할 수밖에 없다. 휴스턴에서는 14명으로 구성된 시의회가 400만 명을

• **타임 존** 미국은 동부, 중부, 산악지대, 태평양, 알래스카, 하와이, 모두 여섯 개의 타임 존이 있다.

대표한다. 로스앤젤레스 카운티•에서는 5명의 카운티 감독관•이 950만 명을 대표한다. 뉴욕에서는 62명의 주 상원의원이 1900만 명 유권자를 대표한다. 플로리다에서는 인구가 1980년 970만 명에서 2001년 1630만 명으로 급증한 반면 주 대표자의 수는 변함없이 160명을 유지한다.[8]

미국 인구는 건국 초기에는 적었다. 미국혁명 직후 새롭게 확립된 미국의 인구는 278만400명이었다. 1830년대, 토크빌이 방문해서 『미국의 민주주의』를 쓸 때, 인구는 1500만 명 이상으로 증가했다. 링컨이 게티즈버그를 방문해 국립묘지 봉헌식에서 연설했을 때• 북과 남의 인구를 합해 대략 3300만 명이었다. 시어도어 루스벨트가 대중에게 쟁점에 대해 널리 알릴 수 있는 권한bully pulpit•을 발견하고, 그와 인사하기를 원했던 많은 백악관 방문객과 신년 악수를 나눴을 때의 인구는 8000여 만 명이었다.[9] 재즈 시대the Jazz Age•가 열렸을 때는 1억600만 명, 루스벨트가 대공황 동안 취임선서를 했을 때는 1억2700만 명의 미국인이 그를 지켜봤다. 한국

• **카운티** 미국에서 카운티의 주요 기능은 법률 집행, 사법 행정, 도로의 건설과 유지, 극빈자 대상 공공 지원, 행정 문서의 기록 등이다. 특히 남부의 몇몇 주에서는 카운티가 학교 행정에서 중요한 구실을 하고 있다. 한국으로 치면 군郡 수준의 행정구역으로, 미국에는 3000여 개의 카운티가 있다. 『추첨민주주의』, 29쪽 옮긴이 주.

• **감독관** 감독관위원회는 애리조나, 캘리포니아, 아이오와, 미시시피, 버지니아, 위스콘신의 모든 카운티와 뉴욕의 소수 카운티에서 카운티 정부를 운영하는 기구다. 시의회와 유사하게 감독관위원회는 입법, 행정, 준사법권을 갖고 있다.

• **연설했을 때** 남북전쟁이 진행되던 1863년 11월 19일, 격전지였던 펜실베이니아 주의 게티즈버그에서 죽은 장병들을 위한 추도식이 열렸다. 링컨 대통령은 행사에 참석하여 전몰한 병사들의 영혼을 위로하며 'government of the people, by the people, for the people'이라는 명연설을 남겼다. 참고로 링컨이 했다는 이 말은 사실 14세기에 활동한 영국의 종교개혁 신학자 존 위클리프가 영어판 성서 서문에 남긴 "This Bible is for the Government of the people, by the people, and for the people"에서 유래했다. 『민주주의』, 8쪽.

• **알릴 수 있는 권한** 자신의 의견을 공개적으로 밝히고, 이것이 사람들에게 전달될 기회를 주는 권한으로 루스벨트 대통령이 만든 단어다.

전쟁 때 미국의 인구는 1억5100만 명이었고 1960년대 말에는 2억300만 명에 달했으며, 1980년에는 2억2600만 명, 1990년에는 2억4800만 명이 되었다. 새로운 밀레니엄이 시작될 때 미국 인구는 2억8142만1906명이었다.[10] 인구조사국은 2010년 미국 인구를 3억893만6000명으로 추산했다.[11]• 그 결과 많은 측면에서 우리는 미국혁명 당시로부터 멀어졌다.

지구적으로도 인구 증가는 충격적이다. 1925년 이 지구상에는 20억 명이 살았으나 1975년에는 40억 명으로 갑절이 되었다. 1990년에는 53억 명에 도달했고 2006년에는 65억 명으로 늘었다.[12]• 1800년에는 베이징, 광둥, 이스탄불, 런던, 파리, 도쿄 이 여섯 개 도시에서만 50만 명 이상이 살았다. 1990년에 오면 50만 명 이상이 거주하는 도시는 대략 800개다. 적어도 270개 도시에서 100만 명 이상이 거주하고, 상위 14개 도시는 1000만 명을 넘어선다.[13] 인구의 폭발적인 증가에 따르는 '규모의 딜레마'는 많은 영향을 끼친다. 만약 인구만큼 급속하게 성장하는 세계 경제를 유지하지 못한다면 기근이나 국가적 파산, 심지어 테러의 증가를 각오해야만 한다. 지구 온난화와 같은 환경 문제에 제대로 대처하지 못하면 결국 지구의 생태권은 파괴될 수 있으며, 정부가 규모로 인해 나타나는 이러한 위협에 제대로 조치를 취하지 않는다면, 인민주권은 과거의

• **재즈 시대** 제1차 세계대전 이후 경제적 번영 속에서 소비와 유행이 활성화되었으나, 상대적으로 정신적 빈곤에 빠진 사람들이 섹스, 춤, 재즈 등의 향락에 탐닉하던 시기인 1920~1930년대를 일컫는다. 대공황과 함께 막을 내렸다.

• **추산했다** 2014년 4월 기준 미국 인구는 약 3억1780만 명이다. http://www.census.gov/popclock/ 2014년 4월 10일.

• **늘었다** 2014년 4월 현재 세계 인구는 71억5810만 명이다. http://www.census.gov/popclock/ 2014년 4월 10일.

유물이 될지도 모른다.

이러한 급격한 규모화는 민주주의에 실제적인 문제를 일으킬 것인가? 20세기 초에는 오직 몇몇 나라만이 민주주의 체제였고, 그조차도 남성들로만 투표권을 제한했다. 오늘날, 122개 국가는 투표권을 모든 성인 시민에게 허용한다.[14] 선거를 유지하는 것은 어렵지 않으나, 민주주의를 의미 있게 만드는 것은 어렵다. 우리가 도전하는 바는 강한 시민문화를 지지하고 지속시키는 정치 시스템을 건설하는 것이다. 시민사회와 민주제도는 직접적으로 연관된다. 선거는 사담 후세인 이후 이라크에서도 실시되었지만, 이라크를 민주주의 국가라고 부르는 사람은 거의 없다. 진정한 민주주의는 질적인 차원을 담보해야 한다. 토크빌이 인식했듯이, 민주주의는 시민 다수의 '포함'을 지속시키는 사고의 습관과 행동 같은 풍습을 가장 중요하게 여긴다. 달리 말하면, 민주주의가 지구적으로 확장되는 것과 민주주의를 경험하는 수준은 별개의 것이다. 20세기의 투쟁들이 끝나고 미국 정치는 마침내 문호를 열었다. 여성과 소수자는 백인 앵글로색슨 남성들과 동등한 권리를 획득하기 위해 싸워왔고 그 결과 미국 사회는 정치에 훨씬 더 많은 시민들을 참여시키게 되었으나, 정치철학자 셸던 월린Sheldon Wolin은 "미국인들은 더 이상 뼛속 깊이 민주주의를 느끼지 못한다"고 말함으로써 지금의 현실을 제대로 보여줬다.[15] 어떤 측면에서 오늘날 정치적 삶은 오직 미국이 작은 타운 국가였고 인구가 오늘날의 대략 10분의 1이었던 링컨 시기의 희미한 흔적에 불과하다.

규모가 커짐에 따라 '실재'의 파악은 왜곡될 수 있다. 오늘날 알고 있는 것의 많은 부분은 텔레비전과 여타 미디어를 통해 걸러진 다음 경험된 것이다. 1920년대 월터 리프먼Walter Lippmann은 미디어의 영향으로

"진짜 세상과는 다른 모습으로 우리 머릿속에 각인되고 있다"라는 유명한 말을 했다. 할리우드 스타들이 주지사, 나아가 대통령까지 되는 매력과 재력, 이미지를 갖는 유명인 문화celebrity culture를 창조하는 데 오늘날 다국적기업들과 대량 판매 시스템은 일조했다. 대니얼 부어스틴Daniel Boorstin은 보도되기 위해 만들어진 사진이나 기자회견과 같은 허위의 이벤트들에 의해 지배되는 사회, 명사名士의 정의가 "이름이 널리 알려진 것으로 알려져 있는 사람"과 일치하는 사회에 대하여 경고했다.[16] 20세기 중반 작가들은 대중사회를 걱정했으나, 21세기 초 미국인들은 일부 사회비평가가 두려워했던 것처럼 고립되거나 소원해지지 않았다. 대부분의 사람은 정기적으로 가족·친구와 모여 안락한 시간을 보낸다. "도시생활이 강한 유대와 공동체 의식이 부족한, 상대적으로 더 많이 고립되고 소원한 개인을 양산해낼 것이라는 두려움"은 분명 과장되었다.[17] 문제는 고립과 아노미가 아니라 규모의 증대다. 『규모와 민주주의Size and Democracy』에서 로버트 달과 에드워드 터프트Edward Tufte는 다음과 같이 적었다.

> 인구의 거침없는 증가가 작은 국가를 크게, 큰 국가를 거대하게 만듦에 따라, 인민에게 더 밀접한 정부와 풀뿌리민주주의가 요청된다는 말을 종종 듣게 된다. 작은 단위는 종종 큰 단위보다 민주주의를 더 촉진할 것이라고 말해진다. 따라서 큰 단위는 풀뿌리민주주의가 가능한 작은 단위인 지역, 주, 시, 마을로 나누어져야만 한다. 동시에 작은 단위는 그들의 문제를 처리할 수 없다는 불만을 갖고 있다. 그래서 광역권 도시 지역들, 유럽연방, 세계연방과 같은 더 큰 단위를 위한 요구들이 또한 있다.[18]

이것은 간결하게 말하면, 규모의 딜레마다.

미국은 오늘날 하나의 연방정부, 50개의 주정부, 8만7849개의 지방정부(3043개의 카운티, 1만9431개의 시, 1만6506개의 타운 또는 타운십, 1만3522개의 학교구, 3만5356개의 특별구)•로 분권화된 행정 체계를 갖고 있다.[19] 지역 단위에서는 이벤트들에 참여하고 영향을 미치는 많은 기회를 갖는다. 전통적으로 일반 시민은 시의회와 교육위원회를 통해 '자치'에 참여해왔다. 그러나 이러한 접근은 더 이상 충분하지 않다.[20] 공공 문제들이 지역 역량을 넘어 증가함에 따라, 중요한 결정은 주와 국가 수준으로 올라간다. 학교 자금 결정은 또한 종종 주지사의 예산에 의존한다. 지역경제 성장은 지방과 지구적 투자 결정들로 강화되고 약화된다. 초국가적 기업이 마을 환경에 위험을 일으키지만 환경 정화는 연방 예산 비율에 의존한다. "생각은 지구적으로 하고, 행동은 지역적으로 하는 것"에는 한계가 있다.

인구가 가장 많은 서구 민주주의 국가인 미국은 워싱턴 D.C.에 거의 3억 인구를 대표하는 535명의 연방의원이 있을 뿐이다. 이러한 비율은 극단적으로 낮은 것이다. 하원의원 한 명이 65만 명의 미국인을 대표함에 따라, 연방정부와 우리 사이의 연결은 한계에 달했다. 435명의 구성원이 각각 20만여 명의 유권자를 대표할 때인 1910년 이래로 하원의원 수는 바뀌지 않았다.[21] 물론 대표를 늘리는 하나의 방식은 하원의 규모를 늘리는 것이다. 만약 2000명에 달하는 하원으로 그 규모를 네 배로

• **특별구** 미국에서 특별구는 독립적인 정부의 단위다. 실질적인 행정과 재정 문제에 관하여 주, 카운티, 타운 같은 일반적인 지방정부로부터 분리되어 있다. 미국 인구조사국이 정의한 바에 따르면, 특별구에는 학교구가 제외되어 있다.

늘리지 않는다면, 지역구에서의 유권자들은 차이를 알아채지 못할 것이다. 그리고 급진적으로 하원의 규모가 증가하면 아주 다루기 불편하고 운영하기 어려워질 수 있다. 100명으로 구성되는 상원과 대조적으로, 하원의원들은 동료 정치인들에 대해 잘 알기 어렵게 된다.[22] 최근의 방문객이 증언하는 것처럼 지금도 의사당은, 특히 하원 쪽은 스태프로 가득 찬 사무실들의 미로와 같다.

몇몇에게는 규모의 쟁점이 고려할 만한 가치가 없다.[23] 결국 기대할 수 있는 것은 무엇인가? 더 이상 아이를 낳지 말라고 할 것인가? 미국인 대부분에게 공립학교, 세금, 경제 성장, 환경, 시민권, 의료보험에 관한 질문은 가장 중요하다. 그러나 이러한 쟁점들을 진정한 진전으로 이끄는 능력은 대중이 국가가 직면한 도전들을 어떻게 잘 이해할 수 있는지와 직결되고, 결과적으로 규모의 문제와 연결되며 대중사회에서 어떻게 정치 행위를 할 것인지와 연관된다.

대표자 대 유권자의 비율

매우 중요한 질문 하나는 엘리트와 보통 시민 사이를 어떻게 정확하게 연결시킬 수 있느냐는 것이다. 지난 40년 동안 투표율이 낮아지고 있는 선거, 즉각적인 반응만을 측정하는 여론조사, 큰 그림을 별로 고려하지 않고 협소한 의제들에 초점을 맞추는 이익집단에 의존하고 있으나, 이들 모두는 불충분하다. 정치 엘리트와 시민 사이의 연결을 어떻게 강화할 수 있을까? 정치 담론의 방식과 유형을 쇄신해 그들 사이의 유대관계를 제고함으로써 합리적 정부를 만드는 것은 가능한가? 이것은 미국 민주주의의 미래에 관한 중대한 질문들이다.

대표자 대비 유권자 비율이 높은 지금의 정치 엘리트와 대중 사이의 연결은 많은 문제를 낳는다. 다른 무엇보다 투표하는 사람들로부터 연방의회 의원들을 멀리 떨어뜨려 경제적·사회적으로 특별한 엘리트 계급으로 전환시킨다. 의회 535명의 멤버는 아주 특별한 사람들이다. 한 정치학자가 썼듯이 그들은 대통령과 행정부보다 더 오래 장수하는 '워싱턴의 기득권층'이다.[24] 적어도 큰 주의 주 의원들조차 비위를 맞추는 수행 비서들의 충성심을 얻어 선출되며, 고도의 로비 그룹과 거래하거나 소위원회의 위원장을 맡든 또는 부유한 기부자들과 저녁식사를 하든 간에 하나의 모임에서 다른 모임으로 계속 움직이는 정신없이 바쁜 생활을 한다. 자신들의 세계 안에서, 의원들은 인기 스타가 연출하는 쇼와 같은 주목을 받으며, 그들의 왕국에서는 왕 또는 여왕이다. 의석을 얻기 위한 비용을 고려해볼 때, 비록 상당수가 있긴 하나, 연방의회 의원들은 경제적으로나 사회적으로 상위 계층에 속하진 않는다. 좀 더 중요한 것은 그들과 유권자 사이의 점점 벌어지는 심리적 거리감이다. 성공적인 정치인들은 지역구로 돌아가 유권자들을 상대하는 데 있어 리처드 페노Richard Fenno가 '지역구 중심 스타일home-style'•이라고 부른 것을 개발한다.[25] 이러한 테크닉은 선거로 선출된 공직자들이 워싱턴 D.C. 또는 주도州都에 거주할 때 그리고 의사당 현장에서 행위자가 될 때 점차 증가하는 유권자들과의 심리적 거리감을 감추는 데 도움이 된다. 우리 모두처럼 대표자들 역시 습관과 시간의 제약을 받는 존재라는 사실을 명심해야 한다. 하원의원들은 고향으로 돌아가 유권자들을 만나긴 하나 종종 이들 유권자는 정치인들의 정치적 기반을 구성하는 사람들이다. 핵심 지지자들은 접근이 허용되나 반대 측 사람들은 성가신 존재일 뿐이다. 이것이 바로 인간 본성이다. 당신이 지역구 의원이라고 생각해보자. 워싱턴 D.C.에서 힘든 한 주를 보낸 뒤 야간 비행기 편으로 고향에 돌아와 토요일 아침을 함께하고자 하는 사람은 누구일까?

연방의회 의원과 투표자 사이의 물리적이고 심리적인 거리감은 대표자들이 유권자들의 삶과 문제를 알기 어렵게 만든다. 그리고 유권자가 대표자를 좀 더 책임 있게 만드는 것을 어렵게 만든다. 한 세기 전 로버트 미헬스Robert Michels는 조직은 불가피하게 과두제寡頭制로 이어진다고 주장했다. 통치에 있어 대의 구조를 가질 때, 공직에 선출된 사람과 투표하는 사람은 다른 관점, 다른 필요, 다른 요구를 발전시키지 않을 수 없다고 미헬스는 말한다. 그가 발견한 것은 노동조합과 정당에서의 '과두제의 철칙'•이지만, 많은 상원의원이 부호이고 하원의원 각각은 65만 명의 선거구민을 '대표'한다는 미국 국가 시스템을 검토할 때도 유효하다.[26]

• **지역구 중심 스타일** 미국 하원의원의 지역구 활동에 관한 용어로, 하원의원들은 재선을 절대적 목표로 삼고, 의회 내 권력 확보 및 '좋은' 정책 입법을 추진한다. 이를 달성하기 위해 의원들은 지역구 중심 스타일을 취하는데, 이는 지역 유권자들의 신뢰를 얻는 것이 중요하고 이를 바탕으로 안정적인 재선 기반을 구축할 수 있다는 생각이다. 그러나 최근에는 국가 정책보다 자신을 뽑아준 지역구민에 대한 정책에 관심을 가진다는 의미로 주로 쓰인다. 이 용어는 미국 하원의원의 지역구 활동을 유형별로 분류하고 이론화한 페노의 *Home Style: House Members in Their Districts*(Longman Classics Series, 1977)에서 나온 것이다. http://www.imaeil.com/sub_news/sub_news_view.php?news_id=50663&yy=2010.

• **과두제의 철칙** 조직은 소수가 지배하는 과두제로 나아가게 돼 있다는 것으로, 미헬스가 주장했다. 미헬스는 1911년 "조직이라는 것은 과두제로의 경향을 내포하고 있으며, 정당이나 노동조합 또는 다른 어떠한 종류의 단체를 막론하고 모든 조직은 소수에 의해 지배되는 경향이 뚜렷이 나타난다"는 이른바 '과두제의 철칙'을 제창했다. 로버트 미헬스, 김학이 옮김, 『정당사회학』, 한길사, 2002.

경쟁 선거와 정계 은퇴는 곧 엘리트들의 순환을 의미하기 때문에 엄격하고 고정된 의미의 과두제는 아니다. 그러므로 어떤 의미에서 미헬스는 "잘못됐다"고 말할 수 있다. 이것은 조지프 슘페터Joseph Schumpeter와 달과 같은 민주주의 이론가들이 미헬스를 논박하는 데 드는 근거다.[27] 그러나 다른 의미에서 그는 "옳다." 선출된 공직자는 일상적인 투표자로부터 분리되고 멀어져 있는 엘리트 정치계급이라는 것은 현대 민주주의 국가에서는 매우 실제적인 문제이며, 미국과 같은 대규모 국가에서는 더욱 그러하다. 물론 1990년대 초 의원들의 임기를 제한하자는 운동에 기름을 부었던 것은 분리되고 특권화된 계급으로서의 정치인들을 향한 광범위한 분노였다. 임기 제한은 계획 자체가 잘못된 개혁이나 그러한 활동이 왜 일어났는지는 충분히 납득할 만하다. 미국인들이 대의정부를 포기하지 않을 것을 인정한다면, 참여민주주의는 명백히 유토피아적이고 권위주의 정치는 선택 대상이 아니다. 그래서 이 비합리적으로 높은 대표자-유권자 비율을 개선하기 위해 무엇을 할 수 있는가에 대한 질문이 제기되는 것이다.

아주 높은 기준을 설정한다면, 아무리 선의라 하더라도 다른 사람에 의해 통치되지 않고, 미국인들이 할 수 있는 최대한 그리고 그들 자신을 스스로 통치하도록 만드는 것이 목표가 될 것이다. 이것은 제퍼슨의 목표였고 우리의 목표여야 한다.[28] 다른 관점은 수호자주의guardianship•에 길

• **수호자주의** 보통 사람들은 자신을 통치할 능력이 없기 때문에 우수한 지혜와 덕성으로 특별히 통치할 자질을 지닌 소수의 사람들에 주어져야 한다는 명제를 전제로 한다. 더 자세한 내용은 Robert Dahl, *Democracy and its critics*, Yale University Press, 1989, 52~64쪽 참조.

을 내주는 것이다. 이것은 전후 시기 민주주의의 선구적인 학자 달의 주장이다.[29] 1960년대 급진주의자들은 '참여민주주의'를 요구했다. 루소에 의해 촉발된 직접민주주의는 대규모와 복잡성의 실재인 근대 국민국가에 대항한 낭만적인 반발일 수 있다.[30] 시민권을 위한 투쟁과 베트남전 항의로 집결한 1960년대의 급진주의자들은 규모라는 난관에 부딪혔고 참여민주주의를 대의정부와 어떻게 결합시킬 수 있을지 전혀 알지 못했다.[31] 민주학생연합the Students for a Democratic Society•은 초기에 제퍼슨, 존 듀이, C. 라이트 밀스에게 영감을 얻었으나 마오쩌둥은 아니었다.• 그러나 민주학생연합을 비롯한 1960년대 활동가들은 그들의 반反엘리트적 주장을 결코 대의정부의 필요성에 조화시키지 못했다. 참여민주주의자들은 복잡한 제도에 기반을 둔 사회를 어떻게 운영할 수 있을지 명백하게 제안하지 못했고, 달은 정확하게 『혁명 이후After the Revolution?』(1970)에서 이러한 점을 지적한다. 데이비드 브룩스David Brooks가 『보보스 인 파라다이스Bobos in Paradise』•에서 설명한 것처럼, 1960년대 대학 저항 세력은 미국 사회를 전환하는 데는 성공했다. 그 결과 오늘날 미국의 중상층은 보헤미안과 부르주아 가치의 혼합이 되었다.[32] 문화적으로 1960년대

• **민주학생연합** 1960년대 중반에서 말엽까지 활발하게 활동했던 미국의 학생 조직이다. 특히 베트남 전쟁에 대한 반대활동으로 유명하다. 미국이 베트남 전쟁 참가 확대를 결정한 1965년 무렵 절정에 이르렀다. 대학의 본관 건물 점거를 비롯한 전투적 행동전술이 전국으로 퍼져나갔다. 분파주의가 더욱 만연하고 베트남 전쟁이 끝나가면서 서서히 해체되다가 1970년대 중반에 완전히 소멸되었다.

• **아니었다** 이들은 듀이의 사회변혁 사상과, 나아가 제퍼슨의 대중 참여 및 직접참여 주장, 밀의 계급사회론의 영향을 받았지만, 공산주의자들은 아니었다는 뜻으로 해석된다. 이들은 반공산주의를 반대하며 모든 사상의 자유를 외쳤고, 좌파적인 주장을 많이 내세웠지만, 공산주의자는 아니었고, 마르크스주의를 받아들이지도 않았다는 뜻이다.

세대는 승리했으나 정치적으로 그들은 길을 잃었다.

1960년대는 제도 측면에서의 규제 완화, 권위에 좀 더 비판적인 태도, 대통령 프라이머리 시스템과 주州의 주민 발안 측면에서의 직접 대중민주주의의 확장으로 귀결되었다. 구체제에 대한 공격은 전통적 정당 시스템에 타격을 가했다. 그러나 이러한 변화가 모두 긍정적인 것만은 아니었다. 더 중요한 것은, 참여민주주의를 위한 분투는 좌초했다는 점이다. 정치적으로 1959년보다 참여민주주의에 더 근접했던 때는 없었다. 엘리트와 위계질서를 의심스러워하는, 1960년대와 1970년대의 참여민주주의자들은 소규모로 참여민주주의의 가능한 형태를 만들었던 뉴잉글랜드 타운 미팅, 소규모 협동조합, 작업장 민주주의를 이상화했다.[33] 국가 대의정부에 더 큰 참여를 허용하는 실행 가능한 계획을 실제로 짜는 어려운 일은 연기되었다.

크고 복잡한 사회는 엘리트들을 요구한다. 1920년대 리프먼과 『뉴스위크』 국제판 편집자인 파리드 자카리아Fareed Zakaria처럼 몇몇 논평가는, 오늘날 우리는 무엇을 할지 아는 엘리트와 전문가에게 권위를 위임해야만 한다고 말한다.[34] 명백하게 어느 정도는 이렇게 해야 한다. 그러나 다른 많은 중요한 쟁점은 테크닉만으로 해결될 수 없다. 그것들은 본질적

• **보보스** 미국의 저널리스트인 데이비드 브룩스가 그의 저서에서 부르주아bourgeois와 보헤미안Bohemian을 결합하여 처음 소개한 합성어다. 보보스 족은 부르주아의 성공과 야망에 대한 집착, 보헤미안의 저항과 창조성이라는 특성을 동시에 지닌 디지털 시대의 새로운 중상류층 엘리트를 지칭하며, 그들은 물질적 실리와 정신적 풍요를 함께 추구한다. 보보스란 용어는 사회의 한 계급을 지칭할 뿐만 아니라 라이프 스타일, 문화 현상에까지 널리 사용되고 있다. http://www.imaeil.com/sub_news/sub_news_view.php?news_id=19228&yy=2008.

으로 정치적이고 윤리적 선택을 포함한다. 올바른 일을 할 수 있는 전문 지식과 지혜를 과학기술 분야 전문가들과 엘리트 정치인 계급이 갖고 있다고 주장하는 것은 인민주권의 중요하면서도 상당히 많은 부분을 위임하는 것이다. 요컨대 참여도 엘리트 선출도 둘 다 만족스럽지 않다.

여론조사의 문제점

미국과 같이 엄청난 대규모 국가에서, 여론조사는 대중이 생각하는 것을 측정하는 주된 방법이다. 대통령 선거 여론조사기관은 여론조사를 다음과 같이 설명한다. "800명의 미국인과의 인터뷰는 2억5000만 국민의 의견을 정확하게 반영한다. 그러나 과학 법칙은 어리석어 보인다. 나는 몇 번이고 되풀이해서 이것을 봐왔다."[35] 가장 최근의 여론조사기관들은 매일 미디어에 자랑스럽게 알린다. CNN, 조그비Zogby, 갤럽 또는 매우 호평받는 10여 회사 중 어느 하나에 의해 수행되는 여론조사는 대중의 목소리가 정당하게 표현되는 것으로 광범위하게 수용된다.[36] 그러나 많은 연구자는 "대중의 마음을 들여다볼 수 있는 거울로서 여론조사의 유용성"에 대해 의문을 던지고 있다.[37]

여론조사는 결함이 없다. 다만 측정되는 내용 자체가 어려움을 가져온다. 실행가들은 질문 순서, 단어 선택, 표본추출상의 오류, 무응답이 어떻게 결론을 왜곡하는지에 대한 문제를 오랫동안 인식해왔다. 그런데 진짜 어려운 문제는 대중이 지닌 낮은 정치 지식 수준, 불균등한 분포, 질문받은 것에 대해 거의 아는 것이 없을 때조차도 견해를 표출하고자 하는 것이다. 스콧 알트하우스Scott Althaus는, 문제는 "너무나 만연해서 사람들이 진짜로 원하는 것을 확실히 여론조사가 물어보는지 그렇지 않은지에 관해 질문을 제기하는" 것이라고 말한다.[38] 한편으로는, 현대 여론조사는 대중이 생각하고 있는 바를 상당히 유효한 측정을 통해 제공한다. 통계적 표본추출과 오차 범위는 어느 때든지 정치학자와 여론조사기관에게 대중이 생각하고 있는 바를 정확하게 측정하는 것을 허용한다. 만약 우리가 전적으로 신뢰할 수 있고 광범위하게 수용할 만한 측정 선호의 수단인 무작위 표본추출이 부족하다면, 정치 영역에 대한 지식은 상당히 축소될 것이다. 또 한편으로는, "무가치한 데이터를 넣으면 무가치한 결과가 나온다"는 오래된 문제가 있다. 만약 대중 대부분이 공적 업무에 별로 관심을 두지 않는다면, 그리고 여론조사 대상이 되는 이들의 대다수가 이라크에서의 상황 또는 대통령의 에너지 정책 제안의 주된 항목에 관해 잘 모르다면, 그들의 견해가 정확한 그림을 갖기는 힘들다. 프린스턴대의 래리 바텔스Larry Bartels는 문제를 다음과 같이 간명히 주장한다. "시민들은 태도는 있지만 구체적으로 선호하는 것은 없다."[39] 여론조사 대상이 되는 사람들은 대중을 통계적으로 대표하고 또한 불행하게도 대중의 무지를 통계적으로 대표한다.[40]

민주당 선거캠프에서 오래 활동한 경험이 있는 정치학자 새뮤얼 팝킨Samuel Popkin은 투표자들이 정치에서 합리적 선택을 한다고 하나, 사정에 정통하기보다는 암시나 고정관념, 일상생활에서 모은 정보를 넘어설 수 없다고 말한다. 팝킨은, 투표자가 의견을 비합리적으로 형성하는 것도 아니고 변덕스럽게 바꾸지도 않지만 그들은 '정보 지름길information shortcuts'•을 택한다고 본다. 사람들이 정보를 얼마나 효율적으로 사용하는지에 관한 앤서니 다운스Anthony Downs의 분석에 따르면, 시민은 소량의 정보로부터 단서를 취하고 "그림을 완전하게 하기 위해" 삶의 경험을 활용한다. 대부분의 미국인은 자신이 대통령 후보자를 꽤 공정하게 '이해'할 수 있다고 믿는다. 하지만 팝킨은 그들이 가장 기초적인 지식만 갖고 있을 뿐이라고 말한다.[41]

> 대부분의 시민은 상세한 것을 탐구하지 않는다. 그들은 핵심을 본다. 우리가 전쟁 중인가? 경제는 건전한가? 대부분의 사람은 그다음부터는 전문가와 전공자에게 맡긴다. 중요한 것은 시민들이 좀 더 관심을 갖는 5퍼센트의 활동가와 싸구려 뉴스들이 있다는 것이다. 그들이 무엇인가 국가에 심각하게 나쁜 것을 알고 경종을 울리면 일반 시민들은 관심을 갖기 시작한다.[42]

시민 교육 수준의 향상은 국가적·국제적 쟁점을 더 잘 이해할 수 있다

• **정보 지름길** 투표자들은 일상생활에서 많은 정보를 얻을 수 있지만, 여전히 정부와 정치에 대해서는 자세히 알지 못한다. 투표자들은 이런 제한을 극복하기 위해 정보 지름길을 사용한다. 사무엘 팝킨은 쉽게 얻을 수 있는 정보의 전제로 다음 일곱 가지를 제시한다. ①미래에 대해 전망하기보다는 현실 세계를 평가하는 것이 더 쉽다. ②과거 행동을 검토하려는 시도보다 좋은 사회에 대한 정당의 관점을 기억함으로써 정당을 평가하는 것이 더 쉽다. ③현재 데이터가 사용하기 더 쉽고 따라서 과거 데이터보다 더 적절한 것으로 여겨진다. ④개인의 도덕성이 기관의 도덕성보다 더 이해하기 쉽다. ⑤개인의 행동이 정당한지를 평가하는 것보다 개인의 능력을 평가하는 것이 더 쉽다. ⑥만약 후보자의 인구학적 속성을 알 수 있으면, 보다 쉽게 그들을 이해할 수 있다. ⑦사람들은 보통 그의 친구를 통해 평가할 수 있다. Popkin, Samuel L. 1993. "Information Shortcuts and the Reasoning Voter," in *Information, Participation, and Choice: An Economic theory of Democracy in Perspective*, Ed Bernard Grofman. Ann Arbor: University of Michigan Press.

는 것을 의미한다고 한다. 하지만 팝킨은 고개를 젓는다. 그들의 교육 수준이 어떠하든 간에, "투표자는 이데올로기, 공약, 개인의 능력과 캐릭터를 평가하기 위해 정보 지름길과 비용 절감 장치"를 사용하고 있다는 것이다.[43] 그 결과 대통령 선거운동은 상징 경쟁에서 이기는 것으로 전락했다. 1988년 윌리 호튼•, 1992년 의료보험과 복지 개혁•, 2004년 존 케리의 베트남 참전을 두고 벌어진 다툼•이 그 예다. 만약 1992년 클린턴의 시스터 솔자Sister Souljah에 관한 코멘트•, 2004년 하워드 딘이 아이오와 주의 코카서스에서 괴성을 지른 연설•, 2004년 대통령 선거에서 대통령 부

• **윌리 호튼** 민주당 대통령 후보였던 듀카키스가 주지사로 재직할 당시 호튼 살인 혐의로 가석방 없는 종신형을 선고받아 복무 중 죄수의 주말 일시 귀가 프로그램의 혜택을 받아 교도소를 나왔다가 돌아가지 않고 달아나 백인 여성을 성폭행하고 여자의 약혼녀를 칼로 찌르는 범행을 저질렀다. 죄수의 주말 일시 귀가 프로그램은 듀카키스가 처음 만든 것도 아니었지만 공화당에서는 듀카키스가 마치 범죄를 옹호하는 후보처럼 느껴지도록 광고하는 네거티브 전략을 구사함으로써 선거에서 유리해졌다. 조지프 커민스, 박종일 옮김, 『미국 대통령 선거 이야기』, 인간사랑, 2009, 359~363쪽.

• **의료보험과 복지 개혁** 의료보험 개혁은 1992년 미국 대통령 선거 때 클린턴의 대표 공약 중 하나였다. 선진국 가운데 전 국민을 대상으로 한 의료보험제도가 없는 유일한 나라가 미국이다. 당시 미국에선 연소득 1만5000달러 미만 빈곤 계층의 3분의 1이 의료보험 혜택을 받지 못했다. 연소득 1만5000~3만 달러 계층도 비슷한 처지였다. 클린턴 정부는 전 국민 의료보험을 추진했지만 수포로 돌아갔고 이는 1994년 중간선거에서 민주당이 공화당에 참패하는 결과로 이어졌다. 한편 공화당 후보 조지 W. 부시는 세금 감면과 재정 지출의 축소에 기반을 둔 정책을 제시한 데 비해, 민주당 후보 클린턴은 부유층에 높은 세금을 부과할 것과 교육, 수송, 통신 분야에 재정 지출을 늘리고 보건복지 분야에서도 부시가 제시하는 것보다 더 많은 영역에 정부가 개입해야 한다고 주장한 바 있다.

• **벌어진 다툼** 존 케리 당시 민주당 후보는 베트남 전쟁 당시 쾌속선 선장으로 복무해 무공훈장을 받은 경력이 있었다. 2004년 대통령 선거 당시 베트남에서 케리와 함께 복무했던 사람들이 모여서 만든 '진실을 위한 쾌속선 전역자 모임the Swift Boat Veterans for Truth'이 나타나 "케리가 군대 경력을 속이고 있으며, 전쟁 영웅이 아니다"라고 발표함으로써 선거전의 주요 쟁점은 사라지고 케리는 선거운동 절정기에 2주 동안이나 자신을 변호하는 데 시간을 허비해야 했다. 『미국 대통령 선거 이야기』, 394~396쪽.

시의 초조함과 불안처럼 후보자의 인상이 확고해진다면, 특정한 하나의 모습은 대단히 중요할 수 있다.[44] 정책에 대한 후보의 의견을 평가하기보다는, 후보 X 또는 Y가 어떤 종류의 사람인지에 관한 담화를 발전시키는 것이 훨씬 더 쉽다.

팝킨이 대통령 선거운동에 초점을 맞춘 반면, 존 젤러John Zaller는 더 넓은 관점으로 여론을 조사한다. 그는 영향력 있는 저술『여론의 본질과 기원』에서 개인이 정치적 정보와 주장을 어떻게 정치적 견해로 전환시키는지를 탐구한다.[45] 지금까지의 주된 견해는 시민이 중요한 정책에 호감을 가지고 이러한 호감이 정치인과 정부의 행동을 결정한다는 것이었다. 반면 젤러는 엘리트들의 토론 작용으로 여론이 형성된다고 본다. 그의 잠정적인 추정은 "엘리트 커뮤니케이션이 여론을 형성하지 그 반대는 아니"라는 것이다.[46] 시민은 지지와 선호를 보이지만 그들의 견해는 엘리트 사이의 심의와 논쟁의 산물이라는 것이다.[47]

• **코멘트** 솔자는 1999년 LA 폭동에 관한 자신의 발언으로 악명이 높았다. 1992년 5월 13일 한 인터뷰에서, 그녀는 "만약 흑인들이 매일 흑인들을 죽인다면, 왜 백인들을 죽이는 한 주week를 따로 마련하지 않죠?"라고 말한 것으로『워싱턴 포스트』가 전했다. 이 발언은 이후 미디어에 의해 재생산되었으며, 그녀는 대대적으로 비난받았다. 빌 클린턴 대통령 후보는 이 발언을 비판했다.

• **괴성을 지른 연설** 민주당 대통령 경선에서 버몬트 주지사 하워드 딘은 이라크 전쟁 반대와 의료복지의 확대란 기치를 내걸고 풀뿌리 선거운동을 펼치며 선두로 나서고 있었다. 그런데 2004년 1월 아이오와 코카서스에서 3위를 한 후, '딘의 비명'이라고 알려진 연설을 함으로써 스스로를 파멸시키고 말았고 결국 존 케리 상원의원이 후보로 지명되었다. 당시 딘은 지지자들을 격려하는 연설을 할 때, 심한 감기를 앓고 있어서 목이 잠겨 있었다. TV 화면에는 청중의 환호는 들리지 않고 딘의 쉰 목소리와 상기된 얼굴만 보였고, 또 딘은 연설하는 중에 소매를 걷어올리며 이를 악물었는데, 여기서 '딘의 비명'이란 말이 나왔다. 이런 모습을 지켜본 시청자들은 그가 지나치게 감정적이라는 생각을 하게 되었다.『미국의 대통령 선거 이야기』, 393쪽.

일반 시민은 중요한 사회 의제에 강한 목소리를 내고 있는 반면, 로비스트, 이익집단, 정책 전문가와 정부 관리는 낮은 시야의 쟁점들에서만 목소리를 낸다고 말해진다.[48] 일반적으로 통용되는 이러한 의견에서는 두 가지 주의할 점이 있다. 첫째, 중요한 쟁점들조차도 대중의 의견은 엘리트 토론에 크게 영향을 받는다. 만약 국가나 국제적 정책에 대한 엘리트 간의 합의가 있다면, "무엇을 해야 할지에 대해 대중은 이 합의를 따를 수만 있을 뿐"이라고 젤러는 말한다. 베트남 논쟁 초기 단계는 1990년의 걸프 전쟁•과 마찬가지로 이러한 패턴에 들어맞는다. 걸프 전쟁 당시 부시 행정부의 대중 동원은 대표적인 예다. "이라크가 1990년 8월 쿠웨이트를 침공했을 때, 미국인의 극히 소수만이 쿠웨이트가 존재한다는 사실을 알고 있었다. 그러나 2주 내에, 추가적인 이라크 공격을 막기 위한 미군 동원에 대한 대중 지지는 여론조사의 80퍼센트에 이르렀다." 엘리트들의 의견이 나뉠 때, 대중 또한 이데올로기적 입장을 공유하는 엘리트들에 따라 나뉜다.[49] 둘째, 갈수록 정치인과 그들의 상층 전략가들은 "여론을 자신들이 원하는 정책에 가깝게 옮겨오기 위한 가장 효과적인 수단을 찾기 위해" 여론조사를 활용한다는 것이다. 정치인과 이데올로기적 활동가의 정책 목적이 정책 주도권을 추동한다. 게다가 여론조사는 대중이 원하는 것을 찾기보다는 정책을 '팔기에' 가장 좋은 주장, 상징, 유행어를 발견하는 데 사용된다.[50] 그의 조사는 다수 대중이 엘리트들의 의

• **걸프 전쟁** 이라크가 쿠웨이트를 침공, 점령한 것에 대해 1991년 1월 17일 미국이 주도한 다국적군이 이라크 공격을 개시하며 시작된 전쟁이다. 같은 해 4월 7일 이라크가 유엔안전보장이사회의 휴전 결의안 제687호를 수락함으로써 다국적군의 승리로 종결되었다. 외교부, 『이라크 개황』, 2011. 2.

견으로부터 얼마나 독립적이고 자율적인지를 돌아보게 만든다. 젤러는 자신의 논의를 다음과 같이 요약한다.

> 사람들은 정치 뉴스와 정보에 지속적으로 노출되며, 이들 정보와 뉴스의 상당수는 특정 방향으로 여론을 밀어붙이기 위해 서로 결합한다. 그러나 낮은 수준의 정치적 관심 때문에, 대부분 쟁점에 관해 대다수 사람은 자기 생각이라고 판단한 것에 대해서는 상대적으로 무비판적이다. 결과적으로, 그들은 오직 부분적으로 일관된 생각, 주장, 고려로 가득 찬 대형 상점에 자신의 마음을 채울 뿐이다. 여론조사를 요청받았을 때, 그들은 기억 속에서 즉각적으로 접근할 수 있을 만큼의 많은 생각을 떠올리고 그 생각이 제공하는 옵션 중에서 선택하기 위해 그것들을 사용한다. 그러나 그들은 몹시 서둘러 전형적으로 응답의 순간에 '머리 꼭대기'에 있을 하나 또는 둘 정도의 고려에 기반을 두고 선택한다.[51]

예를 들어 만약 국방비에 관해 질문받는다면, 대부분은 그 주제와 관련된 가장 최근의 뉴스 항목인 국방 조달 스캔들에 관한 밤 뉴스를 떠올리며 답할 것이다. "의견을 바꾸는 과정을 연구한 심리학 문헌에 따르면, 사람들은 설득력 있는 의사 개진과 마주했을 때 대개 스스로 합리적으로 판단하지 못한다. 그보다는 그 메시지의 출처, 즉 누구의 말인지에 의존해서 결정한다."[52] 이것은 사실일까? 젤러는 보통 사람들이 공공의 중요한 문제에 대해 견해를 요청받는 것이 얼마나 특이한 사태인지를 고려해볼 때 충분히 예상되는 바라고 주장한다. 우리의 조언을 들을 준비가 되어 있는 ABC 뉴스 또는 『뉴욕타임스』 여론조사원과 전화로 연결될 일은 거의 드물다고 할 수 있다.

역사가 로버트 위브Robert Wiebe는 규모가 큰 국가에서의 여론조사는 더 활발한 민주주의를 위한 대안이 아니라고 경고한다. 대중이 관심을 기울일 때조차, 여론조사는 종종 "정부에 대한 실제 발언권을 갖는 시민들이라는 환상을 만드는 것에 불과한, 허구적 참여의 기명투표에 지나지 않는다."[53] 만약 여론조사가 광고하듯 즉흥적인 반응이 아닌 쟁점에 대한 숙고를 거쳐 실행된다면 그 결과는 인정받을 만하다. 하지만 지금 실정에서는 여론조사가 측정하는 많은 것이 매우 신중하지 못하기 때문에 정확하지 않다. 그것들은 대중에게 가공된 것일 뿐인 참여의 감정을 불러일으키기 때문에 기만적인 것에 불과하다.

여론조사는 우리를 참여시키지 않는다. 또한 생각하도록 만들지도 않는다. 당면한 쟁점을 붙잡고 싸우도록, 경쟁하는 요구들을 계량하도록, 행동의 다양한 과정의 가능한 결과와 거래에 대해 숙고하도록 요청하지도 않는다.[54] 여론조사는 게임 프로그램과 정치적으로 같다. 무대로 불려 올라와 상이 1번 문 뒤에 감춰져 있는지 2번 문 뒤에 감춰져 있는지 질문받는 것은 우리가 경쟁을 위해 준비할 이유가 없다는 것을 의미한다. 진지한 경험이 아니라 임의로 발생하는 그런 일들에 불과하다. 참가자들은 상을 얻길 원하나, 그 경험에 내재된 목적은 없다. 이것은 일상적 삶으로부터 분리되어 있고 멀리 떨어져 있다.

냉전의 유물

왜 미국인들이 이 대규모 공화국에서 상실감을 느끼는지에 대해 잘 드러나지 않지만 대단히 중요한 이유는 민주주의 언어에서 볼 수 있는 극단적인 변화에 있다. 오늘날 정치인, 저널리스트, 시민들은 지속적으로 '민주적 절차'를 언급한다. 이 단어는 우리 정치의식에 매우 깊이 뿌리 박혀 있기 때문에 왜 민주주의에 대해 이러한 방식으로 이야기해야 하는지에 대한 사색은 거의 이뤄지지 않는다. 그 이유엔 냉전 시기 내면화된 공산주의에 대한 공포가 있다. 소련과의 대규모 투쟁은 거의 반세기 동안 미국인의 삶을 지배했다.[55]

베를린 장벽 붕괴 후 거의 20년 동안, 우리는 냉전적 사고와 냉전의 가능성 안에 여전히 갇혀 있다. 마르크스–레닌주의의 위협에 직면하여 미국인들은 가치의 공유와 시민 참여보다는 일련의 정형적인 권리와 절차라는 새로운 방식으로 민주주의를 말한다.[56] 이것은 우연이 아니었다. 어떤 국가도 도달하지 못한 힘든 이상으로부터 자유롭고 공정한 선거를 보장하는 제도적 절차로의 이행은 이데올로기적 필요에 부합했다. 새로운 정의定義는 서구냐 동구냐 혹은 선거냐 스탈린이냐는 식으로 아주 간결하게 선택된다.[57] 민주주의의 절차적 해석은 시민들을 교육하도록 고무하지 않으며 또한 더 큰 참여를 장려하지 않는다. 대신에 논의·심의·정치적 교섭은 이익집단들과, 전문화되고 기술적으로 정보화된 엘리트들에게 남겨진다.[58]

소비에트와의 투쟁은 많은 국가에 적용될 수 있고 민주주의의 모범으로서 미국 자신에게 제시할 수 있는 민주주의의 간명한 개념을 요구했다. 슘페터는 민주주의를 '정치적 방법'으로 재정의함으로써 정치 엘리트들이 선거에서 대중적 지지를 놓고 경쟁할 수 있는 도구를 제공했다. 케인스 이후의 특출한 경제학자였던 슘페터는 조지 케넌George Kennan의 지정학적 억제력 전략과 결합할 때 이데올로기적 호소력을 갖는 강력한 무기로 '민주적 절차'를 개발했다.[59] 그의 『자본주의, 사회주의, 민주주의』(1942)가 나오자, 선거와 그 절차적 규범을 보유한 서구 국가들은 완전히 민주주의적으로 보였다. 그리고 민주주의의 의미는 공산주의 체제가 절차상의 이유로 심하게 비판했던 개인적 자유로 축소되었다.[60]

민주주의의 '현실적' 이해를 강조하며, 슘페터는 민주주의적 방법이란 "정치적 결정에 도달하기 위해 개개인이 인민의 투표를 획득하기 위한 경쟁적 투쟁을 함으로써 결정력power to decide을 얻는 제도적 장치"라고 말한다.[61] 리더십을 위한 경쟁은 민주정치 시스템의 독특한 특징이다. 그러므로 유권자가 축출의 권력을 가지면, 그 정치 시스템은 민주적이다. "민주주의란 인민이 실제로 지배하는 것을 의미하지 않으며, 또한 의미할 수도 없다. '인민'이나 '지배'라는 말에 내포되어 있는 어떤 명백한 의미에서도 그러하다. 민주주의라는 말이 의미할 수 있는 것은 인민에게 그들의 지배자가 되려는 사람을 승인하거나 거부하는 기회가 주어져 있다는 것뿐이다."[62] 슘페터는 민주 정치와 경제 사이의 명쾌한 유사성을 보여준다. 그의 유추는 다음과 같이 간략하게 진술된다. 잠재적 지도자들/회사들 사이의 투표자들/이익들을 위해 경쟁하는 투쟁은 시민들/소비자들을 위해 입법/상품들을 산출하고자 한다. 슘페터의 경제 이론에서 기업은 시스템의 가장 역동적인 영향력을 갖춘 집단이다. 마찬가지로 그의 민주주의 이론에서는, 유권자가 정치인이 제공하는 것을 수용하거나 거부하는 소비자가 될 때 지도자가 이러한 역할을 한다.[63] 슘페터와 그의 추종자들에게 정치는 단지 또 다른 시장, 우리가 특별 변호인special pleaders•, 정치 컨설턴트, 정치계급에 안전하게 위임하는 노동의 또 다른 분업이다.[64]

나치 독일과 소련, 공산주의 중국의 전체주의적 체제에 직면하여, 대다수 미국인은 민주주의를 좀 더 제한적이며 조심스럽게, 덜 야심적으로 받아들인다. 히틀러의 권력 쟁취는 서구의 많은 사람에게 대중 참여의 지혜에 관해 다시 생각하게 했다. 미국과 중국-소련 사이의 전후 대치 시기의 논리는 자유와 개인권과 사적 기업을 보장하는 미국 민주주의의 독자성을 필요로 했다. 동시에 냉전 전사들은 평등과 공동체 의식이라는 민주주의의 핵심 가치들을 경시했다. 그 이유는 간단하다. 평등과 박애는 자유와 달리 민주주의에서뿐만 아니라 사회주의에서도 핵심 가치이기 때문이다.[65]

기본적인 자유의 손실에 맞닥뜨리고서야 미국인들은 권리와 절차에 기반을 둔 민주주의를 거칠게나마 이해하게 되었다. 거의 알아차릴 수 없을 정도로 짧은 시간에 미국인들은 제퍼슨, 링컨, 허버트 크롤리, 듀이 같은 진보적인 사상가들과는 상당히 다른 철저히 환원적인 민주주의의 이해를 받아들였다.[66] 민주주의의 의미가 경쟁하는 엘리트 사이의 정기적인 선거와 개인의 자유로 축소되었을 때, 민주주의의 중요한 시작 단계였던 고대 아테네는 단지 이상理想 그 자체로 박제화되었다. 1950년대 루이스 하츠Louis Hartz는 공산주의가 "우리 외부의 삶에 관해 우리 내

• **특별 변호인** 변호사가 아닌 자로서 대법원 이외의 법원에서 법원의 허가를 얻어 피고인의 변호를 하는 자를 이른다.

부의 자유라는 쟁점"을 재정립하도록 했다고 말했다.[67] 불행하게도 그러한 과정은 오늘날에도 계속되고 있으며 미국의 제국적 상황과 테러와의 전쟁에 의해 강조된다.[68]

오늘날의 카르타고Carthage(로마 제국의 라이벌 세력이었으며 한니발이 태어난 곳)인 소련이 격퇴되었을 때, 오늘날의 로마인인 미국인들은 다음 질문에 직면한다. 시민과 정치 엘리트 사이의 벌어지는 격차를 거의 중요치 않은 것으로 여기는 민주주의의 최소 정의를 유지하는 것을 계속해야 하는가, 또는 좀 더 큰 민주주의에 대한 이해를 분명히 표현하고 실행해야 하는가.

명백하게 '경쟁하는 엘리트'로서의 민주주의는 정치의 권위주의적인 형태들을 더 선호했다. 그러나 이것은 엄격하게 축소주의적이고 정치 엘리트와 대중 사이의 막대한 격차와 상당한 불평등, 무관심, 공동체 의식 부족을 일반적인 것으로 받아들이고 인내하도록 가르친다. 이러한 것들은 절차적 문제가 아니라 정말 실질적인 문제가 된다. 냉전이 미국 민주주의를 얼어붙게 했다는 것이 냉전이 가져온 간접비용이다. 민주주의를 '절차적 민주주의'로 재정의하는 것은 항암치료와 비슷한 것이다. 밖으로는 공산주의라는 암을 치유하는 데 도움이 되지만, 안으로는 새로운 도전에 대한 민주주의적 생기—나른함이 아니고—가 필요할 때, 정치를 약한 상태로 남겨두게 되는 것이다.

직접민주주의의 덫

규모의 문제를 다루는 데 있어 마지막 어려움은 직접민주주의와 일반적인 대의정부라는 두 가지 방식으로 민주주의를 사고하는 습관에서 발생한다. 슘페터와 루소는 이러한 두 축 주위를 맴돌고 있는 민주주의에 대하여 가장 제도적인 사고를 했고, 대의민주주의와 참여민주주의 각각에 중대한 기여를 한 저자들이다. 슘페터는 인민은 결정을 하는 사람들을 수용하거나 거부할 권리를 가지나, 선거와 선거 사이에는 대중이란 침묵한 채 머물러 있어야 한다고 말한다. 참여, 시민 덕성과 활기찬 민주적 대화는 거의 중요하지 않다. 오늘날 대의정부의 독창적인 이론가인 매디슨 역시 엘리트주의자이지만 슘페터는 이러한 입장을 더 극단적으로 밀어붙인다.

다른 민주적 극단에는, 『사회계약론』을 쓴 18세기 작가이자 현대 참여민주주의자들을 수호하는 루소가 있다.[69] 그는 덕성 있는 시민들로 가득 찬 소규모 공화국을 선호하고 고대 아테네 민주주의의 현대적 이해를 제공한다.[70] 슘페터와 대조적으로 루소는 지도자 개인의 정치권력은 "주권으로서 인민의 자유롭게 표현된 의지"라는 권위의 규제를 받아야 한다고 주장한다.[71] 급진적 직접민주주의자인 루소에게 대의는 민주주의의 죽음이다. "영국의 인민은 스스로를 자유롭다고 생각하지만, 그것은 큰 잘못이다. 그들이 자유로운 것은 오직 의회의 의원을 선거하는 기간뿐이다. 선거가 끝나는 순간부터 그들은 다시 노예가 되어버리고, 아무런 가치도 없는 존재가 되어버리는 것이다. (…) 인민이 대표자를 내세우는 순간부터 그 인민은 이미 자유롭지 않게 되고 인민으로서의 존재 의의를

상실하게 된다"라고 말한다.[72]

논란이 분분한 급진적 견해를 두고 루소가 민주주의자인지를 의심하는 이들도 있다.[73] 그러나 루소가 민주주의에 기여한 점을 부인하는 것은 루소에 대한 심각한 오해다. 그는 기분을 북돋우는 이상주의자이면서 예리하고 가장 타협하지 않는 사상가다. 제임스 밀러James Miller의 거작 『루소: 민주주의의 몽상가』를 읽어보면, 직접참여민주주의의 이상에서 찾아볼 수 있는 흥분, 실현과 가능성들의 감정을 느끼지 않을 수 없다.[74] 아이러니하게도 그는 자유와 민주주의의 추구에서 끊임없고 완벽하기 때문에 헤아리기 어렵다.

실제로 루소의 철학은 민주주의가 아니라 자유에 관한 것이다. 『사회계약론』은 다음과 같은 유명한 진술로 시작한다. "인간은 자유롭게 태어났다. 하지만 도처에 사슬로 묶여 있다." 인간은 문명이 존재하기 전에 자유롭게 태어났고, 모든 남녀는 다른 사람에게 복종할지의 여부를 결정하는 천부적 자유를 갖고 태어난다. "하지만 도처에 그는 사슬로 묶여 있다"는 말로 모든 정부의 정당성에 문제를 제기한다. 루소의 기획은 개인이 사회에서 어떻게 자유를 유지할 수 있는지를 보여주는 것으로, 이는 매우 어려운 과제이지만 완벽한 사회 질서 속에서는 가능하다. 루소에게 민주적인 사회 질서는 오직 자유가 가능한 곳에만 있기 때문에 민주주의와 자유는 명백하게 연결된다. 철학적 순수함으로 루소는 만약 인민이 진정 자유롭기를 원한다면 그리고 다른 모든 재화보다 인간의 자유를 소중하게 여긴다면, 그들은 엄격한 규칙을 따라야만 한다고 말한다.

"민주정에 대하여"에서 그는 다음과 같이 쓰고 있다.

> 민주정이라는 정부 형태는 실로 조화되기 어려운 숱한 조건을 전제로 한다. 첫째, 인민 모두가 한곳에 쉽사리 모일 수 있고 서로 쉽게 다 알 수 있는 아주 작은 국가를 전제로 한다. 둘째, 사무가 복잡하지 않고 귀찮은 문제가 일어나지 않도록 하기 위해 풍습이 극히 단순할 것을 전제로 한다. 그다음으로, 인민의 지위와 재산이 상당할 정도로 평등할 것을 전제로 한다. 그렇지 않으면 권리와 권위의 평등도 오래 지속될 수 없기 때문이다. 끝으로, 사치가 아주 적거나 전혀 없을 것을 전제로 한다. 왜냐하면 사치는 재산에서 생기거나 아니면 재산을 필요로 하는 것이기 때문이다. 말하자면 사치는 부자도 빈자도 다 같이 타락시킨다. 부자는 소유에 의하여 그리고 빈자는 탐욕에 의하여 타락하고 마는 것이다. 사치는 인민으로 하여금 국가를 팔아서라도 안일과 허영심을 달성하게 만들고, 국가로부터 모든 시민을 끌어내 서로 노예가 되게 만들며, 시민을 편견의 노예로 만들어버린다.[75]

민주주의의 원칙들은 "적합하나 몇몇 시기에 몇몇 지역에서만 적합하다"고 루소는 그의 저작에서 분명히 밝혀놓고 있다.[76] 위의 조건들을 목록화한 다음 그는 "만약 신들로 구성된 인민이 있다면, 그들의 정부는 민주적일 것이다. 그토록 완벽한 정체는 인간에게는 적합하지 않다"고 주장한다.[77]

루소의 비전은 현대 사회의 두 가지 기본적인 현실과는 완전한 대척점에 서 있다. 그의 민주주의에서, 대의정부는 허용되지 않고 그러므로 시민체는 시민들이 모여서 직접 법과 정책을 결정할 정도로 아주 작아야만 한다. 게다가 시민들은 다양하지 않아야 하고, 조화로운 이익을 가질 것을 보장하며 공공선에 동의할 수 있도록 철저히 유사해야 한다. 그의 철학에서 볼 때 규모와 다양성 모두에서 미국은 근본적으로 부적합하다.

많은 측면에서 루소의 철학은 현대적 삶에 대한 급진적 거부였고, 그의 가장 열정적인 추종자들은 종종 가망성 없는 낭만주의자들로 보였다.[78] 만약 루소가 현대적 삶에 매우 부적합하다면, 그가 민주주의 철학자로서 우리에게 왜 그렇게 중요한가라는 질문이 제기된다. 첫째, 우리 모두는 그의 꿈의 그림자에서 살고 있다. 그는 가장 큰 민주혁명인 프랑스대혁명을 도화하는 데 그리고 메시지를 전파하는 데 가장 책임 있는 저자다. 루소 이전에는 귀족주의와 봉건주의가 일반적인 것이었다. 그러나 루소 이후에 인민주권은 출발점이 되고 민주주의 사회에서 인내할 수 없는 귀족주의가 어느 정도까지인가가 질문되기 시작한다. 특별한 권력을 가진 천부天賦의 왕들로부터 인민에 속한 것들로 주권의 의미가 변환함으로써, 그는 사실상 역사를 바꾸었던 드문 정치 이론가가 되었다. 둘째, 루소는 개인적 자유를 위한 근대 시기의 갈망을, 일상적 삶을 형성하는 데 시민들이 직접 참여한 고대 그리스 민주주의에 대한 이해와 결합한다. 그는 자유는 가장 큰 재화이고 민주주의는 이것을 보호하고 완전하게 할 수 있는 유일한 정부라고 주장한다.[79] 셋째, 프랑스대혁명에서 출현한 세 가지 경로는 모두 루소에 빚을 지고 있다. 대의민주주의는 봉건적 특권의 폐지와 법 앞의 평등이라는 이념을 요구한다. 루소는 이 두 가지 목표를 추구한다. 현대 전제주의 형태의 독재 민주주의는 인민을 "자유롭게" 할 수 있는 "계몽된 지도자들"로 구성되는 정부 권력에 집중한다. 그리고 직접민주주의는 "인민 자신에 의해 취해지는 행동으로서" 입법을 이해하는 것을 목표로 한다.[80]

물론 슘페터와 루소처럼 극단적인 입장을 취하는 사상가는 드물고, 사실상 대부분 정치 이론가는 양극단에서 누그러진 입장에 서 있다. 그럼에도 미국에서는 민주 제도에 관한 대부분의 논의가 소규모의 참여민주주의 또는 대규모의 대의정부 둘 중 하나에 집중된다. 사실상 우리는 20세기 초의 진보적 개혁가들에게만 기대어 스펙트럼의 중간에 있는 지속적인 민주적 창의를 찾고 있다. 1960년대 소규모 직접민주주의의 실험은 베트남 전쟁과 시민권을 위한 시위가 끝났을 때 종료되었다. 대부분의 미국인은 전통적 대의정부가 현대 사회를 운영하는 유일한 방식임을 결코 의심하지 않았다. 미국인 절대다수는 아주 작은 공동체를 제외하고는, 민주주의는 대의정부를 의미해야만 한다고 이해한다. 전체주의 체제와 급진적 근본주의자들은 현대 민주주의에 가장 진지한 도전장을 내놓지만, 목가적인 민주주의의 낭만적 몽상가들은 그렇지 않다.

우리의 도전

우리의 도전은 슘페터와 루소에 의해 제공된 것들보다 좀 더 유연한 제도적 조망을 발전·작동시키는 것이다. 20세기 초 진보적 개혁가들은 직접민주주의의 기본 원리를 취함으로써 그리고 대규모에서의 타운 미팅을 밀어붙여 모든 시민이 정책에 투표하게끔 하는 발안제도와 프라이머리를 고안했다. 그러나 주민발안제도를 시행하고 있는 캘리포니아에서의 파괴적인 집착을 목격하게 되는 현실에서 조심스럽게 말해도 대중 직접민주주의에 의한 정부는 문제가 많다.[81] 첫째, 중요한 쟁점이 되는 법률 개정안들은 건전한 공공정책의 수단이 아니다. 그것들은 선거운동용 무기다. 유권자들 속에 있는 특별한 그룹에 호소하기 위해 정치 컨설턴트들에 의해 고안된 수많은 주민 발안은 결함투성이인 데다 앞뒤도 맞지 않는다. 그 결과 나쁜 법이 만들어진다. 둘째, 프라이머리 시스템은 후보 선택과정을 개방했으나 뉴햄프셔와 같은 작은 규모에서 실행되지 않는다면 투표자들은 일반 선거에서보다 후보들에 대한 명확한 그림을 갖지 못한다. 그리고 1월 말과 3월 초 사이의 모는 중요한 프라이머리의 일정은 대통령 선거운동 시스템을 대규모 기금 조달자들과 아주 부유한 사람들로 편향되게 만든다. 증거는 바로 여기에 있다. 대중 직접민주주의는 빈혈 상태다. 투표자들에겐 정보가 없고, 경도된 텔레비전 광고들에 의해 조작되며, 그들이 투표하는 의제는 스스로 거의 결정하지 못한다. 지난 30년 동안 전국에 걸쳐 여러 주에서 행해진 주민발안 투표는 "투표하기 위해 투표장으로 정기적으로 가는" 것에 불과했다. 피터 슈래그Peter Schrag는 이를 두고 부족한 참여만 있는 정부의 "자동 파일럿 시스템"을 목표로 하는 것처럼 보인다고 했다.[82]

만약 전통적 대의정부가 만족스럽지 않다면 이것은 일반 시민에 의한 참여와 심의를 거의 허락하지 않기 때문이고, 전통적 직접민주주의가 불충분하다면 이것은 작은 공동체 환경들에만 초점을 맞추기 때문이다. 그렇다면 우리는 무엇을 할 수 있는가? 소규모의 참여민주주의와 전통적 대의정부의 중간 지대에 도달할 수 있는 또 다른 방법은 있는가? 21세기에는 생산적인 개혁이 시작될 것이고 대의의 축을 펼칠 것이다. [표 1]은 우리 앞에 놓인 선택을 보여준다.

	직접민주주의	중간 지대	일반적인 대의정부
18세기	루소		매디슨/슘페터
20세기		주민발안제도, 프라이머리 직접 대중민주주의	
21세기		?	

[표 1]

| 제2장 |

대규모 공화국에서의 부패

자유주의와 공화주의라는 용어는 확실히 민주적 의미가 있다. 미국 정치를 말할 때 사람들은 종종 공공정책과 정당 이데올로기를 갖고 말한다. 우리는 조지 W. 부시 대통령이 보수주의적 공화당원이고 상원의원 에드워드 케네디는 자유주의적 민주당원이라고 이해한다. 그러나 자유주의와 공화주의는 또한 철학적 의미가 있는 것으로 잘 알려져 있고, 여기서는 이데올로기보다는 철학적으로 용어를 사용한다. 실제로 철학적 자유주의자들은 그 자체의 목적이 아니라 하나의 수단으로 정부를 바라보는 17세기 영국 철학자 존 로크를 따른다. 그들은 정치를 필요악으로 본다. 그리고 개인은 성취를 위해 일과 사적 삶을 돌봐야만 한다. 이와 달리 시민 공화주의자들은 유일한 하나는 아니지만 중요한 하나로 정치를 그 자체의 훌륭한 목적으로 바라보는 아리스토텔레스, 마키아벨리와 제임스 해링턴James Harrington을 따른다. 자유주의자들은 개인 권리를 강조하고 공동의 노력에 회의적인 반면, 공화주의자들은 시민 덕성을 강조하고 공동의 심의가 공공선善을 규정하는 데 본질적이라고 믿는다.

한때는 삶, 자유, 사유재산과 내란의 권리를 제기한 로크가 미국혁명의 전부였다고 주장되기도 했다. 사실 제퍼슨의 「독립선언서」•는 로크의 『통치론』의 주석으로 이해된다. 그러나 우리는 미국인이 단지 로크적 자유주의자일 뿐 아니라 마키아벨리적 공화주의자라는 것을 알고 있다.

고대 로마 및 시민공화주의 전통이 건국자들에게 큰 영향을 미쳤다는 것은 오늘날 상식이다. 버나드 베일린Bernard Bailyn에 따르면, 공화주의적 발상은 미국 혁명의 기폭제로 인식된다. 포콕J. G. A. Pocock으로부터, 우리는 마키아벨리와 이탈리아 르네상스가 공화주의 성공 여부의 핵심으로 시민 덕성과 부패의 다툼을 어떻게 보았는지, 그리고 공화주의의 개념과 언어가 어떻게 영미적 전통에서 사유의 복잡한 부분이 되었는지를 이해한다. 그리고 고든 우드Gordon Wood로부터, 이러한 공화주의적 발상이 건국 초 미국적 경험과 함께 어떻게 현대화되고 전환되었는지를 파악한다.[1]

헌법 채택 토론이 한창일 때, 미국은 정치의 두 가지 이해 사이에서 선택에 직면했다. 연방주의자들의 자유주의 개념은 강한 정부, 전제專制에 대비한 제도적 보호에 초점을 맞춰 승리를 거뒀고, 대의 시스템은 인민과 적당한 거리를 유지하는 정부를 고안했다. 미국 정부의 자유주의적 뼈대는 의무 이전에 권리를, 공공선 이전에 개인적 자유를 강조하는 해석의 지지를 받는다.[2] 하츠가 오래전에 주장했듯, 미국에서 자유주의 전통은, 이러한 자유주의가 요구하는 바를 거부하는 공산주의자, 인종차별주의자들 같은 비주류 세력에게도 광범위하고 깊게 나타난다.[3] 예를 들면 대통령 부시와 상원의원 케네디는 각각 공화당과 민주당의 규범적인 전달자들이지만, 그 둘은 철학적 의미에서 열성적인 자유주의자다.

• **「독립선언서」** 1776년 7월 4일 미국은 영국의 식민지 상태에 있던 13개 주의 대표들이 모여 필라델피아 인디펜던스 홀에서 독립을 선언했다. 이때 벤저민 프랭클린, 존 애덤스, 로저 셔먼, 로버트 리빙스턴, 토머스 제퍼슨 다섯 사람이 기초한 「독립선언서」를 발표하였는데, 여기에서 만인의 평등, 행복추구권, 자유 및 생명권 등을 규정했다. 외교부, 『미국개황』.

비록 지배적이라 하더라도, 자유주의는 미국에서 정치적 이상理想의 전부는 아니다. 시민공화주의 전통은, 캐스 선스타인Cass Sunstein이 말했듯 '지속적인 유산'이다. 이것의 주된 약속은 현재, 특히 시민권이 무엇을 의미할 수 있고 무엇을 의미해야만 하는지에 관한 세련된 이해로서 심의민주주의와 공화주의적 자유에 초점을 맞춘다.[4] 확실히 로마, 마키아벨리, 이탈리아 도시공화국의 공화주의 전통은 설득력 있는 정치 이론을 제공한다. 공화주의적 자유는 정치 참여가 자유를 옹호하는 데 본질적이라고 주장하며, 지배와 권력에 관심을 가질 것을 요구한다.[5]

공화주의적 사고에는 두 가지 중요한 학파가 있다. 신아리스토텔레스학파에게 인격 함양과 도덕적 우수성은 데모스demos의 목표이고 시민으로서의 참여가 최고선이다. 그러나 복잡하고 다양하고 다원적인 세계에서 정치를 다른 모든 것보다 우선적으로 추구해야 할 하나의 선善으로 보는 이는 드물다.[6] 민주주의의 발상지로 다시 돌아갈 수는 없다고 말하는 자유주의자들의 인식은 타당하다. 아렌트Hannah Arendt와 매킨타이어Alasdair MacIntere가 제시한 근대성과 자유민주 정치에 대한 비평은 눈길을 사로잡는다. 그러나 그들이 좋은 삶이라고 부르는, 통합된 모든 시민의 참여로 세워지는 정부 형태는 불가능한 목표다.[7] 이와 달리, 로마와 마키아벨리의 공화주의적 전통은 비즈니스, 예술, 우정과 같은 것에서 찾을 수 있는 우수함처럼 정치 영역 밖의 삶에서 많은 좋은 점을 찾는다. 정치에서의 완전한 참여를 기대하거나 요구하진 않지만, 정치적 유대에서 찾은 공적 행복이 바람직한 선이라는 그리스인과 로마인들의 인식을 현대 공화주의자들은 보유하고 있다.

이러한 공적 행복은 무엇으로 이루어지는가?[8] 그들이 함께 나누는,

공동체를 위한 목표와 염원에 관한 동료 시민들과의 대화다. 공화주의자들에게 정치와 정부는 집합된 사적 소망의 기계적 장치가 아니다. 대신, 시민들 사이의 대화와 논의는 선호를 형성하고 변화시킨다. 공적 담화로 마음은 바뀌고 듣는 사람들은 자극되며, 공화주의 과정이 만들어진다. 그러므로 공화주의 통치를 위한 이상적인 모델은 100명의 상원과 뉴잉글랜드 타운 미팅이다. **공적인 일**res publica•은 **공화주의**가 의미하는 것이다.[9]

민주주의는 과정이자 실재이기 때문에, 대중은 일상의 중요한 쟁점에 가치와 판단을 형성할 수 있어야 한다. 이렇게 하려면 서로 이야기해야 한다. 반연방주의자들이 헌법을 공격했을 때, 그들은 강한 공화주의적 원리에 기반을 두었다. 선스타인은 "그들은 헌법이 진정한 자유에 좌우되는 분권 시스템을 파괴할 수 있다고 믿었다. 시민이 대표자를 통제할 권리를 잃을 수 있고 공적인 일에 참여할 기회를 박탈당할 수 있으며, 이에 시민 덕성의 원리는 훼손될 수 있다. 멀리 떨어진 통치자에 의한 통치는 통치자와 피치자가 이익을 공동으로 추구하는 것을 깨뜨릴 수 있다"고 말한다.[10] 요컨대, 반연방주의자들은 "인민을 정치 과정에서 배제하고, 강력하지만 대중에게서 멀리 떨어진 정부를 창조하며, 상업활동을 강조하는 등의 모든 것이 부분적으로 미국혁명이 싸워왔던 '공적 행복'을 제거할 정도로 위협적이라는 것"을 이해했다.[11]

• **공적인 일** republic의 어원은 '공공의 것'을 뜻하는 라틴어 'res publica'이다. 이 말의 의미는 로마 시대의 정치가이자 철학자인 키케로가 잘 표현하고 있다. 그의 저서 『국가론』에서는 "공화국은 인민의 일들이다. 그러나 인민은 아무렇게나 모인 일군의 사람을 뜻하는 것이 아니라, 정의와 공동의 이익을 인정하고 동의한 사람들의 모임이다"라고 정의하고 있다. 김경희, 『공화주의』, 책세상, 2009, 20쪽.

반연방주의자들과 현대 공화주의자들은 대규모 결합, 특히 대표자에 대한 유권자들의 극단적으로 높은 비율, 민주주의의 절차적 이해가 민주주의를 건조하게 만든다고 본다. 공화주의자들에게는 4년마다 투표하는 것만으로는 충분하지 않다. 공화주의자들에게 정치 시스템은 시민들을 위해 존재한다. 그러나 일반 시민은 영향력을 거의 갖지 못하며 재력과 강력한 이익집단에 의해 지배되는 정치 시스템을 두려워한다. 시민 기질의 타락이 조금도 수그러들지 않고 계속될 때, 결국 공화주의는 종말을 맞이할 수 있다. 이것은 세계적 강대국의 위치에 오른 최초의, 그리고 최근까지 유일한 공화국이었던 로마의 경험이었다.[12]

공화국을 창설함에 있어 건국자들(연방주의자와 반연방주의자들이 다 포함된)은 로마와 이탈리아 도시공화국이 두 가지 목표를 가졌다고 이해했다. 첫째는 인민이 목소리를 내는 시스템을 창조했다는 것이다. 둘째는 어떤 단일 개인이 지나치게 많은 권력을 획득하는 것을 막기 위해 인민과 집단 사이에 국가 권력을 분배했다는 것이다. 시민들로서, 로마인들은 "노예와 그들을 구별하는 가치로서 자유롭게 말하기, 사적 소유, 법 앞에의 권리를 자랑스럽게 뽐냈다." 그들은 "자유 도시는 한 사람이 가장 완전한 한 사람일 수 있는 곳"이라고 이해했다. 그리고 400년 이상, 로마 공화주의 시민들은 도시의 자유를 보존하기 위해 모든 것을 희생할 수 있다는 것을 보여줬다. 로마 시민들에게, 자유를 대체할 수 있는 유일한 것은 노예 상태 또는 죽음뿐이었다.[13] 그러므로 패트릭 헨리가 "내게 자유가 아니면 죽음을 달라"고 발언했을 때,* 그는 키케로와 마키아벨리가 이해하고 열정적으로 믿었던 말을 한 것이다. 그는 시민들이 스스로를 통치함에 있어 강하고 지속적인 역할을 맡는 공화주의의 핵심적인 신념을 요구했다. 이것은 공화주의 전통의 본질이다.

대규모 공화국에서의 부패

그러나 도시국가로부터 대규모 국가로 전환되었을 때 공화주의의 전통은 어떠한가? 『페더럴리스트 페이퍼』 제10장의 가장 중요한 부분에서 매디슨은 '대규모'는 치명적인 결함이 아니라 민주주의를 번성하게 하는 데 필수적인 것이었다고 주장함으로써 몽테스키외와 공화주의 전통 사이의 형세를 역전시켰다. 비록 도시국가 민주주의가 "파벌의 해악을 치유할 수 없다고 하더라도", 대의민주주의는 "다양한 관점에 열려 있고, 우리가 추구하는 것에 대한 치유를 약속한다"고 매디슨은 쓴다. 규모가 클수록 "정당과 이권의 다양성"은 커지고, 이에 "다수가 다른 시민의 권리를 침입할 동기를 가질" 가능성은 덜해진다.[14] 급작스럽게도 '소규모'는 부도덕함이 되고 대규모가 미덕이 되는 셈이다.

파벌을 다룰 때도 매디슨은 공화주의 정부가 직면하고 있는 중요한 문제를 자신이 해결했다고 믿었다. 그러나 애석하게도 그는 틀렸다. 파벌이 작은 도시국가의 폐해였다면, 부패는 대규모 공화국의 골칫거리다.

• **발언했을 때** 1775년 3월 23일, 버지니아 주 리치먼드의 세인트존 교회에서 버지니아식민지협의회는 영국 식민정부에 대항하기 위해 민병대를 조직하고자 중대한 모임을 가졌다. 이 자리에서 패트릭 헨리는 무장 충돌을 피하고자 하는 온건파 세력에 맞서 민병대를 모집하고 전쟁 준비를 갖추어야 한다는 결의안을 제출했으며 "내게 자유가 아니면 죽음을 달라"고 연설했다. 독립을 위해 인상적인 활동을 펼친 헨리는 1776년 버지니아 주지사가 되어 3년 동안 재임하면서 독립전쟁에 이바지했다.

그가 더 강한 정부로 헌법 조항을 교체하는 것에 집중할 때 미국 인구는 500만 명도 안 되었고, 대규모 민주주의에서는 장기적으로 봤을 때 시민들이 덜 효율적이고, 공직자는 시민과 더 동떨어지게 된다는 것을 매디슨은 미처 생각하지 못했다.[15]

여기서 드는 부패 개념은 공공 미덕의 상실, 광범위한 무관심, 공공선을 넘어서는 사적 이익의 추구를 뜻한다는 점에서 특별한 시민공화주의적 의미를 갖는다. 역사적으로 건국자들보다는 진보적 개혁가들에 이를수록 사복私腹 채우기, 리베이트, 담합 등과 같은 금전적 의미에서의 정치적 부패에 관해 생각하는 경향이 있다.[16] 태머니 홀Tammany Hall•의 일원이었던 조지 플런키트 주의회 의원은 이러한 접목에 대해 간략한 정의를 제공한다. "나는 기회를 엿보다가 '그것들'을 취한다."[17] 부패의 오래된 공화주의 관념은 그에 비해 진귀한 듯 보인다. 성추문을 제외하고는, 오늘날 공공 미덕을 잃었다고 해서 사람을 조사한다거나, 하물며 감옥으로 보내지는 않는다. 그러나 부패에 대한 공화주의의 오래된 이해는 여전히 중요하다. 왜냐하면 이것은 종종 간과되긴 하나, 비판적인 공적 삶의 차

• **태머니 홀** 태머니 홀은 혁명전쟁의 퇴역 군인들이 조직한 공화파의 정치기구로서, 1789년 출범 당시에는 명목상 자선단체의 성격을 띠고 있었다. 그러나 1800년 연방파의 존 애덤스와 공화파의 토머스 제퍼슨이 맞붙은 대통령 선거에서 공화파가 뉴욕시와 뉴욕 주를 석권하는 데 주도적 역할을 함으로써 이후 공식적인 정치기구로 자리매김한다. 19세기 후반 정치적으로 무지한 이민자가 많았는데, 이들을 대상으로 투표수를 배후 조종하는 등 부패정치의 온상이 되었다. 20세기에 들어와서도 뉴욕 시 및 뉴욕 주의 정치에 강력한 영향력을 행사했으나 스미스 시장 때 부패사건이 속출하여 1930년경 철저한 조사가 행해졌으며, 그 결과 시장이 사임하고 태머니의 신용도 떨어져 이후 급속히 쇠퇴했다. 요약하면, 19세기에서 20세기 초까지 뉴욕에서 강력한 영향력을 행사하던 부정한 정치 조직을 의미하며 때로 모든 부정한 정치 조직을 가리키기도 한다.

원을 포획하기 때문이다. 이것이 오늘날 우리가 고통받고 있는 부패의 종류라고 믿는 이들이 적지 않으며, 그들은 시민 덕성을 회복하고 대중 참여리는 규범을 포함할 것을 간청한다.[18] 잭 아브라모프, 톰 딜레이 같은 이들의 스캔들이 헤드라인을 장식하는 것은 무관심, 공공 미덕의 상실, 사적 이익의 공격적인 추구와 같은 부패의 좀 더 깊은 온상을 드러낸다.•

대규모 상업공화국에서의 부패는 버려진 정원에서의 잡초들처럼 자란다. 연방주의자들이 두려워했던 민주적 격정의 과도함과는 대조적으로 1960년대와 같은 참여 급증의 시기에도 우리는 정치적 포함political involvement에서 광범위하게 배제되는 것에 대해 고심한다. 정부는 인민과 멀리 떨어져 있고, 투표는 이따금 있을 뿐이며, 신문 열독은 급락하고, 온건한 투표자들은 융통성 없는 당파주의자들이 통제할 때 무시당한다고 느낀다. 공격적인 정치 광고들•이 불변의 법칙이 될 때, 정치권력 투

• **경향이다** 잭 아브라모프는 미국의 거물 로비스트로 국회의원과 보좌진들에게 입법활동에 필요하다는 핑계로 여행과 골프, 각종 향응을 베풀어 뇌물죄를 저질렀다. 이밖에도 탈세와 사기죄 등으로 기소되어 유죄가 인정되었다. 공화당 전 원내대표로 정계 거물인 톰 딜레이 의원 일행과 영국 스코틀랜드로 7만 달러짜리 골프여행을 갔다 왔으며, 반反인터넷 도박법 입법을 중단시키는 데 협조해주는 조건으로 톰 딜레이 의원 아내에게 5만 달러를 줬다는 내용도 들어 있다. 『뉴욕타임스』 집계를 보면, 1999년 이후 아브라모프로부터 2만 달러 이상의 선거 자금을 기부받은 의원은 공화당 19명, 민주당 6명에 이른다. 이들은 모두 "합법적으로 기부를 받았다"고 밝히지만, 아브라모프와 거리를 두기 위해 앞다퉈 돈을 토해내고 있다. 톰 딜레이 의원과 로이 블런트 현 공화당 원내대표도 5만7000달러와 8500달러를 각각 자선단체에 기부하겠다고 발표했다. 지난 3일엔 데니스 해스터트 하원의장이 6만9000달러를 자선단체에 기부하겠다고 밝혔고, 지난해 12월에도 상하원 의원 6명이 기부금을 반환했다. 톰 딜레이는 2005년 불법 선거 자금 문제가 불거지고 잭 아브라모프 부패 스캔들에 연루되면서 결국 22년 만에 의원직에서 물러났다. 돈세탁 혐의로 기소되어 징역 3년의 실형이 선고됐다(부산일보 2006년 1월 13일자, 인물로 읽는 세계 잭 아브라모프; 연합뉴스 2011년 1월 11일, 톰 딜레이 전의원에 징역 3년형 등 정리).

• **정치 광고들** 반대파들에 대한 비판이나 모욕 위주로 되어 있는 인쇄물이나 텔레비전의 단편영화 같은 광고를 이른다.

쟁의 초점은 선거에서 맞대응 수사搜査로 전환한다.[19] 이러한 풍토에서 로스 페로의 부분적인 성공•과 아놀드 슈와츠제네거의 선거•는 정말 지지해서라기보다는 차라리 이런 것이 더 낫겠구나 하는, 일반 대중의 기존 정치에 대한 좌절감이 표현된 대표적인 예다.[20] 애국주의는 9·11의 테러 공격 후에 밀어닥쳤지만, 정치 과정과 상위직에 선출된 사람들에 대해 경계하고 불신하는 것은 여전하다.[21]

또한 세계에서 가장 발전적이고 역동적인 자본주의 경제에서의 경제적 필요와 요구가 교육, 예술, 가족, 친구 또는 시민 참여이든 간에 다른 관심들을 정기적으로 밀어내는 것과 같은 걷잡을 수 없는 소비주의를 배경으로 살아가고 있다. 데이비드 리치David Ricci는 경제를 일으키는 기업을 문명의 테두리 내로 국한시킬 수 있는지 여부가 현안이라고 주장한다. "가끔 블루 또는 핑크 휴대폰을 살 수 있는 소비자의 능력보다는 사회적 삶을 위해 괜찮은 상황들을 만들어내는 데 다른 사람들과 연결하는 시민의 능력"을 의미하는 것으로 자유에 대한 이해를 회복할 수 있는가?[22]

상황에 따라, 파벌 또는 부패로부터 공화주의는 고통받아왔다. 『페더럴리스트 페이퍼』 10장에서, 매디슨은 파벌을 "전체의 다수이건 소수이

• **일정 부분 성공** 미국에서 당시 14번째로 돈이 많았던 억만장자 로스 페로는 연방보조금을 받지 않고 자신의 돈으로 선거에 나서겠다고 선언하고 1992년 미국 대통령 선거에서 무소속으로 출마하여 18.9퍼센트를 득표, 미국 공화당의 조지 W. 부시의 표를 잠식하여 빌 클린턴의 당선에 기여했다. 그가 얻은 표는 1912년 시어도어 루스벨트 이후로 제3당 후보로서는 가장 높은 득표율이었다. 1996년 대선에서는 개혁당으로 출마해 8.4퍼센트를 득표했다.

• **아놀드 슈와츠제네거의 선거** 2003년 10월, 캘리포니아 주지사 보궐선거에서 공화당 후보로 나와 당선되었다. 2006년 11월 캘리포니아 주지사 선거에서 다시 공화당 후보로 나와 민주당 후보를 56퍼센트 대 39퍼센트로 누르고 재선되었다. 영화로 축적한 부富가 있어 주지사 임기 중 매년 연봉인 17만5000달러를 받지 않고 모두 사회에 기부하기도 했다.

건 다른 시민의 권리 또는 지역사회의 영구적이며 전체적인 이익에 역행하는 어떤 공통된 열정 또는 관심의 충동으로 단결되어 행동하는 사람들"이라고 정의한다.[23] 유사하게, 우리는 정확하게 부패를 정의할 수 있다. 부패는 많은 당사자가 사리를 추구하는 행위로 조장되며, 공적 제도에 대한 신뢰 상실 및 정치 엘리트와 대중 사이의 벌어지는 간극으로 인해 정치로부터 민심을 이탈시킨다.

부패가 만연한 시대에 이기적인 개인주의는 자라나고, 협소한 이익집단은 공공선의 추구를 제압하며, 제로섬 정치는 당파에는 좀 더 열광적이고 타협의 여지는 줄어들도록 만든다. 정치 세계가 줄어듦에 따라, 정치는 이기거나 지는 것으로 축소된다. 매디슨이 종종 두려워했던 하위계층의 파벌은 근본적인 원칙들이 토론을 위해 올라오는 강렬한 정치적 행동주의의 시기, 특히 혁명이 일어나는 동안에 발생한다. 반면 부패는 많은 사람이 수동적이고 아주 적은 쟁점들만이 대중을 동원하는 '일상적 정치' 시기에 일어난다. 왜냐하면 파벌의 해악이 가시적이고 그 결과는 명백하기 때문에 대규모 공화국을 주기적으로 성가시게 하는 부패에 관해 이야기하기보다는 소규모 공화국에서의 파벌의 해악적인 영향들을 논의하는 것은 더 쉽다. 시민 정신의 부재不在인 부패는 기본적으로 사람들의 행위인 만큼 사람의 영혼에서 찾을 수 있는 도덕적 문제다. 파벌이 생겨날 때 정치적 불만을 품은 사람들은 이를 무시하기 어렵다. 이와 반대로 시민 덕성과 무관심 같은, '마음의 습관들'은 사회과학적 측정으로 정확히 찾아내기란 매우 어렵다.[24] 무관심은 시민 참여가 점차 쇠미해지는 것이다. 사람들은 투표장에는 가지 않고 대화는 피하며 행동은 취하지 않으면서 사적 추구에만 빠져든다.

토크빌은 공화주의적 믿음, 습관, 가치가 날카로운 개인주의를 어떻게 누그러뜨리는지를 그리고 민주적 공동체를 어떻게 풍요롭게 하는지를 보았다. 시민 다수가 참여할 수 있게 정치 지도자들을 강요하는 헌법 구조를 창조함에 있어서 공화주의와 자유주의 태도를 융합했던 매디슨과 대조적으로, 토크빌은 다른 방향으로 문제에 접근했다. 엘리트들에 집중하는 대신 그는 일반 시민의 관습을 탐구했다. 토크빌이 발견했던 미국 민주주의의 핵심은, "이익을 추구하는 사람에 반대하지 않으나, 각각의 이익이 좋은 것으로 증명될 수 있도록 한다"로 요약되는, "사리 추구는 적절하게 이해된다"라는 윤리였다.[25] 매디슨은 입법에 있어 파벌의 위험에 관해 걱정한 반면, 토크빌은 대체로 문화에서의 부패에 관해 조바심쳤다. 사람들이 사적인 삶에 너무 빠져들어 자유 따위는 다른 이들이 지키라고 내버려둘 때 위험은 어렴풋이 나타난다. 개인으로서만 기능한다면 그들은 공동체에 책임 있는 시민들이라는 사실을 잊는다. 『미국의 민주주의』 말미에, 토크빌은 의미 있는 시민 유대가 희미해지고 시민들이 점차 물질적으로 될 뿐 아니라 자기 자신에게만 몰두할 때 민주주의는 부식하기 시작한다고 경고한다.[26]

한편 미국인들이 다수의 시민 유대관계 속에서 활발하게 참가하고 있는 것 역시 사실이다. 문제는 국가(그리고 주) 정부가 지역으로부터 멀리 떨어져 시민과 아주 미약하게 연결되어 있다는 것이다. 대표자와 우리의 멀리 떨어진 관계는 데니스 톰슨Dennis Thompson의 '간접 부패mediated corruption'로 개념화된다. 이것은 공직자들이 저축대부 거물인 찰스 키팅과 같은 지역구 친구들을 돕거나, 공직자들의 선거운동에 정치 자금을 대고 반대급부로 사업 기회를 얻을 때 일어난다. 관찰자들은 키팅 파이브Keating Five의 행동은 다른 정치인들 대부분과 도덕적으로 구별되지 않는다는 점에 동의한다.[27•]

특별한 공화주의적 용어의 의미에서 부패는 경제가 최고조로 성장하든 또는 경기 후퇴 국면이든 상관없이 전후 미국에 만연해 있다. 대규모 공화국에서의 부패는 서로 연결된 두 차원의 특징이 있다. 불만을 품은 대중과, 부자와 엘리트에게 호의적으로 기울어진 정치 시스템이 그것이다. 여기서 그 각각의 결과를 조사한다.

불만을 품고 있는 비판적인 시민들

미국은 2004년 투표자 관심과 투표율에서 괄목할 만한 호전을 보였다. 대통령 조지 W. 부시가 두 번째 임기를 맡아야 할지 어떨지에 관해 입장이 반반으로 나뉜 열정적인 선거였다. 이라크에서의 전쟁으로 추동된 부시의 모습과, 그를 좋아하거나 혹은 증오하는 듯한 정치적 의제에 의해, 그리고 선거가 가까워지면서 공화당과 민주당 양당에 의해 치열하게 벌어진 동원 효과에 의해, 이전에는 투표하지 않았던 수백만 명의 사람을

• **동의한다** 1980년대 후반 저축대부조합들이 부실 운영으로 도산 위기에 몰렸으나, 워싱턴 정가와 친분을 쌓아온 찰스 키팅이 소유한 '링컨저축대부조합'은 당국의 조사를 피해 나갔다. 결국 1989년 회사 파산과 함께 키팅은 구속됐고, 34억 달러의 공적 자금은 허공으로 날아갔다. 민주당 의원 4명과 공화당 매케인 등이 당시 저축대부조합에 대한 정부 규제를 가로막아 '키팅 파이브'로 불렸고, 이중 3명이 정계에서 추방됐다. 키팅과 절친하게 지냈고 실제 11만 달러의 정치자금을 후원받은 매케인도 여론의 지탄을 받았으나, 가까스로 상원의원 재선 고지에 오르며 부활했다.

투표로 이끌었다. 한 정치 잡지의 표지 제목은 그 결과를 다음과 같이 요약한다. "2004년 선거: 많은 돈, 높은 투표율, 적은 변화."[28] 좀 더 적극적인 정치 참여와 투표율 상승이 지속되었다면 좋아졌을지도 모른다. 그러나 2004년과 같은 특별한 요인들이 이어지긴 힘들기 때문에 투표율 증가는 단기적 현상일 것이다. 존 케네디가 당선된 1960년 이래로, 투표율은 매 대통령 선거 때마다 거의 떨어졌다. 그 당시에는 6880만 명이 투표했고, 4080만 명이 불참했다. 이와 달리 1996년에는 9630만 명이 투표했고 1억20만 명이 참정권을 행사하지 않았다. 2000년 투표율은 단 51퍼센트였다. 1억540만 명은 투표한 반면, 1억40만 명은 공적 삶의 중요한 의식에 참여하기보다는 11월 초에 사적인 일을 하는 게 낫겠다고 결정했다.

2004년까지 지난 40년은 투표율에서 지속적인 하락을 보였다. 이러한 수치들이 특히 충격적인 것은 높아지는 대학 등록율과 여성운동, 인종차별의 붕괴와 좀 더 개방된 유권자등록법에도 불구하고 참여는 줄어들기 때문이다. 이러한 경향은 사실 투표율을 높이 끌어올려야 했지만 우리는 오히려 "선거운동을 돕는 자원봉사자부터 텔레비전 토론을 보는 시청자들에 이르기까지 선거활동의 사실상 모든 영역에서" 쇠퇴를 목격했다.[29] 오하이오와 같은 양당 초접전 경합 주에서는 2004년 강한 풀뿌리 참여에 대한 노력이 있었다. 그러나 그러한 열정적인 활동은 민주나 공화당 중 하나를 지지하는 주에 살고 있는 투표자들까지 바꿔놓지는 못했다.

우리가 이처럼 무관심해진다면, 엘리트가 권좌에 임명되는 것을 승인해야 할 때만 우리를 필요로 할 뿐인 이 공허한 민주주의는 더 공고해진다. 1996년 대통령 선거를 돌아보면서, 조너선 셸Jonathan Schell은 다음 내용이 궁금해지기 시작했다. "고소득을 올리며 고도로 숙련되고 매우 활동적인, 기술적으로 잘 갖춰진 수많은 공복公僕이 오늘날 다양한 커뮤니케이션 수단을 활용하고 있음에도 주권자들이 냉소와 분노로 외면하고 있는 우리 시스템에는 무슨 특별한 이유가 있지 않을까?"[30] 패터슨은 유사한 문제제기를 한다. "민주주의의 중심 도구인 선거제도와 미디어 조직은 점차 사적으로 활용되어왔다. 오늘날 개인적 야심은 선거운동을 추동하고 이익과 명성은 저널리즘을 추동한다. 후보, 공직자, 저널리스트는 대개 자신들이 봉사하는 대중으로부터 멀어진 좁은 전문가 세계에서 움직인다."[31] 마이클 킨슬리Michael Kinsley는 대중을 '큰 아이들big babies'이라고 부른다. 왜냐하면 포커스 그룹의 여론조사에 따르면 '인민'은 "내가 좋아하는 정책 프로그램을 없애지는 말되 세금을 낮추고 결점을 보충할 것"을 정치인들에게 계속해서 말하고 있기 때문이다.[32] 대중은 상충관계를 이해하거나 장기적 결과를 고려하기보다는 정치인들을 비난하면서 무책임하게 선택만 해나가는지도 모른다. 그러나 윌리엄 그라이더William Greider가 지적했듯, "만약 시민들이 때로 정치에 무책임하게 행동한다면, 이것은 그들에게 부여된 역할이다. 그들은 긍정적이고 넓은 마음의 언어로 통치과정에 영향을 미치는 방식을 잃어버렸다."[33]

대중이 달리 선택할 과정이나 제도가 없기 때문에 그들이 한가로운 것인지도 모른다. 2000년 대통령 선거에 대해 『뉴욕타임스』는 "많은 사람이 정치에 동원되는 워싱턴 D.C.에서 빌 브래들리 전 상원의원도, 텍사스 주지사 조지 부시도, 부통령 앨 고어도 시민들이 자발적으로 참여해 우편봉투를 붙이는 선거운동본부를 갖지 못했다"고 적고 있다.[34] 돈을 지불하는 것만이 유일하게 참여를 독려했다.[35] 물론 보통 사람에게 '당신들은 힘이 없다'고 거듭 말한다면, 그들은 결국 그렇게 말하는 힘 있는 자를 믿고 따를 것이다.[36] 사람들이 자신의 삶과 일에만 몰두할 때, 대중의 관심과 에너지를 자극하는 중요한 쟁점이 없을 때, 그리고 클린턴 대통령과 같은 스캔들•, 2000년 대통령 선거운동에서 텍사스 주지사로서 조지 W. 부시의 1억9300만 달러 모금과 같은 보도에 직면해서도 오히려 더 단념하는 모습을 보이는 그러한 시기에 부패는 창궐하고 공화주의는 위험에 처한다. 이라크 전쟁처럼 대중을 끌어들일 만한 중요한 쟁점이 있을 때도 수동적이고 무관심하다면 우려스러울 수밖에 없다.[37]

무관심한 시대에 시민은 공적인 일에 관심을 덜 가지고, 냉소적인 정치계급은 시민을 희망 없는 얼간이로 묵살하는 잔인한 주기가 펼쳐진다. 여전히 '인민'은 선거를 결정한다. 그러므로 감정과 선입견에 기반한 조잡한 여론의 조작은 정치적 성공의 열쇠가 된다. 물론 이러한 묘사는 지나친 것일 수 있다. 투표하고 공적인 일에 관심을 갖는 시민들은 축소되고 있지만 또 꽤나 복잡해졌다. 그들은 정치 컨설턴트와 정치인에 의해 제공된 정보가 있다면 미묘한 차이를 내는 판단들을 할 수 있다.[38] 다음과 같은 키V. O. Key의 관찰은 적절하다. "상식과 반대되며 정통에서 벗어난 주장은 투표자들이 바보가 아니라는 것이다. 확실히 많은 투표자는 기

• **스캔들** 클린턴의 여성관계는 1992년의 대통령 선거 당시부터 종종 표면화되었는데, 아칸소 주 직원이었던 포라 존스에 의한 성추문 소송에서는 성적 요구에 응한 여성은 고용면에서 우대하고 거부한 여성에게는 은전을 주지 않았다는 성차별이 쟁점이 되었다. 그 결과 다른 여성과의 성적 관계도 심리 대상에 올라 백악관의 인턴 직원 모니카 르윈스키와의 관계가 주목받게 되었다. 그들의 관계가 문제시된 것은 대통령과 르윈스키 사이에 1년 반에 걸쳐 성적 관계가 지속되었다는 윤리적인 면과 대통령이 르윈스키에게 거짓증언을 요구했다는 법적인 면에서였다. 클린턴은 성적 관계를 부인했으나 후에 르윈스키가 반대 증언을 함으로써 대통령의 위증 문제가 정치적으로 크게 부각되었다.

묘한 방식으로 행동하고 있다. 그러나 대안들이 명료하게 제시되고 정보를 이용할 수 있다면 유권자는 대체로 합리적으로 책임성 있게 행동한다."[39]

최근 연구는 네 개의 그룹으로 비투표자를 분류한다. 비투표자의 35퍼센트가량 또는 미국 성인의 17퍼센트가량은 무관심 범주에 들어간다. 하버드대의 쇼렌스타인 센터Shorenstein Center가 주관한 '사라지고 있는 투표자 프로젝트the Vanishing Voter Project'에 따르면 "시민 의무감이 없는" "정치에 관심 없는" "공적인 일들을 알려고 하지 않는" 사람들을 포함한다. 비투표자의 14퍼센트인 두 번째 그룹은 나이가 많고 장애가 있는 그리고 최근에 이주한 사람들이다. 이들은 기능적으로 투표하기가 어렵다. 미국 성인의 4분의 1인 비투표자의 나머지 51퍼센트는 무관심하진 않다. 그들은 소외되거나("분노, 정치인들과 정치를 혐오해서 손을 뗀다.") 또는 환상이 깨졌거나(정치가 실행되는 방식에 의해서 그렇게 된) 한 이들이다. 환상이 깨진 사람들은 "20세기 후반 정치를 지배했던 부정적인 뉴스에 의해서다. 그들 중 많은 사람은 공적인 일에 관심을 표명하고 정치에 관해서 종종 이야기하며 뉴스를 알고자 한다." 모든 비투표자의 70퍼센트 이상은 사실상 등록한다.[40]

요약하면 많은 비투표자는 스스로 "정치에 관심을 끊겠다"고 선언하는 비판적 시민들이다. 잘 교육받은 중간계층이 민주적 이상과 정치 현실의 괴리에 환멸을 느낄 때 이러한 불만은 "무관심이 아닌, 정부에 대해 높아만 가는 비판적 평가"를 반영한다.[41] 정부는 이전보다 더 나빠졌는가? 아니면 사람들의 기대는 늘어나고 있는가? 사회과학적 조사는 후자라고 주장한다. 발전된 산업국가의 데이터를 조사한 사회학자 로널드 잉

글하트Ronald Inglehart는, 최근 경향은 민주주의에 대한 지지가 늘어났다기보다 권위에 대한 존경심이 부식됨을 보여준다고 말한다.

> 위계질서적 권위에 점점 더 비판적인 경향을 보이는 대중은 또한 권위주의 정부에 점차 저항하고, 정치적 삶에 대한 관심을 높인다. 정치에서 적극적인 역할을 수행할 때가 많아진다. 비록 정당이 유권자에 대한 통제를 잃고, 투표와 같은 권리 행사가 정체하거나 쇠퇴하더라도, 엘리트에 도전하는 참여 형태들은 점점 더 광범위해지고 있다. (…) 그리고 비록 그들이 정치적 권위와 큰 정부를 불신하더라도, 발달된 산업사회의 대중은 경제적으로 낙후된 사회의 대중보다는 최소한 민주주의를 더 가치 있게 여긴다. (…) 민주적 원리들을 지지하는 경향은 높아지고 있다.[42]

피파 노리스Pippa Norris는 이러한 국제적 경향이 "대의정부의 제도적 메커니즘을 개선하고 개혁하기를" 원하는 "비판적인 시민"의 성장을 의미한다고 주장한다.[43]

종종 국내에서의 위기나 외국에서의 전쟁은 대중을 흔들어 깨웠다. 9·11 테러와 이에 따른 후유증 같은 경우다. 갑자기 테러리즘은 미국 내부를 위협하고 있다. 이슬람 원리주의, 중동에서의 전쟁이 대화 석상을 지배한다. 신문 헤드라인의 비명과 텔레비전의 요란한 뉴스에서, 사람들은 새로운 유의 전쟁을 준비하는 대통령과 그의 조언자들을 충실하게 관찰한다. 그리고 반응과 감정을 공유하기 위해 함께 일하는 사람들, 가족, 친구, 이웃과 이야기하기를 갈망한다. 그들의 사회적 영역을 넘어 사람들은 편집자들에 편지를 썼고, 그들을 대표하는 의원들에게 이메일을 보내거나 또는 인터넷 채팅룸에 들락거렸다. 몇몇은 지역 대학에서의 포럼에 참여했다. 다른 사람들은 전미 네트워크의 비영리 공공 라디오방송인 내셔널 퍼블릭 라디오에서 진행한 프로그램들의 타운 홀 미팅을 청취했다. 그러나 이러한 시작 단계들을 넘어서는 것에 관한 질문이 나온다. 대중이 조직화된 심의 방식으로 어떻게 논의하고 있는가? 애석하게도, 가장 기술적으로 진보한 나라인 미국은 메커니즘에 관해 원시적인 수준이고, 시민으로서 정부에 대해 서로 이야기할 수 있는 공론장 역시 원시적인 수준에 머물러 있다. 이러한 공허함은 국가적 위기 동안 극심해진다. 대부분은 만족스럽지 않더라도 견디고 있지만, 시민공화주의자는 부패의 또 다른 측면으로서의 고립감을 인식한다.

돈의 은밀히 퍼지는 영향

당연히 부패의 두 번째 면은 부유하고 강력한 이익집단에 호의적인 정책 과정이다. "부富가 국가 정책에 접근하는 것을 가능하게 한다"와 같은 헤드라인은 전국에 걸친 신문에서 정기적으로 나타난다. 우리는 그들을 배부른 자본가들이라고 부른다. "그들은 전화기를 집어들고 전화선을 통해 그들이 선출한 정치 지도자와 통화할 수 있다. 그들의 이익을 돕는 법안 발의를 이끌어낼 수 있다. 그들을 위협하는 조치들을 없앨 수 있다. 국가의 가장 큰 선거운동 후원자이면서 상대적으로 적은 인원이다."[44]

여기서 매디슨의 헌법은 이를 죄는 고삐라기보다는 박차를 가하는 힘이 된다. 매디슨은 노동계급 파벌의 위험에 너무나 집중했기 때문에 부유하고 강력한 자들의 과도한 영향 문제를 회피했다. 빚에 허덕이는 매사추세츠 농부들이 상층 은행가들에 대항하여 봉기했던 쉐이즈의 반란과 같은 계급투쟁으부터 부유층을 보호함으로써, 매디슨은 '해밀턴의 부패Hamiltonian corruption'라 불릴 수 있었던 것에 문을 열어줬다.[45] 조지 워싱턴이 재무장관으로 임명했고 제퍼슨의 숙적이었던 알렉산더 해밀턴은 부유층이 재산을 증식시키는 것을 돕기 위해 정부 권력을 사용하고자 했던 것으로 유명하다. '해밀턴의 부패'는 실제 정치인들과 그들의 친구를 감옥까지 가게 할 리베이트와 비자금은 아니다. 대신 정치적 평등을 조롱하는, 정치 과정에서 서서히 퍼지는 거금의 영향이다. 정당들, 정치행동위원회들Political Action Committees, PACs•과 정치인에 거금을 후원하도록 하는 수단과 의지를 가진 개인들은, 정치 과정의 VIP들이다. 우리 대부분은 이 특별 게스트에게 굽실거리는 정치인들을 보며 분하게 여긴다.

특이하게도 '해밀턴의 부패'는 부유층의 경제적 권력이 공적 토론을

• **정치행동위원회들** 선거운동기금을 조성해 정계에 진출하려는 후보자들에게 그 기금을 나누어주는 것을 목적으로 하는 미국 정치조직체다. 기업·노동조합·동업자조합 등이 구성하며, 개인에게 자발적으로 선거운동 기금을 기부하도록 부탁하고 이렇게 해서 모은 기금을 선거로 뽑히는 정부 관직 후보자나 상·하원 후보자들에게 제공하는 일을 한다. 1971년의 연방선거운동법에서 특정한 기업이나 조합 또는 개인이 어떤 후보에게 줄 수 있는 기부액의 한도를 엄격히 정한 뒤부터 이 위원회의 활동이 두드러지게 되었다. 정치활동위원회는 더 많은 수의 사람이 소액 기부금을 내도록 함으로써 선거법의 제약을 피하고, 동시에 후보자들에게 상당한 액수의 기금을 제공할 수 있게 되었다. 정치활동위원회는 하나의 조직이 아니라 이익단체가 정치자금 기부나 연방선거 참여를 원할 때에는 연방선거운동법에 의해 반드시 정치활동위원회를 결성하게 되어 있기 때문에 연방선거위원회에 등록되어 있는 정치활동위원회는 약 4000개 정도 된다. 함성득·남유진, 『미국정치와 행정』, 나남출판, 1999, 280쪽.

지배하는 정치를 공격적으로 추구할 때 발생한다. 세계가 잘 알고 있듯이 가장 역동적인 경제와 정치 민주주의가 결합한 국가인 미국에서 이것은 되풀이되는 문제다. 매디슨과 해밀턴은 유명하고 공동체에 잘 연결된 개인들이 대표자로 선출되는 헌법을 고안했기 때문에 우리 정치 시스템은 상대적으로 '해밀턴의 부패'로부터 보호받지 못한다.[46] 버나드 마넹Bernard Manin이 지적했듯이, "해밀턴은 부유함이 대표의 선발에서 미치는 영향을 그 어떤 연방주의자보다도 공개적으로 옹호할 각오가 되어 있었다."[47] 이러한 문제는 오늘날만의 우려는 아니다. 매디슨이 해밀턴 발상의 승리를 목격했을 때, 그는 국가주의자에 못지않았고 오히려 제퍼슨의 공화주의자가 된다.[48] 원래 더 나은 사람은 상류층으로, 부유한 상인과 변호사가 그들이다. 오늘날 이러한 계층에 속하는 최고경영자들, 첨단기술 백만장자들, 중상층 전문가들은 저널리스트 마이클 린드Michael Lind가 '특수층'이라 불렀던 멤버들이다.[49] 『부와 민주주의Wealth and Democracy』에서 케빈 필립스Kevin Phillips는 "돈이 그 자체의 영역을 넘어서서 정치와 정부를 통제하는 결정과 능력이 되는 것"으로 금권정치를 정의한다.[50] 필립스는 다음과 같은 통찰을 보여줬다. 공화당의 헤게모니는 중간층의 행복에 초점을 맞추었던 링컨이나 닉슨과 같은 대통령과 함께 시작되었고, 재산이 급등하고 경제적 권력은 집중되며 부자에 대한 세금은 대폭 줄이고 블루칼라와 중간층 노동자들의 임금은 감소하거나 정체된 채로 남아 있는 시기를 통치했던 레이건과 부시와 같은 부유층에 주된 혜택을 주는 대통령들에 의해 지속되었다. 우리가 미국의 두 번째 도금시대Gilded Age•를 살고 있다는 사실은 명백하다. 필립스는 다음과 같이 쓴다.

1979년에서 1989년 사이 미국에서 인구의 최상위 1퍼센트가 차지하는 부의 비율은 22퍼센트에서 39퍼센트로 두 배 가까이 늘어났다. 1990년대 중반 일부 경제학자의 추정에 따르면 1970년대 중반 이후 늘어난 모든 소득의 70퍼센트가 인구의 최상위 1퍼센트에게 돌아갔다. 1999년 『뉴욕타임스』 보도에 따르면 미국 가구의 상층 20퍼센트 내에서도 소득 분배는 대단히 불균등했다. 상층 20퍼센트의 소득 증가분 90퍼센트가 상층 1퍼센트에게 돌아간 것이다. 인구의 상층 5퍼센트나 10퍼센트 소득 그룹에 속하는 연봉 9만 달러의 회계사나 12만5000달러인 변호사가 연소득 150만 달러의 투자은행가나 4000만 달러의 기업 최고경영자와 같은 그룹에 속한다고 볼 사람은 아무도 없을 것이다.[51]

집중된 부는 커다란 정치적 영향을 갖는다. 캘리포니아 정치에서 한때의 보스였던 제시 언루는 "돈은 정치의 모유다"라고 말했다. 1996년 의회 선거에서 가장 많은 정치자금을 모금한 후보자들이 하원에서는 92퍼센트, 상원에서는 88퍼센트가 승리했다.[52]• 전 미국 상원의원 빌 브래들리는 '해밀턴 부패'의 정치적 영향을 이렇게 말한다. "돈은 선거의 당선자뿐만 아니라 출마할 후보도 결정한다. 궁극적으로 돈은 정부가 할 수 있

• **도금시대** 미국에서 엄청난 물질주의와 정치 부패가 일어난 1865~1890년경에 이르는 시대를 '도금시대'라고 부르는데, 이는 겉은 번쩍거리지만 내부는 부패한 당시의 미국 사회를 풍자한 것이다. 이 시기는 금권지배와 경제적 팽창을 특징으로 한다. 도금시대라는 이름은 마크 트웨인이 1873년에 발표한 소설 『도금시대 : 오늘날의 이야기』에서 유래한다. 케빈 필립스, 윤덕한 옮김, 『부와 민주주의』, 도서출판 중심, 2004, 13쪽 옮긴이 주.

• **승리했다** 2008년 연방 상하원 후보들의 선거운동 경비로 지출한 돈은 약 14억 달러(하원 9억8000만 달러, 상원 4억1000만 달러)이며, 승리한 하원 후보의 평균 지출액은 140만 달러, 승리한 상원 후보의 평균 지출액은 310만 달러였다. 외교부, 『미국개황』

는 일과 할 수 없는 일을 결정한다. 의회는 몇몇 예외적인 상황을 제외하고는, 평범한 2억5960만 명의 미국인보다 선거 자금으로 200달러 이상을 기부하는 90만 명의 목소리에 귀를 기울이게 될 것이다."[53] 『뉴욕타임스』 탐사보도 저널리스트 데이비드 존스턴은, 가족이 연간 3만 달러를 벌든 30만 달러를 벌든 간에, 공화당과 민주당 정권 하에서 대부분 미국인은 국세청에 의해 강탈당하고 있고 시스템적으로 부패한 다른 제도들은 최상위 부유층의 요구에 봉사한다고 말한다. "적어도 1983년 이래로 분명한 사실이지만 말로 하지 않았을 뿐이다. 즉 중간층으로부터 세금을 좀 더 모으는 대신 가장 부유한 미국인들이 세금을 유예하게 하는 워싱턴에서의 정책은 슬쩍 세금을 축소하자고 하는 것에 이르고 있다."[54]

2000년 대통령 선거운동 초기 단계에 텍사스 주지사 조지 W. 부시는 3700만 달러를 모았다고 발표했다. 그는 매칭 펀드matching fund•를 포

• **매칭 펀드** 일반 기부 모금에 부응하여 단체·개인 등이 내는 일정 비율의 부응 기금을 일컫는다. 미국의 연방선거운동법은 대통령 선거 후보를 지원하기 위해 일반 납세자들의 기부금으로 대통령 선거운동기금을 조성하도록 규정하고 있다. 일반 납세자들은 매년 연방소득세 신고서를 제출할 때 대통령 선거운동기금 항목에 승낙 표시를 함으로써 3달러씩 기부하게 된다. 이 3달러는 납세액에서 공제됨에도 불구하고 20퍼센트 정도의 납세자만 참여하고 있다. 예비선거 경우는 20개 이상의 주에서 각 개인으로 250달러 이하의 금액으로 총 5000달러 이상을 모금한 후보는 연방선거관리위원회에 공적 지원을 신청할 수 있으며, 연방선거관리위원회는 후보가 모금한 액수와 같은 금액을 지원한다. 그러나 연방선거관리위원회의 공적 지원을 받는 후보는 선거 자금의 지출액에 있어 제한을 받는다. 2008년 예비선거 경우, 오바마 후보는 지출 제한을 받지 않기 위해 공적 지원을 포기한 바 있다. 본 선거에서는 양대 정당의 경우 전당대회를 통해 확정된 대통령 후보에게는 연방선거관리위원회가 공적 지원을 제공한다. 이 지원을 받는 후보는 지원금으로만 선거운동을 해야 하며 여타 모금을 할 수 없다. 공적 지원액은 물가 상승률에 따라 매번 조금씩 인상되는데, 2004년 경우 양당 후보에게 약 7500만 달러씩 지원했다. 제3의 후보는 대통령 선거에서 최소 5퍼센트의 득표를 해야만 지원받을 수 있으며, 양대 정당의 후보와 달리 선거종료 후 지급된다. 외교부, 『미국 개황』

기하고 지출 한계를 피했다. 그는 백악관으로의 입성을 위해 전례 없는 7000만 달러를 모아서 사용했다. 반대로, 상원의원 존 매케인은 "양당이 공직을 유지하는 대가로 나라를 가장 높은 입찰자에게 팔아넘기는, 양당 공모의 정교한 직권남용체제"로 미국 선거운동 시스템을 매도했다.[55] 매케인은 작은 뉴햄프셔에서 부시를 망연자실하게 만들었으나, 부시는 현금 파워와 조직화된 힘으로 매케인을 꺾고 공화당 지명을 쟁취했다.•

매케인의 비판은, 2000년 선거운동 기간 부유한 공화당원들이 조지 W. 부시에게 2000달러 수표를 기부할 때 이것이 궁극적으로는 그들의 수익을 위해 의미 있는 투자가 될 것이라는 사실을 알려준다. 비록 부시 행정부가 일반 미국인들에게 공정할뿐더러 경제 촉진을 위해 필수적인 것으로서 세금 삭감을 내세운다 하더라도, 반대 해석은 이를 "당에 기탁한 수백만 달러의 기부금에 대한 보상"으로 본다.[56] 미국에는 최상층 부호들이 살고 있다. 400대 부호, (1억 달러 또는 그 이상을 가진) 3000명에서 5000명 사이의 억만장자, (1000만 달러 또는 그 이상을 가진) 27만 명의 천만 달러대의 부자가 있다.[57] 그리고 43대 대통령인 조지 W. 부시가 단일 모금 이벤트에서 100만 달러 이상을 모으기 위해 왜 이 도시에서 다른 도시로 옮겨갈 수 있는지를 이해하기 어렵지 않다.

• **쟁취했다** 2000년 공화당의 뉴햄프셔 경선에서 골수 공화당 성향의 조지 W. 부시 후보가 무당파 성향이 짙은 존 매케인 후보에게 40대 60으로 패했다. 참고로 공화당 뉴햄프셔 경선은 전통적으로 당원들보다 무당파의 입김이 드센 지역으로 알려져 있다. 부시 측이 매케인 부부가 방글라데시에서 태어난 여자 아이를 입양한 사실을 두고 "존 매케인이 불법적으로 검은 피부의 아이의 아버지라는 사실을 알고도 그에게 표를 주시겠습니까"라는 네거티브 전략을 효과적으로 구사한 것 역시 승리의 한 요인이었다. 『미국 대통령 선거 이야기』, 378~379쪽.

백악관과 1968년 이래로 종종 미국 상원, 그리고 1994년 이래로 하원의 공화당 지배는 세금 부담에서 괄목할 만한 변화를 초래했다. 1960년 연방 조세 수입에서 기업 세금은 23.2퍼센트를 차지한 반면 급여세(사회보장과 노인의료보험 부담)는 11.8퍼센트였다. 2000년에는 기업세가 10.2퍼센트로 떨어졌고, 급여세는 31.1퍼센트로 올라갔다.[58] 동시에 미국에서 가장 많이 임금을 지불받는 10명의 최고경영자의 보상은 가파르게 증가했다. 1981년에 이러한 주된 집행은 평균 350만 달러의 임금을 지불했다. 그리고 2000년에 상위 10명의 실업계 거물의 평균 임금은 믿기 어려운 액수인 1억5400만 달러였다. 『뉴욕타임스』의 칼럼니스트이자 경제학자인 프린스턴대 폴 크루그먼Paul Krugman은 비록 이러한 임금이 인플레이션에 의한 것이라 하더라도, 일반 노동자들의 임금은 그 시기 대략 두 배가 되었던 반면 최고경영자의 소득은 4300퍼센트에 달했다고 지적한다.[59]

국가적 일에 대한 부유층들의 영향력은 놀랄 만한가? 물론 아니다. 모든 그룹처럼 부유층 역시 정부에서 목소리를 내야만 한다. 문제는 상위 계층과 사업 이익집단이 미국 시스템에서 불공정하게 이득을 얻고 있느냐는 것이다. 사실 이것은 이미 우리의 현실이다. 부유층에겐 돈이 있다. 모든 중요한 자산은 정치 시스템에 영향력을 발휘하길 원한다. 게다가 사업 이익집단은 두 가지 방식으로 보호된다. 첫째는 사업의 특권화된 지위다. 고전적인 저술 『정치와 시장Politics and Markets』에서 찰스 린드블롬Charles Lindblom은, 정부 관료와 기업가 두 엘리트 집단이 자유 시장 사회를 어떻게 지배하고 있는지를 설명했다.[60]

린드블롬은 정밀한 분석으로 왜 재계가 하나의 이익집단에 불과한 것이 아닌지를 보여준다. 비록 기업 최고경영자들이 대통령에게 전화를 하지 않고 로비스트들이 의회의 홀을 돌아다니지 않는다 하더라도 재계는 워싱턴에서 상당한 영향력을 발휘한다. 재계가 향유하는 특권화된 지위의 논리는 다음과 같다. 정치인들은 재계가 요구하는 것들을 배려한다. 왜냐하면 유권자는 정치인들이 경제가 건전하게 유지되도록 역할할 것으로 기대하며, 기업 임원들은 사실상 완전한 사회를 위한 투자와 공용 결정을 하는 사람들이기 때문이다. 대공황 이래 정치인들은 경제가 좋지 않을 때 선거에서 패배했다. 이것을 염두에 두고, 선거로 선출되는 공직자들은 사업을 돌보는 대중 정책들을 만들어낸다. 권력을 획득한 민주사회주의자들은 빠르게 시장에 귀 기울이기 시작한다. 프랑스의 프랑수아 미테랑과 스페인의 펠리페 곤살레스는 이러한 예를 보여준다. 본질적으로 기업의 특권화된 지위는 자본주의를 사회민주주의의 침식으로부터 보호한다. 재분배를 도입하고 세금을 늘리면 어떤 시장사회라도 자본도피와 투자 중단을 겪게 된다. 이것은 재선을 추구하는 정치인들을 위협에 빠뜨리면서 결국 경제의 지지부진함을 초래한다.[61] 기업들은 노동조합과 환경단체의 대항에 끊임없이 직면하고, 산업은 특별한 쟁점에서 정부의 호의를 얻는 것이 얼마나 어려운지를 불평한다. 그러나 기업은 여느 이익집단과 다르다. 설령 로비가 없다고 하더라도, 기업은 호의적인 대우를 받는다. 오직 기업만이, 전체로서 취해지는, 이러한 특권화된 지위를 민주주의 시장사회에서 언제든 향유한다.

기업 이익집단이 정치게임에서 혜택을 누리는 두 번째 방식은 굉장히 미국적이다. '해밀턴의 부패'가 미치는 영향은 정당들이 강하고 중간 노동계급이 잘 대표될 때는 약화될 수 있다. 역사적으로 많은 유럽 국가가 그러했다. 그러나 미국에서 두 개의 주된 정당은 상부 계층을 대표한다.

비록 노동자와 노동계급 쟁점이 때로 민주당을 지배한다지만, 정말 이따금만 그럴 뿐이다.[62] 뉴딜 시대와 같은, 민주당이 강하게 블루칼라의 이익을 대표했던 시기가 있었다. 그러나 이것은 일반적이라기보다 예외적이다.[63] 미국 정치사에 대한 백과사전적인 지식을 보유한 마이클 배런Michael Barone은 경제보다는 문화적 요소가 우리 정치를 지배하고 구성한다는 설득력 있는 주장을 펼친다.[64] 클린턴 대통령에 의해 개조된, 오늘날 민주당은 공화당의 그것과 유사한 중상층 계층 편향을 기획한다. 양당은 중간계급과 노동계급의 희생을 발판삼아 외곽도시 거주 엘리트들을 주목한다.[65] 역사상 가장 큰 중간계급 사회로서, 미국은 전통적으로 가운데는 두텁고 양쪽 끝은 작은 럭비공과 유사한 계층 구조를 형성했다. 그러나 경제가 하락하고 외부 위탁이 늘어나고, 임금이 지체되는 불평등이 증가하는 시기에는 이러한 계층 구조가 모래시계 모양을 취하기 시작한다. '해밀턴 부패'의 위험은 미국의 계층화가 브라질과 같은 제3세계 국가와 닮아가기 시작할 때 치솟는다.[66]

계층 격차가 완화될 땐 1990년대 후반과 같은 경제 붐을 예상할 수 있다. 그러나 최근 성장의 경제적 혜택들은 대개 상위 20~30퍼센트에게 갔다. 정부와 사기업의 조사 보고서에 따르면, 수입은 지난 사반세기에 걸쳐 상당히 증가해왔지만 불균등한 형태를 띤다. 이론적으로 급등하는 경제는 모두를 보트에 태우나, 많은 미국인, 특히 경제의 가장 역동적인 부분과 연결되지 않은 자산을 보유한 사람들은 1970년대 이래로 그들 삶의 기준이 쇠퇴하는 것을 보고 있다.[67] 급등하는 자유시장경제의 트리클다운 이론the trickle-down•이 어느 정도 사실이라는 것은 인정한다. 저널리스트 그레그 이스터브룩Gregg Easterbrook은 규모의 경제에서 아래에 위치한 사람들이 "수명, 교육, 삶의 기준, 건강, 직장 안전과 늘어나는 여가 시간" 등에서 더 많이 나아졌다고 주장한다.[68] 맞는 말이지만, 경제력이 정치적 영향에 따라 너무나 쉽게 전환될 수 있다는 약점은 그대로 남아 있다.

공화당과 민주당 정치가들에 대한 기부로 유명한 엔론Enron• 등은 규제 완화를 위해 상당한 로비활동을 해왔다. 감독 행위는 미약한 반면 속이고자 하는 강한 동기가 있을 때 기업의 불법 행위는 언제든 불거질 수 있다. 그러나 부패는 엔론 붕괴, 이라크 재건 과정에서 감사도 없이 수억 달러의 수의계약 체결, 그리고 의회에서의 공화당 리더십을 압도하고자 하는 아브라모프 스캔들을 넘어서서 확장되고 있다. 부시 대통령 집권 시기 부패를 만든 것은 개인적인 스캔들이 아니었다. 필립스는 "부패의 새로운 양상은 선거운동 및 홍보기구에 거액을 기부한 인사나 조직이 미국 정치와 정책 결정을 광범위하게 가차 없이 접수한 것"이라고 말한다.[69] 『새로운 공화국The New Republics』에서 조너선 체이트Jonathan Chait가 주장했듯, "만약 당신이 부시 대통령 시기의 경제적 쟁점을 본다면, 모든 경우에서 부시는 이익집단이 가장 강력한 정치 압력을 가했던 것과 동일한 입장을 취했음을 알 수 있다.[70] 지난 사반세기 동안 워싱턴의

• **트리클다운 이론** 사회의 최부유층이 더 부유해지면, 더 많은 일자리 창출 등을 통해 그 부가 서민들이나 그 아래층으로도 확산된다고 보는 이론이다.

• **엔론** 전기, 천연가스, 커뮤니케이션 관련 미국 기업으로 미국과 유럽 거래 에너지의 20퍼센트를 담당하는 거대 기업이었다. 2001년 말에 회사가 수년간 차입에 의존한 무리한 신규 사업으로 인해 막대한 손실을 입었고 이를 감추기 위해 분식회계를 해왔음이 드러났다. 또한 중미, 남미, 아프리카에서의 계약에 뇌물수수, 정치적인 압력을 가했다는 스캔들이 돌면서 엔론의 주가는 90달러에서 30센트로 떨어지면서 결국 파산했다. 부패와 사기 행위를 보여주는 대표적 기업 사례로 언급되고 있다.

정실자본주의자들의 권력은 더 강해졌다. 『워싱턴 먼슬리』의 편집장 폴 글라스트리스Paul Glastris는 다음과 같이 지적한다. "정치의 통로 양 사이드를 모두 나루는(그리고 타락시키는) K 스트리트• 로비사회는 최근 몇 년 동안 공화당 주위에 밀집해 있는 집단을 형성해왔고, 조지 W. 부시와 로비스트들의 희망 목록은 공화당 쟁점의 본질을 형성한다."[71]

부유층이 더 부유해질 때 빈곤층과 노동계급도 혜택을 받으면 시민공화주의자들은 자본주의가 문제가 있다고 여기지 않는다.[72] 자유주의자든 보수주의자든 간에 공화주의 민주주의자들은 상업과 자본주의에 반대하지 않는다. 미국은 결코 스파르타였던 적이 없었고 항상 상업공화국이었다. 그러나 공화주의는 아리스토텔레스의(그리고 로크와 애덤 스미스의) 절제를 가르치는 것으로 가득 차 있다. 왈저가 행동의 다양한 영역 사이에서 분리의 벽을 유지하는 것이 중요하다고 말할 때 그는 절제를 현대 공화주의를 정의하는 데 사용한 것이다.[73] 사람들은 가능한 한 경제적으로 성공하기를 원한다. 그러나 사랑, 예술, 정치 등 다른 분야에서도 사업 성공으로 얻은 영향력과 권력이 자동적으로 전환된다고 여기는 것은 잘못이다. 오늘날의 정치게임에서 경제 불평등은 정치 참여에 필수적인 시민 평등을 엉망으로 만들어버렸다.[74]

• K **스트리트** 미국 로비 및 그 집단을 상징하는 용어로 통용되며, 원래는 백악관 근처 거리의 명칭으로 백악관에서 북쪽으로 세 블록 떨어진 곳에 위치한 거리를 말한다. 이곳에 유명 로비 회사가 모여 있기 때문에 미국 의회에 대한 대기업, 자영업자, 노동단체, 외국기업의 로비활동 및 그 집단을 상징하는 용어로 통용된다. 의회에 등록된 로비스트는 2007년 1만5000여 명이었다가 오바마 행정부가 들어서면서 정부의 규제와 경기 침체 등의 영향으로 2000명 이상 줄었다가 2010년에 들어서면서 각종 개혁 법안의 추진으로 1만3460여 명으로 다시 늘어난 것으로 조사됐다.

더할 수 없이 나쁜 상황과 부패에 대한 해결책

부패의 두 측면인 무관심과 '해밀턴의 부패'는 공생관계다. 한편으로는 돈을 주고 권력에의 접근성과 영향력을 사들이는 부유한 후원자들을 보게 됨으로써 더 많은 사람이 부패한 정치 과정에 참여하는 것 자체를 포기하도록 이끈다. 또 일반 시민이 정치로부터 퇴진함에 따라 중상위 계층 전문가와 부유층이 정치 과정을 지배하도록 허용한다. 대중은 정책의 구체적인 내용에 무지하기 때문에 다수가 반대하는 정책을 행정부가 추진하더라도 정감 있는 이미지의 소유자인 대통령은 대중의 인기를 유지할 수 있다. 부시 대통령이 그라운드 제로Ground Zero•에서 소방관 및 긴급공사 노동자들과 포즈를 취하고 국가안전보장국은 긴급구조원들에 대한 지원을 약속했으나, 결과적으로는 푼돈을 지원했을 뿐이다. 그리고 공화당의 세금 축소 정책은 미국인 전체를 돕는다는 것을 혜택으로 내세우지만 사실상 노동자들의 최하위 60퍼센트만이 아주 적은 세금 경감의 혜택을 받을 뿐이다. 작업장에서 인체공학 관련 기준을 없애버리거나 개인 파산의 기준을 더 높이는 것과 같은 잘 알려져 있지 않은 쟁점에서는 대중의 격렬한 반응이 있을 리 만무하다. 이걸 잘 알고 있는 행정부는 사람들이 이런 사실을 알지 못하게 하는 전략으로 일을 추진한다. 전 하버드대 총장 데렉 복은 현재 워싱턴은 그런 면에서 역동적이라고 말한다.

• **그라운드 제로** 본래 핵무기가 폭발한 지점 또는 피폭 중심지를 뜻하는 군사용어이나, 2001년 9·11 테러 발생 이후 세계무역센터 붕괴 지점을 뜻하는 고유명사로 널리 쓰이고 있다.

일단 선거가 끝나면 승리한 후보들은 공직을 차지하고, 대중의 무관심은 로비스트와 그들의 고객인 이익집단의 권력을 확장한다. 이로써 이익집단은 입법 심의에 훨씬 더 쉽게 영향을 미친다. 주의 깊게 조직화되고 재정도 탄탄한 선거운동은 원래 그들의 능력보다 더 큰 영향력을 갖게 한다.[75]

문제는 강력한 이익집단이 지속적으로 공공 이익을 전복시킨다면 민주주의가 부식하기 시작한다는 것이다. 대중을 체계적으로 조작할 수 있는 능력이 무관심 및 상층 계층의 탐욕과 결합할 때 부패는 더할 수 없이 나쁜 상황을 만들어낸다. 가령 부시 행정부가 공화당이 지배하는 의회를 통해 상당한 세금 축소를 밀어붙인 것이 그러했다. 제이콥 해커Jacob S. Hacker와 폴 피어슨Paul Pierson은 『균형을 잃은Off Center』에서 정확하고도 상세히 열거한다. 즉, 세금을 축소하고자 하는 정책은 국가 재정과 조세 부담의 중요한 재구축에서 진짜 승자와 패자가 누구인지에 대해 시스템적으로 대중을 잘못 이끈다.[76] 세금 축소 제안들과 부시 행정부의 이라크 전쟁 개입, 이 둘은 젤러가 여론의 엘리트 지배라고 명명한 것의 명백한 예다.[77] 이것은 "이용 가능한 좋은 정보와 분석이 풍부할 때면 결코 선택하지 않을 옵션을 택하도록 엘리트가 시민을 유도할 때" 일어난다.[78]

민주 정치에서 부패를 시스템적으로 뿌리째 뽑을 수 있는 방법은 있는가? 아마 없을 것이다. 파벌에 관한 매디슨의 유명한 논의와 유사하게, 실행 불가능한 아래의 두 방식만이 그것을 가능하게 할 수 있다. 첫째는 대표자와 시민 사이에 어떤 간극도 없는 '인민이 곧 정부the people are the government'인 완전한 참여민주주의를 만들어내는 것이다. 그러나 사람들에게 정치에 참여할 것을 강요할 수는 없다. 미국과 같은 현대 국민국가에서 완전한 참여민주주의는 인터넷에서도 가능하지 않다. 둘째는 경제적·정치적 불평등을 없애는 것으로, 중산층과 노동계급의 희생을 발판삼아 자신에게 유리한 정책을 추구했던 부유층을 억제하는 것이다. 이러한 방식으로 부패를 없애는 것은 기본적으로 시민적·경제적 자유를 짓밟을 수 있다. 우리 목적은 좀 더 공화주의적인 정체政體를 창조하는 것이지, 마르크스적 숙청으로 부르주아를 모두 똑같이 만들자는 것은 아니다.

매디슨과 마찬가지로 구원은 결과의 통제에서 찾을 수 있다. 가장 낮은 수준으로 부패의 정도를 제한하는 방식을 고안할 필요가 있다. 선거운동 자금 개혁과 일반 시민 대다수의 현명한 참여를 조성해야 한다. 건국의 아버지들이 처한 딜레마는 가공할 만한 것이었다. 매디슨과 그의 동료들은 공화주의를 포기하지 않으면서도 "정치적 미덕이 부재한 곳에서조차 정부의 존재와 안전을 보장하는 정치권력을 세우고자" 했다.[79] 종합적으로 그들은 예외적인 정치 건축가들이었다. 그러나 부패의 측면에서 그들의 고안은 약하고 불완전하다. 부유한 정치적 기부자들(개인들과 정치행동위원회의 다양한 정치적 색깔과 의제)이 대중이 누릴 혜택을 결정하는 데 엉망진창으로 참견할 동안 민주주의는 깊은 수동의 늪에 빠진다. 건국자들은 입법부와는 대조적으로 대중이 심의민주주의를 통해 시민 다수를 형성하는 데 참여할 수 있는 제도적 수단을 제공하지 못했다. 과거에는 선거에 의존해 엘리트들을 통제했다. 그러나 지금 선거는 "엘리트들을 책임감 있게 만드는 데 충분하지 않다."[80] 시민과 정부 사이의 연결을 강화하는 다른 메커니즘으로 선거를 보완할 필요가 있다.

1787년 건국의 아버지들은 주州 권력의 연방 시스템을 유지하면서도 강한 중앙 정부를 확립했다. 오늘날 우리는 다르다. 하버드대의 제니퍼 혹실드Jennifer Hochschild는 지금의 주된 문제가 교착 상태, 관료집단의 비대증, 통치 불능이라고 말하는 사람들에게 이의를 제기한다. 대신 그녀는 "미국인들에겐 다른 일련의 문제가 있다"고 말한다. 하나는 문제를 해결하기 위한 '통일된 정치적 의지'의 빈곤함이 전국에 걸쳐 있고, 다른 하나는 "그러한 문제를 구성하는 것이 무엇인지에 대한 정의定義의 부족"이다. 로버트 달은 정책 쟁점에는 단지 전문가에게만 위임될 수 없는 윤리적 측면이 있다고 했다. 핵무기에서 국제 무역, 의료보험 개혁, 빈곤에 이르기까지 일반 시민이 문제의 도덕적이고 윤리적인 측면들을 어떻게 이해하는지에 관해 선출된 공직자들에게 주지시킬 필요가 있다고 말한다. 당연히 여론조사는 이런 기능을 수행할 수 없다.[81]

| 제3장 |

건국의 이상에 기반 두기

매디슨의 정치적 사고를 재고하고 확장함으로써 진정한 정치 개혁의 길을 찾을 수 있다. 매디슨의 목표는 규모, 다양성, 사회적 평화의 정당한 융합을 이끌 헌법 구조를 찾는 것이었다. 그의 천재성은 대규모 상업 공화국이 정말로 가능하다고 본 데 있다. 다만 결함이라면 헌법에서 대표를 귀족주의적 이해로 동결시켰다는 것이다. 해밀턴, 존 제이와 함께 『페더럴리스트 페이퍼』를 만들 때, 매디슨은 국가 차원의 공화국이 어떻게, 왜 가능한지를 설명했다.[1] 그와 동료들은 헌법을 디자인하는 데 있어 중요한 진전을 이루었으나, 그들의 사고가 전적으로 현대적이지는 않았다. 그들은 "입법부에 의해 통과된 모든 법안이 입법화되기 전에 전체 인민에 의해 숙고될 수 있도록 유포되어야 한다"는 기이한 15조와 단원제를 포함하는 1776년 펜실베이니아 헌법과 같은 주州의 헌법들과 연합규약the Article of Confederation•을 명백히 거부했다.[2] 혁명에 의해 촉발된 민주 세력을 두려워해 헌법의 서명인들은 인민으로부터 절연된 엘리트주의

• **연합규약** 미국 최초의 연방헌법으로서, 대륙회의에서 임명된 위원회에 의해 1777년에 기초되고 미국 독립전쟁 중인 1781년 3월 개최된 대륙회의에서 채택되었다. 이 헌법의 특징은 각 주의 주권이 강하고 중앙 정부의 권한이 크게 제한되어 있다는 점이다. 즉, 각 주가 주권·자유·독립을 유지하고 각 주 대표로 구성되는 연합회의를 결성하도록 정해졌는데, 중앙 정부인 연합회의의 권한이 국방·외교 등에 한정되고, 징세권·통상규제권·상비군 보유 등이 금지되고 있었다. 외교부, 『미국개황』

국가 정부를 창조했다. 인민주권에 대해 그들이 두려워했다는 예는 대통령을 선출하기 위한 선거인단 시스템, 상원의 간접선거, 대중으로부터 더 나은 사람을 추려내기 위한 한 방식으로 의회 선거구의 규모를 확장한 것이 있다.

헌법을 초안할 때 건국자들은 시민 덕성의 언어를 포기하고 공통의 목표 또는 열정적인 정치 참여 없이도 기능하는 자유주의적 제도를 만드는 데 집중했다. 그럼에도 매디슨은 하원이 특별한 목표를 갖도록 했다. 『페더럴리스트 페이퍼』 52장에서 그는 하원이 '인민과의 친숙한 공감대'를 보장할 새로운 연방정부의 제도일 것이라고 적었다.[3] 지금의 민주주의는 건국자들이 만든 것보다 훨씬 덜 귀족적이지만, 우리와 연방정부의 '아마도' 친숙할 것이라 기대된 공감대는 점차 멀어졌다.

그때와 지금의 차이를 이해하기 위해 마음속에 캘리포니아를 그려보고, 13개의 원래 주를 지금 가장 많은 인구가 거주하는 주와 비교해보자. 명백하고 중요한 차이가 있는 한편, 규모, 이질적인 인구 구성, 다양한 경제, 해안의 지리, 남북 간 지역적 경쟁과 같은 유사점들도 있다. 그럼에도 하나의 본질적인 차이는, 3500만 명이나 되는 캘리포니아의 인구는 당시 13개 주 전체를 합친 것보다 10배 이상이나 된다는 것이다. 일단 사회적 변화와 경제적 차이는 한쪽에 제쳐두고 헌법 구조와 정치문화에 초점을 맞춰보자. 첫 번째 것은 두 번째 것에 깊은 영향을 끼칠 수 있다. 캘리포니아와 원래 미국 국가 사이의 두드러진 차이가 둘 모두에 있다. 비록 혁명 이후였다 하더라도, 미국인들은 역사의 긴 기간 동안 적극적인 정치 참여를 계속해왔다. 그러나 『미국 정치 연감The Almanac of American Politics』에서 배런은 제2차 세계대전 이후 캘리포니아가 "주민들이 자신의 일에 바쁘고 즐거움을 추구하는 데는 열정적이지만 정부를 대수롭지 않게 여기고 시간도 내지 않아 정치에 완전히 무관심한 주州"라는 것을 발견한다.[4] 초기 미국 정부의 구조를 떠올린 뒤 캘리포니아의 지도에 이것을 올려보자. 오늘날 캘리포니아 정부는 한 명의 주지사, 하나의 주의회, 카운티 감독관들, 시의회들로 구성된다. 이와 달리 대략 동등한 지리적 지역과 인구의 10분의 1 미만을 보유한 원래의 미국에는 13명의 주지사와 매우 중요한 13개의 주의회가 있다. 이 주의회들은 대표자가 쟁점을 토론하고 지원을 요청하는 유권자들에 응답하는 13개의 소형 의회였다. 오늘날 캘리포니아 시민들이 정치에 무관심하다는 것은 우연이 아니며 캘리포니아는 미국 전체로 볼 때도 이례적이지 않다. 지난 몇 년 동안 하원 구성원들은 미국 상원이 했던 것 이상으로 좀 더 많은 유권자를 대표한다.

헌법은 서서히 민주화되어왔다. 오늘날은 상원을 직접선거로 뽑고, 대통령 후보를 지명하기 위해 프라이머리를 활용하며, 선거인을 뽑는 일반투표를 선거인단만큼 중요시 여긴다. 그러나 인구 증가에 따라 의회 선거구들이 커지면서 하원에 대한 무관심이 늘어난다. 큰 의회 선거구들을 제안한 매디슨의 목적은 가게 소유자, 노동자, 소농이 아니라 '자연귀족'인 공화국 신사들이 선출될 수 있도록 하는 데 있었다.[5] 『페더럴리스트 페이퍼』 10장에서 매디슨은 "소규모 공화국은 대표자의 비율이 더 크다고 볼 수 있다. 그리고 대규모 공화국에서 대표자의 비율이 소규모 공화국의 비율보다 낮지 않다면, 전자는 더 많은 선택권으로 적절한 인물을 선출할 가능성이 훨씬 더 높다"라고 썼다.[6] 대표에 대한 이러한 귀족주의적 이해는 오늘날의 헌법에 여전히 남아 있다. 『페더럴리스트 페이퍼』가 출간된 지 200년이 지났지만, 결정하기 전에 주장과 선택 사항에 대한 사려 깊은 고려를 핵심으로 하는 심의민주주의에 대한 매디슨의 강조는 그의 중요한 영향력으로 인해 지금까지 이어지고 있다. 그러나 그의 가장 큰 약점은 시대에 뒤떨어진 엘리트적 사회 인식이다. 이제 거기서 벗어나야 한다.[7]

매디슨의 헌법적 비전

매디슨은 민주주의의 범위가 대륙에 걸친 국가에서 지리적으로 가로질러 확장되는 것이 실제로 가능하다고 과감히 주장했다. 아리스토텔레스로부터 몽테스키외에 이르기까지 초기 정치사상가들은 민주주의는 오직 도시국가의 규모에서만 가능하다고 주장했다. 국가의 규모는 작아야만 한다. 그러나 매디슨은 소규모 공화국들이 셰익스피어의 『로미오와 줄리엣』에서 볼 수 있듯이 파벌과 경쟁자들 사이에서 심각한 내분으로 고통을 겪고 있다는 것을 알고 있었다. 그는 대규모 공화국이 어떻게 이러한 위험으로부터 벗어날 수 있는지를 보여주려고 시도했다. 『페더럴리스트 페이퍼』 10장은 미국 정치에서 오늘날 가장 유명한 글이지만 19세기에는 무시되었다가 진보 역사학자인 찰스 비어드Charles Beard에 의해 재발견되었다. 그는 헌법 제정회의*와 건국자들의 핵심 동기로서 재산권 보호에 관한 매디슨의 언급을 들었다. 부유층과 평민 사이에 항상 존재하는 투쟁에 초점을 맞춘 비어드의 『미국 헌법의 경제적 해석An Economic Interpretation of the Constitution of the United States』은 20세기 미국 역사 연구를 이끌었다.[8]

오늘날 비록 매디슨의 논의에서 엘리트주의적 기운이 감지되더라도, 심의민주주의 차원에서 그의 높은 이상 또한 찬양할 수 있다. 매디슨은 파벌의 해악을 통제하는 방법으로 넓은 규모의 공화국을 주장한다. 공익을 얻는 데 초점을 맞추는 그의 심의민주주의라는 헌법 구조의 목적을 어떻게 이해할 수 있을까? 매디슨의 헌법 비전에는 세 가지 핵심 요소가 있다. (1)시민 다수의 창조와 연합 구축을 위한 대의정부의 범위 확장, (2)공공정책에 심의적 접근을 장려하는 제도적 구조 확립, (3)정부 주권이 아닌 인민 주권 부여.

파벌들이 다수든 소수든 관계없이, 파벌에 의한 협소한 사익 추구의 위험에 맞서 어떻게 '공익과 개인의 권리 쟁취'를 이룰지가 매디슨이 풀어나갈 퍼즐이었다.[9] 그와 해밀턴은 힘에만 의존하는 정치근육이 아닌 건전한 추론에 근거하여 공공 결정을 강제할 수 있는 헌법을 추구했다. 매디슨의 목적은 "이익 고려 때문에 그의 판단에 분명히 편견이 생길 것이기 때문에, 누구도 자신의 소송에 대한 판사가 될 수 없는" 정부였

• **헌법 제정회의** 미국 헌법제정회의(필라델피아 헌법제정회의)는 1787년 5월 25일에서 9월 17일까지 펜실베이니아 필라델피아에서 개최된 회의다. 영국에서 독립 후 제정한 연합규약 하의 연맹의회는 주권을 가진 주정부의 합의체로서 중앙 정부의 역할을 수행했다. 그러나 중앙 정부 역할을 하던 연맹의회는 부여받은 제도적 권한이 아주 적었고 대표적으로 통화를 발행할 수 있었지만 세금을 부과할 수 없어 발행한 권한을 보증하는 재원이 없었다. 회의를 개최하는 데 필요한 정족수(전체 주의 3분의 4)인 9개 주의 출석을 충족시킬 수 없어 개최되기 어려웠고, 개최된다고 하더라도 의견 불일치로 결의에 도달하는 것이 불가능했다. 캐나다, 영국 등의 외부 침략으로부터 안심하기도 힘든 상태였다. 이러한 상황에서 개최된 이 회의는 당초 연합규약의 개정만을 예정하고 있었지만, 그 옹호자들이 중심이 된 매디슨과 해밀턴의 의도는 처음부터 현존하는 정부를 '수정'하는 것만이 아닌 새로운 정부를 만드는 것이었다. 회의 결과 미국 헌법의 제정으로 이어졌으며, 이 회의는 미국 역사 중에서도 중심이 되는 한 획을 그었다. 『미국 정부와 정치』, 86쪽.

다.[10] 달리 말하면, 왜 그러한 정책이 전체 공동체에 혜택이 되는지에 대한 타당한 이유 제시 없이 공공정책을 만들어낼 수 있는 사람은 없을 것이다. 이것이 확상된 공화국이라는 매디슨의 대담한 모험의 핵심이다.

매디슨은 만약 당신이 "범위(공화국의 규모)를 넓히면, 훨씬 더 다양한 정파와 이권을 수용하게 된다. 그리고 시민의 권리를 침해하는 다수의 공통된 동기를 불가능하게 한다"고 말한다.[11] 작은 민주주의에서는 견해 차가 갈등으로 번질 수 있으나, 확장된 공화국에서는 다양성과 다원성이 더 이상 공화국 공동체를 방해하지 못한다. 대신 그것들은 처음에는 필요에 의해, 그다음에는 습관적으로 소수의 목소리를 수용하는 관용적이고 좀 더 넓은 마음을 가진 다수를 형성한다. 『페더럴리스트 페이퍼』 51장 끝에서 매디슨은 다양한 이해관계를 가진 다수에 의한 정부를 확고히 지지한다. 그는 그들이 공익으로 정치를 추구하면서 공화적 권리와 자유를 보존할 것이라고 믿는다. 매디슨은 "미국이라는 광대한 공화국 내에서는 그리고 다양한 이해관계, 당파, 분파 사이에서는 정의와 공익의 원칙에 의한 것 외에는 다수의 연합이 나타나기 어려울 것"이라고 본다.[12] 당파적이 되기보다는 그러한 광범위한 연합은 새뮤얼 비어Samuel Beer가 아주 적절하게 불렀던 것처럼 '시민 다수a civil majority'다.[13]

영국 사상가 해링턴과 데이비드 흄에게 영향받은 매디슨은 시민 덕성에 대한 현대적 이해를 잘 보여줬다. 그렇게 함으로써 그는 사적 이익을 억누르는 공공선에 헌신하는 것으로 시민 덕성을 바라봤던 고전적 이해에서 탈피했다. 해링턴과 매디슨은 공화국을 보존하는 훌륭한 기질에 의존하기보다는 좋은 제도를 고안하는 것에 초점을 맞췄고, 그렇게 함으로써 대부분 사람이 사리 추구에 의해 동기를 부여받는다는 사실을 수용한다.[14] 엄중한 도덕과 자기희생 대신, 해링턴과 매디슨에게 덕성은 "사적 이익을 포용하고 화해시키는 공익을 논의함으로써 발견하는 이성의 힘"이다.[15] 사람들에게 이타주의적 자기 부정을 요구하기보다는 광범위한 공익으로 행동하도록 이끄는 논의와 결정 과정에 참여하도록 요구한다.

매디슨 계획의 두 번째 부분은 심의민주주의를 제도화하는 것이다. 매디슨에게 정부의 직무는 단순히 개인적 이익을 모으는 것이 아니라 사람들이 공통 관심사를 발견하고 증진시킬 수 있는 논의 구조를 만드는 것이다. 그는 정치가 본래 심의적이라고 이해한다. 엘리트 사이에서뿐만 아니라, 시민 사이의 대화와 열린 논의는 통치 과정의 대단히 중요한 부분이다. 이것은 투표 이상으로 민주주의의 훨씬 더 풍부한 개념을 담고 있다. 대규모 공화국의 다원주의에서 매디슨은 정의와 공익에 초점을 둔 광범위한 연합의 가능성을 보았다. 민주 정부는 다수결주의일 것이나, 통치하는 다수는 시민 다수여야 한다. 그는 "확장된 공화국의 결정들은 좀 더 일반적일 것이기 때문에 더 정당할 것이고, 좀 더 다양한 이익을 포함해야 하기 때문에 더 일반적일 것"이라고 기대했다.[16]

조지프 베셋Joseph Bessette은 대중의 목소리에는 두 가지 형태가 있다고 본다. "하나는 더 즉각적이거나 즉흥적인, 정보에 근거하지 않고 숙고하지 않은 목소리다." 다른 하나는 "정보와 주장을 풍부하게 고려함으로써 좀 더 심의적이다."[17] 매디슨은 "선출된 시민집단이라는 매개체에 통과시켜" 대중의 의견을 정제함으로써 공공 결정의 두 번째 형태를 증진하고자 했다. 그는 큰 유권자 선거구에서 "지역적 선입견과 부정의 계략이 아닌 견식 있는 관점과 덕을 소유한" 사람들을 선출할 수 있는 대의

정부를 추구했다.[18] 최상의 부류에 속하는 사람들이 의원으로 선출될 것이고, 그들이 공익을 획득하는 데 초점을 맞추리라고 희망했다. 그러나 상류층이 옳을 일을 할 것이라는 전통적인 시민공화주의자의 기대에 의존하지는 않았다. 제도적으로 확장된 공화국에서 목표를 달성하려면, 광범위한 기반을 둔 '시민으로서 의식을 지닌civic-minded' 다수를 형성해야만 했다. 매디슨은 "단순히 그들의 우수한 미덕 때문이 아니다. 유권자들보다 좀 더 나은 정보에 근거하여 판단할 수 있는 심의 구조에서의 지위 때문에 대표자는 투표자보다 법을 제정하는 데 더 적격"이라고 의심없이 믿었다.[19]

확장된 공화국과 심의민주주의는 매디슨의 헌법적 비전의 핵심이다. 이 두 수단으로 정책을 달성하는 데 실패할 경우에 대비한 제도적 기제로는 권력분립과 연방주의가 있다.[20] 종합적으로, 그는 사리추구보다는 공익을 증진시키는 시스템을 상상했다. 심의민주주의의 발상은 건전하며, "대중의 의견을 선택된 시민집단이라는 매개체에 통과시킴으로써 정제하고 확대시키는 것이다. 선출된 집단의 현명함은 자국의 진정한 관심사를 가장 잘 분별할 것이고 애국심과 정의에 대한 애정은 그들의 국가를 일시적·부분적 이해 때문에 희생시킬 가능성을 가장 낮춰준다"[21]라는 목적은 고귀하다.

그러나 매디슨 역시 시대로부터 자유롭지 못했다. 그는 오직 상층계급 신사들만이 차분하고 감정에 좌우되지 않으며 공정한 방식으로 공무를 수행할 것이라고 믿었다. 흄과 해링턴을 포함해 그가 의지했던 사상가들은 대중에 대한 깊은 두려움을 공유했던 엘리트들이었다. 흄의 견해로는 인민 권력을 포함하고 있는 로마 공화국의 헌법 조항은 핵심적인 결함을 안고 있다.[22] 해링턴이 보기에 전체로서의 인민은 정치적 토론을 하기에 적당하지 않고 오직 현명한 귀족만이 "공화국을 위해 가장 좋은 것이 무엇인지를 발견하는 능력을 가졌다."[23] 매디슨은 상류층 엘리트들로 구성되는 연방의회를 바랐고 그 결과는 오늘날 우리에게 돌아왔다. 우리에게 대의정부는 민주주의와 분리해서 생각할 수 없는 것이 되어버렸다.

미국과 유럽에서 대의정부의 초기 발명자들은 이것을 인민 자치에 대한 하나의 대안으로 여겼다. 『선거는 민주적인가The Principles of Representative Government』에서 마넹은 다음과 같이 말한다. "오늘날 우리가 '대의민주주의'라고 부르는 정부 형태는 애초에는 민주주의의 한 형태 혹은 인민에 의한 정부로 간주되지 않았던 제도(영국, 미국, 프랑스혁명의 결과로 만들어진 제도)에 그 기원을 두고 있다."[24] 오늘날 거대한 의회 선거구들은 진부한 사회 이론에 기반을 둔다. 계몽된 상위 엘리트가 우리를 대변하는 것은 불가능하다. 평등주의자이자 다원적 공화주의자인 매디슨이 만들고자 했던 것은 이를 허용하지 않을 것이다.[25] 혁명에 의해 촉발된 사회 세력은 미국 사회를 위계질서와 '사회적으로 더 나은 사람들'의 관념으로부터 신속히 벗어나게 했다. 교육받지 않은 대중을 인도하는 미덕을 갖춘 상위 계급의 발상은 1800년 제퍼슨의 선거에 의해 희미해졌고 잭슨민주주의Jacksonian Democracy 시기•에 소멸했다. 토크빌이 본 것처럼, 미국은 유럽이 아니었다.

시민 다수와 심의민주주의 다음으로 매디슨의 헌법 디자인의 세 번째 본질적 부분은 인민주권이다. 영국에서 주권은 왕에게 있다. 연합규약 아래에서, 미국 주권은 각각의 주 의회가 전권을 갖고 있었다. 그러나 건국자들은 헌법에서 주권재민主權在民이라는 것을 급진적이나 논리적인 단계로 본다. 매디슨에 따르면, "미국에서는 정부가 아니라 인민이 절대적인 주권을 소유한다."[26] 그러나 새로운 연방정부에서 선거로 선출되는 '더 나은 사람들'이라는 그의 발상과 마찬가지로, 수권에 관한 그의 발상은 신중하고 엘리트적이다. 연방주의자들은 그들이 어려운 문제에 직면했다는 것을 알았다. 『미국 공화국의 탄생 1776~1787 The Creation of the American Republic, 1776-1787』에서 우드는 말한다. "인민이 주州들로 이루어진 구조에서 벗어나는, 그럼에도 불구하고 인민의 기질에 의존하지 않는 새로운 대륙에 걸친 공화국만이 공화주의 미국을 구할 수 있다."[27] 연방주의자들이 주권을 인민에게 둔 것은 사실이다. 그러나 그들은 광범위한 민주적 행동주의가 사회 불안뿐만 아니라 재산권에 대한 합법적인 공격도 불러일으킬 수 있다며 새로운 헌법이 인민과 적당한 거리를 두도록 만들었다. 고대 공화국의 직접민주주의와는 대조적으로, 매디슨의 계획에서 미국 정부는 그가 『페더럴리스트 페이퍼』 63장에서 적은 것처럼, "집단적인 입장에서 인민을 완전히 배제하는 것"을 준비한다.[28] 비어는 이것이 아주 놀라운 진술이라며 주목하나, 매디슨이 귀족주의에 호의적인 것을 의미하지는 않는다고 전제한다. 단지 가장 현명한 행동 방침을 따를 것

• **잭슨민주주의** 미국 제7대 대통령 앤드류 잭슨과 그 지지자들이 제시한 일반 시민들을 위한 더 큰 민주주의를 향한 정치운동을 의미한다. 관직순환제를 도입해 오래 근무한 공무원을 해임하고 그 자리를 개방하여 재산과 학력이 없는 평민들도 공무원이 될 수 있도록 함으로써 관리의 부패를 방지하고, 브레인트러스트라고도 할 수 있는 고문단을 통하여 여론을 중시하는 등 일관해서 대중 중심의 정치를 추진했다. 또한 참정권 확대, 소수의 간부가 아닌 일반 당원들이 대선 후보를 뽑는 전당대회제도의 개선, 교육의 보급 등으로 일반 대중의 정치 참여 기회가 늘어났다. 그가 정치적으로 확립한 이러한 새로운 민주주의의 개념은 잭슨민주주의라는 이름으로 미국의 지배적인 이데올로기가 되어 20세기 초반까지 그 영향력을 미쳤다.

이라고는 여겨지지 않는, 격정으로 가득한 대중을 다루는 가장 좋은 방법으로 다양한 간접선거를 생각한 것이었다고 주장한다.[29]

매디슨과 동료들은 혁명 이후 발생하는 정치적 혼란을 두려워했다. 쉐이즈의 반란에서 그들은 무정부 쪽으로 돌아서는 지역에서의 열정적인 움직임을 목도했다. 대중 참여는 그들이 살았던 혁명 시기에 규범처럼 보였다. 정치적 열정의 과잉을 접하면서, 그들은 인민의 열광을 억제하고 다른 곳으로 돌릴 메커니즘을 찾았다. 이것은 강한 주와 지방정부가 결합한, 연방 수준에서는 대의정부의 멀리 떨어져 있는 형태로 귀결되었다. 연방주의자 헌법의 실제 결과는 '입헌 시기'와 '정상적인 정치' 사이를 구분한 브루스 애커만Bruce Ackerman에 의해 포착된다.[30] 매디슨의 헌법은 대중 참여 없이 효율성이 높은 수준에서, 시민 미덕의 부재에서 작동할 수 있는 정치 시스템이다. '정상적인' 정치가 작동될 때 대부분 사람은 많은 시간을 개인적인 목표를 추구하는 데 쓸 수 있고 정부는 이익집단과 전문가들에게 맡겨둘 수 있다. 그러나 정치적인 문제가 인구 대다수의 관심을 받기 시작하고 이익집단이 더 이상 정당화되지 못하는 특별히 정치화된 시기에는 '우리 인민'이 국가 내에서 최고의 권력을 지닌 목소리로서 전면에 등장할 수 있어야 한다. 남북전쟁, 진보주의 시대the Progressive era•, 뉴딜정책은 대중의 높은 정치 인식과 행동주의로 인해 정

• **진보주의 시대** 1890년부터 제1차 세계대전까지 약 25년을 미국사에서는 진보주의 시대라고 부른다. 진보주의란 대체로 산업화가 야기한 사회 문제들을 정부가 나서서 해결하려는 것으로, 서유럽에서의 사회민주주의와 비슷한 개념이라고 할 수 있다. 미성년자 노동금지법이 실시되고 전국에 걸쳐 여성 참정권이 확대된 것은 진보주의 시대의 대표적 업적에 속한다. 유종선, 『주머니 속의 미국사』, 가람기획, 2004, 191쪽.

당한 제도적, 헌법적 변화가 있었던 시기다.

매디슨을 비판하는 반연방주의자들은 대규모 공화국에서 불거지는 위험들을 잘 파악하고 있었다. 실상 그들은 제도적 견제와 균형 없이 시민 미덕에 기반을 둔 소규모 정치를 옹호하는 낭만주의자들이었다. 연합규약 하에서 주정부들은 단원제 의회에 거의 모든 권력을 부여했다. 그럼에도 연방주의자들에 대한 그들의 비판은 정곡을 찌르는 부분이 있다. 우드는 다음과 같이 설명한다.

> 그러므로 반연방주의자들은 연방주의자들이 찬성했던 것과 같은 이유로 새로운 국가 정부에 반대했다. 왜냐하면 인민으로부터 멀리 떨어져 있다는 사실은 실제적이고 지역적인 이익을 대표할 수 있는 자를 배제할뿐더러 부유하지 않게 태어나거나 유능하지 않은 사람들이 정치권력을 쥐는 것을 막기 때문이다. 양쪽 모두, 민주정치가 실제로 일반인들의 수중에 있는지가 제안된 헌법의 핵심 쟁점이라는 것을 충분히 인식했다.[31]

엘리트로 대표가 충원되는 것에 대한 반연방주의자의 반대는 오늘날에도 타당하다. 패트릭 헨리는 헌법이 "연방의회에 들어가는 선출된 소수가 개별 주의회 의원들보다 좀 더 바른 마음과 계몽된 마음을 가질 것"이라고 본다. 그의 『연방 농부로부터의 편지들Letters from the Federal Farmer』•에서 리처드 헨리 리Richard Henry Lee는 다음과 같이 쟁점의 핵심에 다가갔다. 즉 "심사숙고하는 이라면 새롭게 제안된 변화가 다수에서 소수로의 권력 변환이라는 점을 볼 줄 알아야 한다."[32]

1800년 제퍼슨이 대통령으로 당선된 이후, 미국인들은 미국 사회와 정치에 대해 민주적이고 평등주의적인 이해를 견지해왔다. 그리고 여러 시대에 걸쳐 연방주의자 헌법을 점차 민주화해왔다. 오늘날 상원을 직접 선출하고 대통령 후보를 지명하는 프라이머리를 활용한다. 그러나 광대한 의회 선거구들을 가진 우리의 정치 구조는 정부와 인민 사이의 벌어지는 거리를 고착화한다. 대의정부의 발상을 확장하고 통치 행위에 시민들을 포함시키는 일은 정녕 불가능한가?

매디슨의 생각을 확장하기

매디슨의 헌법 제도는 공익을 획득하는 데 초점을 맞추는 심의민주주의를 목적으로 한다. 매디슨과 동료들이 1787년 무더운 여름 필라델피아에서 만났던 때보다 거의 100배로 인구가 증가한 국가에서 어떻게 그러한 목적을 달성할 것인가? 선스타인을 인용하자면, 건국자들은 정치의 자유주의적 개념에 편향된 '불완전한 헌법'을 만들어냈다.[33] 이러한 접근은 그들의 사회적 상층 지위, 현상 유지를 하고자 하는 그들의 편향, 연합규약의 결점을 교정하기 위해 연방헌법을 만들려 한 그들의 분

• 『**연방 농부로부터의 편지들**』 연방 농부는 헌법안에 대한 체계적인 평가를 제시해 비준 논쟁에서 비교적 중요한 위치를 차지하고 있는 일련의 서한을 발표한 익명의 저자다. 이 글에서는 리처드 헨리 리가 저자라고 밝히고 있지만 확실한 것은 아니다. 헌법 비준에 반대하는 측에 속한 사람들은 대부분 익명으로 글을 발표했다. 마이클 샌델, 안규남 옮김, 『민주주의의 불만』, 동녘, 2012, 57쪽 옮긴이 주.

투를 고려한다면 이해할 수 있다. 매디슨이 비록 드러나지 않은 제퍼슨주의자•였다 하더라도, 그는 지역적 참여를 장려할 제도를 주장하지는 않았을 것이다. 이는 강한 국민국가를 위한 그의 주장에 위배되며 반연방주의자들에게 지나친 양보를 하는 것이다. 비준을 위한 투쟁은 양보를 하기에는 너무나 치열한 경쟁이었다.

매디슨은 소규모 공화국이 갖는 특유의 분열에 하나의 해결책을 추구했다. 이와 달리, 우리는 대규모 공화국에서의 부패라는 암에 직면해 있다. 이러한 투쟁에서 승리하려면 매디슨으로 돌아가서 그의 주장을 확장하는 것이 필요하다. 그는 미국 공화국의 영역을 **수평적으로** 확장할 것을 주장했다. 우리는 인민이 정부에 다시 연결되도록 대표를 **수직으로**(아래로) 확장해야 한다. 그렇게 하는 것은 대중의 적극적인 참여를 장려함으로써 절차적 민주주의의 공허함을 치유할 것이다. 격렬한 정치 참여의 시기에 살았기 때문에 매디슨은 큰 의회 선거구들이 '정상적인' 정치의 시기에 일어나는 정치 소외를 어떻게 부채질할 것인지를 이해하는 데는 실패했다. 200년이 넘게 지난 오늘날 광범위한 소외에서 벗어나고 상층계급 파벌을 방지하기 위해서는 시민 다수가 목소리를 찾는 것이 허용되어야 한다.

확장된 공화국을 주장하면서 매디슨은 흄의 1752년 에세이인 「완전한

• **제퍼슨주의** 미국의 규범적 관료제 모형 가운데 개인적 자유의 극대화를 지향하면서 소박하고 작은 정부와 분권적 참여 과정을 중시하는 모형을 말한다. 해밀턴주의는 정부의 적극적인 역할을 통해 행정의 유효성을 지향하는 한편, 매디슨주의는 이익집단의 요구에 대한 조정을 위해 견제와 균형을 중시한다. 미국의 3대 대통령 제퍼슨은 주권론자州權論者로서 권력의 분산·약체 정부를 지향한 데 반해, 그와 대립한 초대 재무장관 해밀턴은 강력하고 능률적인 중앙 정부를 주창한 연방주의자였다.

공동체의 개념」의 주장을 따랐다.[34] 매디슨은 "이론적으로 내가 어떤 반대로 할 수 없는" '정부 형태'의 개요를 흄이 제시했다고 주장했다.[35] 매디슨이 흥분했던 것은, 흄이 인민의 동의에 기반을 두면서 동시에 르네상스기 이탈리아와 고대 그리스 도시국가를 성가시게 했던 파벌의 위험을 최소화했던 공화정치 계획을 제안했기 때문이다. 그렇게 함으로써 흄은 대규모 공화국이 결코 가능하지 않다는 몽테스키외의 『법의 정신』(1748)을 물리쳤다. 대신 흄은 큰 영역에서 자유 국가를 설립하는 것은 정말로 어려울 뿐 아니라 권력을 위한 그의 개인적 열망을 억제하는 솔론Solon 또는 모세Moses의 비전과 덕성을 갖춘 지도자를 요구하지만, 일단 대규모 공화국이 세워지면 좀 더 안정적이고 안전할 것이라고 주장했다.

> 프랑스 또는 대영제국과 같은 큰 국가는 결코 공화국으로 모델화될 수 없다. 그러나 정부의 그러한 형태가 오직 시와 같은 작은 영역에서만 생겨날 수 있다는 일반적인 견해가 거짓이라는 점을 알 수 있다. 비록 도시보다 훨씬 큰 국가에서 공화국 정부를 형성하는 것이 더 어렵더라도, 일단 형성되면 소란과 파벌 없이 꾸준하고 한결같이 보존된다.[36]

흄의 계획에서 국가 차원의 입법부는 간접선거로 선출된 작은 '상원'과 직접선거로 선출된 큰 '원'으로 구성된다. 상원은 국가 수도에서 만날 것이고 입법 권력뿐만 아니라 행정권력도 행사할 것이다. 좀 더 대중적인 원의 구성원들은 그들이 선거로 선출된 카운티의 의회에서 만날 것이다. 흄은 다음과 같이 말한다.

대영제국과 아일랜드와 비슷한 국가를 100개의 카운티로 나누고, 각 카운티는 100개의 행정교구parish로 나누어 모두 1만 개의 행정교구를 두자. 모든 (부동산의) 자유 보유권자들이 정기적으로 만나고, 투표를 통해 이들 중 일부를 카운티의 대표로 선출하자. 100명의 대표자는 카운티 타운에서 만나고 그들 중에서 10명의 카운티 행정관과 한 명의 상원을 투표로 선출하자. 그러므로 전국적으로는 100명의 상원, 1만 명의 카운티 대표자가 있다. 상원들은 수도에서 만나고, 국가 전체의 집행권을 지닌다. 카운티 대표자들은 그들 각각의 카운티에서 만나고 국가 전체의 입법권을 소유한다. 문제를 결정하는 카운티의 수가 매우 많아서 (…) 모든 새로운 법은 상원에서 처음 논의되고, 만약 상원에서 거부되더라도 10명의 상원만 지지하고 옹호한다면 카운티로 보내진다. 이렇게 상원에서 카운티 행정관 또는 대표자에게 회부한 법은 상원이 심의하기 위해 모이기로 지정된 날에서 8일 전에 그 사본을 모든 대표자에게 보내야만 한다.[37]

권력의 양원제 분립을 주장하면서 흄은 해링턴의 정치권력 분석에 동의한다.[38] "모든 자유 정부는 작은 것과 큰 것, 달리 말하면 상원과 인민의 두 개 원으로 구성되어야 한다"라고 흄은 말한다. "해링턴이 관찰한 것처럼, 상원 없이 인민만 있으면 지혜가 부족할 것이고, 인민 없이 상원만 있으면 자신들의 이익에만 매몰되어 정직하지 못할 것이다."[39] 흄과 해링턴은 당시의 사상가 대부분처럼 엘리트주의자였다. 그러나 그들은 상원이나 귀족들이 제멋대로 하게 내버려둔다면 불가피하게 발생할 부패와 권력의 남용을 인민이 견제할 수 있다고 보았다. 흄이 비록 '하층 사회의 사람들과 소규모 소유주들'이 공화국의 더 높은 공직에는 "전적으로 부적합하다"고 여겼더라도, 그들이 좋은 판단자들일 거라 생각했다. 그리고 인민이 '단지 군중'으로서 움직일 것이라는 믿음에 반하여, 흄은 이런 가능성이 1000명이나 그 이상의 큰 의회에서 나타날 수 있긴 하나, "인민을 각각의 기구로 나누면 토론이 가능할 것이다"라고 주장한다. 게다가 그는 함께 토론하고 추론하는 보통 시민들의 능력을 옹호한다. "비록 모든 구성원이 보통의 감정만 지닌다 하더라도, 근거 없이는 어떠한 것도 전체를 압도하지 못할 것이다. 영향과 전례를 없애면, 좋은 감정이 대중 사이에 있는 나쁜 것에 대하여 늘 이길 것이다."[40] 그러므로 정부를 상원과, 전국에 걸쳐 타운과 마을들에서 각각 만나는 인민의 대표 기구로 분리함으로써, 흄은 대규모 공화국을 지지할 수 있는 하나의 제도적 구조를 만들었다고 믿었다.

100명으로 구성되는 각각의 작은 의회를 형성함으로써 합리적 심의가 보장되도록 추구한 흄은 이러한 작은 대의 의회들에 국가 입법을 맡기는 것이 그들 자신의 의제에 초점을 두는 협소한 특별이익집단에 반하여 공익을 보호할 수 있을 거라 생각했다. 비어는 다음과 같이 말한다.

> 국가 입법기관은 두 개의 원이 제도적으로 분리되어 있는 동시에 권력 행사에서 상호 독립적이다. 입법 제안들은 상원으로부터 최종 결정권을 갖는 좀 더 대중적인 의회로 이동한다. 결정은 카운티의 다수에 의해 이루어진다. 입법자당 동등한 투표자 할당과 카운티당 동등한 유권자 할당은 카운티의 다수가 지지한 투표 결과가 전국 유권자의 다수를 대표하는 입법자의 다수를 또한 포괄하게 만든다.[41]

매디슨은 흄의 발상을 기반으로 하여 『페더럴리스트 페이퍼』 10장에서 대륙적 공간에 걸쳐 확장된 융합 공화국을 제안했다. 그러나 매디슨은 중요한 부분에서는 흄을 따르는 것을 거부했다. 그는 미국을 위한 정치 비전에서 지역에서의 대중 의회들을 포함하지 않았다. 흄의 제안에서 비록 상원의 구성원들은 함께 만나긴 하지만, 카운티 대표자들은 결코 하나의 입법기관으로 모이지 않는다. 대신 이들은 자신의 카운티에서 모였고, 각 카운티는 한 표를 가졌다.

진정한 '대중적 원院'이 없는 공화주의 정부는 종종 워싱턴 D.C.와 주도州都를 휩쓰는 스캔들에 취약하다. 부유한 개인들과 강력한 기업들이 정책에 과도한 영향력을 미칠 때, 보통 시민이 자기 삶에만 몰두해 공동체에 책임성을 지닌 시민이라는 것을 잊어버릴 때, 그리고 시민 다수의 형성이 어려울 때, 큰 공화국에서 부패의 위험성은 높아진다.

이러한 것은 우연인가? 일부는 정부 및 시민과 적당한 거리를 두도록 구축된 정치 시스템이 그리 심각하진 않더라도 고질적인 부패에 처할 것이라고 주장할 수 있다. 미국인들은 공화주의 규범뿐만 아니라 자유주의 규범을 갖고 있기 때문에, 부패는 일어날 수 있다. 그러나 특히 의회 대표에 영향을 미칠 만큼 규모가 커진다면 손쉽게 쓸 치유책이 없는 부패라는 정치 위기를 초래한다. 보통 시민들의 참여를 독려하는 시민공화주의적 처방은 문제를 완화시킬 수 있는가? 아마도 그럴 것이다. 핵심 쟁점들에 시민 다수를 형성할 수 있는 근거뿐만 아니라 메커니즘을 제공하는 것은 어려운 요구일 수 있으나, 그럼에도 부패를 통제하고 소외와 탐욕을 억제하는 가장 좋은 방법일 것이다.

정치 시스템의 아래로의 대표 확장과 국가의 정책 쟁점을 심의하고 토론하도록 모든 시민을 대표하는 측면을 요청하는 것은, 규모의 딜레마와 정면으로 맞서면서 부패를 통제하는 데 도움이 된다. 모든 시민 속으로 대표를 더 깊게 확장하는 것은 투표자들을 전통적인 여론조사의 환상일 뿐인 참여를 넘어서서 더 잘 참여할 수 있는 방식을 이끌어낼 것이다. 이것은 시민들이 광범위한 공공선에 초점을 맞추도록 할 것이다. 『페더럴리스트 페이퍼』 10장에서 수평적으로 확장하여 대표를 선출하는 매디슨의 발상은 미국의 발전에서 핵심적이었다. 그렇다면 지금은 정치 시스템에서 대표를 수직적으로 확장하는 것을 고려할 시기인가? 왜 주도州都와 워싱턴 D.C.가 입법권을 독점해야만 하는가?

전술한 주장은 매디슨을 정확히 어떻게 현대화하는 것인가? 이를 살펴보기 위해 그의 헌법 비전의 핵심에 있는 세 가지 요소로 돌아가보자. 첫째, 그는 파벌이 사회 일반에 해로운 사적 목적을 조직하고 달성하고자 하는 것을 어렵도록 만들고자 공화주의 정부의 범위를 확장할 것을 주장한다. 그러나 현대 커뮤니케이션들을 고려한다면, 파벌은 국가적 수준에서 꽤 잘 작동한다. 맨커 올슨Mancur Olson의 무임승차에 관한 대표적인 저작은, 널리 인식되지만 힘은 부족한 공익과 맞설 때 파벌이 왜 종종 그 목적을 달성할 수 있는지를 설명한다. "가장 좋은 것(공익)은 의지가 모든 면에서 부족한 반면, 가장 나쁜 것(파벌)은 격정으로 가득 차 있다"는 사실은 대규모 공화국에서 여전히 문제로 남아 있다.[42] 그러나 파벌을 막기 위해 시민 다수를 동원하는 매디슨의 발상은 좋은 것이다. 우리에게 주어진 과제는 시민 다수가 민주적 권력을 형성하고 집행하는 것을 더 넓게 허용하는 메커니즘을 고안하는 것이다. 두 번째로, '리얼 TV'*, 토크 라디오*, 30초 정치광고의 시대에 살고 있지만 진지한 정치적 논의를 재생하기 위해, 정치에 심의적이고 사려 깊은 접근을 장려하는 제도적 구조를 창안해야 한다. 세 번째로, '집단적 인민의 배제'를 거부하고 인민을 최고 주권으로 만들기 원한다면, 매디슨의 주권 발상을 엘리트 편향으로부터 제거해야만 한다. 요약하면 국가의 의회 선거구들에서 아래로 대표를 확장하는 것과 의사 결정 과정에서 인민을 더 많이 포함하는 것은 (1)파벌을 막고 당시의 중요한 쟁점들에 시민 다수를 조성하는 기회들을 늘린다, (2)국가의 모든 공동체에서 심의적인 포럼들의 가능성을 제공한다. (3)인민주권의 현대적 발상을 증진시킨다.

21세기 미국인들은 흄의 논리를 따라 국가와 주의회들만이 아닌 지역 차원의 의회를 가질 기회가 있다. 1790년에 미국은 아주 적은 인구(13개 주에 390만 명, 보스턴과 같은 가장 큰 도시들의 경우 3만5000명의 거주자)와 강한 지역공동체, 활발한 지역정치가 있었다. 당시엔 지역 차원의 의회가 없었지만 민주주의는 활발하고 혈기왕성했다. 오늘날, 후기산업사회 경제와 대륙에 걸친 50개 주를 가진 거의 3억 인구의 국가에서는 그 반대가 되었다. 다행스럽게도 흄의 모델에 기반을 둔 국가 차원의 의회라는 발상을 실제로 만들 가능성이 지금 있다. 이러한 가능성은 기술적 진보 덕분이다. 매디슨의 세대가 해결하는 데 곤혹스러웠던 문제였기 때문에 또한 중요하다. 예를 들면, 오늘날 미국인들은 주들에 우선하여 국가적 동질감을 받아들인다. 남북전쟁에서 로버트 리Robert E. Lee 장군이 했던 것과 같은, 지금 미국 연방에 반대하여 버지니아 주를 위해 싸우고자

• **리얼** TV 배우가 아닌 사람들의 실생활을 담은 TV 오락 프로그램을 말한다.
• **토크 라디오** 라디오의 전화 토론 프로그램을 말한다.

선택하는 일은 매우 드물 것이다.• 오늘날 미국은 강한 연방 정부와 세계를 이끄는 경제를 보유하고 있다. 흄의 비전에 기반을 둔 개혁은 경제 발전과 무역을 위해 통일된 규칙을 제공하는 강한 중앙 정부를 지향하는 연방주의자들의 뜻에 배치되지 않을 것이다.

제퍼슨의 정신

한 개인이 성숙한지의 여부는 두 가지 모순되는 발상을 유지하는 능력이 있는지를 보면 안다. 토머스 제퍼슨은 이런 점에서 성숙했고, 보통의 미국인들 역시 마찬가지다. 민주주의의 자유주의적, 공화주의적 성격에 관한 제퍼슨의 통합적 이해는 미국인들이 두 갈등하는 이데올로기에 어떻게 충성을 유지해왔는지에 대하여 중요한 실마리를 제공한다.[43]

「독립선언서」를 기초할 때, 제퍼슨은 미국 혁명을 정당화하고 옹호하기 위해 로크의 수사법에 의존했다. 로크의 자유주의는 개인의 권리와 사적 재산권에 대한 헌신으로 유명하다. 제퍼슨의 유명한 어구로 인해 불멸하게 된 "삶, 자유, 행복 추구"라는 로크 철학의 본질은 미국인들의 각 세대로 이어져 넘어왔다. 한편 제퍼슨은 시민이 된 자작농citizen farmer•의 특별한 미덕과 정치 참여의 중요성에 관한 저작으로도 유명하

• **것이다** 로버트 리(1807~1870)는 미국의 군인이자 교육자로서, 남북전쟁 당시 뛰어난 남군 사령관이었다. 그는 남북전쟁 발발 당시 남부 모든 주의 연방 탈퇴에 대해 반대하고, 노예제도에는 관심이 없었으나 고향인 버지니아가 남부연합에 가담하자 자신이 몸담고 있던 합중국 연방군에서 퇴역하고, 남부군에 참가하여 버지니아 주병州兵의 지휘를 맡았다.

다. 미국 혁명 이후, 제퍼슨은 시민 덕성과 정치 참여를 옹호하고 평등에 찬성하여 사회적 위계질서를 거부하면서 현대 공화주의 쪽으로 차츰 옮겨갔다.[44] 그의 무삭제판 『버지니아 주의 기록들Notes on the State of Virginia』(1787)은 도덕적 쇠퇴에 대한 공화주의의 두려움으로 가득 차 있다.

> 만약 신이 선택이라는 것을 했다면, 지구상에서 일하는 사람들은 선택받은 자들이다. 이들의 마음을 신이 만들었고, 이들의 마음엔 신이 고유한 진심의 미덕을 주었다. 이들 사이에서의 도덕적 부패는 어떤 시대나 어떤 국가에서도 찾아볼 수 없는 하나의 현상이다. 공화국을 열심히 유지하는 사람들의 풍습이자 정신이다. 이들 사이에서의 타락은 머지않아 법과 헌법의 심장부를 갉아먹을 병폐다.[45]

첫 번째 경우에서 제퍼슨은 자유주의자다. 두 번째에서 그는 시민공화주의자다. 「독립선언서」에서 그는 외부의 폭정으로부터 자유를 보호한다고 했다. 『버지니아 주의 기록들』에서 그는 내부 부패로부터 시민 덕성을 보호하기를 원했다.

두 발언을 통해 볼 때 제퍼슨은 공화주의뿐만 아니라 자유주의 전통도 채택할 수 있다. 첫 번째는 시기에 따라 하나로부터 다른 것으로 변환하는 것이다. 부패한 영국 권력이라는 외부 위협에 반하여, 제퍼슨은 개인적 권리와 혁명을 권리라는 로크의 원칙들을 동원한다. 한편 공공

• **자작농** 제퍼슨 시기 모든 자작농에게 완전한 시민권이 부여되었다는 다음 글을 미루어 봤을 때 시민이 된 자작농이라는 의미로 이해된다. 그가 생각한 이상적 시민은 독립적 자작농이었다.

의 행복과 정치 참여의 발상에 헌신하는 새로운 정치질서를 구축할 때는 시민공화주의 전통을 이끌어낸다. 그는 개인의 사리 추구를 넘어서는 데 기반을 두는 미국을 상상했다. 새로운 민주주의는 시민의 삶을 풍부하게 만들 진정한 정치공동체일 것이다. 사적인 삶과 상업도 중요하지만 적극적인 공적인 삶과 시민 정신 또한 그에 못지않다. 두 번째 전술은 위계질서의 고전적 규범 대신 모든 시민을 위한 동등한 권리라는 현대 자유주의적 규범을 채택함으로써 시민공화주의의 고전적 모델을 현대화하는 것이다. 이 방식으로 그는 자유주의와 공화주의를 조화시키는 데 성공했다. 이것이 어떻게 가능했는가? 요약하면 제퍼슨의 세대는 모든 자작농 농부에게 완전한 시민권이 부여되었다고 말하면서 고전적 시민권의 발상을 확장했다. 제퍼슨은 위계적 특권에 기반을 둔 사회적·정치적 질서로부터 깨끗이 손을 떼고자 노력했고 개인의 평등과 재능에 기반을 둔 새로운 사회 시스템을 확립하고자 했다. 동시에 제퍼슨주의자들은 고전적 공화주의 원칙에서 명백했던 엘리트주의적 관점들을 포기했고, 공공의 행복과 정치 참여를 위한 관심을 결코 깨뜨리지 않았다. 공화주의자로서 그들은 상업뿐만 아니라 정치를, 사적 권리뿐만 아니라 공적 의무라는 고전적 주장을 이어나갔다.[46]

제퍼슨과 동료들은 미국인이 자유-공화주의 민주주의자가 되는 것을 북돋았다. 개인적 권리와 정치적 평등의 언어를 이해하고 사용했다는 점에서 이들은 로크적 자유주의자다. 그들은 사적이고 자발적인 연합을 강조하고 미래에 관해 낙관했다는 면에서 자유주의자들이다. 우측으로는 하원 의장 해스터트로부터 좌측으로는 상원의원 바버라 박서에 이르기까지 오늘날 모든 미국인에 의해 공유된 로크적 자유주의 사고방식은 공화주의 전통과는 다른 것에 초점을 맞춘다. 동시에 제퍼슨은 사리 추구를 시민권을 위한 충분한 기반으로 여기지 않았다. 그와 동료들은 정부가 행복의 사적 추구를 보호하기 위해 존재하는 것만은 아니라 보고, 새로운 자본주의 경제로 인해 생겨난 탐욕스럽고 부유한 사람들을 마음에 들어 하지도 않았다. 이러한 것들이 공화주의자의 사고방식이다. 결국 제퍼슨주의 공화주의자들은 규제로부터의 자유뿐만 아니라 정치에 적극적으로 참여하는 자유를 참자유라고 생각했다. 제퍼슨은 정치적 자유를 생생하게 유지하는 것은 현명하고 열정적인 참여라고 보았다. 이러한 사고방식은 공화주의에 있어서 핵심이다.[47]

많은 연방주의자는 정치 참여에서 일반 시민을 추방하기 원했던 민주적 엘리트주의였기 때문에 제퍼슨주의자들은 연방주의자들과 상당 부분에서 다투었다. 군중 행동, 입법부에 대한 노동계급의 통제에 대한 두려움은 헌법 초안자들에게 영향을 미쳤다. 혁명 후, 연방주의자들은 새로운 정치제도가 정치 전면에 나선 엘리트들과 공손하고 순응하는 유권자의 오래된 가정들 내에서 작동할 것이라고 예상했다.[48] 연방주의자들은 시민 정신을 영속시키는 몇몇 방식을 고안하는 대신 혁명을 촉발했던 시민 정신을 사적 유산으로 돌리고자 노력했다.[49] 이것은 조지 워싱턴과 알렉산더 해밀턴과 같은 연방주의자와 제퍼슨주의자 사이의 핵심적인 차이였다. 공적 삶의 상대적 중요성을 넘어서는 이러한 차이는 오늘날 공화주의 민주주의자들(보수, 중도, 진보이든 상관없이)과, 엘리트와 막대한 돈이 지배하는 정치 시스템에 만족하는 사람들 사이를 중요하게 구분짓는 선이다.

제퍼슨의 구區 업데이트

"우리 모두는 공화파다, 우리 모두는 연방파다." 미국의 제3대 대통령 제퍼슨은 이러한 말로 1800년 대통령 선거에서 두 정당으로 나뉘어 경쟁했던 상처를 치유하고자 했다.• 그러나 이 말은 제스처 이상의 의미가 있다. 그것은 모든 성인 시민의 적극적 참여를 전제로 하는 한편 대륙적 규모에 대의정부를 수용하는 제퍼슨의 민주적 철학의 간단명료한 표현이다.[50] 제퍼슨의 목표는 헌법에 타운 홀 미팅을 추가하는 것이었다. 여느 혁명적 지도자 이상으로, 그는 혁명의 정신을 어떻게 생생하게 유지할 것인지의 문제로 분투했다. 그는 헌법이 우리 권리를 보호했다고 이해했으나, 이것이 시민들의 접근을 막고 그들을 사적 삶에 골몰하도록 했다고도 보았다. 제퍼슨이 본 것처럼, 문제는 보통 시민이 그들의 정치적 자유를 정기적으로 집행할 수 있는 헌법적으로 보장된 공간이 없다는 것이었다.[51]

제퍼슨은 만약 사람들에게 선거가 있는 동안만 공적 삶에 참여할 기회가 있다면, 민주주의는 아렌트가 말한바 통치자들이 인민을 통제하는 '국정國政의 메커니즘'이 될 것이라고 이해했다.[52] 강한 참여 요소 없는 대

• **치유하고자 했다** 정부 수립 초기에는 정당이 존재하지 않았으나 조지 워싱턴 대통령의 정책을 둘러싸고 지지자들과 반대자들로 갈라지면서 정당들이 태동했다. 조지 워싱턴 대통령 지지자들은 상공인을 중심으로 한 부유층이었고, 반대자들은 농민, 노동자, 채무자 등 서민층이었는데, 이후 전자는 해밀턴이 주도한 연방주의자당Federalists의 지지 세력으로 발전했고, 후자는 제퍼슨이 주도한 민주-공화당Democratic-Republicans의 지지 세력으로 발전했다. 이러한 연방주의자당과 민주-공화당이 대립 구도는 1790년부터 1816년까지 지속되었다. 외교부, 『미국개황』

규모 대의정부는 좋은 왕 아래에서의 삶과 전혀 다를 바가 없을 것이다. 제퍼슨의 해결책은 구區민주주의였다. 그는 국가의 카운티들을 뉴잉글랜드 타운 모델에 기반을 둔 자치구들로 나눌 것을 제안했다. "이러한 작은 공화국들은 큰 공화국의 원동력이 될 것이다."[53] 모든 거주자는 구에 속하게 된다.

대통령 임기 동안 제퍼슨은 '마음에 두 개의 큰 정책'을 품었다고 적었다. 그것은 모든 사람이 "자기 자신을 위해 판단하도록" 하는 것이 가능한 일반 교육과 "모든 카운티를 수백 명으로 나누도록" 하는 것이다.[54] 각 구의 거주자들은 교육뿐만 아니라 빈곤, 도로, 경찰, 선거, 배심원의 선출에 신경 쓸 것이다. "모든 시민을 정부에서, 그리고 각자에게 가장 가깝고 가장 관심을 두는 공직에서 활동하게끔 하는 것은 국가의 독립과 공화주의 헌법에 의해 시민을 가치 있게 만들 것이다."[55] 제퍼슨은 타운 미팅을 헌법으로 결합하는 심리적·정치적 혜택이 미국이 세계를 지도하는 민주주의의 전범이 되도록 할 것이라고 믿었다. "모든 사람이 그의 구區공화국의 또는 더 높은 공화국의 방향을 정하는 일을 공유하고 정부 일에 참여한다고 느끼는 것은 선거일 하루만이 아니다."[56] 구區공화국들은 민주주의의 본질을 구성하는데, 그 이유는 "시민의 직접 행동 요소가 어느 정도 들어 있느냐에 비례하여 정부의 공화주의 정도가 결정되기" 때문이다.[57]

제퍼슨의 완벽한 공화국은 그의 구區공화국을 매디슨의 연방 헌법과 결합시킨다. 민주 혁명은 실제로 두 단계로 일어난다. 폭정으로부터의 자유와 그 이후 정치적 자유의 확언이다. 달리 말해 민주주의는 개인의 권리를 보호하는 것 이상이며 정치적 외침들이 현실에서 집행되어야 한다. 프랑스대혁명이 제어가 불가능할 정도가 되는 것을 보면서, 제퍼슨은 자유를 적극적인 의미로 활용하는 것이 왜 중요한지를 배웠다. 그의 안목에서, 구區 시스템은 모든 시민이 정치적 삶에 접근하는 것을 가능케 할 것이다. 아렌트는, 제퍼슨이 "시민들이 혁명 기간에 행한 것, 즉 자진해서 행동하고 일상적으로 이루어지는 공공 업무에 참여하는 것을 지속하도록 각 구가 허용하기를 기대했다"고 했다.[58] 지역에서의 정치적 참여는 이웃 사이에서 결합을 구축하고, 공동체를 위한 애정을 북돋우고, 사람들이 자신과 가족이라는 보호막으로 후퇴하는 것을 막는다.

'정치권력과 행정의 분권화된 구조와 결합하여 목적을 공유하는 국가 차원의 정치 공동체'라는 매디슨의 발상은 헌법의 핵심에 놓여 있다. 비록 그가 제시한 대표의 엘리트 구조에 동의하지 않는다 하더라도, 그의 정부 발상은 이상理想으로 여전히 남아 있다. 연방주의 시스템을 발명하는 것에 더하여, 제퍼슨처럼 매디슨은 시민공화주의 전통을 현대화하고자 노력한다. 그는 심의에 의한 정부, 공익의 존재, 다른 견해에 대한 포용과 진실 추구에 기반을 둔 시민 덕성 같은 많은 공화주의적 원칙에 헌신했다. 그의 개인주의적 전제와 소수의 자산가에 대한 보호 정책 때문에, 매디슨은 종종 원형적인 로크적 자유주의자로 묘사되었다. 이러한 고정관념에는 결함이 있다. 제퍼슨처럼 매디슨의 정치적 사고는 자유주의와 공화주의 주제를 결합한다. 매디슨은 자유주의자였지만 한편 공익을 꾸준히 추구한 자유주의 공화주의자였다. 비록 그의 수단이 전통적 공화주의 사고와 맞지 않았다 하더라도 공화주의적 목표는 분명 있었다. 대부분의 혁명 지도자처럼 그는 도덕적인 정치의 가능성을 유지하고자 했다. 매디슨과 연방주의자들은 비록 대중 다수가 개인적 관심사와 상업적 추구에 몰두하더라도 시민 덕성과 공익을 위한 관심으로 활기차게 되는 지도자들을 만들어내길 원했다.

거대한 인구와 정부 직접 참여의 불가능은 제퍼슨의 구區 구상을 재고하게 만든다. 오늘날 헌법은 "시민들에게 공화주의자가 될 기회와 시민으로서 행동할 기회를 제공하지 않은 채" 모든 권력을 명목상 시민에게 부여한다.[59] 해링턴으로부터 마키아벨리로 공화주의적 이해를 변환시킬 시기다. 매디슨의 대의 제도를 아래로 확장함으로써, 그리고 대의의 방향에서 제퍼슨의 구공화국들을 개정함으로써 강력한 통합으로 두 건국의 아버지를 결합시킬 수 있다.

공화주의적 전환

헌법 제정 이후 지난 200년 동안 자유주의 아래에서 수면 위로 잘 드러나지 못했던 공화주의 발상들을 분명히 해야만 한다. 역사가들이 공화주의 전통을 재발견하고 정치 이론가들이 민주주의와 심의에 관한 논쟁을 위해 공화주의 발상의 가치에 주목한 지난 30년 동안 변화가 일어나기 시작했다. 마키아벨리와 해링턴 같은 공화주의 사상가들은 미국 건국의 지적 맥락의 중심에 있다. 제4장에서 제안하고 발전시킨 제도적 개혁은 선스타인, 마이클 샌델Michael Sandel, 퀜틴 스키너Quentin Skinner, 필립 페팃Philip Pettit, 모리치오 비롤리Maurizio Viroli와 존 매코믹John McCormick을 포함하는 수많은 학자의 손을 거치며 세련되어지고 탄력을 받았으며, 이와 함께 마키아벨리가 발전시킨 공화주의적 자유의 이

상을 확대하고 실행으로 옮기도록 디자인되었다.[60]

비지배nondomination로 이해하는 공화주의적 자유에 초점을 맞추고 '대중의 참여와 대중의 대표'라는 제도적 융합에 호의적인 공화주의의 한 버전을 살펴보자.[61] 오늘날 공화주의자들은 시민 덕성과 공공선 같은 매우 중요한 용어의 맥락뿐만 아니라 그들이 추구하는 공적 심의와 참여의 구체적인 메커니즘에 관해 '모호한 원칙'을 발전시킨다고 비난받아왔다.[62] 문제는 "상대가 실패했던 곳에서 성공하려면 현대 공화주의는 어떻게 과거와 충분히 구별될 수 있는가"다.[63] 여기서는 현대의 정치 이론에서 공화주의를 어떻게 이해하는지를 명확하게 짚고, 다음 장에서 제도와 실행 방안으로 관심을 옮겨가고자 한다.

정치적 자유는 다른 학파와 공화주의자들을 구별하는 '큰 발상'이다.[64] 공화주의자들은 전적으로 귀족주의자나 자유주의자와 다르게 자유를 이해한다. 이사야 벌린Isaiah Berlin의 잘 알려진 소극적/적극적 자유의 구별과는 대조적으로, 공화주의자들은 "고전적 자유주의보다 좀 더 급진적이고 일관된" 자유에 관한 사고의 세 번째(확실히 우수한) 방식을 논의한다.[65] 자유에 대한 공화주의 헌신은 좌익의 롤스John Rawls와 우익의 프리드먼Milton Friedman의 이해를 넘어서는 것에 있다.

롤스는 개인적 권리가 공리를 뛰어넘게 하기 위해 개인적 자유를 매우 중시하면서 정의正義 이론을 디자인한다. 이와 비슷하게, 프리드먼은 국가 권력이 행동의 개인적 자유를 어떻게 간섭하는지의 정확한 예로 소극적 자유의 입장을 분명히 한다.[66] 사회학적으로 역사적 경험에 기반을 둔 공화주의자들은 부서지기 쉬운 삶의 나약함과 정치의 불안정 및 변동성을 자각했다. 마키아벨리와 미국의 건국자들은 정치권력을 가진 사람이 때때로 끔찍한 일들을 하는 것을 이해했던 현실주의자였다. 만약 우리가 개인적 자유에 진정 흥미를 갖는다면 다음 사항은 매우 긴요하다. (1)인민이 지도자를 선거로 선출할 수 있는 권력을 가지는 민주적 정치체를 확립하는 것, (2)대중이 정치세계에 '관심을 기울이도록' 장려하는 관습과 제도를 발전시키는 것, (3)권력이 분립되고 특정 개인이나 그룹이 정부의 통제 권력을 많이 갖지 않는 헌법적 구조를 설계하는 것이다.

공화주의적 자유는 만약 시민이 지도자들의 옳고 그름을 확실하게 지켜보지 않는다면 개인의 자유는 안전하지 않다는 발상에 바탕을 둔다. 20세기는 적어도 나쁜 개인들이 정부의 통제권을 획득할 때 도저히 말도 안 되는 일이 일어난다는 것을 교훈으로 보여주었다. 헌법적 보호 장치와 독립적인 사법부는 자유를 위해 매우 중요하나, "법은 국가의 물리적인 환경보다 민주공화국 유지에 기여하는 것이 분명함에도, 더 많은 것이 법보다 더 많은 일을 한다"라고 제목을 붙인 한 장에서 토크빌이 관찰했던 것처럼, 헌법은 민주적 규범들과 적극적인 시민 없이는 종이 몇 장에 불과할 뿐이다.[67]

홉스는 자유를 '간섭의 부재the absence of interference'로 정의했다. 홉스와 대부분의 현대 자유주의자에게 사람의 천부적 자유란 정부가 제정한 법으로만 감소시킬 수 있다. 이러한 자유의 소극적 이해는 벌린의 에세이 『자유의 두 개념Two Concepts of Liberty』(1958)을 통해 잘 설명되고 있다. 민주 이론의 슘페터 버전과 유사한 이 에세이는 부분적으로 냉전에 의해 이데올로기 논의를 확장했다. 벌린에 따르면, 소극적 자유는 간섭의 부재를 포함하는데, 이때 간섭은 물리적 강제나 실질적인 위협에서처럼 의도적이다. "다른 사람 그 누구도 내 활동에 개입하여 간섭하지 않는

만큼"을 소극적으로 자유롭다고 본다.[68] 그러므로 자유는 한 인간이 방해받지 않는 활동과 비강제적인 선택을 할 때 보장된다. 홉스를 따라 벌린은 민주주의와 개인적 자유 사이의 필수적인 연결은 없다고 말한다.[69] 물론 공화주의자들은 의견이 크게 다르다.

벌린은 적극적 자유가 좀 더 야심적일 뿐 아니라 전체주의를 함축하고 있기도 해 위험하다고 주장한다. 이러한 자유 이해는 사람들이 '자율self-mastery' 획득에 적극적이도록 요구한다. 그러나 지시와 훈련은 압제적이고 억압적일 수 있다. 적극적 자유의 배경엔 루소의 금언인 '자유를 위한 강제forced to be free'가 놓여 있다. 적극적 자유의 발전을 지지한 사상가들은 루소, 헤겔, 마르크스와 다양한 종교적 분파 및 현대의 전체주의를 포함한다. 이와 달리 벌린은 홉스, 벤덤, 밀, 몽테스키외, 콩스탕, 토크빌, 제퍼슨, 페인이 지지한 소극적 자유를 찾았고 이를 추천했다.

비록 소극적 자유가 좋은 것이더라도 일정한 관점에서 한계가 있다. 홉스/벌린의 논의는 두 가지 이유에서 문제가 있는데 첫째, 간섭의 부재로서의 자유 개념은 권력과 지배의 쟁점에 상대적으로 무관심하다. 그러므로 자유주의자들은, 공화주의자들이 '지배와 예속의 전형적인 예'로 비난할 것이 분명한 "가정, 직장, 선거구 등에서의 관계들을 용인"한다.[70] 공화주의자들은 비간섭에 초점을 둔 자유의 정의가 실제로 한 사람의 자율성autonomy을 보호하기에 충분하지 않다고 주장한다. 시민공화주의자들에게 자유는 단지 다른 개인이나 제도들로부터의 간섭의 부재만이 아니라, 지배·예속의 부재를 구성한다. 인간은 그가 만약 다른 사람의 자의적인 행동에 두려움을 갖고 산다면 자유로울 수 없다. 해링턴은 "왕의 특권을 위임받은 신하들은 통치자에게 맞추는 한 그의 삶을

유지할 수 있다"고 지적하면서 홉스에 반하여 논의를 전개했다.[71]

간섭과 지배 사이의 차이를 묘사하기 위해 우리는 전혀 저항하지 못한 채 남자친구로부터 학대를 당하는 한 여성을 상상할 수 있다. 감독관에 의해 부당하게 이용되고 학대당하는 노동자들, 완전한 감독 아래 자율학습을 준비하는 학생들, 훈련 병장에게 경례하는 훈련에 임한 군대 신참들, 승진이 학자적 능력이라기보다는 고참 교수와의 개인적 관계에 좀 더 의존하는 것을 깨닫는 후배 교수, 판사의 자의적인 기분에 따라 감옥에 수감될 수 있는 국가에 살고 있는 사람들을 상상해보자. 이러한 모든 상황은 실제 간섭이 없는 예들이다. 소극적 자유에 따르면 이들은 자유롭다. 그러나 실제 그러한가? 정도는 다르겠지만 그들 각각은 다른 사람의 자의적인 의지에 당할 수 있고 그러므로 예속과 복종의 상태에서 살고 있다.[72] 소극적 자유의 세계에서, '선택할 자유'는 한 가지 의미 이상을 갖는다고 할 수 있다. 공화주의적 자유는 자유가 없는 상태를 단순히 간섭받고 있는 상태가 아니라, 자의적 권력에 의해 간섭받을 가능성이 항상 존재하는 상태로 여긴다는 점에서 자유주의적 자유와 다르다.[73]

홉스/벌린의 소극적 자유가 보여주는 두 번째 문제는 비간섭과 비지배의 자유는 우리가 거주하는 사회적 환경에 의존적이라는 것이다. 개인적 자유를 보장하는 가장 좋은 방법은 우리의 권리와 자유가 존경받는 정치 질서를 구축하고 유지하기 위해 다른 이들과 연합하는 것이다. 일부는 우리가 '자연권natural right'을 갖는다고 믿으나, 그러한 믿음은 실제로는 거의 아무것도 의미하지 못한다. 공화주의자들은 자치의 공화국이 시민의 개인적 자유를 향유하기에 가장 좋은 곳이라고 여긴다. 스키너가 "만약 우리가 자신의 개인적 자유를 최대화하기 원한다면 왕에게 신뢰를 두는 것을 멈춰야 하고, 대신 우리 자신이 정치적 영역의 부담을 짊어져야 한다"고 말할 때 자유의 공화주의적 지위는 간단명료하게 표현된다.[74] 우리의 정치적 자유를 보호하려면 인민이 모든 것을 통치하는 법을 형성하기 위해 결합하는 '자유 국가free state'에서 살 필요가 있다. 공화국에서 모든 사람은 법의 지배 아래 놓이지만 법에 지배되는 것은 타인의 자의적 의지에 지배되는 것과는 완전히 다르다. 법은 간섭할 수 있고 간섭하지만 타인의 지배와는 대조적으로 자유와 양립할 수 있다. 해링턴의 유명한 말처럼, '사람이 아닌 법이 황제'이기 때문에 개인적 자유는 공화국에서 대부분 보장된다.[75] 요약하면, 공화주의자들은 자유주의적 신화와 대조적으로 자유란 개인의 자연적인 소유가 아니라고 이해한다. 그들에게 자유는 사회적 건설이고 잘 조직된 상태의 달성이다.[76]

정치적 자유의 발상은 자유인을 '타인의 자의에 종속되지 않은 상태'라고 규정한 로마법 원리에서 나온 것이다. 중요 현안을 논의하는 데 인민이 참여하고 공동체 전체를 규율하는 규칙에 대해 인정/거부할 권한을 누리는 자치적 정치체제 속에서 살아가는 한, 완전한 정치적 자유를 누리고 있다고 말할 수 있다. 개인이 법적·정치적 권리를 향유할 때 자유롭게 되는 것처럼 한 국민이나 국가는 자신의 법 아래에서 살 수 있을 때만 자유로운 것이다.[77] 비록 일부 자유주의자가 자유와 민주주의 사이에 직접적인 연결은 없다고 주장하더라도, 공화주의자들은 이에 동의하지 않으며 두 가지는 일심동체라고 본다. 다른 것으로부터 하나를 분리하고자 노력하는 것은 매우 어려울뿐더러 샴쌍둥이를 분리하고자 노력하는 것처럼 치명적이기도 하다.

정치적 자유는 전체주의에 대한 아렌트의 두려움*과 잭슨주의Jacksonian

민주주의에 대한 토크빌의 찬양을 같은 비중으로 받아들인다. 아렌트의 『전체주의의 기원The Origins of Totalitarianism』에서 우리는 공공영역을 파괴하고 개인을 소외시키는 데 체제가 활용하는 사회적 역동성을 이해할 수 있다. 좋은 시민이 주의를 기울이지 않거나 악화될 때, 정치 상황은 1930년대 초 독일 전역의 마을에서 일어난 일처럼 제어할 수 없는 상태에 이른다. 공산주의자와 나치 패거리들이 시가전에 참여할 때, 중도파들은 정치적 영역으로부터 물러났고, 히틀러는 43.9퍼센트의 득표율로 1933년 선거에서 승리했다.[78] 역으로, 토크빌의 저서인 『미국의 민주주의』는 미국 혁명 이후 생겨난 새로운 감정, 거의 유토피아적인 세계를 이해하고자 분투한다.[79] 그는 미국 자치 실험의 성공은 대체로 뉴잉글랜드 타운 미팅의 공적 행복과 사리 추구를 적절하게 이해했던 공화주의 정신에 기반을 두었다고 결론짓는다.

해링턴 또는 마키아벨리?

자유는 잘 구성된 제도와 기백 또는 덕성을 발휘하는 시민에 의해 결정된다. 외부 위협과 내부 부패에 의해 양자는 위험에 빠진다. 변화가 지배하는 세계에서, 시민의 무관심은 부패와 민주 제도의 와해를 야기할

• **아렌트의 두려움** 독일 태생의 유대인 정치사상가인 한나 아렌트(1906~1975)는 자신의 저서 『전체주의의 기원』에서 민족국가의 쇠퇴와 계급사회의 붕괴가 전체주의를 태동시키는 계기가 되었으며, 이러한 전체주의가 심각한 위기를 불러올 것이고 광기의 성격을 띤다고 역설한 바 있다.

수 있다. 부패의 지속적인 위협에도 한 국가가 자유로운 제도를 유지할 상황을 찾아야 하는 것이 공화주의의 핵심 딜레마다. '합리성의 실패'라고 볼 수 있는 부패는, 우리의 자유가 공익을 위한 삶에 헌신하는 시민 대중에 의해 결정된다는 것을 인식하지 못하는 것이다.[80]

비지배로서 공화주의적 자유는 독립 도시국가들의 남성, 재산을 소유한 시민의 이데올로기로서 발을 내디뎠다. 미국에서는 대륙적 규모로 공화국의 규모를 확상했고, 20세기의 투표권과 시민권 투쟁 이후 오늘날 데모스에는 모든 성인이 포함된다. 정치적 자유를 어떻게 해석할지에 관한 투쟁은 아직 유효하며, 부분적으로는 이데올로기적 입장을 띤다. 자유의 의미는 많은 정치적 언어처럼 수사적 주장을 좋아하는 정치인들에게 하나의 상징이다. 페팃의 역사적 논의를 기술하면서, 티머시 오헤이건 Timothy O'Hagan은 다음과 같이 말한다. "프랑스와 미국 혁명은 정치적 자유를 남성과 여성, 재산이 있고 없는 모든 성인으로 좀 더 광범위하게 확장하는 것을 가능하게 했다. 그 시기에, 반동분자들은 이제 공화적 자유가 위험스러운 이데올로기로 보이게 하고자 홉스의 소극적 자유로 돌아갔다. 비지배가 내포한 평등주의를 두려워했던 엘리트 자유주의자들은 비지배보다 비간섭이 좀 더 안전한 목적지임을 알게 되었다."[81]

전통적으로 공화주의는 공익을 위해 사리를 희생하는 덕성 있는 시민에게 의존해왔다. 그런데 현실적으로 이러한 고상한 정조와 규범이 미국 정치를 지배할 것이라고 생각할 수 있는가? 답은 명백히 '아니다'이다. 결국, 우드가 『미국 공화국의 탄생, 1776~1787』에서 설명한 것처럼, 자신들이 수용한 공화주의적 발상에 문제가 있었기 때문에, 건국자들은 대체로 자유주의적 제도를 채택했다. 오늘날 자유주의적 규범이 정치 현실을 제대로 반영하지 못한다고 비난을 받는 것과 정반대의 딜레마에 우리는 직면한다. 샌델이 말한 중립적·절차적 공화국은 불만의 주된 원천이다.[82] 시민 덕성에 강조를 두는 마키아벨리의 공화주의 패러다임은, "개인적 욕구와 이익의 합에 우선하면서 꽤 독립적인 공익 관념"으로 인해 매킨타이어 등의 관심을 끌었다.[83]

그럼에도 미국은 로크이면서 마키아벨리이기도 한 까닭에, 자유주의의 대안으로 공화주의를 이해하는 것은 오류일 것이다. 인간 사회에 관한 두 축의 기본 진실을 이해함으로써 자유주의는 현대 세계의 철회할 수 없는 범세계적인 본질에 의존해야 한다. 고대 그리스와 로마의 지배적인 이데올로기인 공화주의는 17~18세기 상업, 자본주의, 대규모 민주주의의 승리 이후 더 큰 자유주의적 프로젝트 내에서는 조연에 머물러 그 위상이 약해졌다.[84] 그러나 공화주의적 발상이 여전히 중요하다는 것은 분명하다. 왜냐하면 "정치적 대상이나 사회적 종속이 아니라 완전하고 동등한 시민들"로 구성되는 공적 영역을 자유주의가 열망하는 반면, 공화주의적 원칙들은 그렇게 되기 위해 반드시 행해져야 할 것이 무엇인지를 설명하기 때문이다.[85] 마르크스주의자와 공화주의자 양자의 비평은 공적 영역에서 시민권을 허울이 아닌 현실적인 것으로 만들기 위해 해야만 하는 것에 관해 자유주의에 영향을 미친다. 마르크스가 말했다. "정치가 완전한 발전을 이룬 곳에서는, 단지 사고와 의식에서뿐만 아니라 실재와 삶에서 사람들을 이끈다. 그는 그 자신을 공동체의 존재로서 간주하는 정치 공동체, 그리고 사적 개인으로서 행동하는 시민사회에서 산다."[86]

자유주의의 반대라기보다는 친척뻘인 공화주의는 많은 점에서 고전적 공화주의적 세계관으로부터 벗어난다. 핵심 개념을 논의하기 전에, 공화주의 전통이 다면적이라는 것과 여기엔 많은 기여자가 있다는 걸 인식해야 한다. 단일한 자유주의가 없는 것처럼, 단일한 공화주의는 없다. 간략하게 보면 공화주의적 발상의 역사엔 두 가지 주된 전통이 있다. 둘 모두 로마 공화국의 가장 영향력 있는 작가였던 키케로에게서 찾아볼 수 있다. 하나는 수사법rhetoric과 대중 참여를 강조하고 다른 하나는 이성과 엘리트 심의를 강조한다.[87] 마키아벨리는 자신의 저작에서 첫 번째 것을 강조한다. 영국 혁명 후 해링턴의 공화주의적 제안은 두 번째 것을 강조한다. 나는 마키아벨리 편에 선다. 『로마사 논고Discourses』에서 그의 공화주의는 좀 더 참여적이고, 평등적이며, 공화주의의 민주적 입장이다. 해링턴의 공화국 유토피아 『오세아니아The Commonwealth of Oceana』(1656)는 제도적 디자인이 많긴 하나 이상하게도 정치적 삶이 전혀 없다.[88]

해링턴은 군주제에 반하여, 엘리트들의 조리 정연한 담화로 평판이 좋은 안정적인 과두제 베네치아 공화국에서 영감을 얻는다. 여기선 잘 태어난 사람이 만민을 위해 결정해야만 한다는 발상에 충성을 다하고, 인민이 그들에게 제시된 제안에 투표할 수는 있어도 논의하거나 토론하지는 못한다.[89] 해링턴의 귀족주의적 이해는 흄과 『페더럴리스트 페이퍼』 작가들에게 영향을 주었다. 새로운 헌법은 '집단적인 입장에서 인민의 완전한 배제'를 규정해야 한다는 매디슨의 논의는 해링턴의 엘리트주의 입장을 반영한다.[90] 비록 심의에 대한 그의 강조가 높이 살 만하더라도, 그는 이성을 지나치게 강조하고 민주 정치의 본질인 수사학, 신념, 광범위하고 때때로 이성적이면서도 열정적인 토론을 두려워한다. 예를 들면, 해링턴은 로마 공화국의 정치적 혼란을 폄하한다. 이와 달리 마키아벨리는 엘리트와 대중 사이의 경쟁, 로마가 성공한 핵심 이유로 그들의 열정적인 정치가 불러일으킨 에너지를 꼽는다.

공화주의에 대한 이처럼 다른 견해는 정부의 구조와 시민의 역할에 다른 시사점을 준다. 『로마사 논고』의 핵심 주제 중 하나는, 인민 전체가 정치적 자유의 안전장치뿐 아니라 공익에 관한 결정의 가장 신뢰할 만한 기반을 구성한다는 것이다.[91] 게리 네더만Gary Nederman이 지적한 것처럼, 해링턴의 소극적인 의회는 "대중 행동 방침의 장점을 확신해야만 하는, 그리고 경쟁하는 관점들을 이해하고 조율하는 데 능숙한 마키아벨리의 자유인들로부터는 멀리 떨어져 있는 외침"이다. 이성과 합리성은 소수 엘리트의 특별한 자질이라는 전제로 시작하기 때문에, 해링턴은 그의 잘 조직된 헌법적 질서에서 공적 논의와 토론을 배제한다.[92] 마키아벨리가 하나만으로는 둘 다 잘할 수 없다면서, 잘 조직된 정체와 덕성 있는 시민 둘 모두를 필요로 한다고 강조한 반면, 해링턴은 법으로 충분하다고 주장한다. 그는 자작농들good men의 필요를 느끼지 않는다.

해링턴에게 참여와 시민 덕성은 더 이상 핵심이 아니다. 대신 사람들은 사리를 도모하기 때문에, 중요한 것은 그들의 행동이 부패한 곳에서조차 문제되지 않는 제도들을 고안하는 것이다. 비록 오늘날 해링턴을 아는 미국인이 많지 않더라도, 흄, 『페더럴리스트 페이퍼』의 매디슨과 해밀턴, 헌법이 그의 본을 따르기 때문에 중요하게 남아 있다. 그 결과로 미국 정치 시스템은 자유주의와 공화주의 요소 모두를 갖고 있지만, 공화주의 요소는 마키아벨리보다 해링턴을 훨씬 더 강조한다. 이러한 선택은 오류다. 큰 공화국의 부패를 다루는 방식은 헌법의 융합에 마키아벨리 원칙들을 재주입하는 것이다. 다음 장에서 내가 도입하는 제도 개혁은, 공화국의 장기적인 건전성에 핵심이 되는 요소는 대중 참여라는 마키아벨리의 핵심 통찰을 해링턴의 심의에 대한 논의와 융합하는 것이다.

현대적이고 현실적인 원리들

시민공화주의 원리들이 해결책에 포함되려면, 현대적이고 현실적이라는 것을 보여줘야만 한다.[93] 경제의 세계화와 포스트모더니즘 감수성의 시기에 어울리지 않는다고 비판받는 공화주의의 핵심 개념인 시민 덕성, 공공선, 참여가 과연 현대적이고 현실적이라고 말할 수 있는가?[94]

공화주의의 핵심 미덕은 나라를 사랑하는 적극적인 참여 시민이라는 발상을 담고 있고, 복잡하고 다양하며 상업적으로 활기찬 21세기에 민주주의를 가능케 하는 규범과 실행을 고무하고, 정치적 자유를 보호하고 증진시키는 것을 약속한다. 마키아벨리로부터 토크빌을 거쳐 오늘날에 이르기까지 공화주의 사고는 다음 두 가지에 특히 우려를 표명한다. 하나는, 많은 사람이 자유를 당연시 여기는 것이고, 또 하나는 사회에 대해 감시 역할을 하는 언론과 참여하는 시민체가 없다는 것이다. 인간 본성을 고려한다면, 사적이고 이기적인 목적을 갖는 개인과 그룹이 정치 기관을 장악하는 것은 쉽다. 공화주의자들에게, "눈앞의 이익 추구로 다투고 공동체의 요구를 무시하는 자연적 경향을 표현하기 위해 공화주의 이론가들이 습관적으로 사용하는 용어"인 시민 덕성과 부패는 뗄 수 없는 관계다.[95]

시민 미덕은 공화국을 지속시키는 데 본질적인 부분이다. 이러한 것들은 정직, 정중함, 정치적 논쟁에서 이해와 참여할 능력, 다른 사람의 입장과 인생 스토리에 대한 공감, 자유와 자유선거, 결사의 자유, 자유로운 언론, 야당에 대한 사법적 보호를 포함하는 민주적 정치 질서를 위해 필수적인 절차에의 헌신, 헌법과 법에 대한 존중, 논쟁과 이의의 중요성에 대한 이해를 포함한다. 페팃의 공화주의를 논평하면서, 존 페레존John Ferejohn은 미덕의 중요성에 관해 권고하는데, 나는 이 의견에 동의한다. 그는 "오늘날 쓸모 있는 공화주의는 공산사회주의자들과 공동 노력을 기울일 여지가 많지 않다. 사회적 의견 충돌과 갈등의 범위 및 깊이는 광대해서 벽지를 발라서 숨길 수 없다. 그렇기 때문에 나는 페팃이 유권자와 그들의 대표자들 사이에 벌어지는 미덕과 도덕성 추구 또는 공익을 과소평가하고 있다고 생각한다"고 말한다.[96]

다음으로, 슘페터와 일부 사회선택 이론가가 믿는 것처럼 공공선은 하나의 불가능한 이상에 불과한가?[97] 앞서 루소가 보여준 것처럼 오직 여러 상황이 기막히게 맞아떨어질 경우에만 이룰 수 있는 아주 드문 일반의지general will는 공공선에 관한 논의에 종종 영향을 미친다. 그러나 정치적 판단을 할 때 그들 자신의 개인적 이익뿐만 아니라 공공선에 관해 사람들이 고려하도록 요청하는 것은 타당하다. 공화주의자는 자신보다 큰 시각으로 세계를 보는 다른 사람에게 공감하는 능력에 의존한다. 로버트 구딘Robert Goodin은 사람들이 스스로의 내부에서 어떻게 대화와 심의를 창조해내는지를 쟁점으로 제시한다.[98] 명백하게 이것은 자기중심적인 인성을 넘어서서 도덕과 윤리적 발전의 더 높은 수준을 이루고 심리적 건전성을 회복하려는 우리의 이해와 부합한다. 현대 공화주의자들은 끊임없는 자기희생을 기대하지 않는다. 사실상 공공선에 사리 추구를 종속시키려는 역사적 강조는, 전체로서의 국가와 부합하지 않는 사적 이익을 노리는 귀족 엘리트를 향한 것이었으며, 의사 결정에서 강력한 목소리를 낼 수 없는 대중을 위한 것이었다. 오늘날 보통 시민의 사리 추구는 전체의 공동 이익과 다른 것은 아니다.[99]

많은 이들이 "좋은 시민은 그의 이기적인 애착을 버릴 필요 없이 균형을 유지하며 그것들을 적절하게 두면 된다. 핵심은 개인이 시민으로서 자신을 정의하는 환경을 창조하는 것이다"라는 셸리 버트Shelley Burtt의 의견에 동의한다.[100] 비롤리는 공공선을 어떻게 이해해야만 하는가에 대한 통찰을 제공한다. 그는 오늘날 공화주의자들은 "개인 모두가 하나의 공공선을 위해 봉사한다는 그런 유기적 공동체의 관념을 내세우지 않으며, 또한 공공선을 추구하는 법률이 덕성으로 충만한 시민에 의해 만장일치로 동의되는 그런 공화국에 대한 환상을 만들어내지 않을 것이다"라고 말한다. 대신 공공선은 "모든 사람에게 좋은 것(또는 이익이 되는 것)이 될 수 없으며, 또한 사적 이익을 초월하면서까지 좋은 것(또는 이익이 되는 것)은 아니라고 생각한다. 즉 공공선은 자유롭게 살고 싶고 남에게 예속되지 않기를 바라는 시민에게는 좋은 것을 의미하며, 주종적 지배를 꿈꾸는 사람에게는 전혀 좋은 것이 아니다"라고 말한다.[101]

현대 공화주의는 아리스토텔레스의 시민 참여에 대한 총체적 이해 없이 그리고 우리에게 최선이 무엇인지를 알고 있는 의사 결정자들의 수호자인 엘리트주의 없이, 고전적 전통을 되찾으려고 한다.[102] 현대 공화주의에게 정치적 삶은 인간 본성에 대한 가장 높은 수준의 인식을 제공하지 못한다. 다만 우리는 자유롭게 살 때 삶의 다른 부분들, 좋은 삶의 나머지 부분들을 인식하는 것이 가능하다는 것을 깨달을 수 있다. 마찬가지로, 현대 공화주의는 평등의 가치를 위해 자유주의만큼 헌신한다.

비지배로서 자유는 공적 영역뿐만 아니라 사적인 영역에서도 평등의 중요성을 말해, 밀턴Milton과 같은 초기 공화주의자들은 자유를 축복하는 한편 복종까지 인정했다고 페미니스트들은 지적한다.[103]

현대 공화주의는 모든 사람이 모든 시간에 참여할 것을 요구하지 않는다. 그것은 왜 대의민주주의가 존재하는지, 대의정부가 공화주의 철학에 쉽게 부합하는지 말해준다. 그러나 시민은 공적인 세계 속으로 맞춰져야 하고 공적 논의와 결합해야 한다. 현대 민주주의에서의 삶은 개인에게 다양한 것을 요구한다. 가족과 일, 친구들과의 만남, 취미와 여가 등은 시민적 의무를 위해 남겨진 시간이 많지 않음을 의미한다. 그러나 참여가 격려되고, 더 강한 참여 기풍이 생길 때 공화국은 더 좋아진다. 정중함과 격정의 규범이 잘 배분되고, 시민들이 차이를 만들 수 있다고 느끼는 곳에서 생겨나는 참여정치 문화는 두려워할 것이 아니라 기려져야 한다.

'참여가 정치적 자유를 보장하는 데 핵심이기 때문에 중요하다'라는 도구적 가치로 참여를 보는 일부 공화주의자와 나는 다른 입장에 서 있다. 참여는 정치체제를 위해 좋은 것이기 때문만이 아니라 개인의 전체성sense of wholeness에도 기여하기 때문이다. 비록 개인 발전에 본질적인 것이 아니라도 시민 참여는 완전한 삶을 위해 요청되는 것 중 하나다. 그 과정에서 필연적으로 생겨나는 갈등 또한 수단과 목적이 계속 경쟁하는 건전한 정치체제의 한 징표라는 점에서 좋은 것이다. 페팃은 이것이 기계적으로 도장을 찍어주는 것보다 민주주의에 훨씬 더 이롭기 때문에 "일반 사람들이 정부의 행위에 이의를 제기하는 시스템적인 가능성들"을 도입할 것을 주장한다.[104]

요약하면, 공화주의적 발상들은 민주 정치를 분석하고 사고하기 위한 강력한 도구들이다. 공화주의 이론은 더 이상 귀족주의적이지 않고 공동체 또는 합의의 꿈을 뒤쫓지 않는다. 대신, 이것은 운용 가능하고 실천적인 철학이다. 자유주의와 쉽게 부합하고, 정치적 자유와 민주적인 참여에의 헌신에서 자유주의를 넘어선다. 공화주의자들은 개인의 권리와 동의의 정치를 거부하지는 않지만 대신 이것이 민주주의가 될 때 로크와 롤스의 자유주의 둘 다 전적으로 만족스럽지 않다고 주장한다. 모든 공화국은 참여, 토론, 공적 생활에서 배제되지 않는 것을 강조해야만 한다.

건국 시기 연방주의자는 물론이고 오늘날 엘리트 민주주의자들에게 중요한 것은 재능 있는 대표자들에게 관직을 부여하는 것이다. 이들에게 있어 규모가 큰 공화국은 파벌주의에서 벗어나 국가 차원의 안전을 제공하기 때문만이 아니라, 재능 있는 자들의 풀pool을 확대시키기 때문에 도시국가보다 우월하다.[105] 게다가 일부는 "선거가 대중적인 한 공화주의의 핵심은 보존되지만, 이는 가늠할 만한 규모나 신속성 때문이 아니라 인민에게 영속하는 권위의 궁극적인 원천 때문이다"라고 믿는다.[106]

명확히 해야 할 것은, 대중 선거는 본래 공화주의의 핵심이 아니라는 점이다. 대신 부패로부터 자신을 구하기 위해서는 다수가 필요하다는 소수와, 피통치자의 단순한 동의가 이를 담보하지 않는다는 것이 공화주의 입장이다. 공화주의자들은 소수(통치자)가 부패되지 않기 위해서는 다수(피통치자)가 필요하다는 점과, 다수의 '피통치에 대한 단순 동의'가 부패를 막지는 못한다는 점을 고수한다. 마키아벨리가 강조했듯, 엘리트들은 '지배하고자 하는 큰 소망'을 가진 반면 인민은 '단지 지배되지 않기만 바라기' 때문이다.[107] 이것은 반연방주의자들이 이해했던 것이다. 지금 필요한 것은, 시민들이 주요한 문제에 매우 중요한 판단을 할 수 있게 하는 제도적 장치들의 마련이다. 이것은 '의식 있는 다수의 시민'이라는, 매디슨의 목표 뒤에 숨어 있는 발상이다.

문제는 지금의 미국처럼 크고 복잡한 사회에서 공화주의 자치가 어떻게 수행될 수 있는가다.

| 제4장 |

사실상의 국가 민회

현재 실행되고 있는 대의정부는 민회assembled citizens에 그 어떠한 제도적 역할도 부여하지 않는다. 민주주의의 핵심 의미를 상당 부분 놓치고 있는, 민주주의라는 망토를 걸치고 있을 뿐인 대의정부의 성공에 대해 자주 입에 올려도 전혀 이상하지 않게 느껴지는 것이 오늘날의 현실이다. 마넹은 "민주주의와 정반대인 것으로 이해되었던 대의정부는 오늘날 민주주의의 유력한 형태가 되었다. (…) 대의정부는 분명 민주주의적 차원이 있다. 그러나 과두제적 차원이 있다는 것 역시 부인할 수 없다"라고 말한다.[1] 1960년대 초 참여민주주의의 옹호자들은 이러한 사실을 인식하고, 슘페터와 초기 다원주의자들이 제공한 '최소화 민주주의'에 대해 도전하기 시작했다. 비록 슘페터에 대한 그들의 비판이 정확했다 하더라도, 그들의 해결책인 지역적 수준과 작업장에서의 직접민주주의는 주州와 국가 수준에서의 좀 더 정력적인 참여민주주의에 대한 우리 요구를 만족시켜주지 못한다.[2] 게다가 진보적인 개혁가들에 의해 제안된 해결책인 직접 대중민주주의는 논리적 한계에 다다랐다. 주민발안제도와 프라이머리에 한계가 있다는 것은 명백해 보인다.

새로운 전략이 필요한 때다. 정치 이론가들은 공화주의적 발상을 포함해 심의민주주의 개념에 관한 저작을 엄청나게 펴내고 있다.[3] 그러나 제도적 방향으로 움직일 뿐 이론에서 실행으로의 이행은 어렵다. 특히 순수한 담화 상황을 상상하는 하버마스나 이상화된 아테네를 기술하는 아렌트류라면 실행과는 거리가 멀어 보인다. 이 책의 목적은 이론적인 것을 현실과 연결하는 것이다. 『페더럴리스트 페이퍼』의 저자들은 이것을 할 수 있었고 지금의 우리도 할 수 있다. 이전 장에서 해링턴과 마키아벨리가 현대 공화주의에 필요한 것을 어떻게 제공하는지를 설명했다.[4] 우리 목적은 더 큰 대중의 목소리와 참여를 제도화함으로써 매디슨의 엘리트주의를 바로잡는 것이다.

정치적·경제적 엘리트는 현대 국민국가에서 분명히 필요하다. 여기에 반대하는 것은 공상일 뿐이다. 그럼에도 정치적으로 자각하는 시민과, 전문 정치계급 사이의 간극은 좁혀야 한다. 대의를 거부하고 직접민주주의를 만들고자 공들이는 대신, 대의정부를 수용하고 그 과두제적 경향을 줄이기 위해 마키아벨리와 제퍼슨의 인민에 대한 신뢰라는 건전한 처방약을 제공해야만 한다.[5] 3장에서 제안한 매디슨과 제퍼슨의 통합을 통해 미국 민주주의에 다시 열정을 불러일으킬 견고하고 실천적인 개혁을 논의할 분위기가 형성되고 있다.

1960년대 참여민주주의의 발상은 한 세대를 고무시켰다. 오늘날엔 전통적인 타운 홀 방식의 소규모 모임과 인터넷이 결합하면, 국민 발의에 의한 국민투표를 거치지 않고도 시민에게 권한을 주는 새로운 형태의 대의정부가 가능하다. 여기서 제시하는 개혁은 투표자에게 국가적 공무에 진정한 목소리를 낼 수 있게 하여 잠재적으로는 기존 의회에서의 표결과 동등한 권한을 부여하는 급진적이면서도 실천적인 계획이다. 전국 435개 의회 선거구 각각에서 주요한 국내적·국제적인 쟁점들을 논의하기 위해 모이는, 추첨에 의해 선출된 100명의 시민으로 구성되는 지역민회가 있을 것이다. 심의를 위한 개혁의 첫째 단계에서 지역민회의 대리인들은 국가 의료보험과 이라크 전쟁과 같은 현안 쟁점을 검토하고 토론할 것이다. 그런 뒤 그들의 견해를 제출한다. 그 견해들은 전통적 여론조사보다는 좀 더 세련되고, 정보에 근거한 것이다. 개혁의 둘째 단계에서 인민원의 대리인들은 의안을 발의하고 개정하는 공적인 권한을 가질 뿐만 아니라 하원 또는 상원을 통과한 주요 입법에 찬반 투표하는 공적인 권한을 가질 것이다.

1장에서 보여준 민주주의의 도표는 한 축에 루소와 직접민주주의가, 다른 한 축에 매디슨과 일반적인 대의정부가 있다. 지금의 개혁은 연속체의 중간에 하나의 새로운 제도를 심는 것이다. 루소로부터 시작하는 것 대신 매디슨에서 시작한다. 구區민주주의에 관한 제퍼슨의 발상은 대의정부의 범위를 확장하고자 한 매디슨의 발상과 결합될 수 있다. 인터넷의 도움으로 획기적인 제도를 만들 수 있다. 요약하면 처음에는 의회에 자문 역할을 하는 민회를 더하는 것이고, 그 후에는 국가의 입법 행위에 권한이 부여된 시민의회citizen's house인 인민원을 더하는 것이다. 그렇게 대의정부를 '다른 모습으로 보여줄' 수 있다.

매디슨은 대륙에 걸쳐 수평적으로 대의정부의 범위를 확장하려 했다. 인구가 거의 3억이나 되는 국가에서 하원의원마다 단일한 구區로부터 추첨에 의해 선출된 대리인(6500명 유권자마다 1명의 대리인) 100명으로 구성되는 민회를 추가해 대의정부를 아래쪽으로 확장할 수 있다. 매디슨과 제퍼슨의 이러한 통합은 규모의 문제를 해결하고 미국 민주주의에 새로운 활력을 줄 것이다. 좀 더 분권화된 국가 의회를 형성하기 위해 면대면 타운 홀 미팅을 현대 커뮤니케이션 연결과 결합함으로써, 이러한 전략은 심의민주주의와 현명한 참여의 새로운 시스템을 산출할 것이다. [표 2]는 여기서 제시하는 국가 의회가 직접민주주의와 일반적인 대의정부 사이에 어떻게 이르는지를 보여준다. 지역민회와 같은 소규모 대의 의회는 부패에 대한 해독제이자 정치 컨설턴트가 주도하는 작금의 정치 사이에서 강력한 균형추 역할을 할 것이다.[6] 대규모의 직접민주주의와는 매우 다른 기풍으로, 미국인들에게 적합한 적극적인 포퓰리즘을 제공하는 것이다.

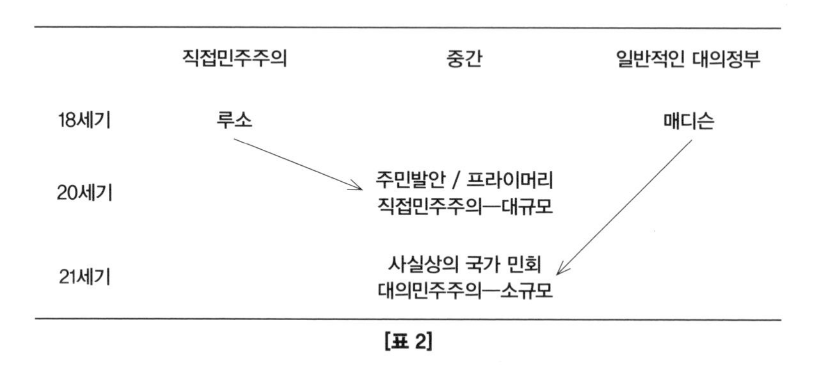

[표 2]

1단계 : 국가 민회

인터넷이라는 마술 지팡이는 미국 정치 시스템을 그대로 두면서도 대의정부와 참여민주주의 사이의 창조적인 결합을 촉진할 수 있다. 입법부, 행정부, 사법부의 기존 3부는 남아 있다. 그리고 의원내각제 민주주의도 다당제 공화주의도 되지 않는다. 대신 의회의 각 구성원 밑에 지역민회를 더한다. 전자적으로 함께 연결된, 이러한 지역민회들은 공적인 정치 권한을 갖지 않을 것이나, 그들의 투표는 의회와 대통령의 정치적 계산에서 중요하게 고려될 것이다. 선거구마다 100명의 이러한 패널은 가장 중요한 쟁점에 대해 우리가 지적이고 강력한 공적 판단에 이르도록 도울 것이다. 이들 지역민회의 4만3500명의 대리인이 투표함으로써, 오늘날 중요한 쟁점에 대한 여론조사의 숙고된 수단으로 여겨질 것이다.

비록 지역민회의 투표가 구속력이 없을지라도, 선택된 대중이 학습하고 토론한 결과가 무엇일지에 대해 정치 엘리트, 미디어, 일반 대중은 흥미를 보일 것이기 때문에 목소리는 강력할 것이다. 대리인 선출은 추첨으로 이루어진다. 모든 성인 시민은 자동적으로 추첨 선택 풀pool에 들어가게 될 것이나, 원하지 않는 사람들은 참여하지 않아도 된다. 참여하고자 하는 대신 참여하지 않는 것을 허용함으로써, 잠재적 대리인들의 큰 풀을 보장할 수 있을 것이다. 선출된 사람은 한 번의 2년 임기에 복무할 것이다. 2년 임기 끝에, 각 지역민회는 국가 운영위원회에서 복무할 한 명의 대리인을 지명하고, 지명된 435명 중 추첨에 의해 50명을 뽑아 운영위원회를 구성할 것이다. 이 운영위원회는 지역민회의 네트워크인 국가민회의 의제를 설정하고 관리와 조정 기능을 수행할 것이다.[7]

시민 발의 과정과 유사하게 민회는 대중에게 정책 결정에 참여하도록 요청할 수 있으나, 상당한 차이가 있다. 잘 알지 못하는 것에 투표하는 수백만 투표자 대신, 민회 대리인은 쟁점을 살펴보고 정보에 기반을 둔 판단을 할 수 있는 시간과 자원을 확보한 전국의 4만3500명 중 한 명일 것이다. 2년의 기간 동안 대리인들은 대외정책 딜레마, 예산 제안, 정신건강 의료시스템을 개혁하고자 하는 법안을 검토하기 위해 호출될 것이다. 또한 대리인들은 미니 정치인들일 것이나, 그들과는 핵심적인 차이가 있다. 그들은 금전적 이득을 취하지 않을 것이고 이해타산을 덜 갖고 이야기할 것이다. 그리고 광범위한 기반을 둔 시민 다수를 형성해 단일한 이익집단의 권력을 견제할 것이다. 공동체를 대표하기 위해 선출된 사람들은 자신들의 책임성을 진지하게 고려할 것으로 기대된다. 시민들은 민회에서 복무할 때 의무와 처신이 사법 시스템의 배심과 유사하다는 것을 이해할 것이다. 시민 자원자들로서 이웃과 마을을 대표하는 그 기간은 그들에게 영예의 시기일 것이다.[8]

지역민회들은 한 달에 두세 차례 면대면으로 만난다. 민회에 참여함으로써 대리인들은 공공정책을 결정할 때 고려해야 하는 복잡성과 상충관계에 관해 집중 훈련을 받는다. 일부 대리인은 이미 정치적으로 자각하고 있는 대중일 수 있다. 다른 사람들은 좀 더 제한된 정치적 지식으로 2년 임기를 시작할 것이나, 추첨으로 선출되었기 때문에 당면 쟁점을 배우고 국가적 대화에 작지만 중요한 방식으로 기여하고자 하는 의지를 보여줄 수 있다.[9] 그들이 아마추어 신분이고 시간을 절약해야 한다는 것을 감안해 민회 대리인들은 국회의원과 정책 보좌관들에게 위원회의 입법활동을 남겨둘 것이다. 민회 대리인들은 당면 쟁점에 대해 충분히 학습·논의·토론한 정보에 근거하여 선택하게 된다. 국가 민회 투표는 두 가지 방식 중 하나일 것이다. 각 대리인은 자신의 지역민회 내에서 투표하고 다수결의 원칙(51퍼센트)에 따라 결정되면 그것이 해당 지역민회의 투표로 기록된다. 결국 435개 지역민회의 과반인 218개 이상에서 찬성한 결과가 민회 전체의 결정이 된다. 이는 하원의 투표 방식과 같기 때문에 매력적이다. 그러나 지역민회 단위가 아니라 4만3500명 대리인의 투표 결과를 집계하는 것이 더 나을 수 있다. 이 방식에서 4만3500명 대리인 각각은 오늘날 여론조사가 수행하는 것처럼 많은 질문에 답하는 식으로 투표한다. 그들이 투표하는 의회 선거구와 무관하게 승리는 개개인 투표자의 과반수다. 첫 번째 방식에서는 대안 A가 지역민회 단위에서 과반을 확보한다 하더라도 전체 대리인들의 투표에서는 오히려 대안 B보다 적을 수 있는, 선호의 총합과 결과 사이의 불일치가 나타나 대안 B가 패하는 오늘날 대통령 선거인단과 같은 문제가 발생할 수 있다는 점에서 두 번째 접근이 더 낫다.•

정치와 재정을 잘 알고 세인트루이스 지역민회에 복무하고 있는 회계사 샘 지오보티라는 인물이 있다고 가정해보자. 대통령이 예산안을 의회에 제출한 뒤 그는 국가 민회 차원에서 선출된 네 명의 대변인 중 한 명이 되었다. 지역민회 대리인 가운데 추첨으로 선출된 이들 대변인은 전국의 청중에게 연설하기를 원할 정도로 충분히 대담하다. 두 명의 대변인은 대통령의 계획을 지지하도록, 두 명은 반대하도록 선출되었다. 그는 대통령의 안을 비판하기 위해 논점을 다듬어 연설한다. 그의 연설이 지역민회들에서 논의될 때, 다른 대리인들은 예산 총액과 우선순위에 대한 그의 견해를 지지하기 위해 모이기 시작한다.

사실상 그의 대담한 도전으로 대통령의 예산안이 발가벗겨졌고 처음에는 민회의 심의 영역에서, 다음에는 좀 더 광범위한 대중 사이에서의 여론이 그를 지지한다면 어떤 결과가 벌어질까? 대리인들뿐만 아니라 광

• **더 낫다** 미국 대통령 선거에서는 네브래스카 주와 메인 주를 제외하고는 각 주에서 한 표라도 더 많은 득표를 한 후보의 소속 정당에서 선정한 선거인단이 전원 당선되는 방식이다. 따라서 일반 투표와 선거인단 확보 결과 사이에 차이가 발생할 수 있다. 가장 대표적인 예로 2000년 선거에서 민주당 앨 고어는 일반 투표에서는 5099만6582표를 얻어 5045만6062표를 얻은 공화당 조지 W. 부시보다 50만 표를 더 얻었지만 선거인단 확보에서는 267대 271로 져 낙선했다. 『미국 대통령 선거 이야기』, 382쪽.

범위한 대중에게도 연설할 기회를 활용함으로써, 그는 예산안이 활발하게 토론되도록 돕는다. 게다가 권위를 갖추고 진실을 말함으로써, 자기 자신, 주민들, 도시와 국가가 시민 참여를 이해하는 방식을 변화시킬 것이다. 일반 시민에게 각각의 지역민회에서 논쟁, 토론, 심의할 기회, 그리고 종종 청중에게 말할 기회를 주는 것은 미국 민주주의에서 인민을 바라보는 관점을 기본적으로 재정향하게끔 할 것이다. 이익집단이 토론을 지배하고 대중은 대체로 아무것도 모르는 상태로 머물고 있는 오늘날, 국가 타운 홀 미팅은 건전한 논의를 창출하고 정치 토론에 상식을 불어넣을 수 있을 것이다.

현실에 존재하는 모델들

국가 민회 제안은 제임스 피시킨의 공론조사 경험, 케터링 재단이 수행한 국가 쟁점 포럼the National Issues Forums, NIF•을 발판으로 삼고, 연방의회와 캘리포니아 주의회에서 있었던 실제 입법적 시도를 포함한다. 피시킨은 통계적 대표 샘플들이 구체적인 정책 쟁점에 관해 권고를 제시하는 공론조사라는 발상을 내세운다. 사람들에게 전화로 질문하는 대신, 찬반을 논의해 결정하기 위해 쟁점을 배우고 전문가들로부터 의견을 듣고자 특정 장소로 오게 한다.[10] "공론조사 모델은 만약 해당 쟁점에 대해 숙고할 적절한 기회를 갖는다면 대중이 어떻게 생각할 것인가를 확인하

• **국가 쟁점 포럼** 보다 자세한 내용은 http://www.nifi.org/ 참조

는 수단이다."[11] 더 정확히는 다음과 같다.

> 공론조사는 전국 유권자들의 축소판이라 할 수 있는 대표자에게 소규모 공동체의 직접민주주의에서나 가능한 상호작용과 의견 형성의 기회를 제공한다. 아테네 민회의 면대면 민주주의나 뉴잉글랜드의 타운 미팅 방식을 규모가 커진 근대 국가에 적용하는 것이다. 가장 중요한 것은 공론조사가 선출된 정치적 대표가 아닌 일반 국민에 의한 면대면 민주주의를 실현시킨다는 점이고, 이때에도 아테네 민회나 타운 미팅의 특징인 정치적 평등성이 유지된다는 점이다. 이를 통해 전국의 유권자가 공론조사에 참석한 대표자와 동일한 기회를 갖는다면 어떤 견해를 보일 것인가에 대한 통계적 모델을 제공해준다. 공론조사를 통해 나타난 투표 결과는 예측적이라기보다는 규범적 성격이 더 강하다. 왜냐하면 일반 국민이 주어진 공적 쟁점에 대해 충분히 생각할 기회를 제공하여 사회적으로 경청할 만한 가치 있는 의견을 형성하도록 특별한 환경이 조성된다면, 공론조사와 같은 결과가 나타날 것이기 때문이다. 따라서 공론조사의 결과는 해당 모집단에 대하여 규범적인 영향력을 가지고 있다.[12]

목적은 결과에 특별한 이해관계가 없는 무작위로 선출된 일반 그룹이 "정보에 근거한 결정을 하는 데 필수적인 시간과 정력을 투자하기 위해" 한자리에 모이는 것이다.[13]

케터링 재단은 이러한 원칙을 전제로 한 국가 쟁점 포럼 시리즈를 운영한다. 그러한 접근은 대중의 관점을 포함하기 위해 이익집단 로비스트, 정책 전문가들, 선거로 선출된 공직자를 넘어서는 참여를 확보한다.[14] 일반 대중의 부분 집합이 참여하게 하는 것은, 평균적인 투표자보다 사안에 정통할 정도로 충분한 지식이 있는 시민 참여의 필요성을 인정하는 것이다. 만약 전후 정치학이 아무것도 증명하지 못했다면, 대중 유권자들 전체에 걸쳐 정치적 지식이 박약하다는 것을 결정적으로 보여줬을 것이다.[15] 우리는 제안된 논의들의 가치를 놓고 건전하게 판단할 참여자를 원한다. 샤피로Shapiro가 말했듯이, "공론조사로 제공되는 가능성들은 탐구할 만한 가치가 있다. 왜냐하면 그것들은 시민 통제를 복잡한 세계에서의 수준 높은 의사 결정의 가능성과 결합시키면서도 또 한편으로는 시간 절약을 고려하는 시리아니Sirianni의 역설의 잠재적 방식을 제공하기 때문이다."[16]

포괄적인 의료보험 개혁에 관한 국가적 대화를 목적으로 하는 민주당 소속 오리건 주 상원의원 론 와이든과 공화당 소속 유타 주 오린 해치에 의해 제안되어 최근 제정된 의료보험 개혁안과 국가 민회는 또한 밀접하게 연결된다.[17] "2003년 의료보험 개혁 법안의 개정안으로서 법률로 제정된 '미국노동자의료보험법Health Care That Works for All Americans Act'은 미국인들이 의료보험 시스템에 대하여 원하는 것이 무엇인지를 논의할 수 있는, 즉 그들이 얼마나 많이 지불할 의지가 있는지, 그리고 현실적으로 도달할 수 있는지에 대해 전국에 걸친 개방된 미팅을 제공한다.[18] 와이든은 "우리는 본질적으로 효율적이고 가능한 의료보험에 모든 것을 집중할 필요가 있다. 시민들을 위해 대안을 두는 것이 필요하고 거기로부터 나아간다"라고 말한다.[19] 국가적 대화는 국가가 상당한 대가를 치르고라도 사람들이 요구하는 서비스를 제공해줘야 한다고 인식하는 균형적인 시민들에 초점을 맞출 것이다.

이러한 발상은 풀뿌리로부터 올라오는 토론에서 형성된 것이다. 와이든과 해치가 원한 것은 정치인들이 워싱턴 D.C.에서 법안에 서명하고, 이익집단이 자신들이 좋아하지 않는 것을 공격하며, 공포 분위기 조성 전술이 대중을 놀라게 하고, 그런 뒤에도 아무것도 일어나지 않는 그러한 방식을 깨부수는 것이다. 클린턴 대통령의 의료보험 개혁 시도가 실패했던 경우처럼, 커다란 대중적 관심에도 불구하고 계획은 실제로는 단 한 표도 얻지 못하고 절차적 종말을 맞았다. 원래 와이든-히치 초안은 "의료보험 시스템을 어떻게 증진시킬지에 관한 공적 토론을 촉진하기 위해 시민 의료보험 실무 그룹Citizens Health Care Working Group을 확립하고, 이러한 토론으로부터 나온 권고들을 의회에서 투표하게끔" 되어 있다. 와이든은 노동 회관과 상공회의소에서 그의 발상을 테스트했을 때, "투표에 영향을 줄 수 있는 이 발상이 엄청난 호소력이 있다"는 결과가 나왔다고 밝혔다.[20] 시민 실무 그룹은 국가적 대화로부터 배웠던 것을 종합해 의회에 권고할 것이다. 그리고 의회가 6개월 내에 입법화하지 않으면, 어떤 멤버라도 실무 그룹의 권고를 반영하도록 본회의에 상정할 수 있고, 이에 관해 투표가 이루어지는 것은 보장된다. 불행하게도 투표 요구는 와이든-히치의 마지막 버전에서 의회에 실무 그룹의 보고서가 제출된 지 90일 이내 상하원 법사위원회에서의 청문회로 희석되었다. 여전히 와이든-히치의 시도는 대중 심의를 증진시키고 심의민주주의를 제도화하기 위해 나아가는 중요한 발걸음이다.[21] 국가 민회 개혁은 국가 의회 선거구들을 관통하면서 지속되는 시민 논의의 기반을 창조하고자 하는 제안과 와이든-히치의 접근법을 확장하는 것이다.

끝으로, 캘리포니아에서는 주의 선거 시스템을 개혁하기 위해 두 명의 주의회 하원의원(각각 공화당과 민주당 소속인)은 투표자들이 승인해야 하는 헌법 수정이 가능토록 입법하고자 뜻을 이루었다. 캐나다 브리티시컬럼비아에서의 유사한 입법•을 본떠 2006년 초에 소개된 ACA 28은 2006년의 선거 개혁법에 민회를 제정할 것이다. 의원들과 주 전체에 걸쳐 선출된 행정부 공직자들을 대상으로 하는 선거와 선거운동 과정을 통제하는 법률 개혁안들을 평가하기 위해 민회를 구성할 것이다. 한 명의 남성과 한 명의 여성이 80개의 주 하원 선거구 각각으로부터 선발되며, 민회에서 복무하도록 무작위로 선출될 것이고 한 달에 두세 번 만날 것이다.[22]

가까운 기일 내의 가능성

국가 민회 개혁은 심의적이고 참여적인 방향으로 미국 민주주의를 개혁하고자 하는 이러한 실례들을 기반으로 한다. 심의민주주의의 분권화된 국가 시스템은 우리 손길이 닿는 곳에 있다. 국가 민회의 목적은 새로운 시민 문화와 그에 대한 기대를 창조하는 데 있다. 이것은 전前 주지사 하워드 딘, 상원의원 존 매케인, 랄프 네이더, 로스 페로, 그리고 최근 선거에서 다른 사람들의 개혁 메시지에 모여들었던 수백만의 시민을 이

• **유사한 입법** 2004년 브리티시컬럼비아 주에서 단순다수대표제를 개혁하기 위해 선거구마다 남녀 한 명씩을 추첨해 구성한 선거개혁민회를 1년 가까이 운용했다. 보다 자세한 내용은 이지문, 『추첨민주주의의 이론과 실제』, 이담북스, 2012, 199~202쪽 참조.

끌었던 이상주의와 불만을 활용할 것이다. 비영리 재단들로부터 각 주의 주무장관에 이르기까지, 또한 여성유권자동맹the League for Women Voters과 코로 재단the Coro Foundation•과 같은 시민 조직에 이르기까지 전국의 많은 기구가 활동에 참여할 수 있을 것이다.

국가 민회의 목적은 단지 참여를 강화하는 것이 아니다. 좀 더 근본적인 이유는 공적 결정을 증진시키는 것이다. 이것은 여론의 두 단계 시스템을 만들어냄으로써 가능해진다. 우리는 여론조사와 국가 민회 투표를 확보한다. 미디어, 정치 계급, 대중은 밀접하게 두 번째를 관찰할 것이고, 엘리트들은 여론과 심의민주주의 사이에 심각한 불일치가 일어날 때 때때로 국가 민회 편을 들 수 있다. 사법 배심과 유사하게, 개인들은 결정하기 전에 증거를 보고, 주된 논의들을 듣고 다른 선택안에 가중치를 둘 것이다. 이러한 정치적 논의들은 생생하고 열정적이다. 토크 라디오에서의 정치 토론보다 좀 더 높은 수준에서 이뤄질 것이다. 영국 의회를 떠올리면 확실하다. 왜냐하면 전국적인 참여가 이뤄질 것이고, 이들이 합리적인 논의를 할 것이기 때문에 4만3500명의 여론은 대단히 중요하다.

국가 민회는 국가적 토론에서 일반 대중이 참가자가 되는 것을 가능케 한다. 물론 오직 일부만이 지역민회에 복무할 것이다. 그러나 추첨에 참여할 기회는 모든 이에게 열려 있다. 더 중요한 것은, 대리인으로서 실제 참여하는 사람 수가 적다 하더라도, 연방정부로부터 느꼈던 거리감은 근

• **코로 재단** 여성투표자동맹은 1920년에 설립되었으며 투표권 획득을 통해 공공 문제에서 여성의 역할 증진에 조력한 시민 단체를 말한다. 코로 재단은 미국의 비당파, 비영리 기구로서 청년 성인들에게 공공 문제에서의 리더십 행사에 유용한 기술을 전수하는 것을 목적으로 하는 펠로십 프로그램으로 유명하다.

저에서부터 줄어들 것이다. 선거구가 65만 명 유권자로 클 때는 일반 시민들이 그들의 의원을 만나거나 알 가능성은 희박하다. 그러나 6500명 구區에서는 지역민회 대리인을 실제로 알 가능성이 기하급수적으로 높아진다. 이러한 간략한 역동성은 오늘날의 큰 쟁점에 대한 관심과 대화를 자극할 것이다.

국가 민회는 가까운 기일 내에 실현될 가능성이 있다. 이것은 의회의 투표로 제도화될 수 있을 뿐 아니라 정치인들이 반대하기 어려운 오래되고 전통적인 형태의 개혁이다. "상원의원 존스, 당신은 왜 우리 시민들이 오늘날 중요한 쟁점에 관해 심의적이고 사려 깊은 토론에 참여할 기회를 갖는 발상에 반대합니까?" 물론 현재의 부패 시스템에 만족하는 이익집단은 개혁에 반대할 것이다. 그러나 국가 민회는 의식적으로 건국자들에 기반을 두고 있고, 직접민주주의가 아닌 대의민주주의를 증진시키기 위한 주장이기 때문에 직접적인 반대는 어려울 것이다. 마이클 린드Michael Lind는 비례대표에 대해 호의적으로 논의하고 비례대표 시스템으로 전환하는 것은 헌법적 변화를 요구하지 않으며, 단지 의회의 투표만으로 가능하기 때문에 상대적으로 제도화하기 쉬울 것이라고 말한다.[23] 국가 민회 역시 그렇다. 그러나 전자 타운 홀 시스템은 양대 주요 정당의 권력을 위협하지 않기 때문에 국가 민회는 의회의 승인을 얻는 데 더 수월할 수 있다.

2단계 : 인민원

『페더럴리스트 페이퍼』 58장, 의회 대표의 적절한 규모에 관한 토론에서 매디슨은 "10년마다 인구조사가 행해지는데, 이러한 규정의 목적은 첫째, 때로 인구에 따라 하원의원 수의 배분을 재조정하기 위한 것인데, 단 각 주는 적어도 한 명의 하원의석을 가져야 한다는 예외가 있다. 둘째, 하원의원의 총수는 인구 3만 명당 1명의 비율을 초과하지 못한다는 제한에 의거하여 하원의원 수를 늘릴 수 있도록 하는 것이다"라고 진술한다.[24] 물론 1 대 3만 명의 당시 의회 선거구를 그대로 적용한다면 오늘날 9380명의 하원의원이 존재할 것이다. 좀 더 현실적인 대안은 지금 435명의 하원 규모를 세 배 또는 네 배로 늘리는 것이다. 그러나 앞서 언급했듯이 이러한 치유책의 어려움은 1300명 이상의 구성원으로 이뤄진 하원은 운영에 큰 어려움이 있을 것이라는 점이다. 435명 의원으로 하원을 둔 채 각 의원 밑에 대의하는 민회를 만드는 것이 더 나은 해결책이다.

국가 민회는 정치 엘리트들과 일반 시민들 사이의 민주주의의 큰 간극을 메우는 데 많은 도움이 된다. 그러나 대리인들은 그들의 견해를 제시하는 자문 성격의 투표만 이루어질 뿐 구속력 있는 투표권이 부여되지 않기 때문에 국가 민회의 권한은 제한된다. 만약 국가 민회가 열렬한 성공을 이뤘다고 가정해보자. 그렇다면 이러한 심의민주주의 기제에 좀 더 권한을 주는 방식이 생겨날 수 있을까? 만약 지역민회들에게 공적으로 투표권을 부여한다면 어떠할까? 그렇게 하면 어떤 혜택이 있을까?

1단계 국가 민회에 공적인 권한을 더함으로써, 인민원은 투표권을 갖는 국가 민회가 된다. 인민원에서는 연방 입법 행위에 실질적인 투표권이 있는 미국 시민의 수가 535명(100명의 상원과 435명의 하원 멤버)에서 거의 4만5000명(정확하게 4만4035명)으로 확장될 것이다. 우리의 새로운 다원제 입법부에서는 인민원, 하원, 상원에서 일어나는 면대면 상호작용은 면대면과 디지털 민주주의의 독특한 형태를 만들어내기 위해 인터넷과 결합될 수 있다. 새로운 입법부에서도 상원은 인구와 무관하게 주마다 2명씩 선출되어 100명으로 구성된다. 하원은 워싱턴 D.C.에서 실질적으로 만나는 435명이 남아 있을 것이고, 4만3500명 대리인으로 구성된 인민원은 435개의 의회 선거구 각각에서 실질적으로 만나고 또 인터넷을 통해 가상적으로 만날 수 있다.

하원의 각 멤버는 65만 명의 전체 의회 선거구를 대표하며, 인민원의 대리인들은 각각 6500명을 대리한다. 각 의회 선거구마다 100명이라는 공동체는 상당히 덩치가 크지만 여전히 면대면 토론과 논의를 허용한다. 또한 구체적인 직무에 초점을 맞추는 더 작은 그룹들로 나누기에는 충분하다. 예를 들어 2005년이라면 지역민회들은 이라크 전쟁, 사회보장 개혁을 위한 대통령의 제안, 테러 용의자 구금의 적법성, 미국의 대중對中, 대인도 경제 전략과 같은 뜨거운 쟁점과 관련된 실무 그룹으로 구성할 수 있을 것이다. 지역민회와 마찬가지로, 지역 인민원에서 대리인들은 한 달에 두세 차례 만난다. 각 지역 대리인들은 전체로서의 인민원뿐만 아니라 하원과 상원에도 전자적으로 연결되어 있다.

인민원의 대리인들은 상하원 멤버들처럼 우리의 대표자일 수 있으나, 이들은 무엇보다 우리의 이웃이다. 지역민회의 대리인이 되기 위해 추첨에 참여하고 그리하여 인민원에서 지역 공동체를 대표할 사람은 누구인가? 연방정부에서 그들의 목소리가 들릴 것이라고 결코 생각지도 않았던 지식과 견해를 갖춘 사람들일 것이다. 바로 미국의 단면이다. 소기업 운영자와 초등학교 교사, 과학자와 건축가, 화이트칼라 관리자와 공장 노동자, 경비와 세일즈맨, 경찰서장과 재정 입안자, 변호사와 첨단기술 엔지니어, 비서와 자동차수리공이 바로 그들이다. 전자 타운 홀의 국가적 네트워크가 공식적으로 의회에 연결될 때, 인민원은 일반 시민과 정치 엘리트 사이에서 중도 착륙지로 기능할 것이다.

미국 정치 시스템이 엘리트적 지식과 대중적 무지 사이에 놓이는 중간 지대를 마련할 제도를 요구하고 있지만 아직까지는 수용되지 않았다고 여론전문가 얀켈로비치는 말한다.[25] 미국은 대학 교육을 받은 블루칼라가 넘쳐나는 국가라는 점에서 국가 민회뿐만 아니라 인민원도 그러한 재원을 이용할 수 있다. 국가 민회와 인민원은 추첨에 참여하기 충분할 정도의 관심과 정력, 재능을 지닌 이들을 요구하며 21세기 타운 홀에서의 우리를 대표하도록 요청된다. 게다가 대리인으로서 복무하는 사람들로부터 얻어지는 지식과 정치적 판단은 일반인들을 관통하는 파급 효과가 있을 것으로 기대된다.[26]

구체적이지만 제한된 권력

인민원 개혁의 핵심은 선출된 대리인들에게 구체적이지만 제한된 권력을 주는 것이다. 비록 인민원이 국가 의회보다 더 큰 권한을 가질 것이긴 하나, 하원과 상원의 권력을 완전히 복제할 필요는 없다.

첫째, 인민원의 대리인들은 상하원을 통과한 가장 중요한 의안에 심의하고 찬성과 반대 투표를 할 권한을 갖는다. 이러한 거부권은 재고를 위해 상하원으로 의안을 돌려보내는 것을 허용한다. 상하원 중 어느 곳이든 인민원의 거부권 행사를 5분의 3(60퍼센트) 투표로 기각할 수 있다.

둘째, 법안에 대한 승인과 반대 권한을 갖는 것에 더해 인민원은 입법 의제 설정을 돕는 권한을 갖는다. 상하원 중 어느 한 곳에서의 법안을 발의할 권리, 상하원에서 심사 중인 법안에 개정을 요구할 권한, 개별 하원의원에게 공적인 지시를 전달할 권리, 그리고 상하원 전체에 전달하는 결의문을 만들 권한을 포함한다. 지나친 복잡함을 피하기 위해 인민원은 법안에 관한 위원회 심의에는 포함되지 않을 것이다.

셋째, 인민원은 입법상의 교착을 깨는 것을 돕도록 상하원 위원회에서 계류 중이거나 폐기될 운명인 법안에 대해 본회의에서 표결에 부칠 수 있게 강제하는 권한도 갖는다. 미국 정부 시스템의 중요한 문제 중 하나는 너무 많은 사람이 입법 과정의 숱한 지점에서 '아니오'라고 말할 권리가 있다는 것이다. 그러나 인민원의 이 권한은 우리에게 '예'라고 말하는 것을 도울 것이다. 행동 통일을 함으로써, 지역민회들은 위원회에서 묵혀둔 주요 조치에 표결을 강제할 수 있을 것이다. 또한 의회의 반응을 높이고 이익집단에 의해 행사되는 영향력에 중요한 균형추로서 작동할 것이다. 때로는 다수의 지지를 받는 대중에게 인기 있는 입법 행위가 표결로 나아가지 못한다. 왜? 헌법에 의해 보장되지는 않지만 20세기에 의회가 자체적으로 발전시킨 권한을 위원회 위원장들이 행사하기 때문이다.

인민원의 대리인이라는 것은 바쁜 시의회에서 복무하는 것과 유사할 것이다. 대리인들은 그들이 몸담고 있는 일자리를 계속 유지할 수 있다.

지역민회에서의 복무는 다른 지역 정부기구들의 그것과 유사한 하루 단위의 소액을 지급받을 것이다. 민회는 공적으로 한 달에 두세 번 만날 것이고, 미팅은 의회 선거구에서 네다섯 지점 사이에서 교대로 열릴 것이다.[27] 각 지역민회는 미팅을 운영할 사회자와 비서를 뽑을 수 있고, 심의를 위한 주요 항목들은 그들의 동료들에 의해 선출된 민회 대리인들로 이루어진 국가운영위원회가 뽑는다.[28]

케터링 재단과 국가 쟁점 포럼은 심의 과정을 어떻게 구축할 것인지에 대해 하나의 모델을 제공한다. 국가 쟁점 포럼 과정에서는 하나의 그룹으로 함께 오기 전 각 참가자에게는 국가 에너지 정책, 테러리즘 용의자들의 구금 실행, 부동산세와 같은 특별 주제에 관해 브리핑 소책자가 배포된다. 이러한 브리핑 자료들은 쟁점에 관한 서너 가지 관점을 제공하나, 항상 좌우 정당 노선에 기반한 것은 아니다. 이 자료들은 참가자들에게 주제에 관한 기본적인 정보를 제공하고 참가자들이 연루된 정책 선택에 관해 생각하게 만들며, 정보에 근거한 결정을 하기 위해 심의될 필요가 있는 교섭과 가치가 무엇인지를 생각하도록 한다. 게다가 쟁점에 따라 양 주요 정당은 쟁점을 토론하는 전문가 패널을 함께 만들기 위해 민회와 국가운영위원회에 비디오 프레젠테이션을 준비하는 것과, 국가 청중을 위해 생중계 비디오 회의를 제공하는 것이 가능하다. CSPAN, PBS, CNN이 토론을 주최하고 민회 대리인과 일반인을 위해 텔레비전으로 방영할 수도 있다. 운영위원회는 관심 있어 하는 대리인들에게 참고할 만한 기사, 책, 다큐멘터리, 웹사이트 리스트를 제공한다.

각 지역민회는 배심의 배심장陪審長과 유사한 민회의 의장을 선출한다. 의장은 미팅을 이끌고 질서를 유지할 책임이 있다. 선출된 사람은 토론하는 동안 사회자로서 활동하고 다른 대리인의 견해에 참견하는 것을 삼간다. 또 다른 옵션은 비영리단체 지도자, 변호사, 판사, 교수와 같은 외부인을 초대하는 것이다. 사회자는 토론이 집중적으로 이뤄지도록 하고, 다양한 대리인에게 말할 기회를 주며 투표를 위한 충분한 토론이 이루어졌는지를 결정하는 데 책임을 진다. 어떻게 100명의 사람이 상호작용하고 말할 수 있을까? 국가 쟁점 포럼 과정은 교훈적이다. 사회자는 주제를 소개하고, 섹션 초기에 발언하길 원하는 사람이 한두 명 있는지 물어본다. 그런 다음 그룹은 네 개의 작은 그룹으로 나뉜다. 여기서 개인들은 주제에 관해 견해를 밝히고, 차이를 논쟁하고 토론하며, 몇몇 지점에서 합의에 도달했는지를 볼 수 있다. 주 그룹으로 다시 결합함으로써 작은 그룹은 그들의 토론 결과를 제시하고, 전체로서의 그룹은 몇 가지 쟁점이 합의에 도달했는지를 살펴본다.

또 다른 옵션은 주제가 미리 알려지고, 섹션 사회자가 말하고자 하는 사람이 누군지 물을 때 웅변가 몇몇이 찬성이나 반대 논의를 제시하는 아테네 모델이 있다. 의회의 다른 멤버는 대화에 참여할 수 있으나, 적어도 두 명의 대리인은 청중의 마음을 끌기 위해 준비된 연설을 한다. 만약 아테네인들이 이러한 일을 6000명의 민회에서 할 수 있었다면, 이것은 100명의 지역민회에서도 확실히 가능하다.[29] 뉴잉글랜드인들은 혁명 이전부터 좋은 결과를 산출하는 타운 미팅 민주주의를 실행했었다. 『진짜 민주주의Real Democracy: The New England Town Meeting and How it Works』의 저자인 프랭크 브라이언Frank Bryan은 "타운 미팅은 공청회가 아니다. (…) 타운 미팅은 법을 제안하고 만드는 입법기관이며 사실상 타운의 모든 시민은 입법자다"라고 썼다.[30]

국가 시스템은 어떻게 작동할 것인가

전체로서의 인민원이 직면하는 핵심 문제는 현대 입법체들이 대량으로 찍어내는 상당수 법안과 그 복잡성을 어떻게 다루는가이다. 하나의 대답은 국가에 걸쳐 435명의 대리인의 일을 조정하는 운영위원회를 구축해 그들을 워싱턴 D.C.와 연결하는 것이다. 운영위원회는 아테네 민회에서 토론할 의제를 준비하고, 결정된 사안을 실행했던 고대 아테네에서의 500인 평의회•와 유사한 기능을 한다.[31] 이론적으로는 인민원은 하원을 통과하는 모든 법안에 투표할 수 있다. 그러나 직업과 가족이 있는 바쁜 성인들이 사소한 것을 논의하는 데 시간을 허비하기를 원하지 않을 것이다. 지역 대리인들로부터 선출된 운영위원회는 전체로서 국가에 영향을 미치는 가장 중요한 법안과 쟁점에 관심을 집중시킴으로써 유지할 만한 수준으로 노동의 양을 감소시킬 것이다.

미국 각 지역의 대표자들로 구성되는 이러한 50명의 패널은, 국가 민회를 관리하는 브레인이고, 국가 민회와 인민원 양자를 위해 활용된다. 구조와 기능은 하원 민주당·공화당의 운영위원회 및 정책위원회와 유사할 것이다. 입법 행위가 사소하고 산업적으로 특화되거나 또는 논란의 여지가 없는 곳이라면 인민원의 운영위원회는 개입 없이 상하원에 그러

• **500인 평의회** 아테네 민주정의 창시자인 클레이스테네스가 만든 것으로, 아테네 폴리스의 영역을 10개의 부족phyle으로 나누고 각각의 부족에서 30세 이상 시민 중 50명씩 추첨으로 선출하여 구성한 기구다. 이 평의회 구성원의 임기는 1년이었다. 평의회는 일상의 행정 문제에 책임을 지고 민회의 의제와 결의를 준비했다는 점에서 민회의 집행위원회 겸 운영위원회 역할을 담당했으며 실질적인 최고 통치체로 활동했다. 이지문, 『추첨민주주의 이론과 실제』, 112쪽 표 3.

한 법안들을 보낼 것이다. 한 법안이 상하원을 통과한 뒤 운영위원회는 ⑴법안이 상하원 앞으로 직접 가도록 하거나 ⑵재검토, 토론, 투표를 위해 인민원으로 법안을 보낼 것을 결정한다. 상하원을 통과했던 한 법안을 고려할 때, 인민원은 입법 지체를 막기 위해 시간제한을 두고 일한다.

토론할 의안을 선택하는 것에 더해 운영위원회는 입법 일정을 모니터링하고 미팅 스케줄을 조정하며, 일반적으로 인민원 전체를 위한 의제의 처리 속도를 조정한다. 이 위원회의 구성원들은 입법 과정과 공적 정책에 관해 정통할 것이다. 지역민회들에서 리더십을 보인 사람은 이 위원회 자리를 위해 타고난 후보자다. 이들에게 주어지는 업무는 인민원의 일상적인 대리인보다 상당한 에너지와 관심 및 실천이 요구된다.[32]

운영위원회는 권력을 남용할 수 있기 때문에 지나치게 많은 것을 주지 않도록 하는 것이 중요하다. 구성원의 선출에서부터 주의해야 한다. 각 지역민회의 대리인들은 비밀투표로 운영위원회에 선출될 사람을 지명한다. 올해 25명을 선출하면, 또 다른 25명은 다음 해에 선출된다. 그들은 함께 50인 운영위원회를 구성한다. 위원회 멤버들은 2년 임기로 복무하되, 집행 권한을 갖는 2년차 임기의 사람들과 국가 민회 시스템의 운영, 관리, 조사를 돕는 1년차 사람들로 구성된다. 국가 민회 시스템을 운영하는 것이 보장되며 의제 설정의 중요한 책임성을 갖도록 하는 그러한 선임자 우선 시스템은 경험을 갖고 일하게 만들 것이다. 개인들은 이 위원회의 멤버로서 오직 2년 임기만 복무할 수 있다. 이와 같은 선출 과정은 국가 시스템을 지도할 책임이 있는 사람에 의해 권한이 남용되는 위험을 제한할 수 있다.

운영위원회를 제외하고 각각 의회 선거구로부터 선출된 100명은 국가 민회의 다른 4만3500명의 대리인과 어떻게 상호작용할까? 정확하게 4만3500명은 어떻게 일관성 있는 방식으로 모든 것에 관해 상호 간에 말할 수 있을까? 이것들은 중요한 문제인데, 나는 지역주의의 편향과 각 지역적 관할 구역의 관심을 넘어서는 토론을 어떻게 보장할 것인가라는 또 다른 관심으로 답하고자 한다.

100명으로 구성된 하나의 단일한 지역민회가 토론을 위한 더 작은 그룹으로 나뉘는 것처럼 435개의 민회로 구성된 국가 시스템은 커뮤니케이션과 토론이 가능한 작은 단위들로 나뉠 것이다. 우리는 민회들을 여섯 개의 그룹(태평양 연안, 로키 산맥, 중서부, 최남동부, 중-대서양, 동북)으로 나눌 수 있고, 각 지역민회를 나머지 다섯 그룹과 무작위로 연결시킨다. 양당체제와 유사하게 이러한 기법은 사람들로 하여금 미국이 다양성이 큰 국가임을 이해하도록 도울 것이다. 4만3500명보다 600명 사이에서의 건설적인 대화를 위한 기법을 창안하는 것은 훨씬 더 쉽다. 이 국가적 대화를 구축하는 하나의 방식은 이렇다. 6개의 부합된 지역민회가 한 쟁점을 논의하기 위해 적어도 매달 한 번 미팅을 갖는 것이다. 국가 민회에서 연설했던 샘 지오보티의 경우에서처럼, 재능 있는 연설자를 선출하거나 또는 찬성자와 반대자가 대표로 진술하는 아테네 모델을 따르지 않는다면 거의 4만5000명으로 구성되는 하나의 단일한 국가적 원탁회의를 유지하기는 어려울 것이다.

각각의 민회가 다양성과 도덕적 다원주의를 존중하도록 하기 위해 국가적 논의를 구축하는 일은 지역민회가 '같은 목소리가 반복되는 회의실의 메아리'로 전락하는 것을 막을 수 있다는 뜻이다.[33] 국가 민회에서의 모든 대리인은 특정한 의회 선거구로부터 올 것이고 그러므로 개인적 경험과 지리적 위치로 채색된 세계를 볼 것이다. 그러나 다섯 개의 멀리 떨어진 다른 지역의 민회와 함께 쟁점을 논의함으로써 점차 세계주의적 질서를 배울 수 있다. 민회 대리인들은 시의회, 물 위원회, 교육위원회에서의 공직자들이 보이는 지역적 관심을 벗어나 생각하기 시작한다. 이러한 국가 민회의 관점은 지방정부 서비스와 꽤 차이 난다.

일상의 기반, 일련의 이메일, 채팅 룸과 전화 대화 등으로 국가 민회 네트워크는 대리인들을 묶을 수 있다. 이들은 인접 의회 선거구 및 전국에서 온 대리인들과 친구가 될 수 있다. 다른 지역에서 온 대리인들과의 온라인 대화뿐 아니라 요즘의 큰 쟁점에 관해 "안에서의 민주적 심의"에 해당되는 내부 대화를 시작할 것이다. 구딘은 일상적인 대화 역동성 모델에 기반을 두고, 사람들은 그들이 만났거나 대화를 나눈 사람의 입장에서 자신을 상상할 수 있다고 말한다. 즉 "그들이 이 제안에 관해 무잇을 이야기할까?"를 듣고 질문하는 다른 사람들의 처지에서 그들 자신을 상상할 수 있다는 것이다.[34] 국가 민회에서의 경험은 사람들의 지평을 확장할 것이며 다양한 시각으로 문제를 보게 만들 것이다.

이 점에서, 그리고 보통 국가 민회의 긍정적인 교육적 효과로는 존 스튜어트 밀의 묘사를 주목할 만하다. 『대의정부론』에서 밀은 다음과 같이 말한다.

보통 사람은 대부분 자신보다 월등하게 뛰어난 정신적 능력을 가진 인물을 만나볼 기회가 없다. 대부분은 일상적 삶의 과정에서 자기 생각이나 감정을 크게 키울 가능성이 거의 전무하다. 그러나 공공을 위해 무언가 일하게 되면 이러한 모든 결핍을 한꺼번에 해소할 수 있다. 기회가 되어 상당한 수준의 공적 의무를 수행한다면, 그 사람은 곧 양식과 교양을 갖춘 사람이 될 수 있다. 시민법정과 민회의 참여를 통해 아테네 일반 시민의 지적 수준이 놀라울 정도로 높아졌다. 고대사회 특유의 사회적·도덕적 결함에도 불구하고 이런 관행으로 아테네는 고대와 현대 그 어느 곳보다도 더 큰 발전을 이룬 것이다. 사람들이 공공 영역에 참여하면 자기와 관련 없는 다른 이해관계에 대해 저울질하게 된다. 이익이 서로 충돌할 때는 자신의 사적 입장이 아닌 다른 기준에 이끌리게 된다. 일이 있을 때마다 공공선을 제일 중요하게 내세우는 원리와 격률에 따라 행동한다. 이렇게 살다보면 자기만의 생각보다는 이런 이상과 작동 원리에 더 익숙해지는 것을 알 수 있다. 그러한 방향으로 사고가 전환되고, 일반 이익에 관심을 가지면서 마음이 이끌리게 된다. 결국 자신이 사회의 한 구성원이라는 느낌을 가지면서 사회 전체의 이익이 곧 자신에게도 이익이 된다는 생각을 품는다. 공공 정신을 배양하는 이런 학교가 없는 곳에서는, 특별한 사회적 위치에 있지 않은 보통 사람이 법을 지키고 정부에 복종하는 것 말고는 사회에 대한 책임감 같은 감정을 느끼는 때가 아주 드물다.[35]

대리인들의 선출

국가 민회 대리인들은 선거, 무작위 샘플 또는 추첨으로 선출할 수 있다. 의회 선거구 전체가 아니라, 구區를 대상으로 하는 선거는 선거운동 비용을 낮출 것이고, 공동체의 감정을 육성하며, 대표자들을 투표자들과 좀 더 밀착시킬 것이다. 작은 구역들은 선거구 걷기, 잔디밭 표지, 커피 담소에 기반을 둔 선거운동을 장려할 것이고 적은 예산으로 후보들이 효과적으로 경쟁하는 것을 가능케 할 것이다. 지속적으로 선거구를 걸으면서 운동하는 것은 종종 작은 구들에서의 번드르르한 메일과 돈의 영향력을 깨부순다. 정규 의회선거와 함께 행해지면 편승 전략에 따라 투표자들은 하원과 인민원에 동시에 초점을 맞출 것이며, 투표자 등록을 위한 비용을 낮출 수 있다.

선거는 미국 정치에서 공직자를 선출하는 일반적인 방식이지만 뚜렷한 결점이 있다. 첫째는, 이미 너무나 많은 지역선거가 있어서 유권자는 또 다른 경쟁에 거의 관심을 보이지 않는다. 유권자가 지역민회를 위해 운동하는 후보자를 파악할 시간을 갖게 되지 않을까 바라더라도, 상원과 주지사보다 하위의 선거운동에서는 대부분의 투표자가 정당을 제외하고는 후보에 관해 거의 알지 못한다. 그렇다면 국가 민회 대리인을 위한 선거운동은 의회 선거운동에 편승할 것이고 정당, 광고, 선거 자금, 이데올로기적 이익집단, 그 밖의 모든 것이 나타나는 전형적인 선거가 될 것이다. 비록 선거구의 규모가 작다는 것이 후보와 유권자의 개인적 접촉을 가능케 하더라도, 미국 역사에서 보듯 소규모 자체가 구區 정치에 대한 완벽한 보호막은 될 수 없다. 모든 것을 감안할 때 국가 민회는 일반적 정치 기제로부터 떨어져 있을 때라야 가장 잘 작동할 것이다. 만약 현재 시스템이 크게 부패하지 않았다면, 구 선거는 의미가 있을 것이다. 그러나 지금으로서는 돈과 정당 기제들이 너무나 쉽게 지배할 것이다. 무작위 샘플의 현대적 기법 또는 추첨의 고대 장치들은 좀 더 나은 옵션이다.

대리인을 선출하는 두 번째 방식은 계층별로 안배된 무작위 샘플링이다. 프로젝트 팀이 구성되어 각 의회 선거구에서 남성과 여성 각 500명의 층화된 무작위 샘플을 선출한다. 뽑힌 각 사람은 국가 민회 대리인이 되는 데 관심이 있는지 표출할 기회가 제공된다. 이러한 지역별 선출 미팅은 민회의 범위, 의무, 책임에 관심 있는 개인들에게 정보를 주기 위해 각 의회 선거구에서 열릴 것이다. 이러한 풀로부터, 50명의 남성과 50명의 여성이 지역민회에서 복무하도록 무작위 선출된다.[36]

마지막 대안은 추첨에 의한 선출이다. 각 의회 선거구에서는 자격을 지닌 모든 성인을 추첨 풀에 포함시킬 것이다. 그 결과 대리인 풀은 부유하고 가난한, 젊고 나이 든, 민족과 인종에 의한 대표를 모두 포괄할 것이다. 다만 정신질환을 앓고 있거나, 외국인이거나, 흉악범죄 전과가 있는 사람은 배제된다.[37]

대부분의 사회과학자는 무작위 샘플에 의한 선출을 선호한다. 왜냐하면 많은 것이 선출된 대리인들의 통계학적 대표성에 달려 있기 때문이다. 그러나 대리인들을 선출하는 수단으로 무작위 샘플을 인정하기 전에, 통계적 대표들로 구성되지 않았던 상황을 우리가 어떻게 종종 정당한 것으로 받아들였는지를 떠올려야만 한다. 세 가지 예로 충분하다.

아테네 민회는 데모스의 5~6만 인민을 대표하는 완전한 통계적 샘플이었는가? 아니다. 아크로폴리스 가까운 언덕인 프닉스에 모였던 대략 6000명의 남성 시민은 평균보다 나이가 좀 더 많고 도시에 거주하는 이들이었다. 농부들은 아테네에 살고 있는 사람보다 참석하는 데 시간적으로 어려움이 더 컸다. 그리고 하나의 쟁점을 결정하는 정족수는 다음 쟁점을 결정할 청중이 아니라는 점에서 참석하는 6000명의 조합은 각 섹션에 따라 변화되었다. 1787년 형성된 미국 헌법회의는 어땠는가? 헌법을 초안했던 비밀 섹션에 참석했던 55명의 부유한 백인 남성은 전체 인구를 완전히 대표하는 샘플이었는가? 그렇지 않았다. 그러나 오늘날 헌법을 불법이라고 하는 경우는 거의 없다. 오히려 정반대로 이것은 미국 정치의 성배다. 오늘날 정치는 어떤가? 국가 단위의 여론조사를 할 때 무작위 샘플 기법에 의존하나, 여론조사 기관 입장에서 알려지기 원치 않는 비밀은 많은 사람이 전화번호부에 기재되어 있지 않고, 전화에 연결되었을 때 많은 이들은 참여하기를 거부한다는 사실이다. 층화된 무작위 샘플과 추첨 양자는 대리인 선출에서 수용할 만한 수단들이다. 양자는 광범위한 인구가 국가 민회에서 대표되는 것을 보장할 것이다. 비록 무작위 샘플에 대해선 잘 알려져 있다 하더라도, 추첨의 미덕은 아직까지 덜 알려졌다. 고대 아테네의 경험에 의거해 다음 논의들을 발전시켜 본다.

대리인 추첨 풀이 의회 선거구의 정확한 통계적 대표는 아니더라도 대략적으로 근사치일 것이다. 이러한 대략적 근사만큼 중요한 것은 대리인으로서 무작위 선출된 100명이 정말로 복무하기를 원하느냐는 것이다. 선출된 사람이 진지하게 책임성을 발휘하는 것이 가장 중요하다. 아테네에서는 추첨으로 뽑은 배심원과 500명의 평의회는 그들의 이웃을 알았고, 공동체는 그들의 행위를 관찰하고 있었다. 이와 같은 점이 우리 현대 지역민회의 본바탕이 될 것이다.

아테네에 관해 마넹은 "직위를 성공적으로 수행할 수 없다고 느끼는 사람은 선출되는 것을 피할 수 있었다"고 적는다. 제도는 "자기 스스로를 복무에 적합하다고 여기는 사람에게만 행정관이 될 기회를 주는 효과"가 있었다.[38] 각각의 의회 선거구에서 50만 명의 성인을 추첨 풀에 놓고 30퍼센트는 참여하지 않기로 한다고 해보자. 그래도 우리는 여전히 큰 풀을 가질 것이다. 물론 우리는 많은 사람이 참여하지 않기로 결정하는 정치문화에 살고 있다. 비록 국가 민회와 인민원이 극적인 어떤 방식으로 이러한 상황을 바꿀 수 없다고 할지라도, 그것들은 개개 시민에게 강력하고 중요하며 중대한 방식으로 참여할 기회를 제공할 것이다. 이러한 사실이 더 잘 이해되면, 추첨 참여는 늘어난다. 오늘날 지역 선거에서의 투표자 참가는 대략 20퍼센트에서 맴돈다. 만약 추첨에 참여하기로 결정하는 이들이 대중의 70퍼센트라면 대표자를 선출하는 가장 공평한 수단이 될 수 있다.

추첨은 몇몇 실제적인 이유로 좋은 선출 수단이다. 첫째, 추첨에 의한 선출은 지역민회가 열정적으로 잘 조직된 파벌(예를 들면 기독교복음주의자들, 환경주의자들, 인종 그룹들, 상공회의소)로 가득 채워질 것이라는, 또는 지역민회 후보에게 이익집단의 비밀 후원이 갈 것이라는 우려를 제거해준다. 둘째, 사람들은 바쁜 삶을 살고 있고 비록 낮은 공직이더라도 공직을 맡는 것은 힘든 일이다. 선거는 시간과 비용이 들 뿐 아니라, 사람들은 자신과 가족이 시빗거리의 대상이 되는 선거운동에 나서기를 꺼릴지 모른다. 추첨에 의한 선출은 이러한 사람들이 공직을 유지하는 것이 가능하도록 만든다.

셋째, 추첨에 의한 대리인 선출은 후보자처럼 생각하고 행동할 일 없이 요구된 일을 하는 데만 초점을 맞출 수 있다. 선거로 선출된 대표자와 유권자 사이에 선거라는 연결고리가 있듯, 추첨에 의해 선출된 민회 대리인과 그들이 살고 있는 의회 선거구의 특정한 구 사이의 연결 또한 있을 것이다. 의회 선거구를 6500명의 구로 동등하게 100개로 나눌 수 있을 것이고(제퍼슨의 반향), 그 구에서의 성인 시민을 대상으로 추첨을 한다. 여기서 가장 기본적인 민주주의적 연결이 생긴다. 즉, 당신은 우리 중 한 명이고, 우리를 나타내며, 공동체의 법을 만드는 것을 돕는 데 있어서 우리가 믿고 생각하는 것이 무엇인지를 말하기 위해 최선을 다한다(반연방주의자들의 반향). 국가 민회 시스템에서 대리자로 선출된 사람은 후보자가 되기 위해 그/그녀의 개성을 바꿀 필요가 없다. 지역민회 대리인들은 평소와 다르지 않은 자기 모습으로 남아 있을 수 있다.

네 번째 실제적인 이점은 익숙함이다. 미국인들은 추첨에 의한 선출을 존중한다. 왜냐하면 현재 배심들이 이렇게 선출되기 때문이다. 미국 배심 시스템은 가장 존경받고 존중되는 정부 제도들 중 하나다. 배심이 가져오는 공정함의 감정, 목적의 진지함, 정직함 때문에 국내외에서 크게 평가받는 제도다. 선거와 비교하여 추첨은 도덕적인 공적 서비스의 이상을 가진 사람들의 마음에 밀접하게 연결되어 있다. 배심 의무를 위해 요청받을 때 아무리 많이 불평한다 하더라도 그 당사자는 제도를 존경하고 사건을 바르고 공정하게 결정하기를 추구할 것이라고 믿는다.

시민 제도로서 배심은 전통적인 공화주의로부터 현대 공화주의로의 전환을 겪었다. 지역의 선정자가 '모범적인 온건함과 지혜'를 갖춘 자들을 선출하기 위한 재량이 있는 '키맨key man' 제도로 최근까지 운영되었다.* 그러나 실제로는 이러한 특성의 배심을 찾을 경우 소수자나 가난한 사람, 젊은 사람, 여성은 시스템적으로 낮게 대표된다. 1975년의 사건 '테일러 대 루이지애나'에서 미국 대법원은 루이지애나 주 배심원 선출에서 여성이 배제되는 것을 막았고 배심은 '공동체의 공정한 단면'을 대표할 것을 규정했다.[39] 이러한 규정을 수행하기 위해 미국 대부분의 지역에서는 배심 선출을 위해 추첨 시스템을 적용했다. 엘리트 편향을 지닌 고전적 공화주의가 모든 사람이 선출되고 복무할 기회를 부여하는 평등주의적 공화주의로 전환되어온 것이다.

사법 체계에서 배심이 잘 작동된다면, 정치세계로 확장하는 것은 의미 있는 일이다. 현재 대배심과 시민위원회가 어느 정도 이런 역할을 한다. 예를 들어 로버트 달은 복잡한 쟁점을 검토하기 위한 정책 배심이라는 시스템을 확립할 것을 권고한다. 그는 하나의 쟁점을 1년 동안 검토하기 위해 국가, 주 또는 지역 차원마다 1000명으로 구성할 것을 제안한다. 그 그룹은 정기적으로 만나 쟁점을 조사하고, 청문회를 개최하고, 보고서를 발간한다. 대중을 대표함으로써 이러한 소인구 집단은 "더 높은 수준의 능숙함을 보이는 여론을 반영할 것이다." 달은 이러한 정책 배심의 핵심 직무는 "리스크와 불확실성, 균형을 평가하는" 것이라고 보았다.[40] 정책 배심과 국가 민회 양자는 달이 '강한 평등의 원칙strong principle

---

• **운영되었다** 이 제도 아래에서는 배심원 명부에 오를 수 있는 사람들이 정직하고 덕망 있는 인사로 알려진 이들로 한정되었고 이들을 선발하는 일은 지역 배심 운영위원회의 임무였다. 키맨 제도는 그 자체로 어떤 특별한 차별적 의도는 없다 하더라도, 배심 운영위원들로서는 자신과 개인적으로 친분이 있는 사람 중에서 그들과 같은 외관과 유사한 행동양태를 보일 것을 믿을 만한 사람만 배심원으로 선출할 개연성이 높다는 점에서, 그 제도 본질에서 차별적 요소가 강한 것임은 부정할 수 없다. 1960년대와 1970년대 들어 민권운동의 활성화와 더불어 연방헌법 수정 제6조 및 제7조에서 규정하는 공정한 배심재판을 받을 시민의 권리와 연방헌법 수정 제14조상의 법 아래에서의 평등권에 근거하여 배심원은 사회 구성원의 모든 계층을 골고루 대표할 수 있는 대표성 있는 사회 전 부문에서 선발되어야 한다는 일련의 판례들이 반복적으로 나왔고, 이에 대부분의 법원에서도 키맨 제도를 폐지하고 광범위한 인구 자료를 토대로 작성된 배심원 명부에서 무작위적으로 배심원을 선발하는 제도를 채택하게 되었다. 김상준, 『미국 배심재판 제도의 연구』, 이화여대출판부, 2003, 46~47쪽.

of equality'이라 부르는 것에 적합하다. 강한 평등의 원칙은 "성인 대부분이 자신을 통치하기에 적절한 능력을 가지고 있다"고 간주하고 "어느 누구도 당신 자신의 선이나 이익을 더 잘 판단할 수 없으며 그것을 실현하기 위해 더 잘 행동할 수 없다"는 가정에 부분적으로 기반을 둔다.[41]

아테네에서의 추첨

추첨을 지지하는 철학적 이유는 좀 더 사려 깊은 것이다. 그것을 이해할 때 추첨이 왜 강력하고 가치 있는 민주적 도구인지를 알 수 있다. 추첨이 고대 아테네에서 어떻게 활용되었는지 간략히 살펴본 뒤 반대 의견 및 대표성과 평등성 면에서 추첨의 진정한 가치가 무엇인지 생각해보고자 한다.

기원전 5세기와 4세기 아테네는 직접민주주의 체제였고, 모든 남성 시민에게는 자동적으로 1년에 최소 40번 만나는 민회에 참석할 자격이 주어졌다. 다만 민회는 프닉스 언덕에 도착하는 순서대로 6000명으로 구성되었고 그 구성은 모임마다 변했다. 경제적으로, 지적으로, 문화적으로 그리스를 다스렸던 페리클레스 시대의 아테네는 부와 계급 갈등의 쟁점들로 투쟁 중이었다. 모든 사람이 면대면으로 만나서 조화롭게 살아가는 작은 정체政體가 결코 아니었다.[42] 아테네 민주주의에서 민회가 비록 권력의 지렛목이었을지라도, 4~6만 명의 아테네 시민은 단일한 기구에 결코 함께 모인 적이 없었다.[43]

민회에서 모든 시민은 그의 동료들에게 말하고 연설할 권리가 있었다.

그리스인들에게 말할 수 있는 보편적 권리는 민주주의와 동의어였다. 개인들이 프닉스 언덕에 도착했을 때, 그들은 민회의 각 모임이 그 자체로 완전하다는 것을 알았다. 이것은 스타 플레이어들의 극적인 연극이었다. "보통 제안들은 발의와 토론을 거쳐 (수정되거나 그렇지 않거나) 통과 혹은 거부되었다."[44] 모든 연설과 논의는 설득을 목적으로 한다. 결정은 거수로 참여한 사람들의 다수결로 이루어진다.

아테네 민주주의는 민회뿐 아니라 다른 정부 제도에 의지했고, 장군들의 선거와 같은 몇몇 경우를 제외하고는 추첨 방식을 따랐다. 정부의 행정관들, 500명의 평의회, 법정은 추첨으로 모든 자리를 충원했다. 『아테네의 추첨에 의한 선출Election by Lot at Athens』에서 제임스 헤들램James Headlam은 다음과 같이 말한다. "국가의 모든 행정이 추첨으로 임명된 이들의 수중에 있었다고 해도 과언이 아니다. 법정의 심각한 일, 법의 집행, 경찰, 공적 재정, 요컨대 모든 부문(군대에서의 실제 사령관을 제외하고)의 공무는 그렇게 결정되었다."[45]

아테네인들은 추첨으로 사람을 임명하는 것이 무차별적이라는 사실을 잘 인식했고 200년 동안 그 시스템을 성공적으로 활용했다. 왜? 첫째, 추첨은 평등 원칙의 전형적인 사례이면서 공적 기능을 집행할 기회를 모든 시민에게 제공한다. 아테네인들은 교대 원칙을 깊숙이 받아들였고, 사람들이 통치와 피통치를 모두 경험한다면 정당하고 성공적인 정체를 이끌 수 있다고 보았다. 『정치학』에서 아리스토텔레스는 "자유의 한 원칙은 모두가 번갈아가며 지배하고 지배받는 것"이라고 했다.[46] 권위 있는 자리에 오른 일반 시민의 경험은 "자신의 통치가 피지배자에게 어떤 영향을 미칠 것인지를 생생하게 예측할 수 있게 한다. 왜냐하면 그들 스스로 경험해보았기 때문에 지배받는다는 것이, 그리고 복종해야만 하는 것이 어떤 느낌인지 아는 것이다."[47]

둘째, 아테네인들은 선거가 돈과 가족의 명성 또는 다른 이들과 구별되는 예외적 재능을 가진 사람들로의 귀족적 편향이 있다는 점을 이해했다. 이와 반대로 그들은 추첨을 민주주의와 동일시했다. 예를 들면 아리스토텔레스는 "공직자를 추첨으로 임명하면 민주정체로, 선거로 임명하면 과두정체로 간주된다. 또 재산 자격 요건이 없으면 민주정체로, 있으면 과두정체로 간주된다"고 했다.[48] 오늘날 의회 선거운동은 사실상 재산 자격을 요구한다. 만약 한 후보가 부유한 기부자에게 접근할 수 없다면—만약 수익성이 좋은 직업을 가졌거나 부자였다면 매우 쉬웠을—경쟁적인 선거운동을 펼치기 힘들다.[49] 아리스토텔레스는 또 "자유민에게 최고 권력이 있으면 민주정체이고, 부자에게 최고 권력이 있으면 과두정체라고 해야 할 것이다. 자유민은 다수이고 부자들은 소수이기 때문이다"라고 했다.[50]

행정직 선출에서 추첨은 500명의 평의회가 민회의 권위에 도전할 가능성을 낮춘다. 사실상 배의 키를 잡을 선장이 부족한 것으로 아테네 민주주의를 비판한 소크라테스는 요점을 놓친 것이다.[51] 아테네인들은 때때로 장군과 재정적 행정관을 선택하는 데 선거를 이용했다. 그러나 그들은 엘리트와 전문가를 넘어서서 모든 이에게 권한을 주는 권위의 전환에 관해서는 신중했다. 추첨 선출의 요점은 재능 있는 사람과 전문가가 민회의 권력을 취하는 것을 막는 데 있었다. 주기적으로 투표가 이뤄지는 현대 국가에서 인민은 국가의 운명을 직접 통제하기가 힘들다. 이와 달리, 순수한 민주주의에서 인민은 군주제에서의 왕이 하는 것처럼 그들 자신을 통치한다. 그들은 모든 것을 결정하고, 수중에 권위를 유지하면서 강력한 공직자들을 만들어내지 않았다. 아리스토텔레스는 데모스가 "어떤 개인이나 집단이 지나치게 많은 권력을 획득하는 것을 막아야 한다"는 것을 알고 있었다.[52] 추첨으로 아테네 행정을 이끌어간 것은 이러한 목적을 성취했고, 민회의 최고 지위를 보장했다.

그러므로 고대 아테네에서 추첨은 민회의 자주적인 권위를 보호했다. 현대 미국에서 추첨은 대의정부에 민주적 요소를 더할 것이다. 국가 민회의 추첨 선출은 '인민'에게 대규모 공화국의 불가피한 부패에 맞서는 순수한 민주적 힘의 일단을 제공할 것이다. 선거는 공직을 추구하는 모든 개인에게 동등한 성공의 기회를 제공하지 않기 때문에 평등하지 않고 또한 유명인을 선호하기 때문에 귀족적이다. 집단으로서 인민은 지도자로 그들이 바라는 사람을 선택할 궁극적인 권리가 있다. 그러나 대규모 공화국에서 대의정부는 과두제적 차원을 점점 더 증폭시킨다. 문제는 어떻게 균형을 잡느냐 하는 것이다.[53] 미국 시스템엔 수많은 엘리트와 전문가가 있다. 우리에게 필요한 것은 돈, 권력, 능력주의에 의한 과두제를 견제하는 것이다. 지역민회의 선출 수단으로 추첨을 활용하는 것은 정치경제에서 부와 특권이 누리는 이익을 무너뜨리는 데 힘을 실어줄 것이다.

또한 추첨은 과거 반연방주의자의 시각을 도입하는 것이기도 하다.[54] 그들은 "뛰어난 명석함으로 대표성에 대한 설득력 있고, 지속적이며 강력한 개념을 만들었다"고 마넹은 말한다.[55] 그들의 이해는 근본적으로 연방주의자들의 이해와 마찰을 빚었다. 『페더럴리스트 페이퍼』의 저자들은 지역의 엘리트였고 탁월성을 추구했다.[56] 반대로 반연방주의자들은 대의정부가 정말 민중적이려면, "대표는 반드시 유권자와 가까워야 한다. 즉 그들과 함께 살고 처지를 공유해야 한다"고 주장했다.[57] 인민원은 이러한 방식으로 대의정부를 이해한다.[58] 반연방주의자들은 선거에 대한 필요성에서가 아니라 대표의 대중적이고 비엘리트적 형태를 지지함으로써 연방주의자들과 결별했다.

인민원은 반연방주의자의 헌법적 체계를 참고할 것이다. 그러나 3억의 인구에서 4만3500명의 대리인을 뽑으면서 아무리 많은 노력을 한들 아테네 스타일의 민주주의를 바랄 수는 없다. 그 시기는 지나갔고 우리 목적은 그것이 아니다. 대신 시민과 대표자 사이의 격차를 줄이는 것을 목적으로 한다. 우리의 민주주의 규모는 아테네인들이 향유했던 직접민주주의와 비할 때 지나치게 크다. 그러나 차선책을 활용해 대다수의 시민이 정부에 참여할 동등할 권리를 제공할 수 있다.

오늘날 우리는 정치에 참여할 권리를 갖지만 정부 그 자체에서는 아니다. 인민원에서 오직 몇몇 사람만이 선택될 것이나, 모든 사람은 선택될 가능성이 있다. 인민원은 미국인들이 지금 향유하지 못하는 가장 중요한 민주적 권리인 정부에 참여할 권리와, 나아가 국가 민회 대리인으로서 선택된다면, 국가 민회와 인민원에서 동등한 권리를 보장한다. 추첨으로 선출한 국가 민회를 대의정부 메뉴에 더함으로써, 보통 사람도 정부에서 통치자의 목소리를 낼 것이다. 요컨대, 국가 민회는 내부로부터의 권력과 참여에 관한 것이다.

| 제5장 |

세 가지 혜택

고대와 현대 민주주의에 관한 저술에서 핀리M. I. Finley는, "논의할 여지 없이 오늘날 대중의 무관심과 정치적 무지는 중요한 사태다. 투표가 아니라 정치 지도자들에 의해 중요한 결정이 이루어지고, 대중은 기껏해야 사후에 가끔 거부권을 행사한다. 이런 상태가 필수적이고 바라는 바인지, 아니면 대중 참여의 새로운 형태가 발명될 필요가 있는지가 핵심이다"라고 했다.[1] 참여의 새로운 형태로서 국가 민회는 미국 정치를 근본적으로 바꿀 수 있는 전체 인민을 대표하는 단면이다. 현재 시민은 한 명의 후보 또는 하나의 정당 공약에 투표할 뿐이다. 권력은 선출된 정치 지도자들에게 흘러간다. 전쟁으로 나아가야 할지, 자연재해에 어떻게 대비해야 할지, 적자를 늘릴지와 같은 결정을 하는 것은 대통령과 535명의 연방의회 의원들이다. 입법 행위에 대한 인민원 투표가 이러한 흐름을 되돌릴 수 있다.

국가 민회는 온건하고 실제적인 제안이다. 인민원은 좀 더 야심적이다. 기술적 난제는 매우 소소하고, 전체 인구의 소수가 2년 동안 참여할 수 있다. 물론 모든 성인에게 선출될 기회가 주어지며, 정치 시스템을 바라보는 관점에 영향을 미칠 것이고 참여를 이끌어낼 것이다.[2] 정치 시스템의 나머지는 변화되지 않은 채 남아 있겠지만 온건한 변화로도 정치문화에 심오한 영향을 끼칠 수 있다. 추첨으로 선출한 국가 민회는 국사의

우선순위를 토론할 때 미국인들의 진정한 목소리를 수용할 것이다.[3]

국가 민회의 결정적인 장점은 시민 다수와 대의정부에 대한 새로운 이해를 증진시킨다는 것이다. 국가 민회는 시민 다수가 참여 가능하도록 고안되었다. 공적 심의가 전체 시민을 대표하는 국가 민회에서 보장될 때, 토론은 특별한 사익보다는 공익을 우선할 가능성이 높다. 그러므로 사적 이익집단에 혜택을 주는 정부에 세금을 납부하는 위험과 지배의 위험으로부터 전체 시민을 보호한다.[4] 우선순위 또는 상충관계에 관해서는 거의 생각하지 않고 제한된 자원을 둘러싸고 경쟁하는 데 초점을 맞추는 이익집단 다원주의 모델을 넘어서는 것이 국가 민회의 목적이다. 상하원의 의원들은 선거운동 자금의 부단한 공급에 의존하기 때문에 누가 무엇을 얻어야 할지를 평가할 때 거의 중립적이지 않다.

특히 대규모 공화국은 과두제와 민주주의의 양 요소를 결합해야만 한다. 슘페터의 최소화 이론에서, 엘리트들은 통치하지만 인민들의 선거로 선출된다. 그러나 엘리트들은 다음 선거까지는 매우 큰 행동의 자유를 누리기 때문에 현재 시스템은 과두제로 치우친다. 민주적 관점을 확대하고 엘리트들을 넘어서는 좀 더 큰 통제 시스템을 위해 마키아벨리는 '분명하게 대중에 의해 지배되는 공화국'을 창조할 것을 제안한다.[5] 아래로 대의를 확장하는 것과 시민과 조금이라도 덜 떨어져 있는 대의를 위한 반연방주의자의 열정을 회복하는 것에 기반을 둔 국가 민회는 미국 시스템을 현명한 포퓰리스트 방향으로 추동한다.[6]

제도와 사회 시스템은 규범에 매우 의존적이다. 자본주의가 보이지 않는 손이라는 사회적 규범에 의존하듯이, 다수의 지배인 폴리아키 polyarchy•는 절차들을 정확하게 기능하게 하는 시민권의 공화주의적 규범에 의존한다. 권력과 지식을 결합하면, 대리인들은 공화적 시민권을 이성적으로 발휘하고 실제 실행되는 영역을 늘려나갈 것이다. 그들은 매디슨이 민주주의의 미래에서 성공의 핵심으로서 봤던 시민 다수를 형성할 것이다. 스미스 씨가 워싱턴에 가는 대신• 국가 민회 개혁은 전국에 걸쳐 수천 명의 스미스 씨를 워싱턴으로 데려다주고, 그들의 공동체에 작지만 중대한 권한을 돌려줄 것이다. 1960년대 급진주의자들은 시스템을 심각하게 비난했으나, 참여민주주의를 대의정부와 결합시킬 방법은 결코 이해하지 못했다. 21세기 인민원은 그 퍼즐을 맞춘다.

사실상의 국가 민회는 세 가지 구체적이고 본질적인 방식에서 미국 정치를 강화할 것이다. 첫째, 현명한 참여를 위한 기회를 창조함으로써 대중의 목소리를 그들에게 돌려준다. 글렌던은 "자치는 시민적 기술들(심의, 타협, 합의 도출, 정중함, 근거 제시)을 요구하며 그러한 기술이 집행될 수 있는 공연장 또한 요구한다"라고 했다.[7] 둘째, 정치 컨설턴트와 특별 이익집단의 과도한 영향을 억제할 수 있다. 우리는 당면한 문제들을 공익 차원에서 해결할 수 없게 가로막는 이익집단의 급증에 시급히 대응해

• **폴리아키** 일반적으로 자유민주주의로 범주화된 정체와 동일한 의미로, 정부의 임의적인 성향을 견제하기 위해 충분할 정도로 야당에 대해 상대적으로 높은 관용을 베푼다는 점과 정치참여를 위한 기회가 신뢰할 만한 수준의 대중적 대응성을 보장할 정도로 충분히 퍼져 있어야 한다는 점을 특징으로 한다. 여기서 결정적 요소는 국민이 통제할 수 있고 필요하다면 지배자를 교체할 수 있는 하나의 장치로 작용하는 처방적이고 경쟁적인 선거가 존재한다는 점이다. 달과 린드블룸이 쓴 『정치, 경제, 복지Politics, Economics and Welfare』(1953)라는 책에서 지배체계를 묘사하기 위해 처음으로 사용되었고 정치학에서 널리 쓰인다. 『정치학』, 73쪽.

• **가는 대신** 영화 「스미스 씨 워싱턴에 가다」에서 가져왔다. 루이스 R. 포스터의 소설을 토대로 만든 미국 영화로서, 상원의 부패와 타락에 맞서는 신출내기 이상주의 상원의원이 주인공이다.

야 할 상황에 와 있다.[8] 광범위한 공익을 목적으로 하는 시민 다수의 증진에 초점을 맞춘 매디슨주의를 확산시켜야 한다. 셋째, 이것은 대중에게 입법 교착 상태를 깨는 기제를 제공한다. 수십 년 동안, 상하원 위원회 위원장들은 입법을 지배하는 생사여탈권을 가졌다. 이러한 권력은 헌법을 통해 부여받은 것이 아니고, 20세기 초 의장과 상원 다수당 지도자가 다른 의원과 권력을 공유하도록 강제됨으로써 진화되었다. 입법상의 교착을 깨도록 상하원 위원회에서 계류 중이거나 폐기될 운명인 법안에 대해, 본회의에서 표결에 부칠 수 있게 강제하는 권한을 부가한다.

국가 민회와 인민원은 참여뿐만 아니라 효율성도 촉진하도록 고안되었다. 세 가지 혜택을 좀 더 상세히 설명해보자. 비록 시민을 위한 보다 큰 목소리, 이익집단의 권력 억제가 국가 민회뿐만 아니라 인민원에도 동등하게 적용된다 하더라도, 게이트 오프닝 권한을 통한 입법 교착 상태를 깨는 것에 관한 논의는 오직 인민원에게만 적용된다.

대중의 목소리 돌려주기

현대 세계에서 권력은 중앙에 몰려 국부적이기도 하지만 멀리 떨어져 있기도 하다. 국가 타운 홀은 우리에게 멀리 떨어져 있는 권력의 중심과 접촉하고 심의적인 토론을 증진시키는 방법이다. 전통적으로 일반 시민은 시의회와 교육위원회를 통해 '자치'에 참여해왔다. 그러나 이러한 방식은 더 이상 적당하지 않다. 많은 지역적 쟁점은 그 근원과 해결책이 전국으로 전세계로 흩어져 있다. 지역 차원의 실업 문제는 주와 국가의 정책 결정에 의존할 수 있다. 초국적 기업이 마을 환경에 위험을 일으키지만 환경 정화는 주와 연방 예산의 우선순위에 따라 운명이 좌우된다. 지역 교통 문제는 지방과 국가의 교통 계획에 의존한다. 이러한 목록은 끝도 없다. 미국인들은 중앙집권화, 위계제, 엘리트 같은 것들과 불가피하게 함께 살아야 하지만, 민주 주권을 빼앗아가는 일에도 결코 굴복해서는 안 된다.

선거를 통해 의원으로 선출되는 것은 아주 적은 사람에게만 가능하지만 추첨을 통해 국가 민회 대리인으로 선발되는 것은 보다 많은 미국인에게 열려 있다. 젊은 나이에, 당신이 국가 민회 대리인으로 일하게 되는 날이 온다고 상상해보자. 추첨을 통한 국가 민회의 대리인 선출이 매 2년마다 있기 때문에 선택될 가능성은 높다.• 점차로 미국인들은 국가 민회의 대리인으로 일하는 친구, 이웃, 친지가 생기기 시작할 것이다. 젊은이들에게 이는 참여하는 유능한 시민이 되는 것이 가치 있다는 강한 신호가 될 것이다. 크리스토퍼 래시Christopher Lasch가 유창하게 말한 다음과 같은 곤혹스러움을 반전시킬 수 있다.

> '정보화 시대'에 미국인들은 부끄럽기 짝이 없을 만큼 정보 결핍 상태에 있다. 이같은 모순의 원인은 누구도 구체적으로 밝힌 적은 없지만 그 내용 자체는 아주 명백하다. 그 이유는 대다수가 무능력을 이유로

• **가능성은 높다** 2년마다 6500명당 한 명씩 선출되는 것을 감안하면, 평균 수명을 75세로 전제할 때 18세부터 30번 정도 추첨 기회가 주어질 수 있다. 참여하지 않겠다고 하는 이들을 고려하면 대리인으로 선택될 확률은 5퍼센트 정도가 될 것이기 때문에 결코 낮지 않은 셈이다.

공적 토론에서 실질적으로 배제되었기 때문에 대량으로 안겨지는 정보를 더 이상 제대로 이용하지 못하고 있는 것이다. 결과적으로 미국인들은 자신들의 비판자가 주장하는 것처럼 아주 무능하게 되어버렸는데, 이것은 이용할 수 있는 정보를 얻으려는 욕구를 일으키는 것이 토론 그 자체이며, 오직 토론만이 그렇게 할 수 있다는 일깨움을 준다. 민주적인 교류가 결여된 상황에서 대다수 미국인은 자신을 유능한 시민으로 만들어주는 지식을 습득하려는 아무런 동기도 부여받을 수 없게 된 것이다.[9]

대의 측면을 지닌 심의민주주의를 현재 시스템에 접목하는 것은 "시민들이 만나고, 논의하고, 결정하고, 다시 만나는" 것을 가능하게 할 것이다. 이것은 국가에 영향을 미칠 수 있는 매우 특이하고 활기찬 그리고 적극적인 마을모임 민주주의일 것이다.[10] 사람들은 귀를 기울여 신문을 읽는 활동적인 시민으로 전환될 것이다. 주요한 쟁점을 이해하고, 지도에서 브라질, 중국, 이라크를 찾을 수 있다. 국가 민회에서의 몇 개월 복무 이후 모든 대리인은 미국 정부를 기본적으로 이해할 수 있게 된다. 일부는 보다 복잡한 이해를 발전시킬 것이다.

리프먼의 통찰처럼 많은 쟁점을 모든 시민이 다 잘 알도록 요구하는 것은 오늘날처럼 복잡한 사회에서는 불가능하기 때문에[11] 국가 민회는 모든 사람이 직접 참여해야 한다는 참여민주주의의 전통적 관념에서는 탈피한다.[12]

게다가 국가 민회는 대중이 사회를 통치하는 법을 제대로 인식하는 것을 도울 것이다. 그의 정치 경력 초기에, 링컨은 일리노이 주 스프링필드 청년문화회관에서 '법에 대한 숭배'가 경제적·사회적으로 어려운 문제에 직면하더라도 평화롭고 공정한 사회를 유지하는 가장 확실한 방식이라고 말하면서 시민들에게 이것을 가르치는 것이 왜 중요한지를 말했다.[13] 민주주의가 잘 작동하기 위해서는, 법 아래에서 단지 평등해야 할 뿐 아니라, 우리를 구속하는 법의 창안자로서 자신을 이해할 수 있어야 한다.[14] 지금의 헌법적 구조에서 일반 시민들이 주 의회와 연방 하원의 본회의장으로 도약하긴 어렵다. 국가 민회는 시민들이 자신의 것으로 국가의 법을 받아들이도록 한다.

지역민회의 작은 면대면 규모는 사람들이 민회 대리인을 알고 있는 친구와 지인을 두게 만든다. 대리인들은 그들의 친구에게 이야기할 수 있고 동료들과 일할 수 있다. 그리고 호수의 잔물결처럼, 정치적 대화들은 좀 더 많은 사람을 포함하면서 주위로 퍼져나간다. 국가 민회에서는 위원회 활동에 초점을 두는 미국 상하원보다 영국 의회나 전통적 타운 미팅처럼 '담화' 기능이 더 강하다.

얀켈로비치와 의회 연구자 넬슨 폴스비Nelson Polsby의 통찰은 국가 민회가 우리의 정치적 삶을 채울 중요한 틈새가 될 것임을 알려준다. 현재의 시스템은 얀켈로비치가 공적 판단이라고 명명한, 좀 더 수준 높고 숙고된 견해를 배양하는 메커니즘이 없다.[15] 복잡한 쟁점에서 실제 중요할 수 있는 여론을 만들어내기 위해서는, 이것을 촉진하기 위해 국가 민회 개혁이 고안한 건설적이고, 정보에 근거한 담화를 필요로 한다. 게다가 국가 민회는 미국 입법부를 특징짓는, 정부에 대한 '법-중심의' 접근방식에 건전한 균형을 제공할 것이다. 공적 포럼에서의 열린 토론은 고전적 영국 의회와 뉴잉글랜드 타운 미팅에서 일을 수행하는 주된 수단이다. 의원 또는 시민은 서로 마주하고 그들의 입장을 위한 근거를 제공하기 때문에 폴스비는 이것을 '무대' 스타일 민주주의라 부른다.[16]

미국 연방정부는 양방향에서 이러한 토론 무대로부터 물러나 있다. 첫째, 시민 개개인은 투표권이 주어져 있고 그들이 매우 중요하다고 믿는 것을 고취하기 위해 이익집단에 가입한다. 어떻게 참여하는지를 알지 못하는 우리의 죄책감을 완화하기 위해 선거로 선출된 공직자들에게 편지를 쓰고 전미총기협회the National Rifle Association 또는 시에라 클럽the Sierra Club•을 살핀다. 반대 방향으로 미국 의회는 의원내각제 시스템에서 찾을 수 없는 법 제정 권력을 갖는다. 의회는 행정부의 동의 여부와 상관없이 법을 만드는 권력이 있기 때문에 분명히 특별하다. 영국 의회와 대조적으로, 미국 의회에서의 '행위'는 법이 초안되는 위원회 미팅에서 발생한다. 젊은 학자 우드로 윌슨Woodrow Wilson은 의회 방청석에서 비어 있는 상원의원석을 노려보면서 말문이 막힌 채 앉아 있었다. 거기에는 아무도 없었다. 상원의원들은 위원회에 틀어박혀 있었다.[17] 국가 민회는 문을 잠그지 않을 것이고 토론에 참여하는 대중을 장려할 것이다.

최종적으로 지역민회들은 전국적인 공동체 정신을 촉진할 것이다. 지금 비어 있는 시민 공간을 지역 정당들과 타운 미팅 정부들이 차지하도록 하면, 지역민회는 지역적 수준에서의 연계를 보완하는 개인적 관계망을 엮을 것이다. 현대 사회의 연구자들은 종종 만약 시장경제와 민주 정

• **시에라 클럽** 가장 오래되고 영향력 있는 미국의 풀뿌리 환경 단체 중 하나다. 1892년 5월 28일 캘리포니아 주 샌프란시스코에서 설립되었으며, 현재 미국 전역에 지부를 두고 일반인들에게 환경 문제에 관한 교육을 하고 환경 관련 입법을 위해 각 지역·주·연방 의회에서 로비를 벌이고 있다.

부가 시민들 사이의 강한 유대적 삶과 결합되면 더 잘 작동할 것이라고 주장한다. 시민 자원자 그룹, 이웃, 전국학부모-교사협의회Parent-Teacher Association, PTA•, 종교 그룹, 학교, 노조, 청소년 스포츠 조직 등 이 모든 것은 개인과 시장과 국가 사이의 빈 공간을 채운다.[18] 지역민회는 사람들이 그들의 공동 미래를 논의하기 위해 함께 올 수 있는 또 다른 공간을 제공할 것이다.

특별이익집단 억제하기

다음으로 민회들은 공공복지 차원에서의 의사 결정을 촉진하는 한편, 특별이익집단의 과도한 영향력을 억제한다. 국가 민회 개혁은 매디슨의 정치적 비전의 핵심에 놓여 있는 시민 다수의 발전을 장려함으로써 협소한 파벌의 권력에 대응한다. 하원과 상원을 넘어서서 입법의 영역을 지역민회의 국가적 네트워크로 확장하는 것은 사업 로비스트, 정치행동위원회, 특별이익집단이 입법 행위를 지배하는 것을 좀 더 어렵게 만들 것이다. 비록 맹렬히 비난을 받지만 정부에 로비하는 데 있어서 조직된 집단

• **전국학부모-교사협의회** 어린이의 교육적·사회적·경제적 행복을 목적으로 만든 단체다. 1897년 2월 워싱턴에 설립된 전국어머니회의로 시작해 나중에는 교사, 아버지, 다른 시민들도 회원으로 받아들였다. 전국 각 학교의 학부모-교사 회의를 연방-주-지방 조직으로 연결해 자원봉사 활동과 함께, 주·연방정부 정책 결정에 영향력을 행사한다. 한 자료에 따르면, 미국 전역 각급 단위 학교의 90퍼센트 정도에 학부모-교사 회의가 있으며, 이 가운데 25퍼센트 정도가 이 단체와 연관을 맺고 있고 나머지는 독립 단위로 운영된다고 한다. 매튜 A. 크렌슨, 벤저민 긴스버그, 서복경 옮김, 『다운사이징 데모크라시』, 후마니타스, 2103, 31쪽 옮긴이 주.

은 오랜 세월에 걸쳐 유효성이 입증된 효과적인 수단이다. 1960년대 이래 전통적 정당과 선거를 위한 대중 동원이 점점 약해짐에 따라 오히려 이들 특별이익집단의 중요성이 증가하고 있다. 로젠스톤Steven J. Rosenstone과 한센John Mark Hansen은 다음과 같이 말한다.

> 선거 참여율이 계속 떨어짐과 동시에 미국인들은 다른 종류의 정치 활동에 참여하기 시작한 듯하다. 1961년에는 성인 인구의 단지 5퍼센트만이 하원의원 또는 상원의원에게 편지를 쓴 반면, 1983년에는 16퍼센트로 늘었다. 같은 시기에 걸쳐 이익집단, 공동체 조직과 정치행동위원회와 같은 모든 종류의 정치적 조직은 지역뿐만 아니라 국가 수준에서도 급증했다.[19]

후보자들이 이메일과 텔레비전 광고를 통해 직접적으로 홍보하기 때문에, 이익집단은 관계자를 정확히 찾아내고, 돈을 모으고 의원들에게 로비하는 새로운 운동 기법을 사용한다. 비록 미국 투표율이 유럽보다 더 낮더라도, 미국은 "세계에서 가장 많고, 가장 활동적이고, 가장 강력한 이익집단"을 갖고 있다."[20]

모든 미국인은 이익집단 정치에 동등하게 참여하는가? 아니다. 투표와 마찬가지로 부유하고 더 많이 교육받은 사람들로의 매우 큰 편향이 있다. "보다 많이 교육받고, 수입이 많고 좀 더 경험이 많고, 큰 정치적 감각을 가진 사람은 정치 참여에 들어가는 비용을 충당할 수 있다."[21] 게다가 정부의 특정한 정책에 직접적인 이해가 걸린 사람들은 그들의 목적을 위해 충분히 로비할 수 있다. 정당이 좀 더 강력했던 시기가 아닌 오늘날 정치는 가장 혜택 받은 사람들의 지배를 받는다. 정당과 이익집단의 측면에서 중간 계급, 노동자 계급과 가난한 사람들의 영향력은 유복한 사람의 영향력보다 훨씬 뒤쳐져 있다. 그 이유는 성공적인 이익집단은 종종 제도적 또는 개인적 후원에 의존하기 때문이다.[22]

국가 민회와 인민원은 우리의 정치적 균형을 회복시킬 수 있다. 첫째, 국가 민회는 경제적·사회적으로 위에서부터 아래까지, 백인부터 황인, 흑인 그리고 그 사이에 있는 모든 피부색까지 민족적·인종적으로 다 걸쳐 있는 미국의 인구통계학적 단면이다. 국가 민회 구성은 미국 전체를 대표하고, 특정 집단 또는 이익에 편향되지 않는다. 둘째, 국가 민회의 관점을 지배하는 특정한 집단이 없기 때문에, 상하원과 대조적으로 모든 관점은 청취될 것이나 의원들과 접촉이 용이한 대기업과 부유한 기부자, 일정 규모의 노조, 환경단체 등이 갖는 이점은 덜해질 것이다. 이익집단과 달리, 국가 민회는 에너지 정책이든 의료보험 또는 교통정책이든 간에, 거시적으로 보면서 일할 것이다. 국가 민회는 우선순위와 상충관계를 토론하고 광범위한 공익의 계몽된 추구에 초점을 맞춘다. 공적 역할이 부여되면 사람들은 그들에게 요구된 일을 하는 데 필요한 규범과 관점을 취한다.[23] 투표자와 공직자는 그들에게 부여된 책임 앞에서 '공공적 신념'을 내면화한다는 것을 보여주는 조사도 상당수 있다. 국가 민회에서 대리인들은 쟁점에 관해 생각하도록 그리고 매디슨의 시민 다수의 정신으로 결정하도록 요구될 것이다.

결국, 대의를 아래로 확장해 논의의 장을 넓힘으로써, 우리는 정치권력에 관한 샤트슈나이더Elmer E. Schattschneider의 생각에 따라 특별이익집단의 권력을 균형 있게 잡게 될 것이다.[24] 의사 결정에 포함되는 사람의 증가는 역동성을 변화시킨다. 도식적으로 양 당사자 사이에 고르지 않게 나누어진 서클을 생각하자. 만약 X와 Y가 논쟁 중이고, X가 75퍼센트의 지지를 받는다면, Y가 논의에 참여하는 사람의 수를 증가시키는 경우를 제외하면 Y는 진다. 첫 번째 원 주위에 더 큰 원을 그려 '논쟁의 범위'를 확장하는 것이다. 만약 신참자들이 X보다 Y의 논변에 좀 더 설득된다면 Y는 이긴다. 국가 민회 시스템에서는 회사가 고용한 로비스트들, 환경 단체, 노조들이 워싱턴의 핵심 의원에게 선거운동 기부를 집중하는 대신 국가 민회의 4만3500명에게 그들이 정당하다는 것을 입증하는 데 집중할 것이다. 국가 민회는 워싱턴 벨트웨이Beltway•를 넘어서서 논의와 토론의 범위를 확장한다.

매디슨은 정치의 지리적 범위를 확장하는 것은 작은 파벌 그룹이 "시민의 권리를 침해하고자 하는 공통된 동기를 더욱 불가능하게 만들고 만약 그런 공통된 동기가 존재하더라도 그것을 공감하는 모든 사람이 일사분란하게 행동하는 것"을 더욱 어렵게 만들 것이라고 주장했다.[25] 그러나 파벌은 현대 기술의 도움을 받아 명백히 존재하고 있다. 오늘날 컴퓨터를 이용한 편지, 이메일, 팩스는 사람들을 자신과 유사한 성향의 이익집단과 연결한다. 매디슨의 파벌 정의를 적용하면, 이러한 그룹 중 상당수가 전체 이익에 반대되는 목표를 갖는다. 그들은 목적을 달성하기 위해 다른 그룹과 연합하고 자신의 견해가 덜 극단적인 것처럼 만든다. 또한 이들은 에너지를 입법 행위를 막는 데 사용한다. 변화를 막기 위해

• **워싱턴 벨트웨이** 워싱턴 D.C.를 둘러싼 495번 주간州間 고속도로를 의미하는 벨트웨이는 워싱턴 D.C. 안에 몰려 있는 연방정부 관료, 로비스트, 정치 컨설턴트 전문가, 미디어 논평자 등 벨트웨이 안에서 기득권을 누리고 있는 현실 정치를 의미한다.

그들은 견해를 수정하거나 확장할 필요 없이 로비를 한다. 이것은 매디슨의 계획에서 심각한 결점이다. 우리의 정치 구조에 국가 민회 네트워크를 더하는 것은 결정의 미적분학을 변화시킬 수 있다. 사실, 가장 잘 조직되고 기금을 충분히 모은 이익집단은 의회와 매스 미디어에 하고 있는 것처럼, 향후 국가 민회 대리인들에게 메시지를 전달할 때도 여전히 이점이 있다. 그러나 중요한 것은 민회 대리인들은 일반 대중보다 훨씬 더 상황이 돌아가는 걸 잘 알고 동시에 로비 압력과 선거운동 기부에 훨씬 덜 민감하다는 사실이다.[26]

로버트 달을 포함한 몇몇은 권력 엘리트라는 발상에 반대한다.[27] 구체적인 정책을 정하는 것은 한 명의 엘리트도 아니고 다수결 원칙도 아니다. 대신 구체적 정책은 대부분의 쟁점에 영향을 미치는 이익집단, 정치인, 행정가 등 '소수들의 지배' 과정을 통해 선택된다.[28] 정책은 이익집단, 정책 엘리트, 특정한 영역에서 작동하는 쟁점 네트워크가 만든다. 은행, 국방, 교육, 건강, 운송 등 각 분야에서는 전문가들이 토론을 지배한다. 다원주의자들에게 정부는 정치적 투쟁을 위한 규칙을 설정하고 가장 효과적으로 조직된 그룹에 접근을 보장하는 중립적인 심판이다.

『자유주의의 종말The End of Liberalism』(1969)에서 로위Theodore Lowi는 다음과 같이 이익집단 자유주의를 통렬하게 비평했다. "가장 큰 이해관계 당사자들에게 정책결정 권력을 나눠주는 것은 정치적 책임성을 심각하게 파괴한다. '정책 그 자체'를 위해 특별한 권한으로 만든 정책은 행정의 일상적인 부분이 아니다. 이것은 중앙 정책 통제권을 거부하는 뛰어난 능력을 지닌 구조적 권력인 것이다."[29] 예를 들면 농업정책에서의 철의 삼각형the iron triangle•에서 의원들은 재정과 선거 지원을 받기에 우호적인 정책들을 발전시키고, 농부와 기업식 농장은 그러한 정책과 표를 맞바꾸고, 관료들은 산업계와 의원들이 원하는 정책을 집행한다.[30] 전문기술인, 저널리스트, 행정 관료와 정책 혁신가들로 구성되는 쟁점 네트워크는 다른 정책 무대들을 지배한다.[31]

이익집단에 휘둘리는 정부에서 정책에 관심이 있으며 그 영향 아래 있는 사람들은 대부분 입법을 세밀화하는 데 잘 포함된다. 인간의 본성과 노동 분업을 고려하면, 이익집단과 결합한 정부는 충분히 예상 가능한 것이다. 로위가 지적했듯 문제는 국가 민회가 제공할 수 있는 보다 넓은 관점이 또한 요구된다는 것이다. 정부가 이익집단의 압력에 주로 반응할 때, 다른 중요한 사회적 요구들은 간과되고, 자금 부족을 겪거나 무시된다.

정당들이 사회의 목표에 대한 광범위한 관점을 보장할 때 '소수 지배 minorities rule'는 건전하게 작동할 수 있다. 그러나 정당이 주로 기금 모금자와 돈을 버는 데만 관심 있는 컨설턴트를 위한 수단이 될 때, 스토먼 David Stockman의 구절을 활용하면 '소수 지배'는 '여물통에 머리를 박은 돼지들을 뜻하는 포크 배럴Pork Barrel'•을 위한 방안이 될 뿐이다. 각 집단은 할 수 있는 한 탐욕스럽게 차지하려 하고, 그 결과 정부 기능이 서서히 마비된다.[32] 지난 사반세기에 걸쳐, 민주당과 공화당 양당은 소수 지배로부터 지위를 남용해 영향력을 행사하는 구치 걸치Gucci Gulch• 시스

• **철의 삼각형** 밀턴 프리드먼이 말한 '철의 삼각형'은 '특별이익집단' '정치인' '관료' 간에 형성되는 강철처럼 단단한 정치관계를 말한다.

• **포크 배럴** 미국 의회정치의 구태를 비난하는 용어로 정치인들이 지역 주민의 인기에 민감한 나머지 지역구 선심 사업을 위해 정부의 예산을 최대한 많이 확보하려는 형태다. 정책 보조금을 얻으려고 모여드는 의원들이 마치 농장에서 농장주가 돼지고기 통에 고기 한 조각을 던져줄 때 달려드는 노예 같다는 뜻에서 나온 말이다.

템으로 이익집단 정치의 다원주의 개념을 전환시켜왔다.[33] 아브라모프 스캔들은 로비 영향력의 극단적인 측면을 드러낸다. 기업 지원 정책은 단지 캐치프레이즈가 아니라 실재다. 오늘날 급증하는 이익집단은 극소수가 혜택을 받고 정부의 동맥을 막는 프로그램을 요구한다. 새로운 도전에 반응할 능력을 갖고 있지 못한 비대해지고 경직화된 정부는 이미 수도꼭지까지 연결되어 있는 사람들만을 도울 뿐이다.[34] 『정부의 종말 Government's End』에서 라우치Jonathan Rauch는 다음과 같이 말했다. "미국 정부는 투표자들의 통제 아래 있는 10~20퍼센트와 무수한 수천 개의 고객 집단의 통제 아래 있는 80~90퍼센트가 제멋대로 뻗어나가는 자기 조직화된 구조를 발전시켜왔다."[35] 라우치는 "정부 행동주의의 증가는 행동주의자 정부를 정상적으로 움직이지 못하게 해왔다"고 주장했다. 이는 비록 워싱턴은 프로그램을 창조할 수 있다 하더라도 그것을 변화시키거나 없애기는 것은 매우 어렵다는 역설이다. 창의적 방식으로 새로운 문제에 직면하고 처리할 수 있는 수완의 부족과 무능력의 증가가 그 결과다. 규모나 돈이 아닌 유연성이 효율적인 정부의 핵심이라고 라우치는 말한다.[36] 끊임없이 변화하고 일 잘하는 능동적이고 창의적인 정부를 만들고 싶어 하는 정치인은 "그 변화로 인해 불이익을 당할 특정 소수집단의 즉각적이고 잘 조직된 반대 활동"에 직면한다. "이것이 오늘날 미국이 안고 있는 딜레마의 핵심이다."[37] 매디슨이 풀었다고 생각했던 파벌의 문제는 워싱턴 D.C.와 주도州都에서 살아 있고 건재하다. 지금도 이익집단

• **구치 걸치** 워싱턴 D.C. 등지의 번화가를 뜻하는 용어인데, 값비싼 프랑스제 구두를 신은 로비스트들이 서성대는 통로라는 의미로 사용되어 로비스트가 활발히 활동하는 곳을 뜻한다.

들은 의제를 지배하기 위해 협소한 곳에 열심히 초점을 맞추고 있다.

라우치의 인지적 진단은 정치 시스템의 건전성이 왜 시민 다수를 창조하고 육성하는 방법을 찾는 데 달려 있는지를 보여준다.[38] 국가 민회는 고장 난 이익집단 다원주의를 억제하고 잠재적인 가능성을 갖는 극히 드문 개혁 중 하나다. 선심성 지출은 항상 정치의 일부분일 것이다. 그러나 국가 타운 홀은 우선순위를 정하고 낭비적인 프로젝트에 브레이크를 걸고, 과거 대신 현재와 미래의 문제에 관심과 자금이 닿도록 지원할 것이다. 국가 민회는 또한 우리가 소비와 투자 지출 사이의 차이를 인식하도록 도울 것이다. 디온Dionne은 "현재의 적자 논의는 막다른 지경에 와 있다. 왜냐하면 비싼 레스토랑에서의 식사와 가정에서의 식재료 구입을 동등한 것으로 보듯, 모든 정부 지출을 일률적으로 취급하기 때문이다"라고 했다.[39]

교착 상태에 대응하기

국가 민회의 세 번째 주된 혜택은 정부 효율성의 증진이다. 대부분 개혁가들은 참여 증가와 거버넌스 둘 중 하나를 선택할 것을 주장한다. 제로섬 선택이 아닌 것이 필요하다. 의원내각제와 대조적으로, 중요한 입법의 통과는 미국 시스템에서는 종종 수십 년이 걸린다. 이는 단지 권력분립 때문만이 아니라 입법을 방해하거나 촉진할 수 있는 위원장의 권력 때문이다. 위원장의 권력은 상대적으로 새로운 현상이다. 미국 헌법은 어떻게 입법부가 조직화되어야 할지에 대해서는 침묵한다. 19세기에는 입법부 거두들이 모든 권력을 가졌고 위원장은 상대적으로 약했다.

하원의원들이 의장 조 캐넌Joe Cannon의 독재적인 수단에 대항하여 반란을 일으켰을 때, 그리고 선임자 우선의 원칙을 통해 그들의 지위를 획득했던 위원장에 입법 권력이 옮겨갔던 1910년에 극적인 변화가 있었다.• 20세기 중반 위원회들은 입법의 게이트키퍼gatekeeper였다. 1970년대 초기에는 하원에서의 선임자 우선의 원칙 시스템이 수정되었고 의장의 권한은 좀 더 막강해졌고, 오늘날 공화당 아래에서 정당 지도자들은 입법의 흐름을 지시한다. 여전히 상원에서는 특히 위원장의 권력이 강력하게 남아 있다. 리더십이 강한 위원장들은 대중 다수가 지지하는 법안을 종종 연기시키거나 부결시킨다. 완고한 위원장의 권력은 클린턴 행정부 동안 두드러졌는데, 그 대표적인 예는 외교위원장인 상원의원 제시 헬름스가 주지사 윌리엄 웰드의 멕시코 대사 임명 제안에 따른 청문회를 거절해 결과적으로 임명을 묵살시켰던 일이다.•

통과되는 것보다 더욱 많은 법안이 제안되고 있지만 위원회에서 많은 것들이 사라진다. 그렇게 되어서는 안 된다. 중요한 쟁점과 관련해 잘 작성된 법안이 입법부의 다수뿐만 아니라 대중 다수의 호의를 얻은 경우

• **변화가 있었다** 1910년 3월 17일 조 캐넌 의장의 절대적인 권력을 억제하기 위해 네브래스카 주 하원의원 조지 노리스가 주도하는 42명의 공화당 의원과 149명의 민주당 의원으로 구성된 연합이 주동한 저항을 의미한다. 이 사건으로 조 캐넌 의장의 철권 통치는 막을 내렸고, 그해 말 민주당이 하원의 다수당이 되자 그는 의장직을 상실했다.

• **묵살시켰던 일이다** 1997년 여름 외교위원장인 제시 헬름스가 당시 공화당 소속 매사추세츠 주 주지사였던 윌리엄 웰드의 멕시코 대사 지명을 거부한 것을 의미한다. 당시 헬름스는 웰드가 의료용 마리화나에 대한 지원을 한 행위를 두고 비난했다. 참고로 대통령이 조약을 체결하거나 장관, 대사, 연방판사 등을 임명할 때에는 상원의 인준을 받아야 한다. 조약은 상원의원의 3분의 2 이상의 찬성을 얻어야 성립되나 공무원의 임명 인준은 과반수도 가능하다. 함성득·남유진, 『미국정치와 행정』, 나남출판, 1999, 91쪽.

에도 위원회에서는 교착 상태로 남아 있다.[40]

인민원은 상하원 위원회에서 계류 중이거나 폐기될 운명인 법안에 대해 '본회의에서 표결에 부칠 수 있게 강제하는 권한'을 통해 입법 교착 상태를 깨는 메커니즘을 제공할 것이다. 인민원의 이러한 권한은 대중에게 필수적인 법안들을 표결에 부칠 수 있게 한다. 만약 전국에 걸쳐 지역민회의 50퍼센트가 특정한 법안에 대한 전체 결의에 호의적으로 투표한다면, 비타협적인 위원장들과 과도한 특별이익집단의 영향력에 대항하여 강력한 견제와 균형으로서 인민원의 '게이트 오프닝' 권한은 작동할 것이다. 인민원이 이러한 방식으로 투표할 때 위원회에서 오도 가도 못했던 법안은 토론과 호명투표呼名投票•를 위해 하원 또는 상원에 보고될 것이다.

'게이트 오프닝' 권한 뒤에는 민주적 논리가 있다. 매디슨과 샤트슈나이더에 따르면, '게이트 오프닝' 권한은 또 다른 시민 다수의 결정을 장려하는 예다. 어떤 문제를 위원회 밖으로 끄집어내어 본회의장으로 가져가도록 영향력을 행사할 때 우리는 토론할 수밖에 없다. 위원장들과 특별이익집단은 인민원의 '게이트 오프닝' 권한에 관해 칭얼거리겠지만, 매스컴의 관심은 협소한 이해타산을 지닌 그들보다는 대중에게 혜택이 되도록 그들의 입장을 조정하게끔 만들 것이다. 좀 더 넓은 무대에서 정책을

• **호명투표** 의장의 지명으로 찬성·반대·기권 의사를 밝히는 것을 말한다. 이 경우 기록에 남고 공개된다. 1970년대 이후 기술의 발전과 의회의 공개화와 민주화 추세에 따라 호명투표가 급증했다. 의원들의 표결 내용이 기록되고 유권자들에게 알려지게 된 것이다. 결과적으로 의원들은 자신의 선택에 대해 더 큰 책임을 지게 되었고, 지역구민과 유권자들의 의도에 따라 표결하려는 성향이 강해졌다. 최명·백창제, 『현대 미국정치의 이해』, 서울대출판부, 2000, 332쪽.

토론하는 것은 제로섬 게임으로 정책의 운명을 결정하는 것이 결코 아니다. 인민원이 표결에 부친 입법안에 반대하는 세력은 다른 원에서 거부권을 행사하거나 사법부 이의 제기를 통해 여전히 본회의장에서 입법을 부결시킬 기회를 충분히 갖는다.

심의와 종합

앞의 세 가지 이익에 더해 국가 민회는 좀 더 정확하고 공정하기를 원하는 사람들에게 매력적이다.[41] 특별이익집단, 금권정치, 교착 상태의 문제를 다룰 때 인민원은 대중적 선호의 적절한 종합을 통해 사람들이 정확히 원하는 것을 국가 정책에 가까이 가져가도록 돕는다. 비록 공화주의적 열망이 실현되지 않더라도, 국가 민회와 인민원은 대중이 공공정책을 직접 만들도록 도울 것이다.

종합과 심의는 종종 서로 반대되는 것으로 보인다. 종합은 이미 존재하는 것들을 합하는 것이다. 심의는 선호를 바꾸고 합의에 도달하는 것이다. 종합은 원하는 것이 무엇인지를 알고 있는 개인들에 관한 것이고, 심의는 발상을 나누고 수렴하는 사람들에 관한 것이다. 그러나 일부 학자들은 두 가지 접근이 실제로는 서로 보완적이라고 인식한다. 사실상, 심의는 종합을 좀 더 일관성 있고 합리적으로 만드는 핵심이다. 사회선택 이론이 설명하는 것처럼, 투표를 집계하는 데 있어 문제는 "어떤 투표 수단이 대중적 또는 집합적 의지를 정확하게 나타내는지를 결정하는 방식이 없다"는 것이다.[42] 그 결과 일관성 있는 발상들은 다수에 의해 불가능한 것으로 보이고, 이는 선거가 엘리트를 순환시키는 기능을 하는 최소화 민주주의에 지지를 넘겨준다. 그러나 애로Kenneth Arrow와 블랙Duncan Black의 연구는, '결과의 불일치'라는 이 악순환은 많은 차원에 걸쳐 정치적 불일치가 있을 때 일어난다는 것을 보여준다. 즉 쟁점이 분산될 때 그렇다는 것이다. 만약 사람들이 작금의 쟁점이 무엇인지에 관해 동의할 수 있다면 그를 바탕으로 1차원적인 쟁점에 초점을 맞출 때, 사회선택 이론가들이 '단봉형single peaked' 선호라 부르는 것을 이룰 수 있다.• 그러므로 심의는 사람들이 다수결로 진정한 승자를 결정할 수 있는 "가장 중대하고 특별한 정치적 갈등"이 무엇인지에 관해 의견일치를 보도록 도울 수 있다.[43]

국가 민회와 인민원은 심의민주주의가 일관된 사회적 선택을 일으킬 수 있는 제도적 환경이다.[44] 요약하면, 종합과 심의를 대립적으로 정의하는 것은 단순한 인식이다.[45] 듀이가 말한 것처럼 '다수결'은 그 존재만으로 어리석은 것이라고 비난받는다. 그러나 이것은 결코 단순히 다수결이 아니다. "머릿수를 세는 것은 미리미리 논의하고, 상담하고, 설득하도록 강제하기" 때문이다.[46] 그리고 종합에 이르기 위해 구축되는 심의는 좀

• **이룰 수 있다** 단봉형 선호를 설명하면 다음과 같다. 우리는 '국방에 얼마를 지출해야 하는가?'라는 쟁점을 고려할 때, 이러한 하나의 쟁점을 "1차원적 쟁점"이라고 부른다. 이 경우 사람들의 선택을 하나의 단일 눈금 위의 어떤 한곳에 위치시킬 수 있다. 예를 들면, 사람들의 선택을 0과 1사이에 있는 어떤 눈금(지점)에 가져다놓을 수 있다. 몇몇 사람은 우리는 국방에 한 푼도 쓰지 말아야 한다고 말할지도 모른다. 다른 몇몇 사람은 국방에 현재보다 더 많은 돈을 지출해야 한다고 말할 것이다. 그러나 정규 분포를 나타내는 종 모양처럼 대부분의 의견은 중간에 위치한 어떤 점 주위에 모여 있을 것이다. 전문 용어로는 "사람들의 선호가 '단봉형'이다"라고 한다. 이몬 버틀러, 이성규·김행범 옮김, 『나쁜 민주주의』, 북코리아, 2012, 79~80쪽.

더 사려 깊은 결정들을 이끌 수 있는 기반이다.

다른 심의적 개혁들

4장에서 정책 배심들에 대한 로버트 달의 생각과 피시킨의 공론조사 시도를 다뤘다. 정책 배심과 공론조사의 광범위한 사용은 사람들에게 가장 중요한 국내외 정책에 관해 정부와 논의하고, 토론하고, 자문할 수 있게 한다. 근본적인 목적은 듀이와 하버마스가 묘사한 것처럼 민주적 이상을 추구하는 것이다. "유예된 판단, 회의론, 증거에 대한 바람, 또는 감정보다는 지각에의 호소, 편향보다는 토론, 틀에 박힌 이상화보다는 의심과 조사의 습관을 배양하는 것이다."[47] 그러나 복Bok은 말한다.

> 그러나 모든 매력에도 불구하고 시민 패널은 한계가 있다. 며칠(또는 하루)은 일반인 그룹이 국가가 직면한 가장 복잡한 쟁점들을 철저히 파악하고 숙고된 판단을 내리기엔 너무나 짧은 시간이다(피시킨 모델). 한 가지 사안만 떼어놓고 봐서는 입법자들이 어떤 예산 한계 속에서 판단하고, 전체적인 법률안을 놓고 심의할 때 어떤 상충관계를 택할지 충분히 이해하기는 어렵다(달의 모델). 게다가 실질적 문제가 있다. 패널들이 주어진 일을 완료했을 때, 왜 의원들이 유권자들의 소망보다 패널의 권고를 따라야만 하는가이다.[48]

달과 피시킨의 제안은 경청할 만하다. 그러나 국가 민회의 도입이 몇몇 측면에서 더 낫다.[49] 나는 달의 기본 요지에 찬성하지만, 그는 몇몇 민주적 심의 방식이 왜 진행될 수 없는지에 관해 아무런 설명도 하지 않는다. 공론조사에 초점을 맞추는 피시킨의 접근은 심의민주주의가 시동을 거는 데 도움이 될 수 있으나, 적은 수의 통계적 샘플은 다루기 힘들고 인위적이다. 바쁜 시민들 대부분은 당시의 큰 쟁점들을 논의하기 위해 도시에서 떨어져 완전히 낯선 사람들과의 3~4일 심의 모임을 위해 가방을 꾸리기를 원하지 않을 것이다.

실제적 어려움에 더해, 무작위로 선출되어 소집된 시민들의 심의 토론을 촉진시킬 가장 좋은 수단은 무엇이냐는 문제가 있다. 지역 공동체에서 심의에 참여하는 왈저의 아이디어는, 다른 지역으로 시민들을 이동시켜야 하는 피시킨의 아이디어보다 확실히 낫다. 알트하우스는 "시민들을 평소 사회적 환경으로부터 이동시켜 실험실로 데려와 중대 문제에 관해 성명서를 읽도록 격려하는 것은 매우 인위적이다"라고 지적했다.[50]

피시킨은 단일 심의 이벤트에 계속 초점을 맞춘다. 그는 예일 로스쿨의 브루스 애커만과 함께 저술한 『심의의 날Deliberation Day』에서 대통령 선거 직전에 개최되는 심의와 토론을 위해 국가 공휴일을 제안한다. 대통령 선거운동 기간 토론을 위해 이틀을 쉬자는 것이다. 등록된 모든 투표자는 일당 150달러를 지급받고 "선거의 핵심 쟁점을 토론하기 위해" 지역 학교와 공동체 센터로 초청된다.[51] 10년에 걸쳐 미국·영국에서 수행한 소규모 공론조사 작업에 기반을 두고, 저자들은 미국의 전체 투표자가 전국 규모의 공론조사에 참가하는 것을 제안하고 있다. 적게는 수천, 많게는 수만의 공론조사가 진행될 것이다. 거대한 프로젝트인 '심의의 날'엔 수천만 시민이 참가하고 두 개의 주요 정당이 '3만 명 이상의 진행자'를 책임진다.[52] 이벤트는 매 4년마다 최소 30억 달러의 직접 비용이 든다. 학교, 소방서, 병원, 운송업계는 같은 날 쉴 수 없기 때문에 이틀에 걸쳐 진행해야 한다. 이 국가 연휴에 들어가는 비용은 상당하고, "매일 수백억 달러가 들 것"이라고 저자들은 말한다. 만약 2월의 세 번째 월요일인 대통령의 날President's Day•을 심의의 날로 옮기는 저자들의 발상이 승인된다면 비용은 훨씬 줄어들 것이다.[53]

심의의 날의 기본 난제는 비용/혜택 비율에 있다. 사람들은 좀 더 정보를 얻고 그에 따르는 시민 정신이 형성될 수 있겠으나, 이벤트는 매 4년마다 한 번에 불과하고 선거운동 끝물에 행사를 열기 때문에 "그렇게 막대한 자금을 쓰면서 얻는 혜택이 무엇인가"라는 비판 역시 제기된다.[54]

두 사람이 올바르게 지적하고 있듯이, 정책이나 후보의 자질에 대한 토론과 심의가 자연발생적으로 일어나기 위한 사회적 맥락과 실제적 환경을 제공하는 것이 중요하다.[55] 그러나 효과가 미미할 일회성 이벤트 대신 현재 제도 속에서 가능한 장치를 생각하는 것이 더 중요하다. 물론 심의의 날은 직접 대중민주주의를 단호하게 밀고 나가는 진보적인 자극임은 분명하다. 두 사람은 휴일화가 실현 가능한 개혁이라고 주장한다. 그러나 토론은 뒷전에 두고 쇼핑하러 가거나 호수로 드라이브 가는 사람들을 말릴 수는 없다. 게다가 그러한 휴일은 정치 엘리트와 대중의 거리

• **대통령의 날** 1970년대 중반까지 미국 독립전쟁의 영웅이자 초대 대통령 조지 워싱턴의 생일인 2월 22일은 공휴일이었다. 그리고 링컨 대통령이 태어났던 2월 12일 역시 대부분의 주에서는 공휴일로 지키고 있었다. 이것을 미 의회가 전임 대통령들을 모두 추모하는 의미에서 '대통령의 날'이라는 이름으로 하루를 정하여 기념하기로 결정하고 그 날짜를 매년 2월의 세 번째 월요일로 정했다. 그러나 많은 주에서는 이날을 여전히 '조지 워싱턴의 날'로 부르고 있다.

를 좁히기 위해서는 그리 많은 일을 할 수 없을 것이다.

모든 것을 감안할 때, 4만3500명의 미국인에게 잘 참여하도록 요구하고 우리를 대표해달라고 부탁하는 것이 더 현실적이지 않을까? 정치 컨설턴트들은 정직한 토론 따위에는 관심을 갖지 않을 것이다. 그들은 전략적 이익을 위해 절차를 편향되게 만드는 방식을 찾을 것이다. 인적 수고로움, 재정적 비용, 미국 민주주의의 미래에 기대되는 효과 등에서 국가 타운 홀은 심의제도의 하나로 좋은 선택이 될 수 있다. 국가 민회는 국가가 직면한 주요 쟁점을 좀 더 잘 검토할 것이고, 부패와 싸우고 자유를 방어하는 데 더 적합하다.

지금 여기서부터

현재로선 국가 민회만큼 혁신적인 개혁을 찾기가 쉽지 않을 것이다. 사람들이 최고의 주권자라고 느낄 수 있는 이런 개혁을 위한 지지층은 확실히 존재한다. 2004년 하워드 딘과 랄프 네이더는 자유주의 성향의 무당파와 중도파 사람들 중 수백만 명의 지지를 이끌어낸 적이 있다.• 디온은 1992년 대통령 선거에 무소속으로 출마해 18퍼센트가 넘는 득표를 올린 로스 페로, 2000년 대통령 선거 중 매케인 상원의원에게 몰렸던 온건 공화당원과 무당파를 묶어 '불안한 중산층'이라고 불렀다. 이런 사례들은 평소 정치에 불만을 느끼는 상당한 규모의 미국 유권자의 존재를 웅변한다. 그들은 긍정적 변화를 갈망한다. 게다가 수백만 명의 유권자는 역사에서 아이디어를 얻은 개혁방식에 열려 있을 것이고, 미국 민주주의의 약속 실현을 앞당길 수 있도록 도울 것이다.

심의민주주의를 제도화함으로써 얻는 이점을 대중에게 알리기 위해서는 시간을 두고 몇 가지를 시도해봐야 한다. 국가 민회를 요구하는 풀뿌리 대중 조직은 필수적이다. 혁신적 주지사들의 승인 또한 중요하다. 역사적으로 볼 때 진보 시기에 일어난 개혁들은 캘리포니아의 히람 존슨이나 위스콘신의 로버트 라 폴레트와 같은 개혁적인 주지사들의 지지를 얻었다. 처음에는 뉴햄프셔·위스콘신과 같은 중소 규모의 주, 강력한 시민 전통이 있는 곳에서 개혁을 시도해야 한다. 최근 임기제한 개혁을 시도했던 주들이 좋은 대상이다. 만약 대중이 변화를 요구하는 외침

• **적이 있다** 하워드 딘의 가장 큰 정치적 기반은 인터넷이다. 딘은 민주당 대선 후보경선 주자 중 최초로 인터넷을 통해 100만 달러를 모금하는 기록을 세웠으며 또한 밋업닷컴(http://www.meetup.com)이라는 인터넷 사이트를 적극 활용, 그의 지지자들을 전국적으로 조직화하고 있다. 밋업닷컴은 취미나 관심이 비슷한 사람들끼리 거주 지역에 따라 소규모 오프라인 미팅을 조직하도록 도와주는 사이트다. 이 사이트에서 가장 인기가 있는 밋업은 단연 하워드 딘의 밋업으로 3만5000여 명이 등록되어 있다. 하워드 딘 선거 캠프는 이 밋업을 통해 전국적 지지자를 규합 조직하는 데 적극 활용하고 있다. 한편 랄프 네이더는 소비자 보호·반공해운동의 지도자로 1965년 GM의 결함 차를 고발하면서 펴낸 『어떤 속도에서도 안전하지 않다: 미국 자동차의 설계상 위험』으로 일약 유명해졌다. 이후 일반 대중을 지키는 것이야말로 변호사의 사명임을 깨닫고 시민의 대변자로서 젊은 변호사들의 그룹인 '네이더 돌격대Nader's Raiders'를 이끌고 대기업과 정부의 부정을 잇달아 적발하여 많은 성과를 올렸다. 1992년에는 민주당 소속으로 출마를 시도했으나, 후보로 선출되지 못했고 그후 녹색당으로 옮겨 1996년 선거에 출마했다. 2000년 선거에서는 이전보다 더 주목을 받았으며, 이 선거에서 전국 유효 투표의 2.7퍼센트를 얻어 미국에서 제3당으로로는 상당히 높은 득표율을 기록했다. 박빙으로 펼쳐진 선거에서 그의 표는 민주당 성향의 진보표를 상당히 잠식한 것으로 분석되었고, 그로 인하여 그의 출마는 2000년 미국 대통령 선거에서 많은 논쟁을 불러일으켰다. 특히 불과 수천 표 차이로 재검표까지 실시했던 플로리다 주에서 랄프 네이더가 수만 표를 얻어 결과적으로 민주당 지지자들로부터 부시 당선의 일등공신, 선거훼방꾼이라는 비난을 듣기도 했다. 2004년에는 무소속으로 출마했고, 개혁당의 지지를 받았으나, 전국적으로 0.38퍼센트의 지지를 얻는 데 그쳤다. 2008년 역시 무소속으로 출마했다.

을 시작한다면, 구舊입법 권력 브로커들은 면직되고, 새로운 많은 입법 지도자는 아마도 개혁에 우호적으로 돌아설 것이다. 한두 주에서 성공하면 다른 지역 사람들을 충분히 자극할 수 있다.

국가 민회는 입법이나 발안으로 시작될 수 있다. 대부분의 주와 연방 입법자는 사소한 이유로 국가 민회를 위해 나서지 않고 그대로 내버려둘 것이다. 직업으로서의 정치는 미래가 불확실하기 때문에 영향력을 유지하기 위해 강력한 사리사욕을 품을 수밖에 없다. 일부 입법자들은 국가 민회가 정치 시스템에 기여할 부분을 충분히 인식할 것이나, 활동가들의 포럼에 겁을 먹은 다른 이들은 오히려 이를 막으려 들 것이다. 물론, 선출된 공직자에 대한 대중의 불신을 고려하자면, 이 반대하는 몇몇 정치인의 존재는 오히려 국가 민회 출범이라는 비상 상태를 가속화시킬 지도 모른다. 옹호자들은 민회가 그들의 권력과 권리를 빼앗지 않을 것이라고 다시 한번 강조할 것이다. 게다가 이민, 복수 언어 교육, 복지 개혁과 같은 정치적으로 민감한 쟁점은 오히려 기존 입법자들이 분노한 대중에 대항하는 방패로 지역민회를 활용할 수 있는 부분들이다.

진보 개혁가들은 문제를 인식하고 해결책을 내세워 행동했다. 그들은 주민발안 투표 시스템을 발명했고, 도시 부패를 척결했고, 아동의 노동 행위에 종지부를 찍었다. 또한 직접 선거로 상원의원을 선출하고 여성의 참정권을 확장하도록 헌법을 수정했다. 사회 전체가 힘들던 20세기 초반, 진보가 미국 사회를 재구축할 것이라고 누가 생각했겠는가? 그러나 그들은 해냈다.

연방 시스템의 가장 큰 이점 중 하나는 주州가 정치 실험실로 사용될 수 있다는 것이다. 국가 차원에서 시도해보기 전에 대개 주에서 정책이 실험되어왔다. 국가 민회와 인민원도 마찬가지다. 애리조나, 캘리포니아, 코네티컷, 플로리다, 아이오와, 켄터키, 위스콘신, 버몬트 등으로 다양하게 주州 차원의 민회를 도입한 뒤 인민원으로 나아가고, 실험이 잘 진행된 다음 연방 수준의 국가 민회를 실행하는 것이 가능할 것이다. 그러나 강한 수준의 개혁인 인민원으로의 이행에는 헌법 수정이 필요하다. 헌법 수정은 매우 어려운 과제이며 대부분의 시도는 실패로 끝난다.[56] 그런데 왜 시도하는가?

많은 미국인은 헌법이 성스럽고 훼손되지 않는다고 추정한다. 그러나 로버트 달은 좀 더 현실적인 태도를 취하라고 조언한다. 매디슨, 해밀턴 등 건국 시기의 헌법 입안자들은 미국 정치의 기본적인 제도적 구조를 창조하는 데 극적인 일을 해냈다. 그러나 완벽한 것은 아니다. "우리는 헌법 시스템이 2세기가 지난 지금 국가를 통치하는 데 적합한지 생각해 볼 자격이 있다."[57] 달은 비록 공식적으로 헌법 변화가 성취하기 어렵더라도, 1791년 권리장전 이래 헌법 수정은 항상 민주화의 방향으로 헌법을 개선시켰다는 점에 주목해야 한다고 지적한다. 지난 200년의 16가지 수정 중 11가지는 민주주의를 확장시켰다. 배제를 없애 시민권의 완전한 권리를 지키고(노예제, 참정권) 인민주권을 확대하고(상원의 직접 선거) 다수결을 확대함으로써(의회에 의한 소득세) 헌법을 민주화해왔다.[58]

인민원은 헌법 구조에서 작지만 중요한 변화다. 이것은 미국 민주주의를 근본적으로 증진시킬 것이다. 비교적 만족스러운 정부 시스템에 손을 대는 것은 주제넘고 위험해 보일 수 있다. 그러나 헌법 입안자와 진보주의 양자는 때때로 제도적 변화가 필요하다는 것에 공감해왔다. 꼼꼼한 디자인을 맹목적으로 고수하는 일은 어리석다.

하원과 상원은 여전히 입법 행위의 주된 행위자로 남는다. 왜냐하면 지역민회의 권력은 주의 깊게 제한될 것이기 때문이다. 그러면서 중동 개입, 사회안전망, 의료보험 범위 증진 등 중요한 쟁점에서, 타운 홀은 대중의 대표가 목소리를 내고(국가 민회) 투표권(인민원)을 갖게 만들 것이다.[59]

국가 민회와 인민원의 실제 : 상상적 재구성

2004년

2003년 말 의회는 전국에 걸쳐 의회 선거구에 타운 홀 시스템을 두는 민회법을 통과시켰다. 미국이 이라크에서 민주주의를 촉진하고자 시도했던 것처럼 동시에 공화·민주 양당은 미국에서 민주주의를 증진시킬 수 있는 발상에 힘을 합쳤다.

국가 민회는 운영 첫 해에 어떤 성과를 냈는가? 선거가 있는 해라서 민주당, 공화당 모두 원치 않는 일을 하도록 압력을 가해야 한다는 것이 미국 전자 타운 홀의 투표 결과였다. 원치 않는 일이란 이라크 전쟁 기간, 증가하는 반란에 맞서 싸우기 위한 예비대의 신속한 교체를 위해 주둔군을 5만 명까지 늘리는 것이었다. 연방정부로부터 모든 협력을 이끌어내는 9·11 위원회the 9·11 Commission를 강력히 지지하고, 특히 막강한 권한과 예산권을 갖는 국가정보국의 창설을 포함한 위원회의 41개 권고가 수행될 수 있도록 지역민회들은 의회와 대통령을 추동했다. 처음에는 부시 대통령도 국가정보국의 필요성에 동의했다. 그러나 직위 권력position power•과 재정 권한을 주는 것에는 멈칫거렸다. 국가 민회의 투표는 여론을 확대시키고 대통령과 핵심 입법자들의 마음에 변화를 가져오도록 압력을 가하는 데 필수적이다.[60]

무역 전선에서 지역민회들의 국가적 네트워크는 의회 지도자들에게 특별이익집단에 호의적인 정책을 중단할 것을 촉구했다. 예를 들면 자동차 경주대회를 주관하는 나스카NASCAR, National Association for Stock Car Auto Racing에 대한 세금 감면, 어로용 수중 음파 탐지기를 만드는 초음파 집어기 제조자들에게 주는 혜택, EU가 일부 미국 수출업체에 관세를 부과하는 것을 막기 위한 법안에 포함된 10조 달러 상당의 담뱃잎 구매행위 등이다. 국내의 이유로는, 미국 동부에서 정전이 발생했을 때 전기 설비를 개선하기 위한 양당의 법안을 신속히 통과시킬 것을 의회에 촉구한 바 있다. 의회 지도자들은 법안 통과보다는 포괄적인 에너지 전략과 결합하기를 궁리하는 쪽이었다. 뉴욕 주 출신 민주당 상원의원 찰스 슈머는 말했다. "대부분의 사람이 잠들어 있을 때 국가 민회 멤버들은 관심을 놓지 않고 이러한 중요한 입법 통과에 큰 영향을 미친다." 국가 민회는 의회, 대통령, 건설·환경 로비스트, 주와 지역 공직자들 등이 고속도로 법안(3000억 달러 승인을 너무 지체시켜 주와 지역 공직자들이 의회에 몹시 화가 났던)을 합의할 수 있게 지원하기도 했다. 대통령이 고비용을 문제삼아 이 안건은 2250억 달러에 합의되었다. 이 사안을 주목하고 있던 언론은 국가 민회의 개입이 없었다면 고속도로 법안은 2005년이나 2006년까지 연기되었을 것이라고 보도했다.[61]

• **직위 권력** 직위에 부여된 공식적이고 합법적인 권력을 말한다. 즉 직위 권력은 해당 직무에 있는 사람 개인과는 관계없이 그 직위 자체로 인해 부여받는 권력을 말한다.

2012년

저녁을 서둘러 먹은 헨리 로드리게스는 부인과 두 아들에게 인사하고, 인민원 다운타운 미팅을 위해 캘리포니아 패서디나에 있는 그의 단층집 스타일의 집을 나선다. 헨리가 레이크 가에서 콜로라도 대로 우측으로 돌아섰을 때 산가브리엘 산은 노을에 빛나고 있었다. 헨리는 볼머 서점 앞에서 지역 건축가인 존 와그너John Wagner를 태우고 서쪽 시민 센터로 향했다. 가필드 가에서 우회전하여 스페인 풍의 시청을 지나자 정면에 패서디나 공공도서관이 나왔다. 주차장에서 그들은 위대한 야구선수 재키 로빈슨•의 어린 시절 고향인 서북 패서디나에 살고 있는 비서 에블린 윌슨과 함께했다. 도서관의 메인 홀에 들어갈 때, 존 리프킨이 주의를 준다. 존은 로스앤젤레스의 가장 부유한 교외 지역인 칼텍에 살고 있다.

건축가, 비서, 고등학교 과학 교사, 비영리단체 임원인 네 명의 친구는 패서디나, 글렌데일, 라 카나다, 남부 패서디나 근교에서 온 96명의 동료와 함께했다. 사람들이 떠들썩하게 자리를 잡자 로스앤젤레스에서 가장 유명한 법률회사의 관리인 스테파니 우Stephanie Wu는 정숙할 것을 요구한다.

워싱턴 D.C.로 돌아가보자. 테네시 출신 공화당 존 애스터John Astor 하원 의장은 브레인 무어Brain Moore 대통령의 논쟁적인 에너지 계획을 지지해왔다. 전 세계적으로 석유 고갈에 대한 석유협회의 리포트와 메이저 석유 기업 CEO들의 진술을 접한 대통령이 가솔린에 대한 연방 세금 증

• **재키 로빈슨** 흑인으로서 최초로 메이저리그에 진출한 미국의 프로야구 선수. 브루클린 다저스에서 활약하며 내셔널리그 신인왕과 내셔널리그 최우수선수, 타격왕으로 선정되었고 팀의 월드시리즈 6회 진출에 공헌했다.

가를 제안했다.[62] 대통령은 말한다. 경제적으로는 고통스럽지만 세금이 연료를 안정시켜 좀 더 효율적인 경제를 만드는 데 필수적[63]이며 "미국의 국가 경쟁력이 지속되기 위해서는 석유에 조금이라도 덜 의존하는 세계를 만들어야 한다."

시민들은 사회보장 시스템 개혁에 예산이 증액되기를 원한다. 대통령은 원천소득세 징수는 투자로 전환될 것이고, 월급을 은퇴 금고에 쌓아두는 현재의 시스템은 보험 프로그램으로 전환되어야 한다고 말한다. 이러한 시스템은 사회보장 프로그램을 견고하게 만들어 머릿수가 많은 베이비붐 세대가 은퇴 이후 살아갈 삶을 위해 머릿수가 적은 X세대가 돈을 지불해야 하는 불합리를 방지한다고 말이다.

만약 사회보장 해결이 협상의 주요 과제라면, 비록 여론조사에서 대중의 59퍼센트가 가솔린 세금을 지지하더라도 법안은 위원회에서 폐기되어야 한다. 강력한 이익집단은 반발한다. 자동차 및 타이어 회사들은 과도한 세금이 자가운전을 위축시킬 것을 두려워하고, 보험 산업은 사회보장 시스템이 자신들의 비즈니스를 위협할 것으로 본다. 패서디나에서 온 외판원이자 글렌데일 시의 사친회 회장인 데브라 밀스가 첫 발언을 한다. "2주 전 모임에서 우리는 대통령의 몇몇 증세안에 대하여 깊이 있는 찬반 토론을 했고 저는 그것이 중요한 국가적 사안이며 하원의 본회의장에서 논의될 만하다고 봅니다. 무역위원회가 법안을 내서 표결이 이뤄지도록 요청해야죠."

파슨스 건설의 엔지니어인 세스 메타는 답한다. "존경하는 밀스 씨. 법안은 위원회에서 부결될 가능성이 높습니다. 우리는 더 많은 세금을 필요로 하지 않습니다. 에너지 연구와 보존에 관련된 회사들을 위한 세금 감면은 적법하지요."

은퇴한 보험 대리인 밥 파머는 "유럽이나 일본과 비교해볼 때 미국에서 주유소 유가가 정해지는 방식은 낭비를 조장하는 측면이 있습니다"라고 맞장구를 친다.

"저는 높은 유가에 반대합니다"라고 에블린 윌슨은 말한다. "가난한 가정은 너무나 고통이 심할 것입니다. 하원에서 법안을 위원회에 계류시켰을 때 저는 기분이 많이 상했습니다."

트럭 운전사 이삭 토머스는 "비록 미국인들이 민주당 대통령을 선출했다고 하더라도 공화당 의제설정에 투표했기 때문에 공화당은 하원에서 다수입니다. 이 법안은 위원회에서 꽤 적절하게 다뤄져온 것으로 보입니다"라고 말참견을 한다.

그때 일어나서 발언한 헨리 로드리게스의 논리는 꽤 많은 이들의 공감을 이끌어냈다.

"친애하는 대리인 여러분, 토머스 씨는 의회에서 누가 다수인지 확실히 알고 있습니다. 민주당은 백악관과 상원을 통제하지만 공화당은 하원에서 다수라는 것을 기억해야 합니다. 이는 112대 의회가 막 시작됐을 때는 쟁점이 아니었죠. 하원에서 당파적으로 의제를 논하는 일은 지금부터라도 대통령의 계획이 하원 본회의에서 토론되기를 바라는 대중의 바람을 외면해서는 안 됩니다. 위원회의 비타협적인 태도가 국가 이익에 반할 때는, 인민원 지역민회가 가차 없이 게이트 오프닝 권한을 사용해야죠. 우리는 이 법안이 하원 무역위원회를 벗어나 본회의에서 토론과 투표가 이루어질 수 있도록 요구해야 합니다. 우 씨, 나는 그 결의안에 우리가 투표할 것을 요청합니다."

밥 파머는 동의하고 스테파니 우는 결의안 투표를 요청한다. 캘리포니아의 33번째 의회 선거구의 지역민회 투표 결과는 찬성 72, 반대 28로 귀결되었다. 같은 시간에, 유사한 토론·투표가 모든 의회 선거구에서 벌어진다. 투표는 캘리포니아부터 뉴햄프셔까지, 루이지애나로부터 미네소타에 이르기까지 공공도서관, 학교 강당, 조합 회관, 시민센터 등에서 이뤄지고, 그 결과 찬성 2만8126표와 반대 1만5374표로 인민원에서 통과되었다. 이 법안은 하원 본회의에서 토론될 것이다.

2012년 봄 시민들은 이렇게 자신의 의견을 피력했고, 그 결과 대중 주권은 미국에서 상당한 르네상스를 향유하고 있다.

2025년

애틀랜타에서 보스턴에 이르기까지, 아이오와 주의 주도인 디모인에서 오하이오 주의 항구도시인 클리블랜드까지, 오리건 주 서북부의 항구도시인 포틀랜드에서 캘리포니아 주 남부의 항구도시인 샌디에이고까지 각 지역민회 대리인들은 그날 저녁 자신들의 구區에서 모였다.

쟁점 :

화성에서의 영토권.[64] 의회와 인민원이 직면하고 있는 문제는 미국이 화성의 영토권을 새롭게 바뀐 UN 외계 정책위원회가 제안한 "지구 공동체"에 복속시켜야 할 것인가이다.

배경 :

2014년 화성에서의 첫 유인有人 미션 이래, 미국은 이 붉은 행성의 남반구에 여섯 개의 기지를 세웠고 행성의 대기를 변형시켜 지구처럼 만들기 위한 대형 산소 발생기 공사를 시작했다. 광물 탐사는 상업적으로 가능성이 유망한 단계까지 진진되있다. EU가 2015년 화성에 도착했을 때, 미국은 지원을 제공했고 공동 채굴 활동에 동의했다. 그런데 미국 통제 지역에서 조디움Zodium(가상의 광물)이 상당량 매장되어 있다는 것이 알려지면서 이견이 제출되기 시작했다. 미국은 EU의 공동 소유 요구를 거부했고 채굴권을 한정하기 위해 영토상 '경계'를 주장했다. EU는 화성의 다른 지역에 대한 소유권 선언으로 미국에 보복했다. 중국 우주 프로그램이 북반구에 탐사 기지를 구축하고 채굴과 식민을 위한 영토를 요구하자 쟁점은 좀 더 복잡해졌다. 화성과 지구에서의 긴장은 화성의 적도 부근에서 미·중 간 무력 충돌이 일어난 직후인 2023년 최고조에 달했다.

여기에 대외정책의 의미심장한 쟁점이 있다. 비록 상원이 조약 체결의 권한을 가진 유일한 국가 입법부이지만, 인민원 지역민회는 대통령과 상원이 어떠한 전략과 선택을 해야 할지에 관한 논의에서 핵심 역할을 수행한다.

| 제6장 |

제도상 영향

민회 네트워크를 통해 제3의 입법부를 창조하는 것은 미국 시스템에 중요한 변화를 가져올 것이다. 혹시 부작용은 없을까? 왜 우리는 '세계에서 가장 복잡한 입법 시스템'에 또 뭔가를 추가해야 하는가?[1] 중요한 입법안의 통과가 어렵다고 불평이 점점 커지고 있는 시기에 교착의 정도가 더 커지지는 않을까? 인민원은 정부 효율성을 희생시키면서 심의와 참여를 증진시키는 개혁인가? 만약 그렇다면 많은 사람은 이것을 받아들이는 것에 대해 '노'라고 말할 것이다.

입법부 개혁은 세 가지 방식이 가능하다. 첫 번째는 간단하게 만드는 것이다. 미국은 권력분립, 연방주의, 양원 입법부를 채택하고 있다. 복잡하다. 하지만 미국 시스템보다 빠르고 날렵한 중앙집권적 의원내각제 정부들이 반드시 더 좋은 것만은 아니다. 8장에서 의원내각제 시스템의 결점을 논의할 것이다. 미국인들은 매디슨 시스템을 버리지 않을 것이기 때문에 시스템 간략화는 열매를 맺기 힘들다. 두 번째는 현재의 방식에 직접 대중민주주의를 더하는 것이다. 20세기 초, 진보적 개혁 노력은 시스템의 핵심은 그냥 내버려둔 채 우회하는 방식으로 시도되었다. 주민발안제도와 대통령 프라이머리 시스템이 그 결과이고, 직접 대중민주주의의 방향으로 더 나아가고자 하는 것은 아마도 잘못된 방향이 될 것이다. 세 번째는, 매디슨 시스템의 기본적 역동성을 취해 증진시키는 방법이다. 시민 다수를 촉진하는 데 초점을 맞추는 국가 민회 개혁은 이 길을 따른다. 이러한 세 번째 접근을 옹호하기 위해 현재의 교착 상태를 먼저 논하고, 양원세의 이점을 살펴본 뒤 미국 정치에서 교착 상태의 원천으로 미국 상원에서의 의사진행 방해 룰인 필리버스터filibuster•에 초점을 맞추고자 한다.

교착 상태

"교착 상태는 어려운 정책의 입법 및 시행 결정에서 합의가 부족한 것을 말한다." 카터부터 부시까지 의회 정치를 연구했던 브래디David Brady와 볼든Craig Volden의 말이다. 이들에 따르면 교착 상태는 정책 쟁점 자체의 복잡성과 압도적 다수의 찬성을 요구하는 상원의 필리버스터 같은 제도가 중첩된 결과다. 현 시스템에서 이를 바꾸기는 어렵다. 이는 제도 자

• **필리버스터** 미국, 영국, 프랑스, 캐나다 등지에서 소수파가 다수파의 독주를 막거나 기타 필요에 따라 의사진행을 저지하기 위해 합법적인 수단을 동원해 고의적으로 방해하는 행위를 말한다. 1854년 미국 상원에서 캔자스, 네브래스카 주를 신설하는 내용의 법안을 막기 위해 반대파 의원들이 의사진행을 방해하면서부터 정치적 의미로 쓰이기 시작했다. 원래 상원과 하원 모두 허락했지만, 현재는 상원에서만 허락되고 있다. 이는 단 한 명의 상원의원이라도 의사를 진행하고 있는 한 어떤 법안도 표결에 부쳐질 수 없다는 점을 이용하여 다수의 지지를 받는 특정 법안이 표결을 통해 승인받는 상황을 방지하기 위한 전략이다. 1917년 상원은 다수 의원이 동의할 경우 의사진행 방해를 중단하도록 하는 토론 종결 규칙을 제정했다. 16명 이상의 의원이 서명하여 의사진행 방해의 종결을 요청할 경우 이틀의 유예기간 뒤 이 요청을 받아들일지 여부가 표결에 부쳐지게 된다. 대부분의 법안에서 5분의 3(60명)에 해당하는 의원이 찬성하면 의사진행 방해는 종결된다. 『미국 정부와 정치』, 228쪽.

체가 변화하기 어렵다는 게 아니다. 대중이 원하는 것이 무엇인지 명백한 신호를 정치인에게 주지 않기 때문이다. "세금은 대폭 줄이고 정부 계획은 늘리면서도 예산은 균형을 맞춰야 한다." 이는 정치인들에게 들어오는 전형적인 짬뽕 메시지 중의 하나다. 또는 의원들이 고향의 유권자로부터 어떤 신호를 받기도 해 압도적 다수에 이르는 일을 좌절시키기도 한다. "새내기 의원들이 맞닥뜨리는 가혹한 현실은 복잡한 쟁점을 해결하기 위해 '압도적 다수의 연합'을 만들어내기 어렵다는 것이다. 쉽게 말해 정책 교착 상태는 지역구 지지 대중의 신뢰를 위반하지 않으면서 그러한 연합을 구축할 수는 없다는 종류의 딜레마다."[2]

여러 해 동안 분점 정부divided government•는 이 교착 상태를 이유로 비난받았다. 언론과 정치학자들은 대통령과 의회가 같은 정당일 때 상당한 입법을 이뤄낼 수 있다고 추정했다. 그러나 메이휴David Mayhew는 통계를 볼 때 교착 상태가 분점 정부 탓이 아니라는 점을 발견했다. "다른 변수들을 통제한다면, 단점정부unified government와 분점 정부는 교착 상태를 만들거나 중요한 입법을 산출하는 측면에서 본질적으로 서로 구별할 수 없다"는 것이다.[3] 좀 더 최근에는 체벨리스George Tsebelis가 교착 상태와 '정책 안정성'을 비교·조사했다. 체벨리스는 권위주의 대 민주주의, 의원내각제 대 대통령제, 양원제 대 단원제 등 전통적 분류에 불만을 표

• **분점 정부** 대통령제 국가의 의회에서 나타나는 의석 차지 비중을 나타내는 용어로, 단순 외형으로서 분점 정부는 여당의 국회의원 수보다 야당의 국회의원 수가 많은 경우를 나타내며, 정치적으로는 국회에서 야당이 다수를 차지함으로써 대통령의 행정부와 여당 주도가 아니라 야당 주도의 정국이 되는 것을 말한다. 분점 정부 현상이 장점으로 작용할 때는 행정부에 대한 입법부의 감시와 견제 기능이 있고, 단점으로 작용할 때는 심각한 교착 상태를 발생시킨다.

하면서 '거부권을 행사하는 참여자'에 초점을 맞춘다.[4] 교착 상태에서 벗어나려면 이들의 동의가 필수적이다.[5] 이탈리아와 미국은 거부권을 행사하는 다수의 참여자가 있는 국가인 반면 그리스와 영국은 거부권을 행사하는 주체가 하나다.

다수 거부권자가 있는 게 나쁜 것인가? 체벨리스는 불가지론을 취한다. "현재 상황을 좋아하지 않는 사람들은 변화가 빨리 일어날 수 있는 정치 시스템을 선호할 것이다. 반면 현재 상황을 지키고자 하는 옹호자들은 정책 안정성을 산출하는 시스템을 선호할 것이다."[6] 그가 발견한 것은 시스템에서 거부권 행사 지점이 많을수록 좀 더 안정적이 되어 개혁은 좀 더 어려워진다는 것이다. 거부권 행사자가 소수인 국가들은 많은 중요한 법과 약간의 덜 중요한 법을 산출해내는 반면 "다수가 거부권을 행사하는 국가들은 약간의 중요한 법과 중요하지 않은 많은 법을 산출한다."[7]

교착 상태의 핵심은 1917년 제정된 상원에서의 필리버스터 룰이다.[8] 미국에서 중요한 입법은 상원의 필리버스터를 통과하지 않고 제정될 수 없고, 소수당은 필리버스터를 위해 요청되는 40개 의석을 확보하는 데 대부분의 시간을 보낸다. 당파적 입법이 통과되는 것을 막기 위한 필리버스터 때문에 엄청난 후폭풍이 발생하는 것이다.[9] 미국 입법의 역동성을 연구한 크레비엘Keith Krehbiel은 1998년의 논문에서 법안이 통과하는 데 결정점the pivot points이 되는 의원들에 초점을 맞춘다. 필리버스터 룰 때문에 상원의 결정적 투표the pivot vote는 종종 중위 투표자로부터 멀어질 수 있다. 크레비엘은 교착 상태가 "다수결 또는 다수당 연합에 의해서가 아니라 전반적으로 양당 연합에 의해서 깨진다"라고 했다.[10]

양원제

만약 상원의 필리버스터가 미국 정치의 교착 상태를 야기시키고 좋은 싫든 안정성의 수호자로 기능한다면, 양원제는 어떠한가? 미국 시스템에서 인민원이 효과를 낼 수 있을지는, 결국 왜 양원제 입법부가 단원제 입법부보다 좋은지를 살펴봄으로써 이해할 수 있다. 윌리엄 라이커William Riker의 책을 보면, 역사적으로 상원과 하원으로 이루어진 양원제 입법부는 노동자들로부터 귀족을 보호하기 위해 고안되었다. 『페더럴리스트 페이퍼』에서 볼 수 있는 것처럼, 상원에서의 논의는 순간의 열정을 참아내는 능력과 보다 큰 지혜로 상류층의 수사학을 펼칠 줄 아는 미덕이 필요했다. 라이커에 따르면 양원제에 대해 전통적 자유주의 측은 "입법 과정을 지체시키고 갑작스러운 변화를 어렵게 만들고 근시안적인 의원이 다시 생각하도록 하고 그 결과 자의성과 부당함을 줄일 수 있다"고 정당화해왔다.[11] 물론 상류계급과 부르주아가 두려워했던 불의는 부의 재분배였지, 파업을 벌이는 노동자들을 쫓는 핑커턴 탐정 사무소•가 아니었다.

18세기 영국은 왕, 상원, 하원으로 분리된 삼원三院 시스템이었다. 오

• **핑커턴 탐정 사무소** 앨런 핑커턴이 미국의 첫 번째 전문 사립 수사회사로 1850년 설립했던 핑커턴 국제 탐정 대행사를 이른다. 1861년 대통령으로 당선된 링컨의 암살 계획을 막아낸 이후 국제적으로 주목을 받았다. 특히 노조에 반대하는 활동으로 알려져 있는데, 1877년 급진적인 노조를 파괴하기 위해 고용되었고 활동 결과 19명의 무고한 노동자가 교수형에 처해졌다. 핑커턴 탐정 사무소와 같은 사설 기업이 비대해진 나머지 국가 공권력까지 위협할 수준이 되자 결국 1891년, 미 의회는 '반 핑커턴 법안'을 통과시켰다. 이 조치에 따라 연방정부와 기관은 사설탐정의 고용이 금지되었다.

늘날 모든 권력은 하원에 있다. 전 유럽에서 하원의 득세는 상류층의 쇠락을 불러왔다. 많은 국가가 덴마크와 스웨덴처럼 상원을 폐지했고 또는 (영국처럼) 상원을 거세시켰다. 비록 양원제의 존재 이유가 사라져왔다고 하더라도 한 사회가 다원多院 입법부를 유지하는 이유는 반드시 있게 마련이다. 오늘날 미국은 양원제 시스템 또는 대통령에게 거부권을 주는 삼원 시스템이다. 영국과 같은 단원제 정부는 신속하고 효율적으로 입법할 수 있으나, 그들은 의회 다수의 전제와 정책 불안정성으로 고통을 받는다. 권력분립 없이 의회의 단순 다수는 한 정당에게 정부 통제권을 부여한다. 양원제의 원래 목적은 엘리트 보호였다. 즉 보다 내밀하게는 사회가 그들의 비전을 받아들이기까지는, 너무 빨리 움직이는 일시적 입법 다수로부터 엘리트를 보호하기 위해서였다.

라이커는 양원제의 이점을 인정한다.[12] 그는 심사숙고의 시간을 좀 더 갖기 위해 입법을 지체시키는 많은 방식이 있다는 것에 주목한다. 표결에서의 압도적 다수, 다원제, 다원적 행정부, 사법 소송 등이 그것이다. 이중에서도 그는 양원제가 가장 뛰어난 해결책이라고 본다. 왜냐하면 첫째, 다수결은 압도적 다수보다 좀 더 공정한 결정이다. 로버트 달이 지적한 것처럼, 압도적 다수 체제에서는 소수가 초과 권력을 보장받는다.[13] 이 소수는 왜 그러한 권력을 가져야 하는가? 전반적으로 다수결은 매력적인 결정이다. 왜냐하면 모든 시민에게 동등한 투표권을 주기 때문이다. 연방주의, 양원제, 권력분립을 채택한 미국에서는 다수결이 입법의 속도를 높일 수 있다.

둘째, 경제적으로 어려운 이들을 위한 사회적 지출과 부유한 이들을 위한 감세와 같은 1차원적인 정책 경쟁에서 뾰족한 대안이 없을 때, 다수결에 따르면 투표 결과의 일관성이 결여되는 투표 순환voting cycles•이 덜 발생한다. 이것은 중요하다. 왜냐하면 의회에서 투표를 통해 결정하는 안건 가운데 대략 75퍼센트는 이런 1차원적 쟁점들이기 때문이다.[14] 투표 순환이 발생하면 처음에는 A가 승리하고 다음에는 B, 그다음에는 C가 승리한다.[15] 헌법에서 양원제 구축의 이점은 집권 다수당이 자기들 입맛대로 마구 입법하는 사태, 즉 콩도르세Condorcet 승자•가 출현하는 것을 막는다는 데 있다. 비록 압도적 다수제가 다수 전제를 막을 수 있다고 하더라도 양원제보다는 교착상황을 좀 더 자주 불러올 것이다. 승리를 위해 51퍼센트 이상의 동의가 필요할 때 모든 사람이 지지할 수 있는 평형점을 찾는 일은 매우 어렵다. 그러므로 어떠한 결정도 도달할 수 없다. 이와 달리 라이커는 "단순 다수결에 의해 작동하는 양원제 시스템으로 대체한다. 그 다음에 평형은 양(또는 삼)원에서 현실화된다. 그러므로 압도적 다수제의 연기延期 메커니즘은 단순다수결의 1차원 평형을 잘못되게 만든다. 반면 다원제의 연기 메커니즘은 그렇지 않다"라고 말한다.[16]

• **투표 순환** 콩도르세가 주장한 것으로 '가위-바위-보' 게임에서처럼 어느 하나가 나머지 모두를 패배시킬 수 있는 분명한 승자가 없는 경우를 말한다. 가위-바위-보 게임에서 두 개씩 짝을 지어 투표에 부치는 경우 가위가 승리할 수도 있고, 바위가 승리할 수도 있고, 보도 승리할 수 있다. 이러한 순환을 투표 결과의 비일관성이라고도 한다. 『나쁜 민주주의』, 183쪽.

• **콩도르세 승자** 다른 모든 후보자와 비교했을 때 더 많은 투표자가 선택한 후보를 말한다. 콩도르세의 승자는 다른 모든 후보자와 일대일 경쟁에서 승리하는 사람이다.

미국 상원과 교착 상태

법률 통과의 실마리는 결정적 투표자the pivotal voter를 찾는 데 있다. 대부분 쟁점에서 의원들의 성향은 극단적 진보주의부터 극단적 보수주의까지 다양하다. 이익집단의 평가와 여타 수단으로 의원들의 성향은 파악할 수 있다. 정책 변화를 끌어낼 법률을 통과시키려면 이념적으로 하원의 218번째 정도, 상원의 50번째 정도에 위치한 성향의 의원들이 어떤 정책을 선호하는지 알아내는 것이 중요하다. 특히 필리버스터를 멈출 수 있도록 토론 종결 투표를 가져올 결정적 투표자인 상원 60번째 의원이 선호하는 정책이 무엇인지를 아는 것이 핵심이다. 브래디와 볼든은 "결정적 투표자들이 현재 상황을 바꾸는 것을 선호할 때 교착 상태는 극복되고 법안 통과가 가능할 수 있다. 그러나 만약 어떤 정책이 하원 218번째 의원의 투표 또는 상원 50번째 의원의 동의에서 멈춘다면, 극적인 변화는 늘 실패할 것"이고 현 상태가 지속된다고 했다.[17]

상원은 종종 법안에 대하여 심층 토론을 벌인다. 하원 의원들이 5분 발언으로 행복해할 때 상원 의원들은 정기적으로 장황한 연설을 한다. 사실 필리버스터는 상원의원 한 명 또는 한 그룹이 발언을 질질 끄는 권리나 법안의 상정을 꼼짝 못하게 하는 권리를 행사하는 것을 말한다. 1917년 상원은 필리버스터를 멈추고 투표를 이끄는 수단으로 토론종결제라는 의회 절차를 채택했다. 토론 종결을 위해 60명의 상원 의원은 쟁점이 충분히 논의되었다는 것에 동의해야만 한다.

초기에 필리버스터는 중대한 국가 쟁점에서만 쓰였다. 오늘날 필리버스터는 상원 업무의 일상이 되었고 중요 입법에서 염두에 두어야 하는 상수가 되었다. 중요한 것은 상원에서의 중위 투표자가 아니다. 결정적 투표자는 소수 편을 드는 멤버이고 필리버스터를 여전히 살아 있도록 하는 41번째 투표다. 크레비엘이 비꼬는 투로 관찰했듯, 실제 효과는 "다수를 엿 먹일 필리버스터를 유지하는 데 꼭 필요한 상원의원이 협상에서 유리한 위치를 점하게 만드는 것이다."[18] 결과는 필리버스터의 결정적 투표자와 동료가 입법을 주도한 측과 지도자들의 상당한 관심을 끈다는 것이다. 성공적인 의회 지도자들은 대개 사안에 무관심한 이러한 결정적 투표자에게 그들의 공력과 시간을 들인다. 하나의 쟁점이나 이익집단에 헌신적인 의원들은 자신의 입장을 바꾸지 않는다. 한편 상대적으로 무관심한 경우라면 의회 지도자나 대통령은 부드러운 설득과 격렬한 팔 꺾기로 목적을 이룰 수 있다.[19]

학자들은 이 골치 아픈 거부권 행사가 양원제 때문이 아니라는 데 동의한다. 필리버스터 위협이 있는 곳은 미국 상원이다. 법안이 정당하게 하원을 통과하더라도, 중요 법안은 상원에서 양당 지지를 필요로 한다.

그러나 현 상황에서 상원에 두 개의 중요한 문제가 있다. 첫째, 압도적 다수제와 양원제는 입법을 교착시키지만, 위에서 설명한 것처럼 양원제는 훨씬 복잡하다. 둘째, 상원의 압도적 다수결은 인구에 관계없이 각 주에 두 명의 상원의원을 보장해준 1787년의 대타협* 때문에 더 문제가

---

* **대타협** 1787년 헌법 제정 때 큰 주와 작은 주가 도달한 합의를 말한다. 로저 셔먼이 제안한 양원제 입법을 유지하면서 동시에 하원은 각 주의 인구 비례에 따라 56명으로 구성되며, 상원에서는 주마다 동일한 수의 의원을 배정하는 방식을 유지했다. 작은 주와 큰 주가 각각 상원과 하원에서 유리한 위치를 차지할 수 있다는 이해가 조정된 것이다. 『미국 정부와 정치』, 88쪽.

된다. 이를 두고 토머스 게이건Thomas Geoghegan은 "지긋지긋한 상원이 교착 상태의 진짜 원천"이라고 말했다. 미국 전체 인구의 10퍼센트에 불과한 20개 주에서 40명의 상원이 나온다는 것은 그들을 제외한 나머지 상원의원이 인구의 90퍼센트를 위한 법안을 통과시키기에 부족하다는 것을 의미한다. 만약 25개의 작은 주 출신의 50명 상원의원이 힘을 합하면, 전체의 16퍼센트인 이들은 모든 법안을 막을 수 있게 된다. 또한 역으로 인구의 24퍼센트를 대표하는 30개 작은 주의 상원의원 60명은 그들이 원하는 것이 무엇이든 간에 통과시킬 수 있다.[20]

상원에서의 다수결 투표 방식을 포기했던 매디슨은 공공복지와 공공선에 초점을 맞추는 시민 다수가 협소한 이익을 다투는 강력한 파벌에 맞설 수 있다고 여겼다.[21] 인민원은 이러한 시민 다수를 창조하는 것을 돕는다. 상원에서 결정축이 되는 투표는 보통 이념적으로 중도보다는 좌나 우로 열 발자국쯤 더 가 있지만, 국가 민회의 결정적인 투표는 대리인들의 평균값이 될 것이다. 상원에서의 50번째 투표 및 하원에서의 218번째 투표와 유사하게, 인민원의 2만1750번째 투표는 미국 정치의 '합리적인 중심'을 대표할 것이다.

인민원의 이점들

비록 인민원이 시스템에 또 다른 거부권을 도입하는 것이더라도, 대리자 다수가 원하지 않으면 인민원은 교착 상태를 더 지속시키지 않을 것이다. 왜 그런가? 첫째, 인민원은 '아니다'라고 말하는 권력 그 이상을 갖는다. 브레이크나 액셀러레이터 둘 중 하나의 역할을 할 수 있다. 본회의 표결 투표를 위해 위원회 밖으로 법안을 강제할 수 있을 뿐 아니라 하원이나 상원에서 통과된 법안을 거부할 수 있다. 인민원의 50퍼센트 중위 투표가 하원의 50퍼센트 중위 투표에 더해질 때 타협을 위한 공통 기반을 찾기 위해 상원의 소수 41명에 압력을 가할 것이고 그러면 교착 상태는 깨질 것이다.

둘째, 워싱턴 주 출신의 상원의원이 보잉 사• 상원의원으로 불리듯 특별한 주·지역·산업이 아닌 전체로서의 국가를 대변하기 때문에 인민원의 목소리는 확실한 도덕적 권위가 있다. 미국 시스템에서는 때로 의회가 넓은 공익을 대변하는 것이 어렵다. 오히려 특정 이익을 대변하는 것이 훨씬 더 쉽다. 의회는 지역구 유권자의 눈치를 봐야 하고 선거 운동 때 자금을 후원하는 이익집단에 신세를 지고 있기 때문이다. 대통령 역시 자신의 재선이나 소속 정당의 선거 승리를 우선시할 수밖에 없다. 이러한 점에서 의회나 대통령보다 더 광범위한 수준으로 인민원은 전국의 유권자들을 대변하고 '더 광범위한 공익의 계몽된 추구'에 초점을 맞출 수 있을 것이다.[22]

국가 민회가 왜 교착 상태를 일으키지 않을 것인지에 대한 세 번째 이유가 있다. 거부권은 대개 협상 카드다. 거부될 수 있다는 가능성은 항상 그 반대편에서 전략을 수정하도록 유도하고 거부권이 있는 정당의 관심을 고려하게 만든다. 거부의 가능성은 상하원과 대통령이 인민원의 견

• **보잉 사** 워싱턴 주에 있으며, 마이크로소프트 사와 함께 워싱턴 주 경제를 책임질 정도로 영향력이 크다.

해를 존중하도록 만들 것이다. 대부분 경우 합의가 이뤄질 것이며 거부권은 좀처럼 행사되지 않을 것이다.

인민원은 시스템을 더 경직되게 만들 것인가? 인민원은 일상적인 거부권 행사자가 아니다. 인민원이 몇몇 이익집단보다는 시민 다수의 이해를 염두에 두고 움직일 것이라고 예상할 수 있다. 예를 들어 만약 한 예산안이 의회에 계류 중이라면, 의회의 강력한 세력은 입법 조건으로 자기 선거구를 위한 특별 수혜를 요구할 것이다. 인민원은 여기서 자유롭다.

요약하면, 인민원은 중요 입법의 통과를 더 어렵게 만들 것인가? 그럴 수도 있고 아닐 수도 있다. 중요한 입법이 첫 시도에서 통과되는 일은 드물다. 종종 법안이 되돌아왔을 때, 결점을 정정하고 반대를 논박하기 위해 수정된다. 국가 민회는 이러한 정보 순환의 한 부분을 이룰 것이다. 지금은 이익집단이 중요한 입법에 반대하는 연합을 구축하기 때문에 법안들이 종종 폐기된다. 인민원은 또 다른 이익집단이 아니므로 직접적으로 문제를 악화시키지는 않는다. 시민 다수라는 정당성이 있기 때문에 인민원은 의회를 순조롭게 통과한 일부 법안에 반대할 것이고, 한편으로는 협소한 이익집단이 폐기시키기 좋아하는 성격의 법안들이 살아남도록 활동할 수 있을 것이다.

권력분립, 양원제, 상원의 필리버스터 룰 모두는 새로운 법의 통과를 어렵게 만든다. 하지만 새로운 법이 제정되기만 하면 이를 보호하는 데는 장점이 크다.[23] 경제 규제책을 확립한 2차 뉴딜(1935~1938)•에서의 결정, 아프리카계 미국인 등 소수자를 위한 시민권을 제정하고 분리를 끝냈던 1964년의 민권법•이 그 예다. 이와 달리 영국에서는 전후 경제 정책이 좌 또는 우 가운데 누가 권력을 쥐느냐에 따라 극적으로 변화해왔다. 라이커는 “다수 전제의 본질은 다른 다수에 의해 반대되는 하나의 다수에 의해 법령이 통과되는 것이다. 다수를 잃은 정당은 분하게 여기지만 다음 기회를 기다려 법령을 폐지한다”고 했다.[24]

거부권 행위자와 좀 더 특별한 것

구딘은 통찰력 있는 글 「공익의 제도화」에서 “권력분립을 해석하는 하나의 방식은 공공선의 최소한의 공통분모가 결과로 산출되는 시스템이라는 것이다”라고 말한다. 만약 정부 부처들이 각각 독립적이고 독자적으로 움직인다면, 제정된 법은 정부 부처들이 모두 부응할 수 있는 ‘최소한의 공통분모’에서만 효과를 낼 수 있다.[25] 한편 다른 방식의 접근법도 있다. 그것은 “우리가 공통으로 갖게 되는” 이익에 초점을 맞추기보다는, “공통으로 가져야만 하는” 이익에 초점을 맞추는 것이다. 전략적 협상이

• **2차 뉴딜** 1935~1936년에 시행되었고 노동조합 지원책, 공공사업진흥국WPA의 안정 프로그램, 사회보장법, 소작인과 농업 분야의 이주 노동자를 비롯한 농부들에 대한 원조 프로그램을 포함하고 있다. 2차 뉴딜이 시행된 것은 달러의 금태환 정지와 평가절하가 자리잡고, 해외에서 미국으로 자본이 유입되어 이자율이 하락하며, 이에 힘입어 투자 및 내구소비재 지출 증가와 경기 회복이 시작된 이후다. 구호 정책은 뉴딜정책 가운데 가장 큰 업적으로 꼽힌다. 공황에서 벗어나고 이에 따른 소득 증가의 혜택을 골고루 나눈다는 의도에 하층민 유권자를 의식한 정치적 전략이 맞물린 것이었다. 구호 정책이 추진된 방식은 ‘2차 뉴딜’에서 연방정부가 실업자, 빈민 등에게 저리 대부를 제공하거나 공공 근로를 통한 대규모 공익사업(도로, 병원, 학교, 운동장 건설, 자연보존활동)을 벌이는 것이었다.

• **1964년의 민권법** 인종, 민족, 출신 국가, 소수 종교, 여성을 차별하는 주요한 것을 불법화시킨 미국 시민권 법제화의 기념비적 법 중 하나다. 이 법은 불평등한 투표자 등록 요구사항의 적용 및 학교와 직장 그리고 편의시설(공공시설로 알려진)에서의 인종 분리를 종식시켰다.

아닌 개방된 커뮤니케이션에 초점을 맞추는 것과 같다. 이익집단의 요구가 아닌 인민의 공통된 관심을 고려하는 인민원과 같은 것이 필요하다. 가령 국가 민회 제도는 "모두를 아우르는, 가장 높은 수준의 공동 관심을 취하는" 데 이상적이다.[26]

현재 의회의 거부권 구조는 협력적인 논의를 거의 장려하지 않는다. 만약 중요 입법이 다양한 정치적·제도적 장애물을 극복한다면 꼭 발생하는 문제가 있다. 바로 사회적 합의다. 인민원은 여기에도 큰 도움을 줄 수 있다. 국가 민회는 필요에 따라 시스템이 빨리 작동하도록 도울 수 있고, 반대로 문제를 바로잡기 위해 시스템을 늦추는 것을 도울 수 있다. "재정적 기부를 통해 정치인과 선거운동에 쉽게 접근해 공적 토론을 주도한 강력한 행위자들"에 의해 아주 자주 통제되었던 국가적 토론을 되살려내서 전체 대중이 참여하도록 허용할 것이다.[27]

모든 제도는 편향성을 띤다. 100명의 상원, 435명의 하원, 4만3500명의 인민원은 모두 '직접'이 아닌 '대의'라는 편향을 지닌다. 하지만 인민원은 현재 양원제 입법부의 편향들을 교정할 수 있다. 현재 주마다 인구에 관계없이 두 명의 상원의원이 있다. 헌법 제5조 끝에 있는 "어떤 주도 합의 없이 상원에서의 동등한 몫을 박탈당하지 않는다"라는 문장 때문에 대의에서의 편향성은 헌법으로 보호받고 있다.[28] 상원에서 필리버스터의 소수 지배는 큰 도시 주의 희생으로 작은 시골 주에 우호적인 편향성을 만들어낸다. 하원의 사정은 상원보다는 훨씬 낫다. 그러나 하원에서의 대의는 선거로 인해 편향된다. 미국의 선거는 승자독식에 기반을 두기 때문에, 선거 이후의 정치는 다수의 관점을 과다 대표하는 반면 투표에서 진 사람들을 과소 대표한다.[29]

의회와는 대조적으로, 인민원의 4만3500명의 대리인은 전체 인구를 대의한다. 대리인들은 추첨에 의해 무작위로 선택되기 때문에 하원에서는 찾아보기 힘든 다양성을 갖출 것이다. 민족, 인종, 종교, 연령, 교육 배경, 직업 측면에서 점증하는 다양성을 고려할 때 인민원은 합당한 방향이다. 인민원은 비례대표 시스템 없이도 어느 정도 비례대표 효과를 낼 것이다. 만약 21세기 미국을 반영하는 "대의정부"를 원한다면, 국가 민회와 인민원이 만들어내는 방식에서 시작하는 것이 낫다. 지금 우리가 하지 않으면 앞으로 "큰 주의 소수자들은 지금보다 투표권 행사의 영향력이 훨씬 못 미치고 작은 주의 백인들은 점점 더 영향력이 커질 것이다." 그것은 게이건의 말처럼 "더 나쁜 무엇으로 돌진해 들어가는 것이다."[30]

상원에서 작은 주 편향이 고쳐질 가능성이 없다면, 인민원은 헌법의 이러한 결점을 보완할 결정적 수단을 제공한다.[31] 국가 민회(목소리)와 인민원(투표)은 하원에서처럼 다수결 투표를 통한 결정 규칙을 강조하고, 대외전쟁, 교육정책, 재난 대비 그 무엇이든 간에 당시의 현안 쟁점에 인구 기반의 대의를 제공할 것이다.

만약 연방 입법부에 인민원을 더한다면, 미국은 다수결에 기반을 둔 투표를 하는 인민원·하원, 필리버스터 전통의 소수 규칙 아래 작동되는 상원을 보유하게 된다. 만약 진정 교착 상태를 염려한다면, 상원이 필리버스터를 함께 제거하거나 토론 종결이 좀 더 온건한 55명 투표를 필요로 하는 압도적 다수를 완화하도록 압력을 가할 수 있다. 만약 공화당이나 민주당원들이 규모를 축소하고자 하나 상하원의 강력한 다수가 그렇게 하기를 원치 않는다면, 중요한 의안들은 인민원의 성찰적 판단을 통과해야만 할 것이다.[32]

대통령과 인민원

입법부의 범위를 넘어서서도 인민원의 제도적인 혜택이 기대된다. 대통령 직위의 중요성은 뉴딜과 냉전 이래로 극적으로 증가해왔다. 노이스타트Richard Neustadt가 『대통령의 권력Presidential Power』에서 명확히 했듯이 제왕적 대통령 직위는 건국자들이 예상했던 것이 아니다.[33] 『사적인 대통령The Personal President』에서 로이Theodore Lowi는 대통령 역할의 급부상을 거론하면서 국민투표로 대통령을 뽑는 게 좋은 발상인가 하는 의문을 던진다.[34] 대통령이라는 직위는 한 개인과 수행 수석비서들에게 상당한 책임을 부가한다. 미디어는 대통령을 집중 조명하고 웨스트 윙West Wing• 은 우리를 민주주의가 펼쳐지는 드라마에서 행위자가 아닌 관찰자로 만든다. 인민원의 도입은 몇몇 권력을 인민의 수중에 쥐여줌으로써 헌정제도가 균형을 잡도록 도울 것이다.

대통령, 100명의 상원, 435명의 하원은 주된 행위자로 남을 것이나, 공공정책이 나아갈 방향에 대한 책임은 국가 민회와 공유할 것이다. 군통수권자이면서 행정부를 통솔하고 의회의 안건을 설정하는 대통령은 연방정부에서 모든 유권자가 유일하게 선출한 공직자다. 435개 의회 선거구 각각에서 닻을 내린 국가 민회는 전체로서 국가에 책임 있는 또 다른 제도적 행위자를 제공할 것이다. 인민원 대리인들은 특별한 의회 구에서 뽑힐 것이나, 추첨은 그들이 일반적인 유권자-공직자 결속으로부터 자유로움을 의미한다. 그들은 "사람들이 단지 공동으로 갖고 있는 것

• **웨스트 윙** 미국 대통령 집무실과 비서진이 있는 백악관 서관을 말한다.

보다는 공동으로 갖기 원하는 것"을 반영할 것이다.[35]

공공정책에서 어려움의 상당 부분은 정부 구조에서 비롯되는 게 아니라 무엇을 해야 할지 관점들이 너무나 다양하고 문제가 복잡하다는 데 있다. 브래디와 볼든의 지적처럼, 많은 민주 정부는 유사한 곤경에 직면한다.

> 극동의 일본과 한국에서부터 유럽과 캐나다에 이르기까지 민주 국가들은 기업의 인원 감축, 제3세계와의 경쟁과 높은 임금, 과도한 재정지원 혜택, 높은 세금 비율로 유권자들을 불행하게 하고, 노령화와 불안한 세계 정세 등의 모든 문제에 직면한다. 강한 내각제든 분권화된 미국 스타일이든 어떤 정부도 쉽게 답을 찾을 수 없다.[36]

국가 민회는 '문제'를 재빨리 해결할 수 있는 응급조치나 원스톱 개혁이 아니다. 구체적 정책 처방이나 제도적 해결책이라기보다는 우리 공동의 삶에서 문제에 대해 이야기를 나눌 수 있는 하나의 수단일 뿐이다. 조슈아 코언Joshua Cohen은 다음과 같이 말했다.

> 심의적 과정을 제도화하는 데 있어 핵심은 시민이 정치적 의제를 위해 쟁점을 제안하고 토론에 참여할 수 있는 무대를 마련하는 것이다. 그러한 무대는 공익이고, 공적 자금으로 준비되어야 한다. (…) 그것은 평등하고 자유롭게 토론하기 위한 조건이다. 문제는 무대가 그러한 심의를 고무하도록 어떻게 조직될 수 있는가를 알아내는 것이다.[37]

전국 규모의 심의민주주의인 국가 민회와 인민원은 시민권이 발흥할 수 있는 사회적 맥락을 형성하고 그 실질적 장소를 제공하는 데 있다.[38]

대중의 지혜

무작위 샘플이나 추첨에 의한 선출은 불가피하게 '선출된 자가 유능한가'라는 문제를 발생시킨다. 흄, 제퍼슨, 밀 등은 일반 시민의 교양과 양식, 그에 입각한 판단을 신뢰했다. 『대중의 지혜The Wisdom of Crowds』에서 서로위키James Surowiecki는 집단이 종종 영리한 개인보다 더 지적이라고 주장한다. "불완전한 판단들을 적절한 방법으로 규합하면 집단지성collective intelligence은 놀라운 결과를 만들어내기도 한다." 그는 "만일 다양한 사람을 아주 많이 모아서 공익에 관련된 사안을 결정하게 할 수 있다면, 시간이 갈수록 집단의 결정이 개개인의 결정보다 지적으로 우월하다는 것이 드러날 것이다. 개개인이 아무리 똑똑하고 지식이 풍부하다 해도 이 사실은 변함이 없다"고 했다.[39]

다양성, 독립적 판단을 하는 구성원들, 분산화된 구조 등은 국가 민회의 조건과 합치된다. 다양한 지식과 정보, 다양한 배경을 가진 사람들이 모일 때 좋은 결과가 일어난다. 구성원들은 서로 이야기하나, 각각은 스스로의 마음을 정해야 할 것이다. 사람들은 몇몇 지점에서 동의할 수 있으나, 꼭 합의를 이뤄야만 하는 것은 아니다. 사실상 집단지성은 다양한 의견을 종합함으로써 가장 잘 작동한다.[40]

특정 장소나 경험, 직무에 특화되어 있는 지역적·암묵적 지식을 장려하기 때문에 분산화 구조는 대단히 중대하다. 서로위키는 구글이 각 지역에 흩어진 지식과 집단적 사용을 위한 사적 정보를 모을 수 있기 때문에 작동된다고 말한다. 이 점을 정치에 적용하면, 워싱턴의 특권층은 자신들만의 벨트웨이를 창조한다. 하원과 상원 멤버들은 워싱턴의 사회적 관행을 알고 있으나, 일반 시민의 삶에서 나오는 '지방'의 지식은 대개 차단시킨다. 서로위키는 다음과 같이 지적한다.

> 정치는 궁극적으로 시민의 일상에 미치는 정부의 영향이다. 좋은 정치란 시민의 일상적 삶과 가능한 한 많이 떨어지는 것이라고 생각하는 것은 매우 이상하다. (…) 건전한 민주주의는 사람들의 투표와 여론들로부터 얻는 정보의 부단한 흐름을 필요로 한다. 이것은 전문가들(그리고 선거로 선출된 의회 구성원들)이 얻을 수 없는 정보다. 왜냐하면 그들이 살고 있는 세계가 아니기 때문이다.[41]

오늘날 대의 시스템은 '현실 세계'로부터 점점 더 멀어지며 분리되고 있다. 식품점의 판독 장치를 처음 보고 놀란 조지 부시George W. Bush 전 대통령이 두드러진 사례다. 대표자와 대중의 거리가 멀어지는 것은 매디슨의 시스템이 작동한 200년 역사에서 지속적인 현상이었다. 서로위키는 다음과 같이 말한다.

> 고립된 엘리트가 올바른 결정을 내린다고 믿는 것은 어리석다. (…) 대부분의 정치적 결정은 어떻게 할 것인가에 관한 결정이 아니다. 오히려 무엇을 하는가에 관한 결정, 가치·교섭을 포함하는 결정, 어떤 사

람들이 혜택을 받느냐에 관한 선택이다. 전문가들이 일반 투표자보다 그러한 결정을 더 잘하리라고 생각할 이유는 없다.[42]

우리에게 필요한 것은, 엘리트·전문가 견해의 균형을 잡아주는 '지역적' 지식이다. 국가 민회 개혁과 공론조사는 표준적 여론조사보다 지역적 지식을 좀 더 확보하도록 촉진한다.

한 집단이 구성원들의 생각이나 요구 사항을 정확하게 알고 있다면 그 조직인 현명한 조직이다. 예를 들어 농부들은 황소의 체중을 슬쩍 보고도 알아맞히지만 황소의 DNA에 대해서는 많은 것을 알지 못한다. 반대로 과학자들은 황소의 DNA에 관해서는 잘 알지만, 동물의 체중에 대해선 아주 멍청한 수준이다. 국가 민회에 참가할 대리인들은 정치와 주요 쟁점에 관한 지식에서 일반인 대다수를 곧 능가할 것이다. 이와 관련하여 콩도르세의 배심원 정리定理는 중요하다. 콩도르세는 적당히 안면이 있는 개인들이 모였을 때 그룹의 규모가 클수록 정확한 다수 투표의 가능성이 더 커진다는 걸 수학적으로 입증했다. "다수결 원칙에 따르고 개개인의 의견이 다르다면, 집단은 개인보다 낫고, 큰 집단이 작은 집단보다 의사결정이 더 뛰어나다." 그런데 일반 상식으로는 잘못된 판단을 내릴 우려가 높은 어떤 사안이 있을 경우, 집단의 규모가 클수록 잘못된 의사결정이 이뤄질 가능성도 더 커진다. 그러므로 국가 민회에서 현명한 집단적 선택을 하기 위해서는, 일반인보다는 정치세계를 좀 더 잘 아는 이들이 참여해야 한다. 이것이 바로 네 번째 필수 조건이라고 선스타인은 말한다.[43]

다행스럽게도 피시킨 등이 지적했듯, 심의 포럼 참여는 정치적 지식의 수준을 신속히 높인다.

> 일반인이 한 쟁점의 여러 측면을 진지하게 생각해볼 기회가 있을 때, 그들은 예전보다 훨씬 더 잘 알게 된다. 그들의 고려된 판단들은 지식의 좀 더 높은 수준과 그들의 기본 가치들 및 가정들에 더 큰 일치를 나타낸다. 이러한 시도들은 대중에게 복잡한 정책 쟁점을 다룰 능력이 있음을 보여준다. 이것을 그렇게 하도록 효율적으로 동기 부여할 제도적 맥락이 부족하다는 것이 대체로 나타나는 어려움이다.[44]

결국 유능함의 문제는 부분적으로 민주주의에서의 수호자주의guardianship와 전문가에 관한 철학적 질문이다. 본질적으로, 나는 민주주의에서 전문가를 평가할 전문가가 있을 수 없다는 로버트 달의 의견에 동의한다. 달은 가장 복잡한 것을 포함하여 대부분의 쟁점은 반드시 대중 참여가 필요한 도덕적 측면이 있다고 주장한다.[45] 만약 이것이 사실이라면, 귀 기울이기 위한(국가 민회) 그리고 투표로 심사숙고하기 위한(인민원) 또 하나의 심의적 여론을 확보하는 것은 확실히 현재 시스템을 좀 더 발전시킬 수 있다.

쟁점과 염려

국가 민회는 유능함의 문제를 넘어서는 쟁점도 제기한다. 여기서 간략하게 몇몇을 생각해보려 한다. 첫째, 사람들이 이 일에 관심을 가질 것인가? 지역 선거의 투표율이 매우 낮은데도 시민들이 지역민회와 그 논의에 관심을 가질 것이라고 생각하는 근거는 무엇인가? 공화당의 카운티 당위원회가 열릴 때 여기에 신경 쓰는 사람은 아무도 없다. 민회의 미팅은 이것과 무엇이 다른가? 정답은 언론이다. 지역 언론이 지속적으로 민회 미팅을 추적 보도하다보면 이것을 지켜보고 있던 중앙 언론이 쟁점에 대한 여론 환기 차원에서 그것을 기사로 다룰 가능성이 높아진다. 그러면 사람들이 관심을 갖게 될 것이다.

양극화의 위험은 어떤가? 생각이 비슷한 사람들이 토론을 하면 결론이 극단으로 가는 경향이 있다. 이라크 전쟁에 대한 온건 비판자들이 모여 토론한다면, 토론 후 그들은 이전보다 훨씬 더 전쟁을 반대하는 입장에 설 것이다. 이러한 사회적 역동성은 규칙적인 패턴을 보인다. 선스타인은 "만약 심의가 사람들을 좀 더 극단적인 지점으로 옮기는 것이라면, 왜 이것에 찬성해야 하는가?"[46]라고 의문을 표한다. 그러나 문제는 고립이지 심의가 아니다. 이러한 양극화는 생각이 비슷한 소규모의 사람이 경쟁하는 아이디어에 노출되어 있지 않을 때의 문제다. 반면 국가 민회는 광범위한 집단이다. 게다가 한두 지역민회가 극단적인 생각을 표출하더라도 국가 민회 네트워크의 나머지에는 영향을 미치지 않을 것이다. 선스타인에 의하면, "가장 심각한 위험은 그룹 심의라기보다는 전체의 자기절연self-insulation이다."[47] 편향을 피하는 방법은 사람들이 경쟁적 관점에 지속적으로 노출되는 것이다. 국가 민회와 인민원에서 관점들의 경쟁은 일반화될 것이다.

왜 연방과 주 정부에 초점을 맞춰야 하는가? 왜 시의회와 카운티 정부의 지역 수준이 아닌가? 첫째, 지역적 수준에서 정치에 참여하고 정책에 영향을 미치는 기회들은 이미 있다. 둘째, 국가 민회와 인민원을 지방의 마을 평의회•와 비교해보면 알 수 있다. 시 의회에 연결된 마을 평의회는 보편적이다.[48] 마을 평의회는 지역에 초점을 둔다. 국가 민회와 인민원은 그렇지 않다. 비록 각 지역민회가 특정한 마을과 의회 선거구에 기반을 두더라도, 국가 민회는 전체로서의 국가에 초점을 둔다. 지역 대리인들이 자신의 뒤뜰에 있는 문제를 제기하는 일은 드물 것이고, 비록 이러한 경우가 있더라도 다른 지역민회의 투표자들이 지역의 편향성을 압도할 것이다.

지금까지 미국의 커다란 시는 마을 평의회에 공적인 권한을 준 적이 없다. 마을 평의회에 예산에 관한 공적인 권한을 주면 정치적 권위를 파편화할 것이고, 일의 진행을 어렵게 만들 것이라는 염려가 있다. 사람들은 다음과 같이 합리적인 질문을 던진다. 우리는 의사 결정권이 있는 시 정부의 새로운 단계나 프로세스를 원하는가? 답은 '아니다'이다. 마을 평의회가 많은 발전 프로젝트에 강력히 반대하리라는 것을 기업은 정확하게 알고 있다. 마을 평의회가 마을을 넘어서서 생각해야만 하고 전체로서 시의 이익을 고려해야만 하는 이유는 드물 수밖에 없다. 마을을 보호하고 확대하는 것이 그들의 주된 동기다. 일반적으로 심의민주주의가 행정과 지방의 쟁점이 아닌 국가 입법 행위에 초점을 두기 때문에 심의민주주의를 실행에 옮기는 것에는 다른 역동성이 있다. 각 지역민회는 입

• **마을 평의회** 좀 더 많은 시민의 정부 참여를 증진하고 지역 요구에 좀 더 잘 반응하는 정부를 만들기 위해 요청된다. 전 세계에 걸쳐 많은 도시에서 찾아볼 수 있다. 미국에서는 로스앤젤리스, 캘리포니아, 워싱턴, 샌디에이고 등에 있다. 도시를 구성하는 공동체의 다양한 이익과 필요를 포함하도록 디자인되고, 쟁점에 대해 자문 역할을 한다.

법 과정의 부분이지, 행정부는 아니다. 훌륭한 논의는 국가 민회에 제한된 그러나 잠재적인 권한을 주기 위해 만들어질 것이다.

국가 민회를 정부에 넣을 수 있는가? 그럴 수 없다. 국가 민회는 입법부에 도입된 것이지 행정부의 또 다른 기능은 아니다. 국가 민회와 인민원은 입법부에 대중의 목소리를 더하는 것이다. 관료제 개혁을 위한 프로그램은 아니다. 개혁이 정부 기능을 확장할 것이라고 말한다면 요점을 놓치는 것이다. 이것은 우리가 보유한 정부에 대한 통제와 감독에 관한 것이다. 국가 민회는 지적 능력에 관한 것이고 시민 다수가 공공정책에 대한 영향력을 높일 수 있게 해준다.

파벌의 내분과 집단들의 불화에 대한 우려는 어떤가? 그러한 측면은 어쩔 수 없는 인간 본성이다. 인민원에서 대리인들은 각각의 의회 선거구 외에서는 면대면으로 만날 수 없기 때문에 인간관계보다는 쟁점이 더 중요하게 작용할 것이다.

사람들이 대리인 추첨에 참여하도록 자극할 충분한 계기가 있는가? 혼란이 야기하는 두려움의 이면에는 무관심이 있다. 국가 민회 시스템이 작동하기에 충분한 관심이 있을까? 권력은 관심과 흥미를 끌어내기 위한 방법을 알고 있다. 국가 민회와 인민원을 시행하고자 하는 독려는 대중을 교육시키고 대리인으로서 복무하는 데에 관심을 갖도록 촉발시킬 것이다. 적당한 권한과 명망을 가진 자리, 공동체의 복지에 대한 관심, 흥미 있는 주제로 이뤄지는 토론 등은 그 자체로 계기가 될 수 있다. 이 모든 것이 돈이 많이 드는 선거운동 없이, 워싱턴 D.C.에서 살기 위해 고향을 떠나 기진맥진해지는 일이 없이도 가능하다. 물론 가장 주된 계기는 국가 통치에 참여하는 것이다.

인민원 시스템은 비용이 얼마나 들까? 국가 민회와 인민원을 운영하는 것은 정부의 여타 지출과 비교할 때 그리 대단하지 않을 것이다. 대리인들은 시의회와 교육위원회 구성원들이 받는 것과 유사하게 그리 많지 않은 일일 경비를 받을 것이다. 물론 매달 100달러로 계산하면 4만3500명 대리인에게 430만 달러가 소요된다. 또 다른 비용은 컴퓨터 네트워크를 구축하는 데 들어갈 것이다. 그리고 50명 국가운영위원회를 위한 봉급이 있다. 기업들이 컴퓨터 시스템과 소프트웨어를 기부할 수 있을까? 이것은 이 제도의 옹호자들이 씨름해야만 하는 윤리적인 질문이다. 7만5000달러씩 국가운영위원회 50명에게 들어갈 비용을 위해 납세자가 부담해야 할 연간 비용은 375만 달러다. 평균 6만 달러의 급여를 받는 25명의 행정·기술 스태프가 추가된다. 국가 인민원 시스템을 위한 연간 비용은 1500만 달러에서 5000만 달러 또는 그 이상일 것이다.(그리 대단하지 않은 규모의 교외 학교구를 위한 예산은 연간 대략 1억7500만 달러다.)[49] 군 항공기에 수십억 달러를 들이는 것과 비교할 때 이 정도는 미국에서 자유를 보장하기 위한 것치고는 매우 작은 지출이다.

우리는 사람이 책임감 있게 행동한다고 믿을 수 있는가? 만일 그렇지 않으면 민주사회를 부정하는 것이나 다름없다. 제퍼슨은 다음과 같이 말했다. "인민의 막강한 사회 권력을 인민 스스로만큼 안전하게 보호할 수 있는 자는 없다. 그리고 건전한 방향으로 자신을 통제하기에 충분할 만큼 인민이 계몽되지 않았다고 생각한다면, 치유책은 그들의 권한을 줄이는 것이 아니라 교육을 통해 그들 스스로 자유재량을 알게 하는 것이다."[50] 배심원이 되는 사람들은 진지하게 책임감을 갖는다. 국가 민회와 인민원에서도 마찬가지 것을 기대할 수 있다.

국가 쟁점에 대해 논의하는 기능이 지역민회를 의회에 연결시키고 실제 권한을 제공하는 유일한 방식인가? 아니다. 하나의 가능한 스케치일 뿐이다. 나는 지금 단계에서 지역민회가 어떻게 국가 권력에 연결되는지에 관한 완전한 지식을 가질 필요는 없다고 본다. 중요한 것은, 기존 통치 시스템에 민회를 도입하는 것을 대중 스스로 생각하기 시작하는 데 있다. 기술 진보는 이것을 가능하도록 한다. 인민주권은 국가 민회를 반드시 해야 하는 것으로 요구한다. 목표는 참여를 촉진하는 현실적 제도와 실천을 만들어내는 것이다. 이 방식으로 인민은 정치 과정에서의 주권을 되찾고 공공정책의 결정에서 의회와 대통령을 도울 수 있다.

| 제7장 |

대중에게 권력 돌려주기

현대 민주주의는 선거와 이익집단만이 아니라 '대중'을 필요로 한다. 오늘날 정치는 행정가, 선거로 선출된 공직자, 이익집단, 정책 전문가, 정치 컨설턴트의 영역이다. 대중은 때때로 쟁점에 관한 합리적이고 중요한 토론에 참여하기도 하지만, 주로 관중 역할에 머물렀다. 전문가에게 맡겨야 하는 의학, 주택담보대출, 우주공학과 마찬가지로 정치 역시 시장사회의 또 다른 구체화된 영역이라는 발상은 슘페터의 절차적 이론의 핵심 주장이다. 그에 반해 공화주의적 견해는 평등한 시민인 우리 모두가 어느 정도의 능숙함과 지식, 관심을 가져야만 하는 삶의 한 영역이 정치라고 주장한다. 그렇지 않으면, 우리는 개인의 사적인 생활은 번창하고 자본주의는 경제를 작동시키지만, 법치는 손상되고 정치적 결정들은 정권을 쥐고 있는 소수에게 위임되는 권위주의적 과두정치 체제에 살고 있을 지도 모른다. 프랑코 총통•이 40여 년간 통치했던 스페인은 그러한

• **프랑코 총통** 프랑코는 1931년 공화제가 수립되자 공화정부에 반대한 이유로 좌천되었다. 모로코로 가서 반정부 쿠데타를 일으키고 세력이 커지자 국민당 정부 수반 및 군 총사령관이 되었다. 이후 내란에 승리, 팔랑헤 당黨의 1당 독재 파시즘 국가를 수립하고 제2차 세계대전에서 실질적으로 독일·이탈리아를 지원해 국제적으로 고립되기도 했다. 그러나 1950년대 초기는 표면적으로는 자유화의 기운이 돌았고 1955년 미국의 반공정책에 따라 국제연합에 가입했다. 1966년 종신주석의 지위를 확립하고 1969년 국회에서 그가 죽거나 집정이 불가능해지면 부르봉 가의 후안 왕자 카를로스가 왕위에 오를 것을 선언했다.

체제의 좋은 예였다. 많은 스페인 사람에게 당시 체제에서의 삶은 나쁜 것은 아니었다. 사담의 이라크와는 달리, 사람들은 깊은 밤 문을 두드리는 소리에 두려워하지 않았다. 그러나 프랑코의 스페인은 민주주의는 아니었다.

대부분은 사람들이 왜 미국에서 그리고 세계의 많은 곳에서 민주주의 아래 살기를 원하는지 그리고 민주주의가 무엇을 의미하는지에 대한 아래의 설명에 동의할 것이다.

> 민주주의는 인민에 의한 통치를 약속한다. 민주주의자들은 귀족, 군주, 관료, 전문가, 종교적 지도자들이 그들의 지위를 가지고 사람들에게 적절한 공적 삶의 특정한 이해를 받아들이도록 강요할 권리가 없다고 주장한다. 사람들은 공동의 업무가 무엇이어야 하는지를 공동 결정의 적절한 절차를 통해 스스로 결정할 것이다. 그들은 물론 다른 사람과 상의하고 그들의 행위로 인해 영향을 받을 다른 이들에 대해서도 고민해야 하지만, 이것을 넘어서서 그들에게 무엇을 해야 할지를 합법적으로 지시할 수 있는 사람은 아무도 없다. 인민은 최고 권력을 지녔다. 공동 삶의 모든 문제에서 그들은 그들 자신들을 통치한다.[1]

물론 문제는 이러한 주권을 실제로 어떻게 만드느냐다. 공화주의적 민주주의는 사람들이 공동체와 국가의 목표에 관해 함께 이야기할 때만 존재한다. 사람들이 작은 면대면 그룹에서 정치적 논의들에 참여할 때 그들은 대중의 일부다. 대중은 민주주의의 심장이자 영혼이다. 그들은 자체적으로 대화하는 정치 공동체를 구축한다. 열린 민주주의 사회의 연속선상에서 대중은 역동적이며, 생각에 잠기기도 하고 시간과 이해에 따라 커지기도 하고 작아지기도 한다. 민주주의의 뿌리와 가지 내부에서 민주적 대화의 이러한 작은 세포들은 정부의 제도적 몸통을 떠받친다. 이러한 논의 모임 중에서도 국가 차원에서 가장 높은 곳에 위치한 것이 "그들의 공적인 문제를 논의하는 면대면 작은 서클의 원형"인 의회다.[2]

아렌트는 공적 삶을 파괴하는 현대 국가가 전체주의적 악의 핵심이라 보았다. 생각을 나누는 장은 자유의 온상이 될 수 있기 때문에 폭군들은 세 명 이상 모이는 어떠한 모임도 의심스러운 것으로 본다. 정치적 삶의 다른 극단에서 아렌트는 그들의 정치적 미래를 만들어나가기 위해 폭력이 아니라 목소리를 사용하고 공적 무대를 공유하는, 평등한 정치적 시민의 민주적 이상을 구현한 형태로 아테네와 미국 혁명을 꼽았다. 20세기의 가장 중요한 정치사상가들인 아렌트, 듀이, 하버마스는 현저하게 다른 방식으로 정치에 접근했다.[3] 그러나 관료 조직과 글로벌 경제가 지배하는 시대에 활발하고 건전한 민주 정치를 위해 대중의 역할을 강조하는 데는 의견 일치를 보인다. 하버마스에게 공론장public sphere은 "정치 참여가 대화라는 매개를 통해 실행되는 현대 사회의 무대다. 이것은 공적인 일에 관해 시민들이 심의하는 공간"이고, 그 무대는 국가와는 개념적으로 별개의 것이다. 공론장에서 이루어지는 공동의 판단은 종종 행정부의 집행에 비판적이다. 이것은 또한 경제와 별개다. 이것은 포럼의 논리에 의해 작동하는 것이지 시장의 논리에 의한 것은 아니다.[4]

『공론장의 구조변동The Structural Transformation of the Public Sphere』에서 하버마스는 절대 군주제가 동요할 때, 부르주아 경제가 출현할 때, 프로테스탄트 개혁이 개인의 자주적인 생각을 독려하는 문화와 결합할 때, 근대성이 나타나기 시작했다고 설명한다.[5] 칸트가 『계몽이란 무엇인가What is Enlightenment?』에서 관찰했던 것처럼, 개인 혼자서 밖으로 나오는 길을 찾기는 매우 어렵다.[6] 사람들이 서로 말하고 생각을 나눌 때 이러한 변화는 일어난다. 하버마스가 주장한 것처럼 계몽과 관련해서 "스스로 생각하는 것은 곧 생각을 입 밖에 내는 것, 이성을 공적으로 사용하는 것과 같다."[7] 하버마스의 경우 유감스럽게도, 민주 혁명의 활발한 대중 에토스는 전후 시기의 소비문화에 의해 무너졌다. 대중 담화는 비판적 토론을 강조하는 것에서 협상과 타협 국면으로 전환되었다. 이익집단이 발생함에 따라 '권력행사와 균형'은 관료조직, 특별이익집단 연합, 정당과 공공행정 사이에서 직접 이루어지고, 대중 자체는 간헐적으로, 차후에 동의의 목적으로만 이 '권력의 순환'에 포함되었다.[8] 서로 옥신각신하고 있는 이익집단이 심의의 이상을 낮춰버리면 공공선에 관한 생각은 관심을 덜 받게 된다. 대중의 중요성이 약해지고, 권력을 위한 다원적인 투쟁은 표면화되었다. 1960년대의 참여 행동주의와 좀 더 최근의 공화주의 및 심의의 일치가 갖는 중요성은 이러한 배경에서 보아야 한다.

공화주의적 사고의 핵심 통찰은 의지의 형성은 논의 이전이 아니라 논의 동안 일어난다는 것이다. 공화주의자와 심의주의 이론가들은 투표를 통해 특정한 개인의 의지를 단순히 기계적으로 합산하는 것은 집단적 결정에 정당성을 부여하기에 충분하지 못하다는 입장이다. 유일한 예외는 투표 결과가 만장일치일 경우이지만, 이것은 극단적으로 드물다. 마넹이 주장한 것처럼, "정당성의 원천은 개인의 미리 결정된 의지라기보다는 이것의 형성 과정, 심의 그 자체다."[9]

심의는 합의의 지점들을 찾을 수는 있으나, 이를 통해 만장일치를 기대할 수는 없다. 목적은 당면한 문제들에 대한 참여자들의 지식과 통찰을 확장하는 것이다. 시민의 목표는 다양한 관점에 귀 기울인 다음 자신의 선택을 발견하는 것이다. 마넹은 정당성을 위한 본질적 조건으로 모든 사람의 심의 또는 좀 더 정확하게는 심의에 참여한 모든 사람의 권리를 추구하는 것이 타당하다고 주장한다.[10] 합의의 가능성보다는 가능한 한 많은 사람이 정치적 논의, 논쟁, 토론에 참가하는 상황을 확립하는 것이 훨씬 중요하다. 루소와 대조적으로, 정당한 결정은 이미 형성된 의견의 합合인 모든 사람의 의지로부터 발생하는 것이 아니나, 모든 사람의 심의에 기인한다. 목표는 이에 근접하기 위한 민주적인 제도들을 구축하는 것이다.

이러한 이상은 민회에서 연설하는 보편적 권리인 아테네의 이세고리아 isegoria 원칙을 떠올리게 한다. 공화주의는 단지 정치 엘리트, 의원, 이익집단 지도자 사이에서가 아니라 시민 사이에 이루어지는 참여와 심의를 민주적 경험의 필수불가결한 것으로 본다. 욘 엘스터Jon Elster, 하버마스와 롤스와 같은 다양한 현대 이론가는, "정당한 정치적 선택은 자유롭고 평등하고 합리적인 행위자들이 심의한 결과여야 한다"라고 파악한다.[11]

민주주의가 요구하는 것에 대한 최소한의 이해를 위해 슘페터의 경쟁 선거 개념과 폴리아키(다수의 지배)에 필수적인 기본적인 자유라는 로버트 달의 모델은 분명히 유용하다. 민주주의로 이행하고 있는 권위주의 사회들은 민주주의 국가의 자격을 갖추는 데 있어서 이러한 장애물과 대면해야만 한다. 그러나 달이 지적한 것처럼, 이것은 민주주의에 대한 빈약한 이해다. 발전한 산업국가들, 특히 오랜 민주적 전통과 강한 헌법적 규범들을 갖는 미국과 같은 국가는 민주 발전의 보다 높은 단계를 열망할 수 있다. 냉전 기간 미국에서 지배적이었던 협소한 절차적 이론은 시민 덕성의 공화주의적 측면을 무시했다는 점에서 불완전하고 부족하다. 이러한 사실은, 국가를 통치하는 데 참여하는 더 나은 방식을 추구해야 한다는 사실을 미국 시민들에게 주기적으로 일깨웠던 민주적 격정의 시기에 경험적으로도 입증되었다. 이러한 시민 에너지의 해일은 물러갔으나, 어김없이 돌아온다.[12]

심의 대 옹호

정치에 대한 공화주의적 이해에서 심의와 대중이 중심을 잡기 위한 방식 중 하나는 공적 논의의 네 단계를 포함하는 민주주의를 생각하는 것이다. 각각의 단계는 정보의 교환, 논의, 대화를 포함하나, 중요한 측면에서 서로 다르다. 네 단계란 (1)정보 수집 (2)탐구적 공론 (3)옹호 (4)결정이다. 오늘날 1, 3, 4단계는 잘 발달되어 있고 다음과 같은 구체적인 시행과 동일시된다. 책, 인터넷, 도서관, 잡지, 신문, 텔레비전(단계 1), 이익집단, 로비스트, 정치행동위원회, 정당, 토크 라디오(단계 3), 관료제와 행정부(단계 4)가 그것이다. 의회의 경우는 청문과 조사(정보), 위원회 구조와 본회의(탐구적 논의와 옹호), 투표권(결정)처럼 네 단계에 모두 걸쳐 있다는 점에서 특수하다.

이러한 네 단계 중에서, 탐구적 공론은 확실한 형태가 없고 제도화되어 있지 않기 때문에 인정을 덜 받고 있다. 저녁을 먹으면서 하는 친구들과의 대화, 타운 홀, 공동체 미팅, 입법부에서의 심의적 논의가 그 예다.

탐구적 공론은 논의를 위한 물리적 공간, 개방적이고 발전적인 논의 형태, 상호 존중과 정치적 평등에 기반을 둔 공동체 의식을 갖추어야 이상적이다. 이러한 세 가지 요소를 확보할 때 생산적 논의가 일어날 수 있고 공동의 또는 '대중의' 목소리가 출현한다. 탐구적 논의(단계 2)는 옹호(단계 3)와는 중요한 측면에서 다르다. 옹호 단계에서 일어나는 기백이 넘치는 토론에 종종 따르는 냉혹한 질책은 논의 단계로서 적합하지 않다. 그러나 사람들이 융통성 없는 이데올로기적 측면에서 정치를 생각하는 일이 많아지면 심의 단계를 간과하고 정치를 정보 수집에서 옹호로 직접 나아가는 것으로 생각하기가 쉽다.(또는 좀 더 정확하게, 가족 내부에서 결정되는 이데올로기 또는 당파적 입장으로부터, 친구, 라디오 토크쇼 호스트, 신문과 같은 신뢰할 만한 정보원에 의해 걸러진 새로운 쟁점과 관련된 정보 수집과 옹호로, 그리고 저마다의 여론 조직으로 나아간다.)

절차적 민주주의자인 슘페터와 다원주의자들은 민주 정치를 주로 선정치적prepolitical 관심을 모으는 메커니즘으로 생각하기 때문에 탐구적 논의 단계를 간과하는 경향이 있다. 이러한 관점에서는 사람들은 이미 형성된 정치적 견해를 갖고 정치 무대에 진입하며 이러한 견해는 토론으로 바뀌지 않는다. 그러므로 정치는 견고한 입장들의 옹호 잔치이자 승패의 제로섬 게임이 된다. 이와 달리, 입장들은 부단히 수정되고 관심들은 주로 정치적 토론을 통해 부분적으로 형성된다는 것이 공화주의적 이해다.

설득보다 경청이 우위를 차지하고 입장들이 고정되기보다 유동적인 탐구적 공론에서는, 모든 참여자가 당면한 논의에 좀 더 밀접한 관심을 기울여야 하고 다양한 입장의 기저를 이루는 가치와 신념을 이해하려 노력한다. 배심의 논의와 마찬가지로, 여기서 각 개인은 다른 사람을 이해하려 하고 다른 의견을 자신과 어떻게 연결시킬 수 있을지 애써 고민해야 한다. 따라서 이것은 생략될 수 있는 민주주의의 단계는 아니다. 그러나 불행하게도 이것은 종종 생략된다. 디온은 "실제로 활기를 띤 공적 토론 없이도 언론과 텔레비전이 '크로스 파이어Crossfire'•와 '하드볼Hardball'• 같은 "활발한 포맷을 만들어낼 수 있을지 모른다"라고 말한다. 어떤 의미에서 '활기'란 인공적이다. 이것은 욕설과 짤막한 농담을 무기로 활용하는 사람을 포함한다. 이와 달리 래시는 진실한 논쟁에서는 "단지 상대방의 주장을 반박하기 위해서라도 상상적으로 그들의 주장 속으로 들어가야 하며, 여기서 설득하고자 했던 그들에 의해 거꾸로 설득당하는 결과가 나올 수 있다"라고 말한다. 그러므로 진실한 열린 논의는 "위험스럽고 예측 불가능하며, 따라서 교육적이다."[13]

분석적 차원에서 탐구적 논의와 옹호 사이의 경계는 실제로는 흐릿하다. 그러나 민주주의는 시민들이 양쪽 의견 모두에 정통하고 그 사이에서 움직일 때 가장 잘 작동하기 때문에 이 차이는 중요하다. 비록 많은 사람이 당파심이 관철되는 걸 좋아하고 탐구적 논의에 취약하다고 하더라도, 2단계는 불확실성이 줄 수 있는 혜택을 지지한다. 시민들은 논의를 통해 스스로의 견해가 수정될 수 있다는 데 열린 마음을 갖게 된다. 이와는 달리 옹호는 강한 신뢰에 기반해 준비된 주장을 펼치며 반대 입장에 답하기 위한 장이다.

• **크로스파이어** CNN에서 1982년부터 2005년까지 방송된 시사토론 프로그램으로, 정치적으로 진보주의이거나 보수주의인 전문가의 의견을 소개하고 도전하는 형식이다.
• **하드볼** NBC 드라마 「30 Rock」 시즌 1의 열다섯 개 에피소드다.

심의민주주의의 관점은 배심의 그것과 유사하다. 양측 변호사는 대립적인 입장을 취해야 하지만, 배심은 제시된 주장과 사실을 듣고 산정하도록 요청받는다. 변호사의 임무는 논쟁의 한 쪽을 위해 가능한 최대한의 주장을 제시하는 것이다. 배심의 임무는 증거에 개방적인 태도를 가지고 진실을 찾는 것이다. 동시에, 공적 논의는 배심이 평결에 도달하는데 이용할 수 있는 정보를 제약하는 배심 과정보다 좀 더 창의적이고 제약을 덜 받는다.

공적 포럼은 창의적이고 주관이 반영된 공동체적 사유를 발휘하는 장이다. 서로 잘 알려진 그리고 자주 반복되는 주장을 비하하는 정치꾼들의 다툼과 달리, 심의 민회는 보통의 이데올로기적인 틀 밖에 있는 문제에 관해 사고하는 새로운 방식을 촉진하기 위해 분투한다. 논의의 목적은 규범적 입장들을 반복하기보다 사고의 새로운 도약을 증진하는 것이다. 듀이는 '진짜 사고'는 우리가 알려지지 않은 영역으로 정신적인 도약을 할 때 발생한다고 말한다. "추론은 언제나 미지의 영역에 들어가는 일이며, 알려진 것으로부터의 도약이다." "이때까지 파악되지 않았던 여러 점들을 새로운 관점에서 조망하는 것이기에 사고는 지식을 얻는 것과 다르다"라고 주장했다.[14] 심의는 이러한 혁신성을 통해, 이전에 존재하지 않았던 합의를 위한 새로운 기반을 창출하도록 돕는다.

탐구적 논의에서, 모든 참여자는 공동체의 선 일반에 관해 생각할 책임을 갖는다. 장래의 공공정책이 어떻게 다른 사람에게 영향을 미치는지를 상상적으로 '보기' 위해 개인이 자신을 넘어서서 사고할 수 있을 때, 그들은 도덕적이고 지적인 성장의 보다 높은 단계에 도달하게 된다. 이것은 공화주의 정치의 핵심 목표다. 민주주의에서는 각 문제에 결부된 많은 발상에서 이점을 취하고, 논의의 자유로운 교환을 통해 각각의 견해의 협소함과 일방적 입장을 수정하고, 이로써 실재의 보다 진실한 그림을 드러낸다. 진지하게 받아들이면, 심의는 단지 합의를 표명하는 한 방식일 뿐 아니라 지식과 진실을 추구하는 과정이다. 합의를 모색하는 데 도움이 되는 논의를 통해 사람들이 서로 알아갈 때 공동체 의식은 나타난다. 이러한 공동체 의식은 친선의 규범에 의해 장려된다. 이 규범은 비록 우리가 한 입장을 강하게 지지한다고 하더라도 다른 입장을 주의 깊게 들으라고 충고한다. 물론 당신에 의견에 동의하는 누군가와 연결되는 일은 쉽다. 그러나 정치적 반대자와도 종종 친선의 결속을 다져야 한다. 다른 이들의 신경을 거슬리게 하는 것을 즐거워하는 골치 아픈 사람들조차도, 만약 상대가 자신의 견해를 잘 듣고 고려해준다는 것을 느낀다면 때때로 협력적 태도를 보일 것이다.

이상적인 심의

공적인 것이 무엇인지 그리고 논의가 옹호와 어떻게 다른지를 보다 깊이 이해하고 나면, 심의의 '타당한' 발상을 옹호하고, 대중 사이의 관계, 권력, 정의를 고려하는 단계로 나아갈 수 있다. 정치사회에서 가능성의 연속체는 한 쪽 끝의 폭력으로부터 다른 쪽의 이상적인 심의민주주의로 확장된다. 폭력은 극단적인 관심 끌기이며 때때로 치명적이다. 이것은 하나의 관점만을 부여하고 모든 반대의 소거를 추구한다. 그러나 아렌트가 이해했던 것처럼, 폭력은 또한 무언無言이다.[15] 이와 달리 시민들이 동등한 상태로 서로 대화하고 공적 이성에 스스로 참여할 때 민주주의는 최고의 형태에 도달한다. 어떠한 상황에서 무슨 종류의 이야기를 할지를 정의하는 심의민주주의의 원리는 대중 속에서 일어나야 한다. 대중이 "어디에서"를 정의한다면, 심의는 "무엇"을 정의한다.

이상적 조건에서 민주주의의 본질은 무엇인가? 『민주주의와 그 비판자들Democracy and Its Critics』에서 로버트 달은 정치사회가 완전히 민주적으로 간주되기 위해 필요한 5개의 요건을 제시한다. 그것은 효과적 참여, 투표의 평등, 계몽된 이해, 의제의 통제, 모든 성인의 완전한 포함(단기 체류자 및 정신적 결함자 제외)이다.[16]• 효과적 참여와 계몽적 이해를 위한 요건으로는 넉넉한 심의 기회가 필요하다. 코언은 「심의와 민주적 정당성Deliberation and Democratic Legitimacy」이라는 글에서, 구조화된 심의가 결정을 내리고 권력을 행사하기 위한 정당한 권위를 어느 정도로 산출할 수 있는지를 판단함으로써 네 개의 이상적 범주를 제시한다. 코헨에게는 이상적 심의는 자유롭고, 조리정연하고, 동등하고, 합의할 수 있는 것이다.[17] 나는 첫 세 가지 범주(자유, 조리정연, 동등)에는 사소한 수정을 전제로 동의하지만, 마지막 '합의'는 '진실의 추구를 위한 활발한 논의'로

• **포함이다** '효과적 참여'는 결사체가 특정 정책을 선택하기에 앞서 데모스의 모든 구성원이 어떤 정책이 선택되어야 할지에 대한 자신의 견해를 다른 구성원에게 알릴 수 있는 평등하고 효과적인 기회를 가져야만 한다. '투표의 평등'은 최종적인 결정을 내려야 할 때, 모든 구성원이 투표할 수 있는 평등하고 효과적인 기회를 가져야만 한다. 그리고 모든 표는 평등한 것으로 계산되어야 한다. '계몽된 이해'는 적절한 시간 안에, 각 구성원이 관련된 대안과 그것의 예상되는 여러 결과에 대해 이해할 수 있는 평등하고 효과적인 기회를 가져야만 한다. '의제의 통제'는 데모스 구성원이 어떤 문제를 의제로 삼을지를 선택하는 방식을 결정할 수 있는 배타적인 기회를 가져야만 한다. '모든 성인의 완전한 포함'은 데모스의 모든 구성원은 위에서 설명했던 방식으로 참여할 수 있는 자격을 갖는다. 로버트 달, 김순영 옮김, 『정치적 평등에 관하여』, 후마니타스, 2010, 21~22쪽.

바꾸고 싶다. 그리고 여기에 두 가지 범주를 추가한다. '공동선'과 '홍보를 위한 고려'가 그것이다.

중요한 것은 과정이지 결과는 아니다. 공적 결정은 돈 또는 외부 압력에 과도한 영향을 받아서는 안 될 것이다. 하버마스의 말처럼, "중요한 것은 사적 권력으로 왜곡되지 않은 심의가 있었는지 여부다. 이상적인 심의에서는, 더 좋은 논쟁을 위한 압력 외의 어떤 압력도 행사되지 않는다. 그 결과 진실을 찾기 위한 동기 이외의 어떤 동기도 배제된다."[18] 정치적으로 동등한 사람들의 심의에서 의견을 흔드는 것은 내적 이유와 논의들이지, 다음 선거에서의 정치적 기부 가능성은 아니다. 심의는 제재의 위협 또는 영향력으로부터 자유롭고, 특정 종교와 관계 없어야 한다.

둘째, 이상적 심의에서 참여자들은 "심의 과정의 각 단계에서 동등한 지위"를 갖는다.[19] 각각은 의제에 쟁점을 제기할 수 있고 제안이나 비판의 근거를 제시한다. 무대 밖 자원들의 배분은 심의 공간 내 참여자들 사이의 평등에 영향을 미쳐서는 안 된다. 심의 평등은, 각각의 사람이 결과에 동등한 영향을 미치는 것을 의미하기보다는, 맨스브리지 Mansbridge가 말한 것처럼 "보다 나은 논의의 영향력이 승리하는 것"이다. 평등은 또한 참여자 사이의 상호 존경을 지지한다. 이것은 서로의 말을 귀 기울여 듣고, 상상과 공감을 통해 역지사지할 것을 요구한다.[20] 셋째, 근거들을 지지하거나 비판하거나 또는 논의할 때 참여자들 역시 근거들을 제안하도록 요구받기 때문에 심의는 "조리 정연"할 수 있다. 힘의 넘침과 부족은 청중이 평가하고 판단할 수 있는 이성적 논의의 형태로 들어와야만 한다. 그러나 논의의 발상이 조리 정연해야 한다는 사실은 감정의 배열에 대한 편견을 갖게 하고 이성과 감정 사이의 양분兩分은 부자연스러운 것이다.[21] 격정은 종종 이성을 뒷받침하는 힘이다. 그러므로 맨스브리지는 '조리 정연'보다는 '깊이 생각한 것'이 더 낫다고 정확하게 지적한다.[22]

넷째, 루소의 '일반의지'와 하버마스의 '완전한 담화'를 따라 코헨은 매우 야심적인 민주적 합의의 이상을 논의한다. 심의의 목표는 '이성적으로 동기 부여된 합의'에 도달하는 것이라고 그는 말한다.[23] 나는 첫 번째 세 범주에서는 코언에 동의하지만, 합의에 대해서는 아니다. 현대 사회에서는 궁극적으로 비현실적일 수 있는 자유에 대한 루소의 급진적 발상을 고려한다면 굳이 합의를 목표로 둘 필요는 없다. 심의적 논의를 내적 정당화는 부실한 채로 다수결 결정들이 이끌어가는 것으로 보는 것은 실수다.

심의가 중요한 것은 그것이 시민이 각각 얼굴을 맞댈 수 있고, 공정하고 평등한 방식으로 공동체를 위한 정치적 선택을 할 수 있는 수단이기 때문이다. 대부분 정치 결정자들은 자유롭고 평등한 시민의 조리 정연한 토론과는 거의 관련이 없는 권력 계산에 기반을 둔다. 그것도 공적 권력이 아니라 자의적인 권력이다. 주장, 갈등, 생각의 경쟁은 민주주의의 본질이다. 동의의 영역을 탐색하는 것은 중요하나, 불일치를 숨기면서까지는 아니다.[24] 심의는 때때로 고질적인 갈등을 드러낸다.[25] 만장일치를 찾는 것에 초점을 맞추는 것은 이것을 우려할 만한 요인으로 만든다. 우리는 불일치와 갈등을 인간 환경의 평범한 부분으로 인식할 필요가 있다. 이상적 심의는 합의가 아니라 진실을 탐구하는 활기찬 논의와 논쟁을 추구한다.

다섯째, 입법자, 판사, 시민은 존재하는 사적 선호의 단순한 총합을 넘어서 공동선과 가치를 생각해야 한다.[26] 민주 정치의 중요한 목적은 존재하는 자유의지를 반영하고 바꾸는 것이지, 단순히 실행에 옮기는 것은 아니다. 「이성의 공화국republic of reason」에 나온 선스타인의 문장을 따르면, 선호는 주어진 것이 아니라 진화하며, 수정될 수 있다. 하나의 입장을 재고하는 유동성과 개방성은 민주 정치의 바람직한 특성이다. "만약 당신이 새로운 정보를 보여준다면, 그는 기꺼이 입장을 재고한다. 그것은 그의 강점 중 하나다."[27]

개인이 세계를 어떻게 보는가는 듀이의 '취향' 개념과 연결된다.[28] 특정한 영역에서 지속적으로 전문가 역할을 하는 사람들은 자신의 태도와 이해를 계속 개선한다. 비록 특정 주제를 아주 잘 알고 있는 사람이라도, 그것이 회화든, 사업 경영이든, 야구이든 간에, 부단히 지식을 얻고 조정하고 개선한다. 전문가들이 이와 같다면, 정치적 논의에 참여하는 비전문가들은 조정과 개선에 훨씬 더 열려 있어도 좋을 것이다.

끝으로 무엇이 쟁점이고 누구의 이익을 위한 것인지를 시민에게 알리는 열린 설득은 심의민주주의의 핵심이다. 베셋Bessette은 의회가 어떻게 작동해야 하는지에 관해 쓴 그의 책을 『페더럴리스트 페이퍼』 42장의 문장으로 시작한다. "영구적 이익을 간청하는 이성의 온건한 목소리는, 즉각적이고 과도한 획득을 안달하는 욕망의 시끄러운 외침의 물살 속에서 너무나 자주 익사한다."[29]

롤스는 설득과 증거의 중요한 지점을 포착한다. 작동되는 심의민주주의를 위해 그는 "각자 다른 시민들(또한 자유롭고 평등한)이 함께 합당하게 지지할 수 있는 원칙과 지침을 평가할 수 있는 기준이 있어야 하고, 동시에 설명할 준비가 되어 있어야만 한다"라고 말한다. 약간 다르게 보면, "공적 이성이 요구하는 것은 시민이 투표의 공적·정치적 가치의 합당한 비교 평가에 입각해서 상호간 설명할 수 있어야 하는 것이다."[30]

'무엇이 쟁점이고 누구의 이익을 위한 것인지를 시민들이 알 수 있도록 해야 한다'는 발상은 대중이 조사와 토론에 개방적이어야 한다는 우리의 기대에 부합한다. 특정 그룹의 협소하고 이기적인 목표는 공적 정당화를 시도하기에 적합하지 않다. 미디어의 감시와 대중의 응시가 있다면 이기적인 밀실 거래는 어려워진다. 선스타인은 다음과 같이 말했다. "무엇보다 미국 헌법은 심의민주주의를 창조하기 위해 고안되었다." 우리의 시스템 아래에서 입법자들은 "궁극적으로 인민들에게 설명의 책임이 있다." 그러나 그들은 또한 "파벌의 영향을 통해 지배 없이 심의의 형태에 참여한다. 사적 단체의 사익에 기반한 법은 심의적 발상의 핵심을 위반하는 것이다."[31]

요약하면 이상적인 심의는 "정치에서의 권력을 넘어서는 이성의 개념을 증진한다." 정책들은 강력한 이익집단의 속임수로써가 아니라 시민(또는 대표자들)이 공적 문제에 해결책을 제시함으로써, 다양한 안의 장단점을 논의함으로써, 청문·실험·논쟁 뒤 가장 가치 있는 것을 집단 선택함으로써 채택되어야 한다.[32] 심의민주주의는 정치적 게임에 적합하지 않다. 집행 권력, 의회 협상, 관료적 게임을 유리하게 이끄는 것과 거리가 멀기 때문이다. 그러나 심의적 토론은 특히 국가 민회와 인민원에서 제시하는 보다 넓은 대중을 위한 행동의 적합한 방식이다. 서로 자유롭게 정보와 의견을 공유하는 능력, 심의를 거친 의견과 투표로 그들은 의회와 국가에 신호를 보낼 수 있다. 국가 민회와 인민원의 "세심히 배려하는 선의, 창조적인 지식과 정당한 답을 얻고자 하는 바람"에 기반을 둔 심의적 규범은 적합하다.[33]

현금 가치

달, 하버마스, 롤스는 민주주의에 대한 기술記述에 이론의 여지가 있다는 것을 알았기 때문에 그 절차에 대해 부분적으로 추상적인 설명을 구축했다. 현대의 가치 다원성을 고려한다면 이는 불가피하다. 롤스는 딜레마를 다음과 같이 간결하게 설명한다. "어떻게 하면 양립 불가능한 종교적, 철학적, 도덕적 교리들로 심원하게 나누어진 자유롭고 평등한 시민들 상호 간에 안정되고 정의로운 사회를 상당 기간 지속시킬 수 있는가? (…) 그렇다면 추상화의 작업은 불필요한 것은 아니다. 즉 추상 자체를 위한 추상이 아니라는 것이다. 오히려 이것은 저수준의 일반성lesser generality에 대한 공유된 이해가 깨졌을 때 지속적인 공적 토론의 방법이 된다."[34] 그러나 심의민주주의에서 높은 추상 수준의 논의들이 필수적인 만큼, 일상으로 내려와 심의와 대중이 실제 의미하는 것이 무엇인지도 구체적으로 생각해야 한다.[35] 샤피로는 "모든 정치 이론은 고차원적 추정에 의존하나, 그러한 추정이 논란이 많다는 것도 사실이다. 따라서 보다 높은 층의 질문들이 해결될 때까지 만약 제도의 설계에 관한 질문들을 연기한다면, 고도Godot•가 도착하고서야 그것을 시작할 수 있을 것"이라고 지적한다.[36] 심의민주주의 전반에 걸친 지금까지의 토론에서 빠진 것은 정치적 실행과 제도적 설계에 관한 논의다. 일단 지금까지 논의

• **고도** 사무엘 베케트의 희곡 『고도를 기다리며』(1953년 초연)에 나오는 고도를 말한다. 고도는 두 사람의 무숙자無宿者가 기다리고 있는데 끝내 나타나지 않는 인물로, 부조리한 세상에서 희망과 꿈을 가진 이들에게 더 나은 세상을 가져다 줄 초월적 존재로 해석된다.

한 민주적 이상이 할 수 있고 해야만 하는 것이라고 충분히 수긍한다면, 현재의 제도와 다양한 실행 규칙을 재검토하는 것이 우리의 의무다. 만약 심의민주주의에 관한 논의에도 윌리엄 제임스William James가 말한 '현금 가치cash value'•를 해당시킬 수 있다면, 몇몇 측면에서 이론은 실행과 접목돼야 한다.

일부는 규모와 복잡성이 심의민주주의의 이상을 낭만적이고 예스러운 것으로 만든다고 주장한다. 만약 모든 참여이론가들이 대의정부에 반하는 루소의 입장을 채택했다면, 그리고 일부가 믿는 것처럼 심의민주주의의 구상들이 권력의 문제를 의식하지 못한다면 그것은 사실일 수 있다.[37] 그러나 국가 의회와 인민원의 앞선 논의처럼, 심의민주주의는 이러한 방식으로 특징화될 필요가 없다. 지금 나의 관점에서 심의란 많은 것을 요구하는 이상이 아니라 타당하고, 유연하고, 잘 작동하는 근사치다.[38]

세 가지 기본 요소를 짚고 넘어가야 한다. 첫째, 민주주의의 대부분은 심의적이지 않다. 왈저는 민주주의에서 대단히 중요한 것으로 조직, 동원, 데모, 지지, 협상, 로비, 캠페인, 투표를 말하지만 심의는 꼽지 않는다. 그는 비록 심의가 민주 정치에서 중요한 역할을 한다고 하더라도, "말하자면 스스로의 공간인 독립적인 공간"을 가지지 못하면 아무것도

• **현금 가치** 제임스의 실용주의를 특징짓는 가장 분명한 단어는 아마도 '현금가치cash value'일 것이다. 그가 말하는 '현금가치'는 무엇이든 돈이 되어야 좋은 것이라는 의미가 아니다. 그것은 우리의 지식과 신념이 그 자체로서 가치가 있는 게 아니라, 우리의 삶을 향상시키는 역할을 할 때에만 비로소 가치를 갖게 된다는 것을 말한다. 지식을 위한 지식, 진리를 위한 진리는 현금가치를 갖지 못한다. 지식이 가진 현금가치란 우리가 삶에서 직면하는 다양한 문제를 해결해줄 수 있는 유용성을 뜻한다.

아니라고 결론짓는다.[39] 만약 심의를 보호하기 원한다면, 대중이 심의를 형성할 수 있는 독립적인 공간이 마련되어야 한다. 만약 평등한 시민의 이성적 논의인 심의가 민주주의의 높은 도달점이라면, 이것을 적극적으로 증진하는 데 최선을 다해야만 할 것이다. 민주주의가 존재하는 곳에 반드시 심의하는 대중이 있는 것은 아니다. 그럼에도 대중은 하찮은 존재가 되어서는 안 된다. 지금의 정치에서는 정확하게 그렇게 되고 있다. 대중이 공적인 문제를 살펴보고, 조사하고, 심의할 수 있는 보호된 시민 공간은 중요한 공공정책에 대해 어떻게 생각하느냐는 질문을 하기 전에 참고할 수 있는 좀 더 심의적인 일련의 여론을 제공할 것이다.

둘째, 미국에서 심의를 배우는 것은 "위계적 가르침과 불가분 관계"일 수 있고, 합리적이고 온건한 연설은 암암리에 "열정적이고 극단적인 대화나 이익을 전제한 전략적 대화"와 분리하기 어려울 수도 있다.[40] 심의적 논의는 정치적 대화의 특정한 한 형태다. 다른 담화와 비교하면 심의적 대화는 합리적 논쟁, 다른 견해에 귀 기울이는 것에 좀 더 관심이 있다. 아이리스 영Iris Young은 민주적 대화에 세 가지 스타일을 부여한다. 인사greeting, 미사여구rhetoric, 스토리텔링storytelling이다. 이것들을 통해 감정을 드러내지 않거나 감정에 좌우되지 않게 하고 누구의 의견인지 불확실하게 함으로써 '합리적 토론'에 대한 엘리트주의적 해석을 확장할 수 있다고 말한다. 인사는 분명한 상호 인식이고 다른 사람을 위한 배려다. 유머와 같은 미사여구 장치들은 청중들을 끌어 모은다. 스토리 묘사는 말하는 이와 청중이 적어도 몇몇 공유된 이해와 공동 배경을 갖고 있다는 것을 시사하므로 긴장과 갈등의 상황에서 도움이 된다.[41] 심의가 담론의 다양한 방식을 포함할 수 있고 해야만 한다는 것에 대한 우리의 이해를 확장하는 것은 확실히 가능하다.

끝으로, 유용한 도구로서 심의민주주의는 권력, 위계질서, 구조적 불평등의 쟁점을 붙잡고 싸울 수 있다는 것을 보여줘야 한다.

대중, 권력 그리고 정의

시민들의 자발적 심의라는 발상은 강력한 민주적 이상理想이지만, 심의를 권력과 연결시키는 방식을 찾지 못한다면 단지 이상에 불과하다. 몇몇 사람에게 민주적 심의는 결과가 없는 이상주의적인 수다에 불과할 수 있다. 사회주의는 좋은 것일 수 있으나 너무나 많은 밤 행사를 요구할 것이라는 오스카 와일드의 재담처럼 민주적 심의 역시 그러할 수 있다. 현실에서 힘을 발휘하는 것은 권력과 이익이다. 마르크스•가 이 점을 간파했으며, 린든 존슨•의 삶은 이에 충실했다. 심의적 접근은 권력 추구와 창출에 어떻게 영향을 끼칠 수 있는지를 보여줘야 한다.

• **마르크스** 칼 마르크스의 갈등 이론은 사회의 본질을 경쟁과 갈등의 관계라고 보는데, 이익과 권력 등 가치 있는 것을 둘러싼 개인과 개인 사이, 집단과 집단 사이의 경쟁에서 야기되는 불화야말로 사회의 본질이라는 것이다. 이동산·정주연, 『생각을 디자인하라』, 두리미디어, 2007, 283쪽. 이러한 설명을 통해 마르크스가 권력과 이익을 간파했다는 이 문장의 의미를 확인할 수 있다.

• **린든 존슨** 1937년 민주당 후보로 하원의원에 당선되고, 1949~1961년 상원의원에 6차례 당선되었다. 1960년 부통령이 되었으며, 1963년 11월 대통령 케네디가 암살된 뒤 제36대 대통령이 되었고 1964년 대통령 선거에서 압도적인 지지를 받아 재선에 성공했다. 그는 전형적인 남부의 정치가로 남부의 이권을 대변하는 한편, 아이젠하워의 공화당 정권에서 야당인 민주당의 원내총무로 탁월한 정치적 수완을 발휘하여 의회를 조종하고 당의 지도적 지위를 공고히 했다. 존슨은 철저하게 권력과 이해관계에 충실한 삶을 살았다.

심의만으로 충분하지 않을 것이다. 그러나 사실 (1)대중이 심의를 고려하도록 하고 (2)지정된 대중을 정치 과정에 전략적으로 연결시킨다면 심의만으로도 강력할 수 있다. 이것이 바로 국가 민회와 인민원의 목적이다. 참여민주주의의 비판자들은 현대 민주주의가 타운 홀 토론을 하기에는 너무 규모가 크다고 주장한다.[42] 그러나 토크빌이 방문했을 때도 미국은 도시국가가 아니었고 시민들은 한 장소에 모일 수 없었다. 얼마나 많은 시민이 한곳에 모이는가가 역동적인 민주주의의 참여 기준이 아니었다면, 오늘날도 그럴 필요가 없다.[43] 문제는 규모가 아니라 제도적 설계와 동기다.

대중은 권력의 스펙트럼 속에 존재한다. 한 극단에는 대중이 적극적으로 낙담하고 대중 논의가 유폐되거나 혹은 더 나쁜 환경에 놓인 전체주의와 권위주의 체제가 있다. 다른 축에는 칸트의 이상과 18세기 런던 커피 하우스•에 대한 하버마스의 묘사로 표현되는 심의적 모임들이 있다. 여기서 사람들은 평등한 존재로 정기적으로 만나 토론하는 시간을 가진다. 여기엔 논의가 배타적으로 구성되거나 권위 있는 결정을 하는 데까지는 미치지 않는 '약한 대중'이 있고, 서로 생각을 나누고 결정하는 '강한 대중'이 있다.[44] 국가 민회는 약한 대중이다. 인민원은 주의회, 연방의회처럼 강한 대중이다. 강한 대중은 그들의 선택을 권위 있는 결정

• **커피 하우스** 1650년대는 런던에 커피점이 잇달아 생겨, 약 10년간 그 수가 3000개에 이르렀다. 이들은 처음부터 '런던 커피 하우스'로 불렸다. 1650년 런던 북서쪽 옥스퍼드에 '야곱의 점'이 생기고, 1652년에 런던 시내에 파스쿠와 로세Pasqua Rosée의 커피 천막이 처진 것을 시작으로 대유행의 조짐을 보였다. 여기에 문인, 학자, 예술가를 비롯해 각 계층의 사람들이 모여 살롱, 클럽, 아카데미의 장이 되었다.

으로 전환하는 능력 때문에 높은 수준의 권력을 갖는다.

심의민주주의를 실현가능한 구상으로 증진하기 위해서는 세 가지를 염두에 둬야 한다. 첫째, 단지 서로 대화를 나누는 사람들이 존재하는 것으로는 충분하지 않다. 담론의 질이 어느 수준으로까지 올라가야 한다. "일상적 대화가 반드시 대화 그 자체 이상의 다른 어떠한 행위를 목적으로 하는 것은 아니지만 민회에서의 심의는 적어도 이론적으로는, 행위를 목적으로 한다."[45] 둘째, 담론의 질이 낮아지지 않으면서도 많은 사람이 포함되어야 한다.[46] 셋째, '약한' 대중과 '강한' 대중의 관계를 고려할 필요가 있고 그러한 연결이 강화될 수 있을지 숙고해야 한다.

현대 권력의 딜레마를 직면할 때 도움이 될 만한 대중의 정의를 듀이의 저작에서 찾을 수 있다.[47] 듀이에게 대중은 양 당사자 사이의 관계가 제3자에 파급효과를 미칠 때 성립한다. 『대중과 그 문제들The Public and Its Problems』(1927)에서 그는 "대중은 거래의 간접적인 결과로부터 영향을 받는 모든 사람으로 이루어진다. 영향이 커서 그 결과를 구조적으로 관리할 필요가 있다고 여길 만한 사람들이다"라고 했다.[48] 이러한 제3자들은 대중이다. 그들은 행위의 관찰자들이고 행위의 결과를 의식하므로 문제를 어떻게 풀어야 할지에 대해 발언권이 있다.

듀이의 문제 지향적인 정의는 모든 생각은 한 문제로부터 출발한다는 찰스 퍼스Charle Peirce의 관찰을 뒷받침한다. 뒤뜰의 테라스 꾸미기이든 휴가 계획이든 간에 어떠한 주제에 갑작스럽게 관심을 갖기 시작하는 현상이나, 전혀 주목하지 않았지만 늘 존재해왔던 정보의 새로운 면모를 발견하는 것을 경험해본 적이 있을 것이다. 이러한 새로운 초점은 중요 쟁점을 놓고 훌륭한 결정을 하기 위해 알아야 하는 다양한 관계를 알 수 있도록 우리를 자극한다. 공적 측면에서 이러한 대화는 해결책을 찾고 결정을 내리는 것을 목표로 한다. 여기에 일상적이고 사적 대화들은 포함되지 않는다. 이것은 사적 경계를 넘어서고 제3자에 영향을 미치기 시작하는, 특정한 영역에서의 공적 문제들에 관한 논의다. 추상적 이상이 아닌 구체적 제도로서의 심의를 생각할 때, 우리는 권력의 쟁점을 다룰 체계를 얻을 수 있다.

대중과 권력의 관련성은 무엇인가? 여기서 정의定義의 문제가 대두된다. 종종 권력은 사람들에게 밀접하게 영향을 미치는 무언가로 여겨진다. 하나의 일반적인 정의는 B가 하기 싫어하는 것을 A가 B에게 하도록 할 때 권력이 실행되는 것으로 본다.[49] 여기서 권력을 보유한 행위자는 대체로 개인 또는 작은 집단일 것이다. 이와 달리 아렌트는 권력은 "함께 행위하는 사람들 사이에서 생겨나서 사람들이 흩어지는 순간 사라진다"고 주장한다. 그녀는 "그냥 행동하지 않고 제휴하여 행동할 수 있는 인간의 능력에 조응하기 때문"에 권력은 결코 개인 고유의 특성이 아니라 집단에 속하는 것이며 집단이 함께 보유하는 한에서만 유지된다고 했다.[50] 이러한 정의를 통해 아렌트는 독재자와 독재체제에 대한 전체주의적인 생각을 뒤엎는 것을 목적으로 한다. 독재자와 독재체제가 장착하는 특성은 권력이 아니라 위협과 폭력의 사용이다. 종종 소수의 폭력은 다수의 권력보다 더 클 수 있다. 그러나 민주주의에서 소수에 의해 집행되는 권력은 종종 의심받는다. 그것은 예외적인 것으로 인정되어야만 한다.[51]

아렌트의 통찰력을 포함하여 권력에 관해 생각하면 대중권력과 자의적인 권력을 구별하는 것은 유용하다. 자의적인 권력은 막후 정치, 특별 이익집단과 공적 의제를 통제하기 위해 넉넉한 정치 기부를 하는 엔론의 케네스 레이와 같은 기업 최고경영자의 힘이다. 한편으로 민주적 권력은 심의민주주의, 시민 다수, 그리고 여기서 자세히 설명한 대중의 이해와 부합한다.

대중권력의 핵심 발상은 공공선에 눈을 떼지 않는 제3자들이 일반적으로 다수에 영향을 미치는 결정을 할 때 그 결정을 도울 수 있어야 한다는 것이다. 나는 심의적인 정치가 자의적인 권력을 사라지게 할 것이라고는 보지 않는다. 그리고 이익집단의 협상, 회유, 로비를 자의적인 권력과 동일시하지도 않는다. 우리가 필요로 하는 것은 심의적인 정치에 헌신하는 것을 희망 없는 순진함으로 묵살하지 않는 정치적 공감이다. 심의적인 정치를 위한 기회와 공간이 제공되면 대중은 연합 구축과 로비의 중요성, 불가피한 혼란과 민주적 의사결정의 어수선함 역시 배우게 될 것이다. 사실상 참여자들은 '민주주의의 추함에 공감'할지도 모른다.[52]

역사적으로 미국의 정치문화는 대중권력을 제도화하고자 한 시도였다. 건국 시기 전통적 시민공화주의 원칙은, 상층 시민은 시민 덕성을 위해 필요한 교육과 특성을 소유했고 그러므로 공공선을 고려하며 심사숙고할 가장 좋은 적격자였다. 나중에 이러한 직무는 법원에 부과되었고, 프랭크 미켈만Frank Michelman과 선스타인 같은 오늘날 사법 공화주의자들은, 이러한 맥락에서 사법부에 관여했다.[53] 만약 우리가 심의적인 참여의 공간을 확장한다면 대중권력 또한 제도화될 수 있다. 이것은 샤트슈나이더의 통찰이다. 그는 "모든 정치, 모든 리더십과 모든 조직은 갈등을 관리하는 데 관여한다. (…) 모든 형태의 정치 조직은 특정 종류의 갈등을 이용하면서도 다른 종류의 갈등은 억압하는 편향성이 있다. 왜냐하면 조직은 편향성의 동원을 통해 형성되기 때문이다."[54] 만약 그룹 A가 쟁점 X를 따르는 작은 서클 내에서 60퍼센트의 지지를 얻었기 때문에 그룹 B와의 정치적 투쟁에서 승리했다면, 결정하는 데 더 많은 사람이 참여하도록 요청함으로써 갈등의 규모를 확장하는 것은 그룹 B의 이익에 좋을 수 있다. 이와 달리 만약 결정의 경계들이 존중된다면 그룹 A가 결과를 통제한다.

그룹 A가 갖는 권력은 자의적인 또는 부당한 것인가라는 민주적 질문이 제기된다. 만약 제3의 관찰자들이 상황을 조사하고 결정과 결론에 따른 정책들이 부당하다고 정의한다면, 아마 주제넘게도 이것은 나쁜 권력의 예가 될 것이다. 만약 공간이 확장된다면, 좀 더 많은 사람이 쟁점에 관해 목소리를 갖는 것이 허용되어 대중권력은 더 우세해진다. 명백하게도, 발안 과정과 다른 대중 직접민주주의의 기술들은 공간을 확장한다. 그러나 대중권력의 핵심은 정보를 가지고 조리정연한 판단에 기반을 둔 선택을 하는 깨어 있는 대중의 심의적인 참여다. 30초짜리 공격적인 광고들로부터 얻은 인상은 적합하지 않다.

시민 다수에 기반을 둔 매디슨의 대의 시스템은 자의적인 권력의 두 가지 발호 가능성에 대응하도록 고안되었다. 한 측면에서는 현대 대중사회가 야기하는 현상과 부딪친다. 여기서 매디슨, 토크빌, 밀이 염려했던 민주 독재의 유형인 '생각 없는' 또는 '지나치게 단순한' 다수 의견의 위험에 직면한다. 몇몇 주에서 만연한 신중하지 못한 법안 발의와, 겉만 번드르르한 이념 지도자 및 세계에 군림하고 있는 기업의 위험이 이러한 자의적 권력의 예다. 다른 측면에서 공적 영역의 결정을 그들이 지지하는 쪽으로 왜곡하고 있는 탐욕과 특권의식에 의해 추동되는 특별이익집단 및 돈의 힘을 본다. 여기서 대중권력은 시스템이 다시 균형을 잡는 데 필요하다.

민주적 권력의 발상은 궁극적으로 민주적 정의가 무엇인가 하는 질문과 연관된다. 아리스토텔레스를 되돌아보면서 크라우트Richard Kraut는 다음과 같이 말했다.

> 현대 자유민주주의에 의해 실행되고 있는 정치는 정확하게 아리스토텔레스가 정치적 행동으로 취했던 것이다. 정의의 문제에 관해 평등한 사람 사이에서의 자유로운 공적 논의 (…) 우리의 이성적이고 공통적 본질은 공정한 대우의 기대를 불러일으키고, 그래서 우리는 정의에 대해 다양한 개념을 갖는 타인들과 토론에 들어간다. (…) "정치적 동물의 문제들"은 우리의 이성과 사회성에서 본래적이다. 우리는 기껏해야 우리가 오직 부분적인 동의에만 도달할 수 있다는 현실적 기대를 가진 정치적 경쟁으로 들어가야만 하는 자연적으로 평등한 사람들이다. 그리고 우리는 정의에 관해 우리의 논쟁들을 해소하기 위해 철학 전문가들에 기대할 수 없다. 왜냐하면 정의 개념은 이러한 목적에 복무하기에 충분히 확실치 않기 때문이다. 그들이 정치 과정에 참여하고 실행 가능한 권고들을 찾을 수 있을 때 정의가 요구하는 것은 공정한 마음을 가진 개인들이 활동하는 것에 달려 있다.[55]

아리스토텔레스 이후 정치는 변화해왔다. 그러나 미국인들이 공동체의 목적에 관해 함께 이야기할 때, 주제는 여전히 정의正義다. 『권력과 무력감Power and Powerlessness』에서 개번타John Gaventa는 애팔래치아 탄전에서의 삶을 논의한다. 그는 권력이 제도적 장벽과 "개혁 요구의 정당성 또는 개혁 불필요성에 대한 신뢰" 양자에 관한 것임을 발견했다.[56] 정치학자들은 권력이 세 가지 면을 포함하는 것으로 생각한다. 첫째는 모든 사람이 볼 수 있는 협상이다. 둘째는 자기들이 선호하는 쪽으로 특정 쟁점을 유지하고 게임 규칙을 정하고자 하는 일방의 능력인 "편향성의 동원"이다. 셋째는 현실에 화를 낼 권리가 있는 사람들이 지속적인 패배를 기꺼이 수용하는 것과 같은 실재의 사회적 구축이다.[57]

공적 차원에서의 심의적 논의가 이러한 약속에 부응할 때, 시민들은 그들을 둘러싸고 있는 세계에 관해 비판적으로 생각하기 시작한다. 논의와 심의는 때때로 "성패가 달려 있는 근본적인 이해관계가 실재하는지"를 밝힌다.[58] 국가 민회의 심의는 당면한 쟁점과 연루된 권력의 면면에 대해 꽤 잘 파악하고 있는 대리인들의 수중에 달려 있다. 목적은 합의도 아니고 심의 자체를 위한 심의도 아니다. 권력이 공적 이익에 반해 자의적으로 행사되는 상황에 직면해서도 두려워하지 않으면서 적극적으로 참여하는 그리고 권한이 주어진 슈퍼 시민들의 풀pool을 창조하는 것이다. 우리는 국가 민회 대리인들에게 평균적인 중간 계층과 노동자 계층 미국인을 의미하는 '우리'를 지지하고 대의하도록 요청할 것이다.

선거 대신 추첨으로 대리인들을 선출하는 것은 정치적 공직을 위해 보통은 후보가 되고자 하지 않을 것 같은 동료 시민 다수에게 목소리와 지위를 부여하는 것을 의미한다. 이러한 방식은 이전에는 그림자 속에 감추어져 있던 리더십에서 탈피하여 시민들에 문호를 개방한다. 엘리트와 부유층을 대변하는 정치인은 계속 존재할 것이다. 국가 민회는 국가적 대화에서 광범위한 대중의 목소리를 증폭시킴으로써 엘리트 권력과 균형을 맞출 것이다. 2단계인 인민원은 때로 국가 입법에 결정적인 투표권을 가진다는 면에서 강력하다. 반면 1단계인 국가 민회는 대중을 전형적으로 보여줄 것이고 쟁점 X, Y, Z에 관해 '교양과 지식을 갖춘' 미국 대중이 생각하는 바가 무엇인지 국가 의사결정자들에게 제공한다.

심의민주주의에 대한 비판은 대중 속에 심의를 둘 때 간헐적으로 제기될 수 있다.[59] 왈저는 민주적 투쟁과 심의적 대중 사이의 대립을 간파한다.[60]

> 정치의 역사는 대개 부와 권력의 창출이거나 위세질서의 통합이다. 사람들은 이러한 위계질서의 정상에 다가가기 위해 싸웠고 그다음에는 지위를 유지하기 위해 최선을 다한다. 대중의 조직은 이러한 목적에 반하는 유일한 방식이다. 그것의 효과는 위계질서를 평평하게 하는 게 아니라, 단지 그것들을 흔들고, 새로운 사람들을 데려오고, 한계를 정하는 것이다. 그래서 민주 정치는 정치사의 개정된 버전을 가능하게 한다. 불평등의 부분적 축소가 가능해진다. 이러한 틀은 끝없이 반복되며, 나는 이러한 투쟁을 대체하는 어떠한 방식도 보지 못했다.[61]

왈저는 심의를 별개의 것으로 본다. 그리고 자의적인 권력에 미미한 영향을 미친다고 파악한다. 반면 듀이는 정치 환경에 대한 완전한 인식과 자각에 대중이 다가가는 것이 심의라고 본다. 이렇게 비판적으로 인식하는 시민들은 무엇이 적정하고, 공정하며, 정당한지를 결정할 것이다. 공적 차원에 심의를 둘 때 그리고 정치과정에 대중을 둘 때 심의는 강력하고 유용한 발상이 된다. 국가 민회와 인민원이 창조하는 대중은 권력과 불평등의 쟁점과 직면하여 맞서 싸우도록 우리를 돕는다.

현대 국민국가에서 민주적 참여의 딜레마에 대한 해결책은 모두 제한된 시간 및 관심의 창출이라는 문제를 고려해야 한다. 양자 모두 참여의 직접적인 방식을 확장하기보다는 대의의 재발견을 고려하도록 추동한다. 이렇게 하기 위해 새로운 제도와 습관을 필요로 한다. 양쪽 모두는 가능하다. 듀이는 평균적인 사람은 쟁점을 다룰 능력이 있다고 주장한다. "늘 다수가 필요한 조사를 수행하기 위한 지식과 기술을 보유해야만 하는 것은 아니다. 그들에게는 공동 관심사에 있어 제공되는 지식의 방향을 판단하는 능력 정도가 요구된다.[62]

문제는 어떻게 대중이 지금 상황에서 자신을 찾고 형성하는 것을 돕느냐는 것이다. 듀이는 여기서 주된 어려움은 "흩어져 있고 유동적이며 다양한 대중이 이익을 정하고 표현하는 것을 인식할 수 있는 수단을 발견하는 것이다"라고 했다.[63] 이것은 국가 민회와 인민원이 할 수 있는 약속이다. 대중이 자신에게 이야기하는 방식을 찾는 것이 본질적이다. 슘페터의 경쟁 엘리트 시스템은 근본적으로 과두제 정치 시스템이다. 마키아벨리가 이해했듯 엘리트들은 권력에 빠져 있고 다른 사람을 지배하는 것이 쉽다는 것을 안다. 자유는 전체적으로 인민의 수중에 있을 때 더 안전하다.

> 어떤 사물이든 그것을 차지하려는 마음이 가장 적은 자에게 맡겨야 한다고 말하고 싶기도 하다. 그리고 의심의 여지 없이 귀족과 귀족이 아닌 자들의 목적을 검토해보면, 전자에게는 지배하려는 강한 갈망이 있고, 후자에게는 단지 지배당하지 않으려는 갈망, 다시 말해 귀족들보다 지배권을 장악할 전망이 적기 때문에 자유 속에서 살고자 하는 강한 열망이 있다는 점을 발견하게 될 것이다. 그런즉 인민이 자유를

보호하는 직책을 담당하면 그들은 스스로 그것을 독점할 수 없기 때문에, 타인들이 그것을 독점하지 않도록 훨씬 더 잘 지킬 것이다.[64]

| 제8장 |

헌법적 균형

아마 미국인 열 명 중 여덟 명은 정치 시스템 개혁이 필요하다는 데 동의할 것이다. 무엇이 올바른 해결책이 될 수 있는가. 1990년대의 임기 제한term limits 개혁과 국가 전자 타운 홀 미팅Electronic Town Hall Meeting• 개혁은 많은 관심을 끌었다. 임기 제한은 소시민 의원citizen-legislator들이 책임을 맡기 위해 국회의사당 계단을 성큼성큼 걷는 모습을 상상한다. 전자 타운 홀은 웹의 한 단일한 마을로 국가를 상상한다. 그러나 자세히 관찰하면 뭔가 잘못됐음을 알 수 있다. 만약 시민들의 면대면 쟁점 논의가 이 속에 포함되었다면 좋았을 테지만 불행하게도 임기 제한과 전자 직접민주주의는 모두 그렇게 하지 않는다. 반응적이면서도 효율적인 정부를 목표로 하기 때문에 미국 정치를 개혁하는 일은 까다롭다. 미국인들은 시스템이 불만스러워도, 얼음을 다 녹여 없애버릴 정도로 불안전

• **전자 타운 홀 미팅** 1992년 미국 대통령 선거에서 로스 페로 후보가 처음으로 제시한 전자 타운 홀 미팅Electronic Town Hall Meeting은, 미리 정해진 정책 대안에 대해 버튼을 눌러 시민들의 의견을 자유롭게 표시함으로써 정책을 결정하는 미국식 공개토론 방식을 말하며 '전자주민회의'라고도 불린다. 그 이후 지방의회 및 의원, 지방정부와 공무원, 시민과 시민단체 등이 인터넷을 통해 원활한 커뮤니케이션은 물론 주요 지역 사안을 공동으로 논의하는 온라인 정책 네트워크로서 활발하게 운영되었다. 최근 오바마 대통령도 취임 직후 인터넷을 이용해 국민과 직접 소통하는 실시간 'e-타운 홀 미팅'을 가져 화제가 된 바 있다. 이원태, 「전자민주주의」, 민주화운동기념사업회 연구소 편, 『민주주의 강의4: 현대적 흐름』, 민주화운동기념사업회, 2010, 424쪽.

한 이탈리아 스타일의 민주주의를 원하지는 않는다. 또한 소수당이 자동적으로 집행부와 입법부 양자를 모두 잃는 영국 스타일의 다수결 역시 원하지 않는다. 미국은 두 대조적인 접근의 창조적 융합인 매디슨 시스템을 폐기시킬 마음이 없다. 유럽적 경험이 미국에서 실행되기는 어려울 것이다.

지난 20년 동안 논의된 네 개의 중요한 개혁인 전자 타운 홀, 임기 제한, 비례대표, 의원내각제 스타일의 민주주의는 치명적으로 결함이 있다. 좌우가 각각 옹호한 정부 관료제 규모 축소와 선거 자금 개혁은 도움이 될 수 있으나 실행하기가 너무 어렵고 단독으로 실행하기에는 너무 소소하다.

헌법적 균형에 관한 질문

전 세계 헌법의 정치적 함의를 연구하는 아렌드 레이파트Arend Lijphart는 『민주주의Democracies』에서 민주정부는 서로 다른 두 제도의 융합체일 경우가 많다며 그 사례로 미국 시스템을 든다.[1] "서로 의견이 맞지 않고 선호하는 것이 다양할 때 누가 통치하고 누구의 이익에 따라야 하는가?" 하나의 대답은 다수 인민이다. 또 다른 답은 가능한 한 많은 사람이다. 양자는 민주적 헌법 고안에서 동등하게 유효하다. 영국 의원내각제 민주주의인 웨스트민스터 모델Westminster Model은 다수결 원리의 전형적인 예다. 그러나 레바논, 스위스, 전前 유고슬라비아, 사담 이후 이라크는 종교적, 민족적, 이데올로기적, 언어적, 인종적 구분에 따라 나누어져 있고, 이럴 경우 단순다수결 민주주의는 문제를 일으킨다는 것을 보여준다. 레이파트는 다수제 민주주의majoritarian democracy는 특히 동종적인 사회에서 적절히 잘 작동하고 두 번째 모델인 합의제 민주주의consensual democracy•는 이종異種사회에 더 적합하다고 주장한다.

영국 의원내각제 민주주의에서 권력은 집중된다. 하원에서 가장 많은 의석을 차지한 정당이 정부를 구성한다. 승리한 당의 지도자는 수상이 되고 소속 정당 의원들 중 시니어 정당 멤버들로 내각을 구성한다. 행정부와 입법부 사이에 아무런 분리가 없고, 법원들은 미국 사법부와 같은 권력과 독립을 거의 갖지 못한다. 다수결은 의원내각제 민주주의의 가장 중요한 점이고 여기서는 배제가 문제가 된다.

민족과 종교적 차이 때문에 다양한 하부사회로 나뉘는 국가들에서는 다수결 원리는 민주적이지 않고 위험할 수 있다. 많은 사회에서 다수결 원리는 종종 소수가 권력으로부터 배제되고 권리가 침해된다는 것을 의미한다. 특정 집단이 체제에 대한 충성을 포기하고 권력 접근이 지속적으로 거부되었던 레바논과 북아일랜드가 대표적이다.• 다양한 사회가 반

• **합의제 민주주의** 선호하는 바가 다른 시민들의 의사를 반영하고 정부를 구성하고 정책 결정을 하는 방법 중 하나는 다수의 선호를 존중하여 정부를 구성한 다음 정책을 결정하는 것이고, 다른 하나는 단순 다수를 넘어서 가능한 한 많은 사람의 선호를 존중하여 정부를 구성함으로써 정책 결정의 정당성을 높이는 것이다. 레이파트는 전자를 다수제 민주주의라고 부르고, 후자를 합의제 민주주의라고 부른다. 김남국, 「한국 정치의 모델로서 합의제 민주주의」, 서병훈 외, 『왜 대의민주주의인가』, 이학사, 2011, 323~324쪽 참조.

• **대표적이다** 레바논은 정부 수립 이후 이슬람교도와 기독교도 간의 대립과 갈등이 심화되어 양측 간의 충돌사태가 빈발했으며, 1975년 4월 이와 같은 갈등이 내전으로 발전하기도 했다. 북아일랜드의 경우는 소수 가톨릭계 주민에게 취업 차별, 불평등 선거 등 심한 차별정책을 펼쳐 신·구교파간에 분쟁이 일어났으며, 특히 1969년 7월에는 신·구교파 양측의 일대 충돌이 발생했고 곧 전국적으로 확대되어 10월까지 계속되었다.

대 대신 합의에, 배제 대신 포함을, 50퍼센트에 플러스 1퍼센트라는 단순 다수결 민주주의에 만족하는 대신 광범위한 연합을 통해 지배하는 최대 규모의 정부 스타일을 필요로 한다. 레이파트는 스위스와 벨기에를 모든 시민에게 민주적 목소리를 제공하고 다양성에 대처하는 합의제 민주주의를 창조한 '복수의 사회들plural societies'의 예라고 가리킨다. 합의제 민주주의의 특성은 다수의 권력을 억제하는 것을 목표한다. 이것은 권력의 공유(권력분립 또는 연합정부)를 요구하거나 장려함으로써, 권력의 공정한 배분(비례대표), 권력의 분권화(연방주의), 권력의 공적 제한(성문법)으로 이뤄진다.

미국은 다수결과 합의제의 독특한 융합을 보여준다. 미국 시스템은 다수결(영국) 모델로부터 세 가지 핵심 요소를 가져온다. 첫째, 한 명의 최고 책임자에게 권력을 준다. 둘째, 두 개의 큰 정당이 지배한다. 셋째, 최다 득표자를 당선시키는 선거의 승자독식제를 사용한다. 가장 많이 득표한 후보가 승리하고 오직 한 명의 대표자만이 선거구마다 선출된다. 이러한 선거의 최다 득표자 당선 시스템은 두 개의 큰 정당에 매우 유리하다.(대조적으로 대부분 국가에서 비례대표를 실행한다. 비례시스템에서는, 제2, 3, 4정당이 최소한의 기준을 넘어서는 대표자들을 배출할 수 있다.•)

이러한 세 요소들을 받아들이면서도 미국 시스템은 다수결 민주주의

• **배출할 수 있다** 참고로 한국의 국회의원 선거의 경우 지역구(246석)는 단수다수제로 선출하고, 비례대표(56석)는 정당이 후보명부를 제출하면 유권자는 후보명부를 보고 이들을 공천한 정당에 투표하고 각 정당은 얻은 득표율에 비례해 의석을 할당받는다. 다만 조건이 있는데, 비례대표 국회의원 선거에서 유효투표총수의 100분의 3 이상을 득표했거나 지역구 국회의원 총선거에서 5석 이상의 의석을 차지한 정당에 한해 비례대표 국회의원 선거에서 얻은 득표비율에 따라 비례대표국회의원의석을 배분한다.

의 네 개의 다른 원리를 거부한다. 의원내각제 시스템의 핵심 특징인 행정부와 입법부 사이의 융합을 없앤 미국은 약한 상원과 강한 하원 대신 두 개의 강력한 입법부가 있고, 경제 계급만큼 문화와 관련된 쟁점이 중요한 정당 시스템이 있고, 최종적으로 연방정부와 주 사이의 권력을 분리하는 연방주의 시스템을 채택한다. 이렇게 미국은 다수결 원리와 소수 보호를 결합한다.

레이파트의 분류는 우리가 영국 시스템과 어떻게 유사하고 다른지를 정확히 보여준다. 미국 시스템은 전통적으로 다음과 같은 다수주의의 특징을 보여준다.

1. 행정권의 집중. 모든 행정권은 대통령의 수중에 있다.
2. 양당 시스템. 비록 양당 시스템이더라도, 민주당과 공화당은 잘 통솔되고 화학적으로 결합한 영국에서의 노동당과 보수당이 아니라 다양한 이익의 느슨한 연합이다.
3. 유사한 공약의 이종 정당들. 사회적 기반이 매우 다르기 때문에 미국 정당들은 부분적으로 통일성과 응집력이 부족하다. 그러나 이러한 차이는 정당 공약의 차이로는 전환되지 않는다. 양당은 유권자의 폭넓은 중간층에 호소하고자 시도한다.
4. 선거의 최다 득표 시스템. 미국 선거 방식은 최다 득표 단수 선거구를 유지한다. 이것은 우리가 선거에 대해 어떻게 생각하는지를 보여준다. 그러나 일부 대통령 경선에서 대리인들은 비례 방식으로 선출된다.

동시에 미국 시스템은 또한 합의적 요소들을 갖는다.

1. 권력분립. 미국은 행정권과 입법권 사이에 공적이고 엄격한 분립이 있다.

2. 균형 잡힌 양원제. 하원과 상원은 사실상 동등한 권력을 가진 입법부의 예다.

3. 연방주의. 미국은 지역에 기반을 둔 복잡하지 않은 연방 시스템이다.

4. 성문법과 소수 거부권. 번거로운 과정을 거쳐야만 수정될 수 있는 성문법을 갖는다. 또한 헌법을 해석할 수 있는 권한을 법원에 부여하는 위헌법률심사권judicial review의 전통과 상원에서의 아주 유명한 의사진행 방해 룰인 필리버스터를 포함한 소수 거부권이 있다.

요약하면, 미국은 다수결과 합의가 어떻게 성공적으로 결합되는지를 보여준다. 미국 정치사상이 자유주의와 시민공화주의의 종합인 것처럼, 헌법 구조는 논리적으로 다른 민주주의 모델들의 융합이다. 종종 서로 다른 성향의 커플이 훌륭한 자식을 만들어내듯, 정치적 디자인에서 반대의 조합은 천재성을 산출할 수 있다. 개혁안들을 평가할 때 혼성 헌법 시스템의 균형이 깨지지 않도록 유의해야 한다. 국가 민회 개혁의 중요한 이점은 혼성 헌법 시스템을 유지하고 증진한다는 것이다. 레이파트의 헌법 입문서를 마음에 두고, 미국 정치 시스템을 개혁하는 중요한 제안들을 검토해보려 한다.

별로 크지 않은 조율

점진적이고 아주 작은 변화들은 실행될 가능성이 높다. 그러나 만약 그것이 개혁 패키지의 일부가 아니라면, 시스템을 변화시키지 못할 것이다.[2] 물론 우리는 작은 개혁만으로 만족할 수도 있다. 예를 들면 정부 관료제 규모를 축소하고 선거 자금을 개혁하는 것이다.[3] 기업 구조조정과 마찬가지로 정부 기관을 구조조정하고자 하는 움직임은 상당한 관심을 끌었다. 그러나 기업과 정부기관은 서로 다른 목적, 주체, 제약을 갖기 때문에 개혁은 제한적일 수밖에 없다. 보수 정치학자 제임스 윌슨James Q. Wilson의 『관료제Bureaucracy』는 정부기관 재구성이 만병통치약인 양 여기는 사고방식에 대한 통렬한 비판을 담고 있다.[4] 윌슨에 따르면, 민주적 통치의 개방된 스타일은 공정함과 정당한 법 절차를 필수로 하기 때문에 미국의 관료제는 큰 하자를 갖고 있다고 볼 수 없다.

돈은 필요악이다. 규모와 스케일이 증가함에 따라 정치인들은 더 많은 유권자와 소통하기 위해 보다 많은 돈을 모금하도록 압력을 받아왔다. 정치인들은 돈을 모금하기 몹시 싫어하고 일반 시민은 별 걱정 없이 2000달러 수표를 끊을 수 있는 친 부유층 행보를 분하게 여긴다. 만약 정치에서 돈의 치명적인 효과를 억제할 수 있다면 좋을 것이나 현실은 그렇지 않다. 모든 성공적인 정치인은 배타적이고 매우 유복한 유권자들과 밀접한 유대를 맺기 위해 전체 시민에 대한 관심을 제한해야만 한다. 만약 후보들이 텔레비전에 자유롭게 출연해 홍보할 수 있다면 선거운동은 비용이 덜 들 것이고 정치적 대화도 풍부해질 것이다. 하지만 이를 달성하기는 매우 어렵다.[5] 매우 사소한 변화조차도 다른 정당의 이익이 될 수 있기 때문에 정치인들 스스로 선거운동을 개혁하는 것은 거의 불가능하다.

맥케인-페인골드McCain-Feingold 선거 자금 개혁법Campaign Finance Reform

Act of 2002•은 소위 연방정치 시스템에서 돈의 확산을 억제하는 데 초점을 맞춘다. 그러나 이 법만으로는 미국 정치에서 돈의 중요성을 줄일 수 없다. 라우치Rauch가 정확하게 지적한 것처럼, "어떠한 개혁도 정치 시스템에서 사적 자본을 없앨 수 없다."[6] 이 전제 아래 브루스 애커만과 이언 에어즈Ian Ayres는 기발한 접근을 제안한다. 『돈과 함께 투표하기Voting with Dollars』에서 그들은 "비밀투표 부스와 유사한 비밀기부 부스"를 제안한다. 기부자가 후보들에게 직접 돈을 주는 것이 제한된다. 대신 그들은 백지위임을 통해 수표를 전할 것이다. 후보들은 계좌에 예금된 모든 돈에 접근할 수 있으나, 그 돈이 누구로부터 왔는지 알 수 없다. '확실히' 애커만과 에어즈는 "많은 사람이 후보들에게 연락해 자신이 상당한 돈을 기부했다고 말할 수 있으나, 아무도 그것을 입증할 수는 없다"라고 했다. 그러므로 개혁은 보험 회사, 석유 거물, 법정 변호사와 모든 다른 특별이익집단이 정치 기부를 통해 보상 받고자 하는 기대를 약화시킨다. 이 제안의 미덕은 선거운동 지출 제한을 금하는 1976년 대법원 결정, 버클리 대

• **맥케인-페인골드 선거 자금 개혁법** 2002년 양당선거운동개혁법The Bipartisan Campaign Reform Act of 2002이라고도 불린다. 이 법은 1971년 연방선거운동법을 개정한 미국 연방법으로, 선거운동의 재정을 규제하는 법이다. 이 법은 러스 페인골드Russ Feingold와 존 맥케인John McCain이 주창했다. 연방선거운동법에 따르면 개인은 특정 후보에게 매 선거당(예비선거와 본선거는 별도의 선거) 1000달러, 정당에 연간 2만 달러, 정치활동위원회에 연간 5000달러 등 총 2만5000달러까지 기부할 수 있다. 정치활동위원회는 특정 후보에게 매 선거당 5000달러, 정당에 연간 1만5000달러까지 기부 가능하나, 연간 기부 총액에는 제한이 없다. 선거 자금개혁법에 따르면 기업, 노조, 개인 등이 전국 중앙당에 기부하는 소프트 머니soft money(연방선거운동법에 의해 규제받지 않고 모금되는 선거 자금)는 전면 금지된다. 그러나 개인의 하드 머니hard money(연방선거운동법 등 선거관련 법률에 따라 모금되는 선거 자금) 기부 한도는 인상되었는데, 매 선거당 특정 후보에 대한 기부한도를 1000달러에서 2000달러로 상향 조정했다. 외교부, 『미국개황』.

발레오Buckley vs. Valeo• 아래에서 실행될 수 있을 것이다.[7] 그러나 이 제안의 문제는 집행하기에 힘든 계획이라는 점이다.

전자 타운 홀

오늘날 미국은 국가 차원의 국민투표를 해본 적이 없는 민주주의 국가 중 하나로 남아 있다. 개혁을 유도하는 하나의 자극은 큰 규모에서의 직접민주주의로 나아가는 것이다. 이것은 대대적인 직접민주주의라 부를 만하다. 미국에서 대의정부는 전통적으로 포퓰리스트 직접민주주의 장

• **버클리 대 발레오** 버클리 대 발레오 사건을 자세하게 설명하면 다음과 같다. 미국 정치체제가 가진 또 하나의 독특한 면은, 미국 수정헌법 제1조에 보장된 명백한 자유 발언권이 정치 활동에 강력한 힘을 발휘한다는 점이다. 현행 법령이 이 권리와 상충하는지 판단하는 것은 사법부의 몫이다. 1976년의 획기적인 판결인 버클리 대 발레오 사건Buckley vs. Valeo에서 미국 대법원은 선거 운동, 정당, 이익 집단이 유권자와의 접촉에 사용할 수 있는 선거 비용의 규모에 대한 제한을 폐기하는 한편, 선거 관련 단체의 자금원에 대한 규제는 인정했다. 법원은 유권자와의 접촉에 사용되는 비용의 제한이 자유 발언권을 심각하게 침해한다고 선언했다. 반면 자금원(기부금)의 규제에 대해서는, 이 역시 자유 발언권을 일부 훼손하긴 하지만, '정당한' 제한은 선거 후원자와 후보자 간의 대가성 관계에서 실질적인 혹은 외견상의 부패가 발생하는 것으로부터 선거 체제를 보호해야 한다는 정부의 필요에 의해 합리화될 수 있다고 판단했다. 돈 소비의 권리와 자유 발언의 권리는 동일시하고, 후보에게 전달된 돈과 후보자가 사용한 돈은 차별화함으로써, 이 판결뿐만 아니라 나중에 하위 법원의 판결들은 미국 정치 자금의 흐름과 규정에 심대한 영향을 끼쳤다. 한편 맥케인-페인골드McCain-Feingold 법은 일반적으로 전국 정당과 연방 후보자 혹은 관리들의 소프트 머니 모금을 금지하는 것이다. 마찬가지로 주 정당과 지역 정당들이 '연방 선거 활동'이라고 규정된 일에 소프트 머니를 사용하지 못하도록 금한다. 선거 쟁점 부각과 관련해서, 이 새로운 법은 예비 선거 30일 전과 총선 60일 전에는 분명히 밝혀진 연방 후보를 언급하는 모든 정치 광고를 할 수 없도록 규정하고 있다. 그리고 노조나 기업의 자체 기금을 후원받을 수 없게 금지한다. http://infopedia.usembassy.or.kr/KOR/030809.htm.

치에 의해 보완되어왔다. 발안, 주민투표와 소환과 같은 진보적 개혁들은 많은 주와 시에서 시행되고 있고, 대통령 선출 과정은 프라이머리 경쟁에 기반을 둔다. 정치학자들은 "직접민주주의를 위한 일련의 양보"로서 미국 정치에서 제도적 변화 양상을 인식한다.[8] 그럼에도 미국인들은 직접민주주의에 대한 갈망이 있다. 일반 시민이 조직화된 이익집단에 맞서 싸우는 수단으로 고안된 발안은 바로 그러한 이익집단과 컨설턴트들에 의해 포획되어왔다. 오늘날 발안과 프라이머리는 그 의의가 빈약해졌다. 현재의 방식은 이론적으로 직접민주주의를 강하게 지지하는 사람들조차도 주저하게 만든다.[9] 큰 주의 발안들은 열광적인 시민에 의해서가 아니라 보수를 받고 전문적으로 발안에 필요한 서명을 받는 이들에 의해 장악된다. 그리고 여론조사로 메시지를 조장하는 세련된 미디어 운동에 좌우된다.[10]

간단히 말하면, 대부분 시민은 복잡한 정책 쟁점을 결정할 수 있는 시간, 관심, 배경을 얻지 못한다.[11] 발안 운동은 격정과 선입견, 긴장과 갈등에 너무나 자주 호소한다. 정치 컨설턴트들의 목적은 이기는 것이고, 그래서 감정적 이미지로 투표자들을 조작하고 현실을 이상하게 묘사한다.[12] 그럼에도 국민발안 지지자들은 인민에 대한 강한 제퍼슨주의적 신뢰를 갖는다. "만약 좀 더 일찍 국민발안 제도가 있었다면 과거 50년은 대단히 잘 통치되었을 것"이라고 현대 여론조사의 아버지인 조지 갤럽George Gallup은 말한다.[13] 갤럽은 의회보다 인민이 쟁점들을 결정해야 한다고 주장한다. 그러나 우리가 개개의 주에서 일상적으로 접하는 것은 직접 대중민주주의의 빈약함일 뿐이다.[14]

놀라운 강세로 19퍼센트 지지를 받았던 1992년 대통령 선거 기간 로스 페로는 직접 대중민주주의의 발상을 주요한 부양책으로 제시했다. 페로는 자신이 대통령으로 선출되면 "격주마다 텔레비전 프로그램으로 전자 타운 홀을 만들 것이라고 말했다. 전자 타운 홀에서는 하나의 중요한 쟁점을 놓고 시민들이 출연해 상당히 구체적으로 다루며 이에 의회 선거구들이 어떻게 반응하는지를 볼 수 있다"라고 말했다.[15] 그러나 이러한 전자 타운 홀의 위험은 장점을 훨씬 초과한다. 시민들이 텔레비전과 인터넷으로 정책 결정에 직접 참여하도록 하는 것은 순수한 국민투표 민주주의에 가깝다. 하지만 의회, 정당, 주류 미디어를 건너뛰고 인민들로부터 직접 쟁점을 취하는 것은 현대의 시저Caesar에게 문을 열어주는 것이다. 결정적인 순간에 가짜 약을 파는 재능 있는 선동가들에게 도취되는 대중을 상상하기란 그리 어렵지 않다. 필립 로스Philp Roth의 소설 『미국을 노린 음모The Plot Against America』는 편협한 격정을 증진하고 민주주의의 가치를 훼손하는 사탕발림 말들에 국가가 민감하게 반응하는 것을 깊이 생각하도록 만든다.[16] 페로의 발상은 악용될 수 있다.

라이트 밀스는 지도자와 시민 사이의 커뮤니케이션의 유형은 제도가 민주적인지 아닌지 여부를 결정하는 데 있어서 본질적이라고 주장했다.[17] 진정한 민주주의는 엘리트와 시민의 강한 양방향 커뮤니케이션을 요구하는 반면, 매스컴은 케이티 쿠릭Katie Couric이나 앤더슨 쿠퍼Anderson Cooper•가 거실에 앉아 있는 수백 만 시청자에게 뉴스를 방송하고 있는 것처럼 한 사람이 많은 사람과 일방적으로 소통할 뿐이다. 이러한 커뮤니케이션 패턴은 솔직히 권위적이다. 그런데도 페로의 전자 타운 홀은 그 새로운 정치 시스템을 열망하는 수백 만 투표자의 상상을 사로잡았다.

임기 제한

1990년대의 임기 제한 열기는 대체로 발안 과정을 통해 22개 주에서 인기를 얻으면서 나라를 휩쓸었다. 당시 현직의원의 90퍼센트 이상이 재선을 내다보는 상황이었고, 점점 전문화되는 정치 시스템으로부터 소외되고, 특별이익집단의 은행 계좌에 친숙해진 의원들에 분노한 많은 투표자는 임기 제한이 훌륭한 시민-입법을 재확립할 것이라고 생각했다.[18]

임기 제한 뒤에 놓인 기본 발상인 공직 교대로 논의를 이끌어갈 수도 있다. 통치하고 통치 받는 것을 교대로 취하는 원리는 아리스토텔레스가 주장한 바였다.[19] 그러나 3억 인구의 국가에서 매 6년마다 435명의 의석을 교대하는 것은 의회 멤버가 자발적으로 은퇴하기 때문에 순환이 발생하는 현재 시스템과 효율 면에서 별 다를 것이 없다. 지지자들은 임기 제한이 의원들의 행동에 긍정적 영향을 미칠 것이라고 주장한다. 임기 제한에 걸리는 의원들은 좀 더 용기 있는 행동을 할 것이라고 예상한다.[20] 시민들을 단순한 고객으로 다루는 전문가처럼 행동하지 않을 것이다.[21] 분명 가치 있는 일들이지만 임기 제한이 이것을 달성할지 여부는 의심스럽다.

자발적 은퇴나 선거에서의 패배로 10년마다 상하원 의원의 50~75퍼

• **케이티 쿠닉, 앤더슨 쿠퍼** 케이티 쿠릭은 15년 동안 NBC의 아침 뉴스쇼 「투데이」를 진행한 경험을 바탕으로 CBS 이브닝 뉴스의 메인 앵커를 2006년부터 5년 간 맡았던 여성 앵커다. 2001년부터 CNN에서 일하기 시작한 앤더슨 쿠퍼는 전쟁과 내전·재난 지역을 전문적으로 취재해온 저널리스트다. 시사 프로그램인 『앤더슨 쿠퍼 360도Anderson Cooper 360°』의 진행을 맡고 있다.

센트가 정기적으로 교체되는 것이 현실이다. 이런 상황에서 12년마다 의회를 100퍼센트 순환시키자고 주장하는 것은 설득력이 약하다. 그리고 에런홀트Alan Ehrenhalt가 설명한 것처럼 "그가 열 번이나 임기를 갱신하거나 3~4년 후에 은퇴를 요청받거나 간에 공직은 6개월의 선거운동 기간의 헌신과 50만 달러 이상의 지출을 감내한 대가다. 그리고 1년의 4분의 3을 입법 활동을 위해 쓰고 있는 정치인은 말 그대로 전문 정치인이기 때문에 임기 제한만으로 현대 정치의 '전문가적' 특성을 변화시킬 수 없다."[22]

아이러니하게도 임기 제한에 걸린 의원이 다른 의원보다 더 공공심을 발휘할 것 같지도 않다는 것이다. 임기 제한 아래에서는 복잡한 정책 문제와 씨름하기보다는 빨리 처리해 치적을 쌓은 후 다음 자리를 위해 뛰고자 하는 유혹에 빠진다.[23] 크고 복잡한 문제는 임기 제한이 실제 실행될 때 다루어지지 못한 채 남는다. 아무도 그것을 처리하기에 충분한 시간을 허락받지 못한다. 이는 1990년 이래로 가장 엄격한 임기 제한이 시행되고 있는 캘리포니아 주의회의 경험이다.[24] 게다가 임기 말 의원들은 고등학교 졸업반 학생들처럼 행동하는 경향이 있다. 출석이 줄어든다. 그들이 은퇴를 하거나 부유층이 아니라면, 다음 경력을 위해 뛰는 것을 말리기는 힘들다.[25] 정치인들이 재선을 위해 뛰면 유권자들을 기쁘게 하는 것에 초점을 맞춘다. 무기한의 재선은 의원들이 사익과 의무를 동시에 추진하도록 부추긴다. 임기 제한보다 필요한 것은 선거구를 좀 더 경쟁적으로 만드는 것이다. 아이오와는 현직 또는 지역 투표 행태와 상관없이 선거구를 획정하도록 공무원들에게 요청한다. 5개의 다른 주는 양당 위원회에 선거구를 재구획하는 권위를 주고 있으며, 다른 주 역시 곧

그렇게 할지 모른다.[26]

주지사와 대통령의 권력이 지난 세기 내내 성장해왔다는 점을 고려한다면, 의회를 약화시키는 개혁은 피하는 게 좋다.[27] 그러나 임기 제한은 그렇게 한다. 신참자들로 의회가 채워질 때, 강한 대통령, 노련한 관료와 로비스트들이 얼마나 좋아하겠는가. 임기 제한에서 중요하게 다뤄야 할 사안은, 임기 제한에 걸리는 의원들이 현명하고 효율적인 지도자가 될 충분한 시간이 있었는가이다. 증거는 아닌 것으로 나타난다. 1998년부터 2000년까지 캘리포니아 주의회 의장은 로스앤젤레스의 현재 시장인 안토니오 빌라라이고사Antonio Villaraigosa였다. 『로스앤젤레스타임스』의 주의회 칼럼니스트인 조지 스켈튼George Skelton은 빌라라이고사가 좋은 입법 지도자이라고 칭찬하면서도 의장으로서 오직 2년 동안 일했던 것은 그가 잠재력을 끌어내기엔 매우 제한된 시간이었다고 말했다.[28] 입법 순환을 증가시키는 가장 민감하고 직접적인 방식은 도전자들이 선거에서 승리하게 하는 것이다.[29] 입법부가 정치와 공공정책에 전문적 경력을 바치는 사람들로 충원되는 것은 좋은 일이다. 좋은 야구팀처럼, 주의회와 연방의회가 경험을 가진 베테랑과 신참의 융합이기를 원한다.[30]

의원내각제 개혁

헌정 공학의 가장 기본적인 질문 중 하나는 행정부와 입법부를 어떻게 수립할 것인가이다. 대통령 시스템에 기반을 둔 권력분립 원칙을 유지할 것인가? 또는 입법부와 행정부가 융합되는 의원내각제 시스템으로 변환할 것인가? 우드로 윌슨Woodrow Wilson 때부터 미국인들은 교착 상태로 좌절할 때마다, 대서양 넘어 영국을 부러운 듯이 바라보았다.[31] 워터게이트•로 1970년대를 시작하고 1980년대와 1990년대 분점 정부divided government가 지속되자 영국 시스템의 다양한 요소를 이식하라는 많은 제안이 있었다.[32] 영국 의원내각제 시스템은 미국 정치 개혁가들에게 늘 매우 강력한 매력을 뽐냈다.

비평가들은 너무나 자주 권력분립 시스템의 결과는 분할이고 교착 상태라고 말한다. 사실 미국 시스템에서 일들이 빨리빨리 진행되기는 어렵다. 미국 헌법은 활동 부족 쪽으로 명백히 치우친다. 분리된 선거 기반으로 인해 서로 독립적인 대통령과 상하원은 하나로 합해져야 한다. 만약 대통령과 의회가 각각 다른 정당이 통제한다면 나라가 어떻게 될 것인가? 중요한 입법은 통과되겠지만 영국보다 많이 늦다. 미국에서 중요한 입법은 종종 몇 년, 수십 년이 걸리고 관련된 투쟁은 모든 연루된 것들을 마모시킨다. 이와 달리, 영국에서는 국가 단위 선거에서 승리하고 하원에서 다수당이 된 정당은 거부권, 견제, 위헌법률 심사에 대한 우려 없이 원하는 것이 무엇이든 간에 할 수 있다. 바로 이것이 미국인들에게는 충격이었다.

• **워터게이트** 1972년 6월 대통령 닉슨의 재선을 획책하는 비밀공작반이 워싱턴의 워터게이트 빌딩에 있는 민주당 전국위원회 본부에 침입하여 도청장치를 설치하려다 발각·체포된 사건. 이 사건으로 닉슨 정권의 선거 방해, 정치헌금의 부정·수뢰·탈세 등이 드러났으며 1974년 닉슨은 대통령 직위를 사임하게 되었다. 당초 닉슨은 도청 사건과 백악관의 관계를 부인했으나 대통령 보좌관 등이 관계했음이 밝혀졌고, 대통령 자신도 무마 공작에 나섰던 사실이 폭로되어 국민 사이에 불신의 여론이 높아졌다. 1974년 8월 하원 법사위원회에서 대통령 탄핵 결의가 가결됨에 따라 닉슨은 대통령 직위를 사임할 수밖에 없었다.

의원내각제 시스템의 이점은 쉽게 요약될 수 있다. 의원내각제에서는 승리한 정당이 입법부와 행정부의 통제권을 획득한다. 정당 지도자는 의회에서의 자리를 유지할 뿐 이니라 수상이 된다. 수상은 국가를 통치하는 입법부의 집행위원회 성격인 내각을 구성하기 위해 다른 의원들을 선택한다. 입법부와 행정부가 융합되기 때문에, 정부가 중요한 문제들을 해결하기 위해 행동을 취할 가능성은 증가한다.

그러나 『분점 정부Divided We Govern』에서 메이휴는, 하나의 정당이 대통령 직위를 통제하고 다른 정당이 의회를 통제하는 분점 정부가 중요한 정책 쟁점에서 부진할 것이라는 주장에 반대한다. 1947년부터 1990년까지를 보면, 메이휴는 중요한 입법 제정은 단점 정부의 18년만큼이나 분점 정부 26년 동안 상당했다는 것을 발견했다.[33] 미국에서는 단점 정부와 분점 정부는 입법 산출에 영향을 미치지 않았다. 특히 수적으로 우세한 이익집단이 입법되기를 원하는 것이 있다면, 비록 같은 정당에 의해서 통제되는 때조차도 그리고 종종 노련한 대통령이 야당과 공통된 견해를 찾아낼 수 있을 때조차도 의회와 대통령은 의견을 달리 한다.

의원내각제 시스템은 패배한 정당을 무너뜨린다. 대조적으로, 미국에서는 투표자가 민주당의 클린턴 대통령을 당선시켜놓고도 의회에서는 공화당의 '깅그리치Gingrich 혁명'을 지지할 수 있다.• 권력분립과 양원제 때문에, 미국 시스템은 미묘한 선택들을 허용한다. 미국인들은 지금 변

• **지지할 수 있다** 공화당은 1950년대 아이젠하워 대통령 시절 이래 1994년까지 40여 년 동안 의회에서 소수당이었다. 1994년 전세를 일거에 역전시켰는데 이를 '깅그리치 혁명'이라고 부른다. 뉴트 깅그리치Newt Gingrich가 이끌었던 공화당은 40년 만에 미국 의회의 다수를 장악하는 전대미문의 성공을 거뒀다. 그러나 2006년에 치러진 중간선거에서 민주당에 다시 역전을 허용했다.

화를 원한다고 말하나 얼마나 많은, 얼마나 빠른, 어떠한 방향으로, 어떠한 종류로 그러한 변화를 이해하고 있는가? 미국 시스템은 불만스러우면서도 이점이 있다. 비록 정당과 이익집단 사이를 넘어서는 성공적인 연합을 구축하는 것이 오래 걸린다 하더라도, 성공적 입법을 뒤집는 것은 어렵다. 이와 달리 의원내각제 시스템은 승리 정당이 마음껏 통치하는 것을 허용한다. 그 결과는 정책 불안전성과 끊임없는 두통이다. 영국에서 노동당과 보수당 정부는 철강 산업의 국유화, 민영화, 국유화, 민영화를 차례로 반복해왔다. 영국 경제가 하락한 이유는 바로 의원내각제 시스템은 아니었을까? 게다가, 의원내각제 시스템 모델은 거의 소수 권리를 보호하지 않는다.[34] 미국은 매우 다양한 층이 있고, 의원내각제 시스템에서는 특정 그룹을 배제하게 될 가능성도 상당하다.[35]

민주주의, 이탈리안 스타일

미국 정치를 바꿀 또 다른 방식은 선거 시스템을 통해서다. 대부분 민주주의 국가에서는 시민들은 그들의 정치적 이익을 가장 잘 반영하는 정당(보수당, 녹색당, 자유당, 사회민주당 또는 폴란드 맥주사랑당•)에 투표한

• **맥주사랑당** 영어로 '맥주를 사랑하는 폴란드인의 정당'이란 뜻인 폴란드어 Polska Partia Przyjacior Piwa의 머리글자를 따서 PPPP라고 불렀다. 독한 보드카 대신 맥주를 마심으로써 알코올을 추방하자는 운동의 일환으로 결성된 정당이다. 폴란드에서 공산정권이 무너진 직후인 1990년 결성되었다. 1991년 선거에서 무려 16석을 차지하면서 국회에 진출했는데, 의사당 진출 직후 대맥주파와 소맥주파로 파벌이 갈렸다가 해산되었다. http://blog.naver.com/mocienews?Redirect=Log&logNo=100154115094.

다. 입법부 의석은 그들이 받은 전체 투표 비율에 기반을 두고 정당에 할당된다. 최소한의 기준을 넘어 득표한 모든 정당은 입법부에서 의석을 차지할 자격이 있다.[36]

비례대표 시스템의 큰 장점은 거의 모든 투표자가 자신을 대의하고자 하는 누군가의 선택을 보장한다는 것이다. 여기서는 “두 가지 악 가운데 덜 나쁜 것에 투표할” 가능성이 훨씬 약해진다. 만약 비례대표 시스템이 훨씬 더 공정하다면, 왜 미국은 이것으로 바꾸지 않는가? 첫째, 비례대표는 승자독식 시스템에 익숙한 미국인들에게는 기이하게 보이는 복잡한 시스템이다.[37] 각 의회 선거구에서 의회에 한 명을 보내는 것 대신, 비례대표 하에 제1당은 4~5명의 대표자를 보낼 것이고, 제2당은 3~4명의 후보자를 보낼 것이고, 3당은 10퍼센트 이상의 득표를 했다면 1명을 보낼 수 있다.[38] 둘째, 공정함은 선거 시스템을 선택할 때 고려하는 유일한 요소가 아니다. 선거 시스템은 특히 정당 시스템과 같은 정치 시스템의 나머지와 함께 승자독식 시스템은 양당 정치를 촉진하고 비례대표 시스템은 다당제 민주주의를 야기하는 중요한 결과와 함께 상호작용한다.

기본적으로 양당제와 다당제 시스템은 정치문화와 경쟁의 다른 스타일로 이어진다. 양당제 시스템은 후보자와 유권자가 중도 성향을 갖는다. 반면 다당제 시스템은 순수주의자와 같은 극단 여론을 촉진한다.[39] 실제 하버드 대학 선거 전문가인 셰프슬Kenneth A. Shepsle이 지적하는 것처럼 선택은 선거 이전 또는 이후에 구축되는 연합을 촉진하느냐 그렇지 않는가이다.[40] 영미 시스템에서는 다양한 유권자들이 선거 전에 서로 거래하도록 강요된다. 가장 광범위한 그러나 기묘한 연합을 구축하는 정당은 대개 정치를 통제한다. 대도시에 거주하는 여러 민족들, 노동계급, 남부 분리주의자 간의 프랭클린 루스벨트의 뉴딜 연합, 그리고 전통적 공화주의자, 신보수주의• 식자들, 기독교 우파, 임신중절 반대 세력들, 자유론자 그리고 레이건을 지지하는 블루칼라 민주당원들로 이루어진 레이건 대통령 연합이 그렇다.

이탈리아 스타일은 어떠한가? 비례대표와 영미 최다 득표 시스템 사이에서의 선택은 요컨대 대의 또는 통치 둘 중 무엇을 선호하는가의 문제다.[41] 비례대표 시스템에서, 단일 정당이 입법부에서 절대 다수당이 되는 것은 꽤 드문 일이다. 결과적으로 비례대표와 다당제 시스템은 불안정한 것으로 악명 높다. 이탈리아인들은 10대 소녀들이 옷을 바꾸는 것만큼 자주 정부를 바꾼다. 역시 비례대표 시스템으로 돌아가는 이스라엘에서는 종교적으로 극단적인 한 정당이 정부를 장악하는 것이 드문 일이 아니다. 다당제 시스템은 성공적인 민주주의 정치에 필수적인 타협안을 풍부하게 하기도 하고 또는 낙담시키기도 하는 극단적 견해들을 허용한다. 사실상 많은 국가는 비례대표 시스템을 성공적으로 채택하고 있다. 그러나 민족적·인종적 반감이 성행하는 시기에 미국처럼 다원적인 국가에서는 슐레진저가 '미국의 분열'이라고 불렀던 것을 증진할 수 있는 개혁에 치중해야 할 것이다.[42] 비례투표가 상당한 감정을 산출하는 하나의 특별한 경우가 있다. 사례를 보자. 선거인단Electoral College의 비례 할당을 만

• **신보수주의** 신보수주의neoconservatism는 좌경화된 자유주의에 반기를 든 자유주의자들의 보수 정치운동으로 파악할 수 있다. 그러나 신보수주의가 미국 외교와 관련하여 본격적으로 등장한 것은 최근의 일로, 탈냉전 이후 신보수주의자들은 대외적으로 미국적 가치를 위협하는 세력에 대한 공격적 접근을 주장해왔으며, 특히 9·11 테러 이후 이라크 공격의 감행 등 부시 행정부의 주요 외교정책 결정에 강한 영향력을 행사했던 것으로 알려져 있다. 『미국 정부와 정치』, 11쪽.

들어 "득표율이 얼마든 간에 후보는 그만큼 그 주에서 이긴다." 이는 대선 때마다 민주·공화 양당 지지를 오가는 소수 경합주들swing states의 전투 대신에, 훨씬 더 국가 단위 선거운동이 되도록 할 것이다.[43] 이것이 전국적 일반투표를 지지하는 캠페인the Campaign for National Popular Vote의 목적이다. 이 제도 개혁안에서 "각 주는 전국적으로 가장 많은 표를 얻은 자에게 대통령 선거인단의 표를 주기로 주간州間 협약의 준수를 약속한다."[44]

승자독식 시스템의 결점을 지적하는 것은 비교적 쉽다. 이러한 이유로 비례대표는 일부 식자와 저널리스트의 지지를 받는다.[45] 그러나 비례대표에 반대해야 할 이유는 연합정부의 내재적인 허약함을 넘어선다. 미국인의 삶에서 유동성, 인종적 다양성, 개인주의, 빠른 경제적 변환과 같은 것은 파편화에 많은 영향을 미친다. 미국에서 비례대표를 제도화하는 것은 이미 분명하게 나타난 파벌주의와 분열을 더 촉진시킬 것이다. 우리는 양당제에 실망할지도 모르나, 이것은 범세계적으로 다문화를 하나로 묶기 위한 입증된 기법이다. 국가 민회 개혁의 핵심 이점은, 소수자의 목소리는 더 강하게 만들어주면서도 매디슨의 헌법 구조를 조율하지도 않은 채 내팽개치지는 않는다는 점이다.

정당 강화

정치학자들이 계속적으로 지지하는 마지막 전술은 정당을 강화하는 것이다. 그러나 진보 개혁에 동의하는 대중 다수는 차라리 정당 없이 지낼 수 있다고 믿는다. 그럼에도 강한 정당은 의견이 다른 정치 그룹을 통합하고, 정치를 통해 사람들을 사회화하고, 선거운동과 정치지망생을 제공한다. 만약 정당이 과거보다 덜 부패하고 개방적이라면, 보다 강하고 보다 잘 통솔된 정당들일수록 좋을 것이다. 강한 정당은 규모의 문제를 다루고, 컨설턴트 정치로 향하는 경향을 막고, 공화적 참여 정치를 증진한다.

한편으로는, 정당들이 주와 지역에서 다시 조직들을 활성화시킬 것 같지는 않다. 우리의 분열된 정치 시스템, 개인주의적 문화와 빠른 생활 스타일은 정당의 쇠퇴를 불가피하게 만든다.[46] 오늘날 몇몇 워싱턴 특권층이 자신이 거느린 정치 컨설턴트의 라이벌로 정당을 규정하는 것은 우연이 아니다.[47] 구舊 풀뿌리 지역 조직은 대체로 사라졌다. 왜냐하면 더 이상 기능을 수행하지 못하기 때문이다. 컨설턴트들은 투표에서 돈과 기술을 사용한다.

오늘날 오직 소수 활동가만이 정당을 위해 일하고 소수의 사람들이 이전에 했던 것처럼 정당 공천자에 투표한다. 현대 미국인들은 정당만큼이나 사람을 위해 투표한다. 포스트먼Postman의 『죽도록 즐기기Amusing Ourselves to Death』의 태도는 어떠한가.

> 젊은 시절 어느 해 11월이었는데, 당시 민주당 시장 후보자에게 투표하는 문제로 고심하고 있었다. 내가 보기에 이 후보는 어리석을 뿐만 아니라 부패한 인물 같았다. "그게 무슨 상관이냐?" 아버지가 반문했다. "민주당 후보들이야 모조리 어리석고 부패했지. 그렇다고 공화당 후보가 당선되기 바라냐?" 아버지의 말은, 똑똑한 유권자라면 자신의

경제적 이해와 사회적 관점을 가장 잘 대변해주는 정당을 지지해야 한다는 뜻이었다. '최선의 인물'에게 투표한다는 것은 아버지에겐 대경실색할 만큼 가당치도 않은 일로 보였다. 공화당에도 훌륭한 인물이 있음은 아버지도 당연히 인정했다. 다만 이들이 자신의 계층을 대변하지 않음을 알고 있었을 뿐이다.[48]

또 한편으로는, 정당들은 입법부 내에서의 정치적 투쟁을 조직하는 데 필수적이기 때문에 의회에서 여전히 중요하게 남아 있다. 그리고 국가 정당 구조는 과거보다 상당히 많은 돈과 권력을 갖는다. 1950년대 정치학자들은 '책임 있는 정당들'을 요구하기 위해 함께 무리 지었다.[49] 최근까지, 정당들은 꾸준히 악화되어왔다. 그러나 지난 10년 동안 정당 권력은 극적으로 증가했고 지금의 공화당은 어제의 강력한 풀뿌리 수준에서 조직된 정당의 도시 기구처럼 크다. 정상의 이너 서클은 쇼를 운영하고, 조직은 최첨단의 컨설턴트 자원을 운영한다.[50]

1950년대의 정치학자들이 기대했던 것처럼, 지금의 정당은 보다 강해졌고 이데올로기적으로 독특해졌다. 그러나 스펙트럼의 중간에서 경쟁하는 대신, 오늘날의 정당들, 특히 공화당은 대부분 열정적이고 극단적인 멤버들에 초점을 맞춘다.[51] 공화당 우파의 권력은 2005년 백악관 법률고문 해리엇 마이어스Harriet Miers의 경우처럼 대통령 연방대법원 대법관 임명을 거부할 수 있다.* 국가 단위의 정당을 강화하는 것은 책임 있는 정당 정부를 이끌 것으로 예상되었다. 대신 일어난 것은, 해커Hacker와 피어슨Pierson이 다음과 같이 했다.

정당 정부는 책임지지 않는다. 그들은 점점 더 권력이 강화되지만 책임을 외면해도 그에 따른 벌을 받지 않는다. 강한 정당 시스템은 우리의 정치 시스템에서 책임성을 증대할 것으로 예상되었다. 하지만 경제력과 정치적 자원의 집중은, 실제로는 대중 반발을 무마하는 획기적인 도구들(당의 지도자가 미지근한 온건파를 끌어들이기 위한, 온건한 유권자의 공격으로부터 열성 당원을 보호하기 위한 전략과 절차)을 만들게 했고, 일반 투표자들을 국가의 운명과 무관하게 만들어버렸다.[52]

요약하면, 지금까지 논의한 주요 개혁들은 실행하기에 결함이 있거나 실패했거나 둘 중 하나다. 의원내각제 시스템 개혁과 비례대표는 헌법을 불균형하게 만들 것 같다. 임기 제한과 페로의 전자민주주의 버전은 대중을 흥분시키지만 검토해보면 해롭고 비현실적인 만병통치약으로 판단된다. 그리고 최종적으로 정당을 강화하는 것도 지지자들의 기운을 북돋우는 것이 되지 못했다.

다행스럽게도, 이러한 곤란의 대부분을 피하는 의미 있는 정치적 개혁이 있다. 부패를 억제하고 시민 덕성을 장려하고, 심의민주주의와 정치참여를 위한 전망을 증진하고, 대중과 정치 엘리트 사이의 다리를 구축

• **거부할 수 있다** 연방 대법원의 대법관은 대통령이 지명하고 최종 임명한다. 공화당 소속 부시 대통령은 이러한 권한에 근거하여, 개인적인 일로 사임하는 샌드라 데이 오코너Sandra Day O'Connor 대법관의 후임으로 백악관 법률고문인 해리엇 마이어스Harriet Miers를 지명했다. 하지만 그녀가 너무 진보적이라는 여론이 빗발쳐 결국 지명을 철회할 수밖에 없었고 그 대안으로 제3순회 연방항소법원Third Circuit Court of Appeals 법관인 새뮤얼 알리토Samuel Alito를 지명했다. 그에 대해서도 논란은 있었지만 상원에서 58:42로 인준되었다.

할 것이다. 당파심에 기반을 둔 개혁 대신, 메이휴의 조언처럼 우리는 반정당 진보 전통으로부터 시작하고 새로운 방향을 취해야 한다.[53] 그 개혁은 대의적 전환을 갖는 심의민주주의인 국가 민회와 인민원이다.

| 제9장 |

미국과 세계

참여와 대의를 융합하는 국가 민회 개혁은 어떤 큰 영향을 가져올 것인가? 입법 영역을 넘어 보다 폭넓은 사회를 어떻게 반영하고 변화시킬 것인가? 이 장에서는 국가 민회와 인민원이 사이버 민주주의, 다양성과 시민 정체성, 세계에서 미국의 역할이라는 세 구체적인 요구에 어떻게 답할 수 있을지에 초점을 맞춘다.

'컴퓨터 시스템에 연결된 세계wired world'를 열정적으로 지지하는 사람들은 직접 대중민주주의로 향해 나아가고자 한다. 그들은 대의정부를 없애고 국민투표로 직접 결정하자고 주장한다. 매주 컴퓨터를 통해 중요한 쟁점이 제시되면 시민들 역시 컴퓨터를 통해 투표한다. 그러나 정보를 갖고 있지 못한 상태에서 감정에 치우치는 선택을 조장하는 단세포적인 전자민주주의는 심의를 찾아볼 수 없을뿐더러 결과적으로 엘리트 조작에 취약하다. 결과적으로 민주주의를 돕기보다는 해가 될 것이다.

오늘날 인터넷은 광고주와 정치 컨설턴트가 인터넷 사용자에 보낼 메시지를 그들이 원하는 대로 만드는 것을 가능케 한다. 그 결과 협소한 의제에 초점을 맞추는 이익집단으로의 편향성은 훨씬 더 두드러진다. 웹상에서 개인들은 일, 취미, 정치적 지지에 따라 생각이 비슷한 이들과 모이게 되고 공동체 의식을 만들어낸다. 그러나 인터넷은 또한 매우 파편적인 탈근대적 정치를 두드러지게 한다. "오직 주식 뉴스와 건강 정보를 원한다"처럼 인터넷 화면의 첫 페이지를 자신이 원하는 것으로 만들 수 있는 뉴스의 개인화는 공통의 문화를 부식시킨다. 이처럼 가상의 공론장이 개개인의 관심에 따라 분할되면, 공통의 정체성을 구축하고 공동 문제를 해결하는 것은 더 어렵게 된다.[1] 민주 정치를 위해서는 면대면 상호작용과 디지털 체험이 융합해야만 한다. 인터넷은 전통적인 정치적 상호작용의 대체가 아니라 막강한 보완으로 기능할 때 의의가 있다. 퍼트넘Robert Putnam이 『나 홀로 볼링Bowling Alone』에서 말한 것처럼, 전화의 역사, 인터넷 사용에 관한 초기의 자료들은 모두 컴퓨터 매개 커뮤니케이션이 면대면 공동체를 보완할 뿐이지 대체하지는 않는다는 것을 강하게 시사한다.[2]

기술적 역량과 바쁜 스케줄을 고려한다면, 왜 면대면 모임에 신경 써야 하는가? 한 가지 이유는 말로 직접 하지 않는 비언어적 커뮤니케이션이 많기 때문이다. 워싱턴 D.C.와 주도州都들에서 의원들이 하는 것처럼 지역민회 대리인들 역시 서로 알 필요가 있다. 누가 신속히 현안을 검토하는지, 누가 가장 최선의 선택을 하는지, 누가 둔감한지, 변덕스러운지, 완고한지와 같은 것을 서로 잘 알 수 있기 위해서는 규모가 커서는 안 된다. 이러한 개인적 자질은 온라인을 통해서도 물론 알 수 있으나 직접 부딪힐 때 판단할 수 있는 좀 더 많은 단서를 모을 수 있고 가장 잘 판단할 수 있다.[3] 사이버 친구들 역시 좋을 수 있으나 그들은 어슴푸레한 형체에 지나지 않을 수 있다. 텔레비전으로 생중계되는 이벤트를 생각해보자. 방송에서 선택한 화면만이 전파를 탄다는 점에서 직접 '생생하게' 볼 수 있는 중요한 정보를 못 볼 수 있다. 온라인 상호작용도 마찬가지다. 매우 많은 정보가 컴퓨터를 통해 옮겨간다.[4] 그러나 직접 만나는 것은 민회 대리인에게 더 나은 사적 지식을 제공한다. 대리인은 물리적으로 자신이 속한 지역민회와 인근 지역민회의 대리인들만 만날 수 있다. 그러나 이러한 전통적 상호작용은 고립된 개인이 아니라 전국에 걸쳐 있는 정치 공동체 속의 한 명으로 함께 참여하는 자신을 바라보도록 한다.

비록 국가 민회가 대리인들에게 지역적 관점에서 벗어나 국가 차원의 큰 그림을 생각하도록 요청하지만 자신이 선출된 지역 공동체와 연결되어 있다는 것은 중요하다.[5] 도시의 소규모 교회에서 이뤄지는 공동체 모임처럼 국가 민회 모임은 지역의 구체적인 장소에서 이루어지기 때문이다.[6] 지역민회는 선술집pub, 사친회PTA, 노인복지회관과 같이 일과 가족의 범위를 넘어서서 교제하는 그러한 공론장들 중 하나일 것이다.[7]

그럼, 어디서 지역민회를 열 것인가? 의회 대회의실은 의원석과 시민 방청석을 분리하는 높은 연단이 있어 동등한 시민들 사이의 토론에 방해가 된다. 학교, 커뮤니티센터, 도서관, 회사의 큰 미팅 룸은 모이기에 좋을 수 있으나 본래의 용도 때문에 정치가 삶의 부수적인 것에 지나지 않는다는 선입견을 줄 수 있어 덜 이상적이다. 자고 일하고 쇼핑하고 기도할 장소처럼 대중 논의를 위해 전념할 수 있는 특별한 공간이 필요하다.

사이버 공간과 매개된 미래 정치에 대한 비전은 인터넷이 참여를 증대시켜 정치혁명으로 나아갈 수 있다는 것이다. 그러나 컨설턴트 정치가 인터넷을 만날 때 마케팅으로서의 민주주의가 무한한 힘을 얻는 부작용은 벌써 나타나고 있다. 컨설턴트들은 대중이 어떠한 설득에 민감한지, 어떤 권유가 관심을 끌 수 있을지를 밝히기 위해 웹사이트를 이용하고, 연령, 구매 습관, 자선 기부, 가족 형태, 좋아하는 잡지, 주택 소유를 포함하여 다양한 개인 정보를 컴퓨터 분석을 통해 활용한다. "만약 당신이 포드 익스플로러Ford Explorer 차량을 소유하고 있고 정원 가꾸기를 하면서 외부 활동을 좋아하는 50세 이상이라면, 불법행위 개혁에 관해 높은 관심을 가질 가능성이 있다"라고 한 베테랑 공화당 컨설턴트는 말한다.[8] 이 경우 인터넷은 컨설턴트 화살 통 안에 있는 새로운 화살인 셈이다.

상호 심의적인 정치를 촉진하는 국가 민회 개혁은 인터넷을 활용한 정치의 교묘한 조작을 상쇄할 수 있다. 1960년대 이래로 첨단기술은 시민이 아닌 컨설턴트에게 우호적이었다. 그러나 인터넷은 정치를 민주적으로 통제할 수 있도록 정보의 광범위한 공유를 촉진할 수 있다.[9] 직접 그리고 온라인으로 만나는 대리인들은 다음처럼 말할 수 있다. "의원들에게는 우리의 이익을 가장 우선에 두라고, 그리고 정직하라고 말한다. 관료들에게는 우리를 위해 일하는 것이 당신의 일이라는 것을, 우리가 쟁점에 대해 정보에 근거를 둔 선택을 하도록 돕도록 말한다."

미국인의 시민 정체성

컴퓨터 혁명과 인터넷이 미국 사회를 변모시키는 것처럼 이민과 국제결혼은 말 그대로 미국의 얼굴을 바꾸고 있다. 세계에서 가장 기술적으로 발전한 미국 사회는 또한 가장 범세계적이다. 문화다원주의로 넘쳐나는 다양한 미국 사회를 어떻게 통합해 유지할 것인가? 역사적으로 하나의 민족은 하나의 국민국가를 만들었다는 점에서 미국처럼 범세계적인 대규모의 다민족국가가 어떻게 오랫동안 유지될 수 있는지를 궁금해 하는 관찰자들이 있다.[10] 호리스 캘른Horace Kallen의 유명한 문구를 사용한다면 미국은 '민족들로 이루어진 국가'[11]로 다문화사회다. 오늘날 많은 국가가 다문화이긴 하지만 보통 하나의 민족이나 인종 집단이 나머지를 지배한다. 그러나 미국은 사회를 지배하는 유일한 집단이 없고, 끊이지 않는 국제결혼 때문에 매우 혼합된 사회에 살고 있다. 뉴 헤이븐, 코네티컷은 좋은 예를 제공한다. 청교도들Puritans•과 양키들Yankees•과 함께 시작한 이들 도시는 아일랜드인, 이탈리아인, 아프리칸 미국인들과 푸에르토리코인들이 계속 밀려들어왔다. 1960년대 이래 라틴계를 제외한 새로 유입된 집단들은 모두 시장을 당선시켰다. 어느 집단도 국가적으로는 고사하고 지역적으로라도 정부를 오랫동안 통치하지 못하고 있다.

독특하게도 범세계적인 국가인 미국은 추상적이 아닌 실재적인, 보편적이 아닌 특수한 공동체 의식을 필요로 한다. 미국인들은 더 나은 경제적 조건과 정치적 삶을 위해 이곳으로 왔던 선조가 있다는 공통점이 있다. 그러나 우리의 정체성은 또한 독특하다. 미국인이 된다는 것은 보는 것처럼 쉽지만은 않다.[12] "다양성을 부인하거나 또는 억압하지 않고 통합을 창조"할 수 있는지가 정체성 확립을 위해 해결해야 하는 정치적

• **청교도들** 16~17세기 영국 및 미국 뉴잉글랜드에서 칼뱅주의의 흐름을 이어받은 프로테스탄트 개혁파를 일컫는 말이다. 1559년 엘리자베스 1세가 내린 통일령에 순종하지 않고 국교회 내에 존재하고 있는 로마가톨릭적 제도·의식 일체를 배척하며, 칼뱅주의에 투철한 개혁을 주장했다. 제임스 1세, 찰스 1세 때 비국교도로서 심한 박해를 받고 네덜란드와 기타 지역으로 피해 갔다. 그 중에서도 신대륙의 플리머스에 식민지를 개척한 메이플라워호의 '필그림 파더스'는 유명하다.

• **양키들** 미국 뉴잉글랜드 이주자를 가리켰던 말이다. 원래는 17세기 후반 북아메리카에 캡틴 양키Captain Yankee라는 유럽에서 온 국적 불명의 해적선의 선장 이름이었는데, 당시 영국인이 미국 뉴잉글랜드 사람을 촌뜨기 취급하며 사용한 말이다. 미국 독립 이후 남북 갈등이 심화되자 남부인은 '양키'라는 말을 촌뜨기나 저질 등의 뉘앙스를 담아 뉴잉글랜드인을 가리키는 데 사용했다. 특히 남북전쟁 때 남군은 북군을 양키라며 경멸했다.

과제다. 문화와 집단 정체성에 관해서는 대체로 중립적인 역대 정부는 이러한 과제를 나름 잘 다뤄왔다. 정치 영역에서 개인은 동등한 시민으로 존중받고, 모든 민족 집단은 조직, 교육, 자금 모금과 사회 서비스 활동에 차별을 받지 않는다. 또한 자신의 책임 하에 집단 전통을 향상시킬 수 있다.[13]

고대 그리스와 로마는 동종同種공동체였고, 개인들에 의해 유지되는 가장 중요한 정체성이 시민권이었다. 그러나 이종異種공동체인 미국에서는 애국심이라는 독특한 브랜드를 개발했다. 미국 시민은 애국심을 민족적 자각의 대체라기보다는 하나의 추가 항목으로 생각하기 때문에 종종 중국계 미국인으로서, 아일랜드계로서, 멕시칸으로서 또는 어떤 다른 민족으로서 자신의 정체성을 확인할 수 있다. 민족과 국가라는 양 측면의 정체성은 개인에게 동등하게 중요할 수 있고, 종종 개인의 감정적 삶은 그 또는 그녀의 민족 유산에 집중되기도 한다.[14] 그러나 부분의 합인 미국이라는 국가에 어떻게 충성을 유지하는가? 정치와 애국심의 결합을 통해서다. 어떤 의미에서 "우리가 공유할 수 있는 유일한 것은 공화국 그 자체다." 여기서 공화주의적 발상의 현대적 이해는 미국을 이해하는 데 핵심이 된다. 그러나 또 한편으로는 미국인들은 루소의 전통을 따르는 열정적인 공화주의자들도 아니고, 다양성과 대규모 정치가 쇠망을 가져올 수 있다고 경고하는 역사주의적 공화주의를 또한 무시한다. 왈저는 미국 시민은 모순되는 지시를 받는다고 말한다. "애국심, 정중함, 인내와 정치적 행동주의는 다른 방향으로 그를 이끈다."[15] 첫 번째와 마지막은 열정을 요구하는 반면 정중함과 인내는 헌신을 약화시킨다. 드워킨Ronald Dworkin이 설명한 것처럼, 자유주의 사회는 사람들이 자신의 꿈을 따라

갈 자유가 있고 삶의 목적에 관해 합의가 없는 곳이다.[16] 대신에, 사회는 시민을 동등하게 취급해야 하는 강한 절차적 요구로 통합되고 국가는 모든 사람을 동등하게 만들고자 한다. 이러한 종류의 정치는 개인주의, 세속주의, 인내, 사적인 보상에 중점을 두고 통합된다. 고전적 자유 시장, 제한된 정부는 꼭 들어맞는 셈이다. 그러나 왈저는 "자유주의 국가는 온화함과 친밀함이 부족하기 때문에 시민들을 위한 집이 아니다"라고 말한다.[17] 그리고 정치적 지지를 조직하기 위해 감정과 선입견을 활용하고자 하는 이들은 인내와 공정함의 이상을 종종 좌절시킨다. 20세기 전반 아프리칸 미국인에 대한 심한 편견, 인종주의와 짐 크로Jim Crow 분리•, 1950년대 매카시의 적색공포red scare 시기•는 수십 년 동안 미국인

• **짐 크로 분리** 짐 크로 법Jim Crow Laws을 말한다. 이 법은 1876년부터 1965년까지 시행됐던 미국의 주법이다. 옛날 남부 연맹에 있는 모든 공공기관에서 합법적으로 인종 간 분리를 시행하도록 했으며, 미국의 흑인들이 "분리되어 있지만 평등하다"는 사회적 지위를 갖게 만들었다. 인종 분리로 흑인은 백인보다 경제적 후원, 주거지 등에서 열등한 대우를 받았으며 이것은 경제, 교육, 사회 등에서 불평등을 낳았다. 합법적인 분리는 주로 미국 남부에서 이루어졌지만 사실상 몇 년 동안 북부에서도 불공평한 조합 업무를 포함한 강제적인 집 계약, 대출 관행, 직업 차별대우 등 인종차별이 존재했다. 짐 크로 법의 예를 들자면 공립학교, 공공장소, 대중교통에서의 인종 분리, 화장실, 식당, 식수대에서의 격리 등이 있다. 미국 군대에서도 백인과 흑인은 분리됐다. 이 짐 크로 법은 그 이전에 미국 흑인의 인권과 자유를 제한했던 19세기의 흑인단속법과는 관련이 없다. 연방대법원에서 공립학교에서의 차별은 위헌이라는 판결을 내린 1954년 브라운 대 토피카 교육위원회 재판Brown vs. Board of Education 사건은 결정적으로 짐 크로 법의 폐지를 가속화시켰다. 그 후 남아 있었던 짐 크로 법은 1964년 시민권법과 1965년 선거권법으로 인해 효력을 상실했다.

• **적색공포 시기** 1950~1954년 미국을 휩쓴 일련의 반反공산주의 선풍. 위스콘신 주 출신의 공화당 상원의원 J. R. 매카시가 주역이다. 1950년 2월 "국무성 안에는 205명의 공산주의자가 있다"는 매카시의 폭탄적인 연설에서 발단했다. 1949년 이래 수년 간 매카시가 상원의 비미非美활동특별조사위원회를 무대로 진행한 공산주의자 적발·추방의 활동을 의미하지만, 제2차 세계대전 이후 냉전이 심각해지던 상황에서 중국의 공산화와 잇달아 발생한 한국전쟁 등 공산 세력의 급격한 팽창에 위협을 느낀 미국 국민의 광범위한 지지를 받았다.

삶을 상처투성이로 만든 명백한 사례다.

다행스럽게도, 자유주의 원칙들은 시민공화주의 열정과 융합될 수 있다. 미국 정치는 다음 두 가지 수준에서 공화주의 정치를 실행하는 능력을 갖고 있다. 첫 번째는 귀화한 개인의 정체성으로 보다 광범위한 다문화집단 정체성을 확립할 수 있다. 시민사회에서 일부 기업집단, 일부 종교집단, 일부 민족 집단, 일부 오락 집단들과 같은 과잉집단과 함께 할 수 있고 이러한 집단 경험에서 루소가 작은 도시국가에서 경축한 상호감정과 집단정신을 찾을 수 있다. 보통 정치 영역 밖에서 적극적인 공동삶을 향유하나, 이러한 집단은 사회적 상호작용과 공동 목적을 위한 활동을 통해 만족을 추구하기 때문에 자연스럽게 '공화주의적' 책임을 수행한다. 이것은 민족 집단들에게는 특히 그러하다.

두 번째 수준은 정치 영역에서 함께 하는 우리의 공동 삶이다. 여기서는 사회적·경제적 삶에서 광범위한 자유를 보장하는 자유주의적 민주주의 정체에 충성한다. 참여를 가치 있게 여기고 촉진하는 공화주의 정치 역시 실행하지만, 개인의 권리를 존중하고 인내를 가르치는 철학적 자유주의 구조 내에서 제한되고 초점을 맞춘 공화주의라는 제약이 따른다. 이러한 현대 자유주의-공화주의 이해는 민족 간 긴장이 어떻게 미국이라는 국가의 통제 아래 있게 되는지를 설명한다. 국가 민회와 인민원은 인내와 열정으로서 시민권, 정중함과 시민 덕성으로서의 시민권이라는 복잡한 이해를 포용하는 토론의 장일 것이다. 왈저는 다음과 같이 설명한다.

사적 삶과 자유주의 가치에 대한 전면 공격 없이도, 종교적 부활 또는

> 문화혁명 없이도 정치는 개방될 수 있고 참여율은 상당히 증가할 수 있으며 의사 결정은 사실상 공유될 수 있다. 필요로 하는 것은 공론장의 확장이다. 이는 국가 권력의 성장에 의해서가 아니다. (…) 그러나 국가의 새로운 정치화, 일반 시민의 수중으로 국가 권력의 이양을 의미한다.[18]

미국인들은 협력과 연대를 이끌어내기 위한 규칙을 발전시키는 데 탁월한 능력이 있다. 앨런 울프Alan Wolfe는 "문제는 그들이 규칙을 지킬 수 있도록, 스스로 자신을 믿는 방법을 찾아내는 것이다"라고 말한다.[19] 시민사회와 정부 양자의 관점을 결합하여 이들 사이를 매개하는 국가 민회와 인민원은 울프가 말한 길을 제공한다. 민주주의는 미국의 세속적인 종교라고 종종 말해진다. 지역민회의 국가적 네트워크는 링컨이 말한 우리 본성 중 '상대적으로 선한 천사들'에 의해 영향 받을 수 있는 담화실談話室, 보호구역일 것이다. 성난 대립이 있을 것인가? 의심할 여지가 없다. 불일치는 대규모 다원적 사회에서 당연하다. 그러나 일과 배심 의무를 해나가면서 배울 수 있는 것처럼 지역민회들이 기능하는 데 필수적인 사회적 규범을 배워나간다. 멤버십과 공동체 의식은 처음에는 대략 시의회 선거구 규모 또는 마을 소재 학교를 위해 일할 때보다 조금 큰 지역인 각각의 구區에서 확립된다. 구區 민주주의는 자신이 속한 집단의 구성원이 항상 의회 대표자로 선택되는 기회를 가질 수 없는 집단이 공적인 대표와 목소리를 갖는 것이 가능하게 한다. 예를 들면, 퀘이커교도들, 사냥꾼들, 게이들, 베트남계 미국인들이다. 그들은 목소리를 얻고, 의석을 얻긴 하지만 수적 열세 때문에 의제나 토론 그 어느 것도 지배하지는 못한다. 인민원에서는, 적은 수 때문에 정치적으로 대개 무시되어왔던 집단 또는 차별 때문에 고생했던 집단이 그들의 집단 정체성에 관해 사회의 다른 집단에게 말할 길을 찾고 국가라는 전체 사회와 지금보다 훨씬 더 강한 연결을 구축하게 된다. 동시에 국가 민회는 정체성 정치를 넘어서서 나아간다. 그러한 변화는 미국이 훨씬 더 범세계적인 국가가 되고 다른 민족과 다른 인종 집단의 결혼이 증가하고 인종적 경계가 침식함에 따라 불가피하다.[20]

공화국 또는 제국?

오늘날 미국인은 진지하게 민주주의를 운영해야 할 특별한 책임이 있다. 만약 우리가 칠레나 라트비아 또는 싱가포르에서 살고 있다면 민주주의를 어떻게 실행할지가 그렇게 중요하지 않을 수 있다. 또한 만약 공화당과 민주당이 관세와 연방 예산 31만8000달러(2007년의 약 2조6560억 달러에 비해)를 갖고 옥신각신하고 있는 1890년이라면 마찬가지로 그리 중요한 문제가 되지 않는다.[21] 그러나 미국은 한 세기 전에 비해 급속히 달라졌다. 그리고 가장 중요한 변화 중 하나는 수십억 인구가 살고 있는 세계에서 미국의 영향력이 엄청나게 증가했다는 것이다. 미국이 세계 평화를, 생태적 생존을 혼자 결정하겠다고 나선다면 자만심이 지나치다고 비판받을 수 있지만, 대단히 중요한 수많은 문제에 관해 미국의 리더십을 무시하는 것 역시 현실을 부인하는 것이다.

로마 공화국은 제국의 야망을 견뎌내지 못했다. 2000년 뒤, 미국은 같은 딜레마에 직면하고 있다. 21세기 여명기에 미국이라는 국민국가는 제국과 의례적인 동의어인 세계의 유일한 초강대국이다.[22] 우리가 직면한 질문은 어떤 제국을 원하는가이다. 원론적으로 민주주의에 대한 우리의 책무는 대외정책 엘리트들이 우리의 대외정책과 지구적 관여에 대한 책임을 공유하는 것 이상을 의미한다. 냉전이 끝났지만 미국 대외정책의 목적은 오늘날에도 여전히 미해결 상태로 남아 있다. 나는 미국 정치에 대한 사유에 있어서 그리고 국가 민회에 정보를 갖고 참여하는 적극적 시민권의 발상에 있어서 마키아벨리의 중요성을 강조했다. 불온할지 몰라도 마키아벨리는 공화주의와 정복이 함께 간다고 주장했다. 로마를 말하면서, 그는 다음과 같이 썼다.

> 만약 공화국이 좀 더 평온했다면, 공화국은 좀 더 미미하고 이미 획득했던 가장 높은 수준의 성취력과 에너지를 잃어버리는 결과를 필연적으로 초래했을지도 모른다. 그러나 모든 인간적인 것은 끊임없이 계속되는 움직임으로 유지되고, 결코 안정적으로 남아 있을 수 없다. 국가들은 자연스럽게도 올라가거나 내려가거나 둘 중 하나다. 정확히 중간 코스는 유지될 수 없다.[23]

1945년 이래로 해외에서 미국의 파워 행사는, 특히 2001년 9월 이래로 공적 토론에서 중요한 문제가 되고 있다. 찰머스 존슨Chalmers Johnson과 같은 관찰자들은 군산복합체가 대중의 통제를 초월했다고 비판한다. 『제국의 슬픔The Sorrows of Empire』을 마무리하는 문장을 보자.

이러한 과잉 확장 과정을 멈추게 할 수도 있는 한 가지 발전적인 길은 있다. 국민들이 의회에 대한 통제력을 회복하고, 의회를 특수한 이익을 가진 자들의 포럼으로 전락시킨 부패한 선거법을 의회와 함께 개혁하여, 그래서 진정으로 민주적인 대의기구로 거듭나게 하는 것이다. 그리고 펜타곤(국방성)과 비밀 정보기관에 대해 돈줄을 끊는 것이다. 이론적으로 우리에게는 군과 군산복합체의 견고한 이해관계를 극복할 수 있는 강력한 시민사회가 있다. 그러나 로마공화국 최후의 날 로마 원로원처럼, 뒤늦게 의회가 되살아나서 고질적인 부패를 청산할 수 있을 것이라고는 상상하기 어렵다.[24]

미국의 시민이자 세계의 시민으로서 우리는 일련의 어려운 쟁점에 직면하고 있다. 베를린 장벽의 붕괴 이후 전 세계를 휩쓴 민주화의 물결은 발칸부터 인도네시아에 이르기까지 급증하는 민족과 종교 불화와 함께 밀려오고 있다. 9·11 공격은 미국인들뿐만 아니라 전 세계인들에게도 대규모 테러 위협이 현실이 될 수 있다는 상당한 인식을 심어주었다. 새로운 세계 경제는 부를 창출했으나, 자본의 즉각적인 이동은 노동자와 국가 경제에 심각한 위협이 되고 있다. 그리고 킬리만자로의 눈이 녹아내리는 오늘, 지구의 65억 인구, 특히 풍요한 서구인들은 지구의 생태적 균형을 강조하고 나선다. 복제, 지구온난화, 핵 확산과 같은 쟁점은 단지 개인적 삶의 문제만이 아니라 지구 전체의 문제다. 그러한 쟁점에 직면했던 이전 세대는 없었다.

냉전 동안 전문가로 자처했던 사람들은 오늘날 이와 같은 문제에 명확한 전문지식을 갖고 있지는 못하다. 바로 이 점에서 사고와 행동의 새로운 습관으로 무장한 국가 민회의 대리인이 될 수 있는 보통 미국인은 오늘날 세계를 위협하고 있는 쟁점을 다루고 세계의 미래에 견해를 내도록 요청받는다. 부수적으로, 민주주의가 강해지기 위해서는 전문가 위임과 수호자주의라는 발상에 부단히 도전해야 한다. 자각한 대중의 목소리 강화는 무기력증에 빠진 관료들을 흔들어 깨어 활동하게끔 할 수 있는 가장 좋은 방법이다.

다음은 그 일례다. 미국 교통부의 전前 감찰관인 메리 쉬아보Mary Schiavo는 비록 수백억 달러가 들어가지만 공항 안전 시스템을 한층 강화할 수 있는 자신의 권고를 연방항공관리국Federal Aviation Administration이 무시했다고 말한다. "1988년에 스코틀랜드 록커비Lockerbie에서 폭발했던 팬암 항공 103편•은 그 사고로 30억 달러 손실을 입었고 만약 이와 같은 사고가 10년 동안 매년 계속해 일어난다고 하더라도 그로 인한 손실은 내가 제안했던 해결책에 소요되는 비용보다 더 적을 것이라고 그들은 말했다. 우리가 결코 심각한 국내 테러리스트 사고를 당한 적이 없었기 때문에, 그리고 아무도 이러한 사고를 예방하기 위한 안전 지출을 결정하지 않을 것이기 때문에 그들은 이것은 단지 가치가 없다고 말했다."

25 국가 민회 참여를 통해 시민의식이 높아진다면 연방항공관리국, 행정

• **팬암 항공 103편** 1988년 12월 21일, 미국의 민간항공기(팬아메리칸 항공 103편)가 영국 스코틀랜드의 록커비 마을의 상공에서 폭발하여 승객·승무원 259명 전원이 사망한 사건. '팬아메리칸 항공기 폭발 추락사건'이라고도 한다. 영국과 미국은 리비아 정부기관이 관여한 2명이 주범이 되어 폭발물을 항공기에 설치한 것으로 보고 1992년 1월 21일 유엔안전보장이사회는 리비아 정부에 간접적 표현이지만 용의자의 인도를 요구하는 결의 731을 채택했다. 유엔은 같은 해 3월 31일의 안전보장이사회 결의 748에 의해 항공 분야에서의 대對 리비아 경제제재가 결정되어 다음 해 1993년 10월 11일의 안전보장이사회 결의 833에 의해 리비아 자산동결을 포함한 경제제재의 강화가 결정되었다.

부와 의회 권력자들이 역할을 다해 그 결과 9·11 테러와 같은 사고를 막을 수 있도록 자극할 수 있을까? 우리는 결코 알지 못한다. 그러나 국가 민회가 행동을 통일하는 시민들에게 미국 정치 시스템을 움직이는 강력한 영향력을 제공할 것으로 기대할 수 있다.

오늘날엔 소규모 집단이 미 대외정책의 방향을 지배한다. 일류 대학의 석학, 『포린 어페어스Foreign Affairs』와 같은 잡지의 편집자들 그리고 『뉴욕타임스』 『월 스트리트 저널Wall Street Journal』 등의 편집장 혹은 칼럼리스트, 의회 외교 분과위원회 의원과 그들의 보좌관들, 이념 성향이 강한 싱크탱크의 연구원들, 국제 문제에 정통한 변호사나 은행가들, 이들은 백악관의 국가안보회의 참석자와 국방부 및 국무부 고위층과 더불어 약 5000여 명의 핵심 집단을 이룬다. 이들 대부분에게는 대외정책은 대학 졸업 이후 추구해왔던 핵심적 업무다. 영국의 공직자와 유사하게, 대외정책의 장기간 참여는 성공뿐만 아니라 실패의 기억까지 갖게 한다. 우리는 정책을 만들고 실행하는 데 자신의 전문성을 활용하기 위해 정부에 있는 그들에 의존한다.

기술적·도구적 지식에 능숙한 사람들이 미국 대외정책의 목적, 방향, 목표들을 정하는 논의에서 거의 배타적인 역할을 하는 것은 당연한가? 그러한 질문 자체가 대외정책 엘리트의 권위와 자율에 도전하는 것이다. 전문가들은 대외정책이 복잡하고 미묘하다는 것을 알고 있는, 대중은 필수적인 지식과 관심 모두가 부족하다는 것을 알고 있는 "현실주의자들"이다. 전문가들은 국제 관계의 미묘함과 냉혹함을 이해하는 대중의 능력을 하찮게 만듦으로써 그들의 권력과 자율을 어설프게 손보는 것에 저항한다. 그들은 국제 상황에 관한 사실에 기반을 둔 데이터보다는 대

중 감성의 강력한 기호들을 동원해 자신의 일이 민주주의에서 피치 못할 개입이라는 것을 비유한다.[26]

히틀러 및 소련과의 생사를 건 투쟁 동안, 교육받은 대중은 보고 들을 수 있다 하더라도 "현명한 사람"이 결정하는 것에 이의제기를 하지 않는다는 것은 타당해보였다. 그것은 베트남에서의 대실패까지 지속되었다. 그 시기 이래 수많은 임무는 대외정책 엘리트들을 동요시켜왔다. 이란 인질 위기•, 레바논 파병, 이란 콘트라 게이트Iran-Contra Affair•, 이라크 점령과 같은 일들은 두드러진다. 물론 대외정책 전문가들이 필요하다. 또한 모든 공공정책 문제에 부딪혔을 때, 정보에 근거를 둔 결정을 하기 위해서는 특별한 지식이 본질적으로 요청된다. 그러나 '자각하는' 대중이 참여하여 심의적인 판단을 하는 국가 민회와 인민원은 국가가 직면하고

• **이란 인질 위기** 1979년 이란에서는 종교 지도자 호메이니가 이끈 혁명으로 팔레비 정권은 붕괴되었고, 팔레비는 국외로 도망치게 된다. 미국이 팔레비의 입국을 허용하자 분노한 테헤란 시민들은 미국 대사관을 점거하고 58명의 미국인을 인질로 붙잡았다. 이란인들은 미국이 팔레비를 이란으로 돌려보내고 미국의 은행에 있는 그의 재산을 내놓아야만 인질을 석방할 것이라고 선언했다. 카터 대통령은 이런 제의를 거절하고, 국왕을 돌려보내지도, 그의 재산을 동결하지도 않았으며, 오히려 인질들이 석방될 때까지 이란과의 무역을 금지한다고 맞섰다. 카터는 1980년 4월 특공대를 동원해 사로잡힌 인질을 구출하고자 했으나, 불행히도 요원들을 태운 헬기가 사막에서 추락하고 말았다. 레이건 정부가 들어서자 이란은 화해의 표시로 444일 동안 억류하고 있던 인질들을 석방하기로 했다. 이란은 미국 내 팔레비 재산 환수를 조건으로 인질 석방에 합의했다. 1980년 1월 20일, 레이건의 대통령 취임에 맞춰 인질들이 오랜 억류 생활을 마치고 조국에 돌아왔다.

• **이란 콘트라 게이트** 1986년 11월 미국 레이건 행정부의 외교정책에서 드러난 스캔들이다. 국가안전보장회의National Security Council가 레바논에 억류되어 있는 미국인 인질을 석방시킬 목적으로 비밀리에 이란에 무기를 판매하고 그 대금의 일부를 니카라과의 콘트라 반군에 지원한 사건이다. 이란에 대한 무기판매는, 전쟁 중인 이란에 지원하지 않고 테러리스트와 흥정하지 않는다는 미 행정부의 공식 입장에 위배되는 것이며, 콘트라 반군에 대한 지원은 콘트라 반군에 대한 일체의 직접적·간접적 지원을 금지한 의회의 볼런드 수정법을 위반한 것이다.

있는 중요한 국제 문제에 건전한 결정을 하도록 정부를 돕는다.

인상적인 쟁점들

좀 더 정보에 기반을 둔 대중의 참여가 필요한 쟁점으로는 무엇이 있을까? 2005년 조지 W. 부시 대통령이 제안한 사회보장제도의 근본적 변화 여부가 그러한 사례다. 1990년대 중반 동안, 국가가 직면한 두 건의 매우 중요한 쟁점은 클린턴 대통령의 의료보험 제안과 미국이 발칸 반도에 어떻게, 왜 개입해야만 하는가였다. 모두 매우 복잡한 쟁점들이었다. 또한 대중의 동의를 요구했다. 여기서 이 둘을 재검토해보자.

클린턴 대통령이 제안한 의료보험 시스템 개혁은 거의 모든 사람에게 영향을 미칠 것이다. 전前 유고슬라비아에 미군이 개입할지는 군인과 그 가족들에게는 생사가 걸린 쟁점이다. 이들 쟁점에서 규모가 크고 보다 광범위한 토론은 언론에서 일어났고, 수많은 여론조사는 대중의 의향을 타진했다. 그러나 만약 답변이 수박 겉핥기식 지식에 기반을 둔 것이라면 여론조사는 결코 대중의 심의적인 판단의 결과로 볼 수 없다. 강력한 의료보험 회사들과 대통령을 반대하는 보수파가 대통령의 계획에 기반을 둔 법안이 '국가 차원의 의료보험national health care'을 바꾸는 것이 아니라 '정부 주도의 의료보험government health care'을 추진하는 것이라면서 그 의미를 교묘하게 바꾸어 반대하는 대중 캠페인을 창안했을 때 의료보험 토론은 중대한 전환을 맞았다. 그러나 의료보험을 개혁하고자 하는 클린턴의 접근은 시장주도적이었기 때문에 이러한 캠페인은 정직하지 못했다.

일부 자유주의자 의원들은 캐나다와 유럽에서 찾아볼 수 있는, 정부 운영 단일 참여자 시스템을 지지했으나 클린턴은 그렇게 하지 않았다.

의료보험산업과 작은 기업들은 대통령의 계획을 무산시키기 위해 대규모 홍보 캠페인을 시작했다. 그들이 성공할 수 있었던 핵심에는 현관 앞에 앉아 정부 관료들에 관해 말하고 있는 중년 커플을 주인공으로 하는 상업 광고가 있다. '해리Harry와 루이스Louise' 광고는 다음과 같은 아나운서의 말로 시작된다. "정부는 관료들이 고안한 일부 의료보험 계획을 선택하도록 강요할 지도 모른다" 루이스가 "우리가 좋아하지 않는 것들 중에서 고르라는 것은 전혀 선택이 아니다"라고 하자 헨리는 "그래도 그것들 중에서 선택된다"라고 답한다. 루이스는 "결국 우리는 상실할 것"이라고 말한다.[27] 이러한 간략한 메시지는 대통령의 계획에 반하여 여론을 바꾸도록, 그리고 결국 의회를 바꾸도록 했다. 『월간 애틀랜틱Atlantic Monthly』의 다음 기사에서 제임스 팔로우스James Fallows는 계획이 매우 복잡한데다 하향식이었고 관료적이었다는 일반 통념에 반하는 강한 논거를 제시한다. 그는 클린턴 의료보험의 실패를 "잘못된 정보의 승리"라고 불렀다.[28]

쟁점 포럼 프레젠테이션에서, 케터링 재단은 사람들이 에너지, 의료보험, 의사 처방전이 필요한 약과 같은 하나의 쟁점에 서너 개의 주된 접근들을 파악할 수 있도록 훌륭하게 돕는다. 물론 모든 정책 쟁점은 다양한 수준의 복잡성이 있다. 그러나 저널리스트나 관심 많은 시민이, 행정부나 의회 스태프처럼 반드시 상세한 것까지 숙달할 필요는 없다. 시민들이 움켜잡아야 할 것은 쟁점을 추진하는 찬반 논의에 덧붙여 기본적인 정책 선택이다. 그들은 복합적인 쟁점을 결정하기 위해 전문 지식을 보고에 의존하는 대통령이나 주지사와 별로 다르지 않다.

미국이 보스니아Bosnia•와 코소보Kosovo•에 개입한 핵심 이유는 베트남 전쟁에 대한 안 좋은 기억과 미국 사상자들을 최소화하기 위한 지도자의 소망 때문이었다. 발칸 반도에서는 비극의 초기에 미국은 대체로 전 유고슬라비아의 격렬한 분리의 소극적 구경꾼이었다. 처음에는 세르비아Serbia의 극악을 못 본체했다.[29] 코소보의 침입 이후 세르비아에 대한 미군과 나토 군의 폭격전은 밀로셰비치Slobodan Milosevic를 권좌에서 끌어내리는 데 성공했다. 기술에 의존하고 사상死傷의 위험으로 움찔하는 것은 이해할 만하다. 그러나 발칸 반도에서의 클린턴의 선택은 만약 비록 한 명의 미군이 죽더라도 미국의 개입에 대규모 이의 제기를 일으키는 여론에 대한 두려움 때문에 저지되었다. 5000억 달러로 치솟은 국

• **보스니아** 보스니아 내전은 1992년 2월 혹은 4월 1일부터 1995년 12월 14일까지 벌어졌으며, 보스니아·헤르체고비나 내전이라고도 한다. 크로아티아와 슬로베니아의 두 공화국이 세르비아 주도 유고 연방으로부터 분리, 독립한 데 이어 보스니아·헤르체고비나 공화국이 1991년 분리 독립을 선언하자 공화국 내 세르비아계와 이슬람계의 무력 충돌 내전이 시작됐다. 제2차 세계대전 이후 50년 만에 유럽에서 벌어진 최대의 학살이 자행된 전쟁으로 남아 있다. NATO와 미국의 적극적 개입으로 1995년 12월 미국 오하이오 주에서의 데이튼 협정을 체결하고 전쟁을 수습했다. 1990대의 국제 정세는 소련 붕괴 이후 러시아의 힘의 약화가 명확하던 시기였고, 결국 유일 최강국이던 미국 빌 클린턴 행정부의 강경한 입장에 러시아가 개입을 포기하게 되어 확전을 막을 수 있었다.

• **코소보** 코소보 사태는 1998년 신유고연방으로부터의 분리·독립을 요구하는 알바니아계 코소보 주민과 세르비아 정부군 사이에 벌어진 유혈 충돌사태로 세르비아는 대규모 소탕작전을 전개하여 수십 명의 알바니아계 반군을 사살하고, 알바니아계 주민을 대상으로 이른바 인종청소작전을 펼쳤다. 1998년 6월 코소보 사태에 개입을 선언한 미국과 유럽연합은 나토 병력을 코소보 주변에 배치하고 코소보로부터의 세르비아 병력의 철수, 인종청소의 중단을 촉구했다. 그러나 세르비아군은 이를 무시하고 1998년 8월 코소보 해방군의 주요 거점을 함락시켰다. 1998년 10월 나토는 세르비아에 대한 무력 사용을 결정하고 공습을 시작했고, 1999년 6월 나토와 유고연방 간 군사협정이 체결되어 코소보 사태는 수습되었다.

방 예산, 전 세계적으로 군대를 배치하면서 군을 위험한 곳에 기꺼이 투입하고자 할 경우 그 시기, 장소, 이유를 논의하는 보다 좋은 방식은 반드시 요구된다.[30] 이라크와 아프가니스탄의 미군 주둔 또한 이런 논의를 요구한다.

발칸 반도의 위기와 의료보험 토론의 양 사례에서 전문가, 엘리트, 관심 있는 시민들은 정부의 정책 선택과 관련된 상황을 잘 이해했다. 이와 달리 대부분 대중은 무엇이 성패를 좌우하는지 모호하게 짐작하는 수준이다. 일부 학자들은 그 정도만으로도 투표자들에게는 충분하다고 주장한다.[31] 이것은 민주주의가 엘리트들의 순환으로 결정되는 슘페터의 시민권 모델이다. 이러한 이론에서는 만약 투표자들이 조지 W. 부시를 선택했는데 그의 대선 공약이 지켜지지 않는다면, 그들은 다음 선거에서 변화를 위해 투표할 수 있다. 그런데 이러한 회고적 투표retrospective voting• 이상으로는 요구되지 않는다. 기본 질문은 "당신은 4년 전보다 형편이 나아졌는가?"로 요약된다. 더 많은 교양을 갖춘 투표자들에게는 "국가가 4년 전보다 나아졌는가?"라는 질문이 포함된다.

우리 대부분은 무기 통제 또는 대량살상무기에 관해 전문가가 될 필요는 없다. 많은 국부적 쟁점에서는 전문가와 결과에서 가장 이익을 얻는 집단이 정책 결정을 지배하는 것이 일리가 있다. 그러나 중요한 국내외 쟁점에서는 보다 광범위한 토론이 필수적으로 요청된다. 이러한 중대

• **회고적 투표** 회고적 투표는 과거 통치기의 집권정부가 행한 정책을 보고, 정책을 지키지 못했거나 국민이 판단하기에 해가 되거나 잘못된 정책을 행했다면 이것을 평가하는 투표이고, 반면 전망적 투표prospective voting는 후보나 정당의 공약을 보고 앞으로 이러한 정책을 펼칠 것이라고 생각하고 투표하는 것이다.

한 쟁점에서 공적 토론의 수단은 비참할 정도로 간략하고 감정적이다. 강력한 이익집단, 관료 세력, 그럴듯한 의견 제시는 토론을 너무나 자주 조작한다. 쟁점들은 보다 큰 대중의 자각, 교양과 관여를 절실히 필요로 한다.

기업의 마케팅 캠페인이 대중의 욕망을 더욱 부채질하고 승리지상주의 컨설턴트들이 정치를 지배하는 초강대국에서 민주주의는 쉽지 않다. 정치적 성공을 위해 주도州都와 워싱턴 D.C.를 지배하는 노련한 이익집단과 막대한 자금에 의존하는 정치 게임의 주체들은 자발적으로 이러한 현실을 바꾸려고 하지 않을 것이다. 월터 리프먼Walter Lippmann•, 에드워드 머로Edward R. Murrow•와 테드 코펠Ted Koppel•조차도 비난받기에 딱 좋은 대중문화의 지나친 단순화는 계속되고 있다. 진정성이나 실현 가능

• **월터 리프먼** 1931년부터 1967년까지 『뉴욕 헤럴드 트리뷴』 특별기고가로 '오늘과 내일'이라는 제목의 칼럼을 담당했다. 1958년에 퓰리처상 특별상을, 1962년에 국제보도 부문의 퓰리처상을 수상하는 등 20세기 최대의 논객이다.

• **에드워드 머로** 매카시즘에 맞섰던 CBS 시사보도 프로그램 진행자로, 지금도 미국 저널리즘 역사에 길이 남는 앵커로 손꼽히고 있다.

• **테드 코펠** ABC 심야 뉴스 「나이트라인」을 25년 동안 진행한 미국의 대표적인 뉴스 앵커.

성은 둘째 치고 단지 일반 대중이 듣기 좋은 소리만 골라서 하는 선거운동 메시지personalized campaign message와 '대중의 인식을 왜곡하기 위한 의도적인 술책'은 정치를 그야말로 교묘함 쪽으로 몰고 간다.[1] 토크빌은 대규모 상업공화국에서는 개인에만 집착하게 되어 민주주의 미래가 암울할 수 있다고 염려했다. 오늘날 존경받는 정치 관찰자 역시 "선정적인 것에 정신 못 차리는 대중은 실질적인 논쟁에 참여할 수 없다"고 걱정한다.[2] 마치 소련이 지나친 규모로 부패가 증가했기 때문에 붕괴된 것처럼 미국 또한 그럴 수 있다. 만약 이것이 견강부회한 것처럼 들린다면, 토크빌의 다음과 같은 음울한 예언은 심사숙고할 만하다. "민주 국가에게 위협이 될 수 있는 억압의 종류는 지난 시대에 존재했던 것과는 다를 것이다. (…) 선거라는 제도를 통해 시민은 그들의 주인을 뽑고난 다음 한동안 의존상태를 털어버리다가 다시 의존상태로 빠져든다."[3] 대중은 인민의 동의라는 관념을 통해 비록 형식적이지만 그 존재를 여전히 인정받고 경제에서는 모든 소비 권리를 향유하겠지만 자신의 정치적 운명을 통제하는 데 있어서는 점점 그 영향력이 떨어지고 있다.[4] 여기서 슘페터의 최소화 이론은 토크빌의 예언과 절대적으로 부합한다.

최소민주주의

많은 정치학자와 시민들은 슘페터의 모델을 가장 최선의 것으로 받아들인다. 슘페터에게 민주주의의 본질은 정치 지도자들이 "인민의 투표를 획득하기 위한 경쟁적 투쟁을 함으로써 결정력"을 얻는 제도적 장치에 불과하다.[5] 투쟁과 폭력이 넘쳐나는 오늘날 사회적 갈등을 평화적으로 해결할 수 있는 수단을 찾은 것은 분명 작은 성취가 아니다. 그리고 경쟁 선거로 통치자를 선출한다는 점에서 "시민들이 유혈사태 없이 기존 정부를 바꿀 수 있는" 정치 시스템임은 분명하다.[6] 그러나 슘페터는 시민참여라는 고전적 목표를 거부했을 뿐만 아니라, 인민의 소망을 대의하는 것이기 때문에 민주주의가 정당한 정부 형태라는 주장 역시 폐기했다.[7] 슘페터의 시각에서는 회사들이 소비자를 대상으로 경쟁하는 것처럼 정치인들은 유권자를 대상으로 표를 획득하기 위해 경쟁한다. 결과적으로, 민주주의는 대의라기보다는 "유권자의 표와 바꿀 수 있는 상품으로 정부의 정책을 파는 것"으로 전락했다.[8]

그러나 과두제의 경쟁을 완화시키는 엘리트 교대 시스템만으로 인민이 통치하는 "민주주의"를 대신할 수 있을까? 정치에 대한 자유주의적·시민공화주의적 이해에 대한 논의를 다시 시작해보자. 로크 이후 슘페터의 성취는 평화적 '반란의 권리'를 성문화했다는 것이다. 엘리트들은 투표 결과를 받아들이는 것에 동의하고, 인민은 투표로 통치자를 거부하고 바꿔 반란의 권리를 집행하기 때문에 사회적 평화는 유지된다. 그러나 이러한 협소한 이해로는 정부를 교체하는 권리를 넘어서는 매우 많은 것을 놓쳐버린다. 예를 들어 1965년 도시 폭동•과 베트남 전쟁, 2005년

• **1965년 도시 폭동** 1965년 도시 폭동은 1965년 8월 11일부터 17일까지 캘리포니아 주 로스앤젤레스 와츠Watts에서 발생한 인종 폭동을 의미한다. 인종 차별과 경찰의 차별 정책이 배경이 되었고, 8월 11일 한 아프리카계 미국인이 난폭 운전 혐의로 검거되는 과정에서 폭동이 촉발되었다. 34명의 사망자와 1032명의 부상자가 발생했으며, 3438명이 체포되었고 약 4000만 달러의 재산 피해가 발생했다.

허리케인 카트리나Katrina•와 이라크 전쟁에서처럼 정부가 미숙하게 행동해 그 실패가 무시할 수 없을 정도로 명백하다면, 정부를 교체하는 권리는 물론 매우 중요하다. 그러나 지도자들은 대중에 즉각 반응해야 할 책무가 있지 않은가? 물론 대중에 반응하는 데 있어 한 엘리트 집단이 다른 집단을 능가한다는 면에서는 슘페터의 설명은 맞다. 그러나 통치하는 엘리트들을 선택하는 "하나의 수단으로서" 민주주의가 참여·대의에 관한 것이 아니라, 단지 권력을 승인한다는 의미에서는 '아니다'라고 하겠다. 일단 선택되면, 지도자는 대중에 반응해야 할 필요는 없다. 일단 당선되면, 그리고 그렇게 할 수 있는 권력과 정치적 기교를 갖고 있다면, "우리는 선거에서 승리했어. 알아들었으니까 그 얘기는 그만해"라고 하면서 자신이 원하는 대로 할 수 있다.

부시와 부통령 딕 체니Dick Cheney가 2000·2004년 선거 승리를 자신들의 목적을 위해 어떻게 이용했는지가 좋은 예다. 부시 행정부는 가장 부유한 1퍼센트에게 36퍼센트의 삭감 혜택이 돌아가는 반면 대중의 최하위 80퍼센트에 거의 동일한 퍼센트 정도만의 혜택이 돌아가는 대규모 감세 정책을 의회에 제출하여 통과 요청한 것이 대표적이다. 이처럼 감세에 있어서 대중이 상대적으로 낮은 우선순위에 놓여 있는 현실을 감안한다면 대중은 부유층에 주로 혜택이 돌아갈 줄 모르는 감세를 위해 교육, 환경, 대학 학자금, 사회복지, 교통 등과 같은 프로그램이 희생되

• **카트리나** 허리케인 카트리나는 미국 역사상 최악의 허리케인 중 하나로 기록되고 있다. 2005년 8월 23일 바하마The Bahamas에서 만들어진 카트리나는 플로리다, 텍사스, 특히 뉴올리언스 등에 막대한 피해를 입히고 9월 3일 소멸되었다. 최소한 1833명이 카트리나로 인해 목숨을 잃었으며, 약 810억 달러의 재산 피해가 발생했다.

기보다는 유지되는 것을 더 선호한다고 말해야 한다.[9] 물론 정부가 특정 계층을 선호하는 파벌 위주 통치를 전개할 때, 민주주의는 어려움에 처한다. 이것은 매디슨이 잘 이해했던 것이다.

최소민주주의는 시장점유율을 위한 기업들 간의 경쟁과 투표 획득을 위한 정치인들 간의 다툼 사이에는 유사성이 있다고 전제한다. 그러나 경제적 논리를 항상 정치에 적용할 수 있는 것은 아니다. 기업이나 조직이 쇠퇴에 직면할 때, 개인들은 이탈Exit, 항의Voice, 충성Loyalty이라는 선택권을 갖는다.[10] 경제에서 '이탈' 선택은 일할 수 있는 다른 회사가 많고, 구입할 수 있는 다른 생산품들이 많기 때문에 작동한다. 그러나 정치 세계에서 이탈은 쉽지도 않고 매력적이지도 않다. 얼마나 많은 사람이 이민을 원할까? 무시할 수 없는 강력한 항의 앞에서 정치인들이 대중의 의견을 수용토록 하는 정치 시스템이 필요하다. 이것은 주기적인 선거를 넘어서서 머리 꼭대기 반응이 아니라 대중의 판단을 정확히 포착해 여론의 소재를 확인할 수 있는 수단과 공공정책을 형성하는 충분한 기회를 이익집단뿐만 아니라 대중 역시 갖는 것을 의미한다. 한 학자는 "선거는 미국식 민주주의를 유지하기에 충분치 않다. 왜냐하면 선거는 가끔씩 발생하고 그에 따라 다음 선거에서 책임을 추궁당하기 전 정책을 만들고 시행할 수 있는 4년(대통령)과 6년(상원)의 유예기간이 있기 때문이다. 21세기에는 선거와 선거 사이에 사회가 되돌릴 수 없는 피해를 입을 수 있다"라고 했다.[11] 마지막으로 충성이 있다. 그러나 만약 배가 침몰한다면 당신이 바칠 충성은 어디에 있는가?

참여와 자유

슘페터의 최소주의 이론과 시민공화적 민주주의 이해는 그 차이가 명백하다. 최소주의 관점에서는 인민은 최종 결정권자가 된다는 의미에서만 권력을 갖는다. 이와 달리 공화주의적 민주주의는 타운 홀 미팅 또는 입법부에서처럼 사람들이 토론하고 심의하기 위해 함께 모일 때, 또는 소련 제국의 붕괴를 가져왔던 벨벳 혁명Velvet Revolution•에서처럼 거리에 나와 행진하고 변화를 요구하기 위해 함께 모일 때 발생하는 권력을 전제한다. 공화적 민주주의에서 정당성을 부여하는 것은 비밀투표를 하기 전 심의 그 자체다. 다수결은 토론을 마치고 심의에 기반을 둔 승자를 결정하는 메커니즘이다. 로크(그리고 슘페터)의 동의 이론에서는 개개인의 비밀투표를 전제한다. 그러고 나서 투표 결과가 모아지고 최종 선택이 발표된다. 그러나 우리는 사회적 존재이고 비록 물리적으로 분리되어 각각의 개인으로 존재하지만, 다른 사람과 함께 하는 부단한 커뮤니케이션과 사회적 상호작용 때문에 우리는 우리일 수 있다. 공화주의자들에게는 민주주의의 본질은 시민들이 함께 모여 미래에 대해 이야기하고 생각을 공유하고 견해를 교환하고 열정적으로 토론하는 것이다. 아테나 민회, 로마 원로원Roman Senate, 마그나 카르타Magna Carta•, 메이플라워 서약Mayflower Compact, 뉴잉글랜드 타운 미팅, 헌법 제정회의, 링컨-더글러스 토론Lincoln-Douglas Debates• 등은 교훈과 영감을 얻을 수 있는 유용한 사

• **벨벳 혁명** 피를 흘리지 않고 시민혁명을 이룩한 것을 비유할 때 쓰는 용어다. 1989년 11월 하벨Václav Havel이 반체제연합인 '시민포럼'을 조직해 공산 독재체제를 무너뜨릴 때 피 한 방울 흘리지 않고 체코슬로바키아의 민주화 시민혁명을 이룩한 데서 유래했다.

레들이다.

공화주의자들은 정치 참여가 그 자체만으로도 좋은 것이라 믿는다. 그러나 그들은 공적인 정치 참여를 개인적 자유가 침해되는 것을 막기 위한 최후의 방벽만큼 중요한 것으로 본다. 시민공화주의자들은 정부가 위협적인 존재가 되지 않도록 시민이 하나의 집단으로 함께 뭉칠 때 개인적 자유가 가장 잘 보호될 수 있다고 믿는다. 만약 인민이 강하다면 엘리트는 권위를 남용할 기회를 거의 갖지 못할 것이다. 단순 다수결 남용으로부터 소수와 개인의 권리를 지킬 수 있는 헌법적 보호망을 갖고 있는 자유민주주의를 창조했다. 그러나 헌법은 충분치 않다. 자유는 인민들이 소극적일 때, 관심을 기울이지 않을 때, 그리고 그들의 지도자가 다 처리할 것이라고 가정할 때 위험에 처한다.

개인적 자유는 정치적 자유의 실행에 달려 있다. 암울한 시기가 되었을 때 역사를 자각하고 고통을 함께 했던 시민공화주의자들은 부패의 징후

• **마그나 카르타** 1215년 영국의 존 왕이 귀족들의 압력에 굴복하여 칙허勅許한 63개조의 법으로 일반적으로 '대헌장大憲章'이라고 한다. 국왕과 귀족·성직자·시민의 상호 권리와 의무를 명확하게 함으로써 국왕의 압정에 대해 귀족 신분 중심으로 봉건적 기득권을 문서화하여 확인한 것이다. 마그나 카르타는 권리청원, 권리장전과 함께 영국 근대 입헌정치의 발전에 큰 역할을 했다.

• **링컨-더글러스 토론** 1858년 연방 상원의원 선거에서 현직의원인 민주당의 더글러스와 공화당의 링컨 사이에서 벌어졌던 토론으로, 봄부터 가을까지 7회에 걸쳐 각지를 순회하면서 펼쳐졌다. 노예제도를 인정할 것인지의 문제는 각 지방 정부에 일임하는 것이 옳다고 주장한 더글러스의 '주민투표론'에 대하여 링컨은 노예제도를 폐지해야 한다고 반론을 폈다. 링컨은 이 선거에서는 졌으나, 토론의 모든 원고를 편집하여 책으로 출판했으며 토론이 널리 보도된 것과 간행한 책의 매출 덕분에 1860년 공화당 전당 대회에서 대통령 후보로 지명되는 요인이 되었다. 토론 방식은 첫 번째 후보자가 60분간 말하고, 이어 상대 후보자가 90분 말한다. 마지막으로 첫 번째 후보자가 30분 동안 다시 답변하는 방식이었다. 발언 순서는 매번 바뀌었다.

에 조금도 방심하지 않는다. 마키아벨리와 입장을 같이 하는 그들은 전체 인민에 의해 자유가 가장 잘 보호되고 가장 잘 실행된다고 이해한다.[12]

통제하기

분명 미국은 소외와 탐욕이라는 한 쌍의 공화주의적 부패로 고초를 겪고 있다. 『포브스Forbes』가 세계에서 두 번째로 부유한 사람이라고 발표한 워런 버핏은 "만약 계급투쟁이 미국에서 계속 된다면 내 계급이 이긴다"라고 말한다.[13] 현재 정치 시스템에서는 부유층의 목소리와 행동은 확대되고 있다. 정치 참여에 관한 한 권위 있는 글에서 로젠스톤Rosenstone과 한센Hansen은 다음과 같이 결론짓는다. "정치에서의 시민 포함은 지난 30년 동안 감소했고, 그 결과 정치적으로 참여하는 계급이 보다 더 적어지고 있을 뿐 아니라 대의의 질이 점점 나빠지는 사태를 초래했다. 1950년대를 지배했던 정치 참여에서의 인종적 배제만큼 오늘날 미국에서 경제적 불평등은 지배적이다."[14] 21세기 초, 진정한 민주주의 개혁을 위한 가장 최선의 길은 컨설턴트 정치, 정치에 과도한 영향을 미치는 현금 파워, 대중 여론을 조작하고 오도하는 엘리트의 능력에 대처할 수 있는 실행과 제도를 창조하는 것이다. 국가 민회는 시민들에게 보다 큰 권력과 영향력을 제공하지만 헌법의 균형을 깨뜨리거나 또는 정치 시스템을 급격하게 바꾸지는 않는다. 매디슨과 제퍼슨을 창조적으로 종합하여 결합함으로써, 대규모 공화국을 몹시 괴롭히는 규모의 딜레마를 해결할 수 있고 인민주권을 실제로 구현하기 위한 상당한 조치를 취할 수 있다. 중상모략 하는 텔레비전 광고와 지나치게 단순화하고 호도하는 광고용 우편물에 선거 결과가 달려 있는 오늘날 현실은 투표하고자 등록하는 모든 사람에게 치욕적이다.[15] 실제 경험하는 민주주의의 중심부에 이러한 것들을 남겨두는 일은 엄청난 결과를 초래하는 비극적인 실수다. 오늘날 명목상의 민주주의를 넘어서서 "인민들"이 정부에서 현명한 목소리를 낼 수 있는 정치 시스템을 확립해야 한다.

국가 민회는 '가장 큰 쟁점에는 시민 다수'라는 매디슨의 비전을 성취하는 데 초점을 맞추는 보다 심의적인 민주주의를 구축하려 한다. 국가 민회와 인민원은 전체 대중과 정치계급 사이의 더 늘어난 간극을 메우고 대중의 승낙 없이는 정할 수 없는 중요한 문제를 해결하기 위해 노력함으로써 이러한 목적을 가능하게 한다. 매 세대는 늘 새로운 도전에 직면하나, 민주주의의 정원을 돌보는 것은 모든 세대의 몫이다. 자치는 다른 사람들에게 남겨둘 수 있는 것이 아니다. 여기서 제시되는 개혁은 정치 과정에 대중을 참여시키고, 상층 파벌에 맞서고, 광범위한 시민 다수가 그들의 목소리를 찾도록 돕는다. 이것은 건국자들이 인식했던 것이고, 후속 세대에 자랑스럽게 넘겨줄 수 있는 새롭고 향상된 공화국이다.

공화정치라는 발상을 확장하고 통치 행위에 시민을 좀 더 포함시키는 것은 사실상 가능하다. 정치 시스템에서 대의를 아래로 확장하는 국가 민회 개혁은 국가 정책을 설정하는 데 공적이고 심의적인 역할을 하는 시민들을 요구한다. 그것은 간단명료하게 말하면 국가 민회이고 인민원이다. 이러한 조치는 규모의 딜레마에 맞서고 부패를 통제하도록 돕는다. 대의를 확장하는 것은 대표자 대비 유권자의 비율을 매우 낮추고 공공선을 발전시키는 시민 다수를 구축하도록 또한 돕는다.

게다가 이것은 참여민주주의를 순진하고 낭만적인 것으로 쉽게 비판했던 이들로부터 살아남을 수 있는 민주적 개혁이다. 대의 차원을 갖는 심의민주주의 제안은 배니슨과 내의정부의 수정이다. 아마도 실행 불가능한 이상적인 것으로 국가 민회 개혁을 묵살하는 자칭 현실주의자들은, 세계의 첫 번째 현대 민주주의 공화국을 얻기 위해 목숨을 걸었던 패트릭 헨리와 건국자들과는 함께 서 있지 못할 것이다. 물론 일부가 마음속에 그리는 완전한 참여공화국은 결코 될 수 없다는 사실을 인정한다. 그러나 미국의 민주주의를 전망할 때 현실주의자가 된다는 자체가 기껏해야 슘페터의 비전을 받아들이는 상황에서 현실주의를 고집할 이유는 없다. 국가 민회는 어느 때라도 소수자들을 포함할 수 있다. 그러나 만약 국가 민회가 정치 시스템의 일부가 되고 여기서 묘사했던 것과 유사한 방식으로 작동한다면, 미국이 어떻게 달라질 수 있을 것인가를 잠시 상상해보자.

예일대 역사학자인 에드먼드 모건Edmund Morgan은 『인민 찾기Inventing the People』에서 건국자들이 하나의 허구적인 개념인 인민주권으로 또 다른 개념인 '왕권신수설divine right of kings'을 어떻게 대체했는지를 설명한다.[16] 국가 민회와 인민원은 인민주권을 덜 허구적으로 그리고 더 현실적으로 만들 수 있다.

민주적 규범과 가치는 중요하다. 제도 역시 그렇다. 이것들은 밀접하게 같이 작동한다. 만약 공적 토론을 증진하고 민주주의가 풍부해지는 데 필수적인 '생각과 의견의 활발한 교환'을 장려하기 원한다면, 제도 역시 중요하다.[17] 무관심은 때때로 정치제도의 결과로 나타난다는 점에서 제도가 바뀌면 무관심 역시 변할 수 있다. 무관심과 같은 특정 행동 유형이 살펴진다고 해서 그것이 불가피하다는 것을 의미하지는 않는다. 덜 교육받고 덜 부유한 사람들에서 볼 수 있는 무관심은 사실상 정치제도가 미흡한 결과다.[18]

대의정부는 17, 18세기에 만들어진 이래로 기본적인 제도적 장치의 심각한 변화를 요청받은 적이 없다.[19] 국가 민회 개혁은 대의정부에 좀 더 민주적인 접근을 하기 위한 도전이다.

규모와 민주주의

건국자들은 300만 명 인구 시절에 살았고 링컨 때는 3300만 명으로 증가했다. 어떠한 그룹도 21세기 초기에 미국이 3억 인구가 될 것이라고 상상하지 못했다.[20] 규모의 딜레마는 현대 민주주의가 풀어야 하는 어려운 퍼즐이다. 최소 민주주의와 발안과 프라이머리라는 직접 대중민주주의는 널리 처방된 두 가지 '해결책'이다. 국가 민회 개혁은 이와 다른 경로를 택한다. 심의민주주의의 발상과 공화주의 전통을 결합함으로써, 국가 민회는 현대 민주주의에 낭만적이지도 않고 냉소적이지도 않은 접근을 제안한다. 이것은 확실하게 야심적이나 인간 심리, 동기, 능력에 질문을 던진다는 면에서 현실주의다. 이것은 전체 미국 대중을 정당하게 대의하고 대표할 수 있는 심의적인 여론을 창조하는 수단일 뿐 아니라 정치에서 인간적 척도를 회복하고 육성하는 실제적 방식이기도 하다.

『혁명론On Revolution』에서, 아렌트는 다음과 같이 썼다.

(미국)혁명의 궁극적 목적이 자유였고 자유가 출현할 수 있는 공적 공간의 구성, 자유의 확립이라면, 모든 사람이 자유로울 수 있는 유일하게 가시적인 공간인 구區 단위의 기초 자치제가 실제로 대규모 공화국의 주요 목적이다. 국내 문제에서 공화국의 주요 목적이 인민들에게 그러한 자유의 공간을 제공하고 그들을 보호하는 것이어야 했기 때문이다. 제퍼슨이 이해했든 이해하지 못했든, 구區 체계의 기본적인 가정은 어느 누구도 공적 행복을 향유하지 않은 채 행복하다고 할 수는 없다는 것이었다. 아울러 공적 권력에 참여하지 않고 몫을 보유하지 않은 어느 누구도 행복하거나 자유로울 수 없다는 것이다.[21]

국가 민회는 모든 미국 시민에게 공적 권력을 공유할 동등한 기회를 제공한다. 그렇게 하는 것은 큰 성취이고 세계를 지도하는 민주주의 국가로 미국을 재확립할 것이다.

미국 실용주의의 비결

실용주의적이라는 것은 보통 실제적이라는 것, 알려진 제약을 수용하면서 무언가를 성취하는 일로 받아들여진다. 이러한 정의에서 보면 실용주의는 꿈꾸는 이상주의에 반대하는 실리적인 업무 감각을 바탕으로 한다. 그러나 실용주의의 철학적 정의는 실현가능성과 비전을 함께 결합한다. 20세기 여명기에, 듀이, 퍼스, 윌리엄 제임스William James와 허버트 미드Herbert Mead는 추상적인 독일 이상주의와 영국 공리주의 사이의 중간 지대에 주목했다. 이들 미국 철학자들은 칸트와 헤겔은 그들의 발이 거의 땅을 딛고 있지 않다는 점에서 문제가 있고 반면 영국 사상가들은 종종 실증에만 치중하기 때문에 세상을 있는 그대로 정확하게 받아들이고자만 하는 한계가 있다고 인식했다. 마르케스Gabriel Garcia Marquez의 마술적 현실주의와 유사하게, 이상주의가 승리할 수 있는 꿈의 세계를 창조함으로써 개혁과 진보가 영구히 차단될 것 같은 삶의 제약에서 독일 철학자들은 벗어나고자 시도했다.[22] 영국 사상가들은 덜 추상적이고, 좀 더 사실적이었다. 그들은 현재의 상황을 창조하기 위해 인간의 상상, 실험, 반항과 우연을 결합하는 방식을 전혀 믿지 않는다. 실용주의자들은 미국의 경험과 개성을 반영해서 엄격한 경험주의와 마음의 이상적 반영들 사이의 중간 지대를 탐구했다. 미국의 천재성은 이처럼 두 가지 특성을 결합하는 능력을 갖고 있다.[23]

직접민주주의와 전통적 대의정부 사이의 중간 경로를 분명히 밝힘으로써, 국가 민회와 인민원은 독창성이라는 미국 전통을 따른다. 실용적 이상주의자로서, 미국인들은 무엇인가가 불가능하다고 말해지는 것을 좋아하지 않는다. 고정불변의 이분법을 수용하는 대신 지속적으로 통합을 추구한다. 관념의 세계에서는, 미국 민주주의는 로크적 자유주의와 시민공화주의의 결합을 기반으로 한다. 헌법 구조에서는, 미국은 강한 주들을 가진 연방정부와 합의를 보장하는 의회의 다수결주의가 결합된 복합적 공화국이다. 공공정책의 영역에서, 루스벨트가 구축한 뉴딜 국가는 제퍼슨의 민주주의에의 헌신과 해밀턴의 강한 국가 개입주의의 결합이다.[24] 정치 대의의 영역에서 이러한 전통을 지속하기 때문에, 민회 개혁은 제퍼슨의 구區 공화국을 매디슨의 대의 체제에 결합시킨다.

극소수 사람들은 당연히 다음과 같이 숙고한다. 우리는 너무나 가만히 있지 못하고 활동적이다. "인생은 소음과 흥분 속에서 지나간다. 그리고 인간은 행동하는 데 너무나 몰두하고 있으므로 사고할 수 있는 시간이 거의 없다."[25] 그럼에도 개인들로서 그리고 하나의 사회로서 양자는 종종 삶을 반추하고 달리 할 수 있는 것이 무엇인지를 곰곰이 생각한다. 잠시 멈추어 서서 실용주의자들의 충고를 취하고 무엇을 할 수 있을지를 상상하기 위해 우리의 마음을 바라보자. 도전은 이상과 목표에 보다 근접하게 우리의 마음속에 실재를 가져다주는 '재건'을 먼저 하는 것이라고 듀이는 말한다. 그렇다면 관념의 영역에서 홀로 남아 있기보다는 삶의 흐름에 다시 들어가야만 하고 비전을 현실화시키도록 해야만 한다. 처음에는 관념이 오고, 그 다음에 행동이 뒤따른다. 그러므로 조금씩, 우리의 소망, 목적, 이상에 따라 세계를 새로 만들어나갈 수 있다.

실용적 이상주의는 미국에서 뿌리가 깊다. 로버트 케네디는 버나드 쇼의 문장을 빌어 이러한 세계관을 다음과 같이 요약한다. "일부 사람들은 사물을 있는 그대로 보고 '왜'라고 말한다. 나는 결코 있지 않았던 것들을 꿈꾸고, '하는 게 어때?'"라고 말한다.[26] 미국에서는 현실적으로 살고자 하는 소망으로 보다 나은 연대를 만들 수 있다는 자연스러운 낙관주의와 믿음이 있다. 미국은 항상 현실적인 이상주의자들의 국가였다. 대의정부를 새로 만들고 미국에서 민주주의를 구하기 위해서는 낙관주의, 지속성 그리고 실현가능성이 필요하다.

"이 사회의 절대다수는 평범한 사람입니다. 한 사람의 카리스마, 한 사람의 현란한 말솜씨가 아닌 절대다수가 세상을 바꿀 수 있는 기회를 주시기 바랍니다."

이 말은 유명한 학자나 정치가가 아닌 개그맨이 최근 방영된 TV 오락 프로그램에서 한 발언이다. 우리가 정치를 엘리트의 전유물로 인식하고 있지 않은지, 보통 시민은 단지 선거일에 투표하고 인증 샷을 올리는 것으로 그 역할을 다한 것처럼 받아들이고 있지 않은지 질문을 던져본다. 절대 다수인 일반 시민에게는 투표 이상의 정치적 역할이 주어지지 못하고 극소수 정치엘리트가 정치를 지배하는 오늘날 현실에서는 '인민의 지배'와 '자기 통치'라는 민주주의 정신은 하나의 이상理想에 불과할 뿐이고 그 자리에는 '인민의 냉소와 무관심, 그리고 소외'가 자리 잡고 있다.

문제의 근원은 바로 일반 시민의 목소리를 정치에서 거의 찾아볼 수 없다는 데 있다. 올리어리는 정확하게 이 문제를 파악하고 답을 찾고자 한다. 서문을 마무리하면서 그는 "이 책은 광범위한 대중과 정치시스템 및 정부를 운영하는 특권화된 계급 사이에 분리되어 있는 큰 간극을 어떻게 메울 수 있는가라는 질문에 대한 답"이라고 분명히 말한다. 그리고 본문에서 그 답을 우리 앞에 제시하고 있다. 바로 추첨으로 구성되는 지역 시민의회의 전국적 네트워크인 인민원人民院, the People House을 통해 우리 주위의 평범한 이들이 국가의 현안과 쟁점에 대해 논의하고 참여할 수 있도록 권한을 부여하자고 제안하고 있다.

올리어리는 대의제를 거부하고 직접민주주의로 나아가는 대신, 전통적인 타운 홀town hall 방식의 소규모 모임과 인터넷을 결합하는 개혁을 통해 정치 엘리트와 일반 유권자 사이에 존재하는 커다란 간격을 충분히 메울 수 있고 대의제의 새로운 이해를 형성할 수 있다고 주장한다. 개혁의 첫 단계는 국가가 직면하고 있는 주요 국내외 쟁점들을 심의하기 위해 지역민회를 435개 연방 하원의원 선거구마다 두는 것에서 시작한다. 평균 65만 명의 유권자를 갖고 있는 하원 선거구를 6500명으로 구성되는 100개의 구區, ward로 나누고 각 구마다 1명씩 추첨으로 선택해 100명의 시민으로 지역민회가 구성된다. 435개 지역민회에 각각 100명의 시민, 그러니 모두 4만3500명이라는 대리인이 생기는 것이다. 이들은 우리 주위에서 흔히 볼 수 있는 이들이다. 때로는 내가 될 수도 있고, 가족이나 친구, 직장 동료나 대학 선후배일 수도 있다.

첫 단계에서는 공식적인 권한을 갖지 않고 단지 그들의 의견을 취합하여 제시하는 것에서 그치지만 숙고 없이 즉각적으로 답변하는 여론조사와 달리 진지하게 토론하고 정보에 근거하여 채택한 지역민회의 견해를 선거로 선출된 공직자와 언론은 주의 깊게 살펴볼 것이다. 진정한 '대중의 의견'을 형성하는 데 기여할 수 있을 것으로 전망된다. 만일 첫 단계가 성공적이라면 실질적 권한을 주는 두 번째 단계로 나아갈 수 있다. 저자는 435개 지역민회의 전국적 네트워크인 인민원을 구축하자고 제안한다. 기존 하원과 상원의 양원제에 인민원이 추가되는 삼원제三院制를 만들자는 것이다. 이 인민원에게는 하원과 상원을 통과한 중요 법안을 인정하거나 거부할 수 있는 권한뿐만 아니라 상하원에 계류 중이거나 폐기될 운명인 법안에 대해 본회의에서 표결에 부칠 수 있게 강제하는 권한 역시 부여하자고 저자는 제안한다. 그리고 주장의 타당성을 시민공화주의 전통 속에서 찾아 열정적으로 논의한다.

하원 선거구마다 100개의 구에서 추첨으로 선택함으로써 대표를 보다 아래로 확장하면서도 사회경제적으로 편중된 계층이 아니라 결정 과정에 전체 유권자의 의사를 통계적으로 반영하게 된다는 점에서 정치 엘리트와 일반 대중의 과도한 불균형을 해소할 수 있을 것으로 저자는 주장한다.

옮긴이가 이 책을 만나게 된 것은 박사학위논문으로 추첨민주주의 연구를 한창 진행할 때였다. 주제는 지방의원 및 국회의원을 추첨으로 대체하자는 것이었다. 옮긴이가 주목한 것은 인민원 자체의 아이디어도 있지만, 그것을 구성하는 방식으로 추첨을 제시했다는 점이다. 추첨으로 선발된 보통 시민에게 일정한 역할과 권한을 부여하자는 제안은 올리어리를 포함한 일명 예일학파의 큰 흐름 속에 있다. 이 책에서 언급되고 있는 예일 대학 정치학 교수인 로버트 달부터 예일 대학 정치학 박사 출신인 피시킨, 레이브, 그리고 저자를 포함하는 예일학파의 핵심 통찰은 추첨으로 선택된 시민이 대의제의 가장 다루기 힘든 문제를 해결하기 위해 함께 모여 심의할 수 있고 그 심의의 결과가 정치 엘리트 사이에서 이뤄진 결정보다 결코 떨어지지 않는다는 것이다. 달의 미니 대중들mini populus, 피시킨의 공론조사deliberative opinion poll, 레이브의 대중부popular branch of government, 그리고 이 책에서 제시하는 저자의 인민원이 이러한 인식에서 나온 각자의 대안이다. 이들의 이러한 발상은 고대 아테네에서 추첨을 통해 공직자를 선출한 사실에 바탕하고 있지만 그렇다고 아테네의 직접민주주의로 돌아갈 것을 추구하지는 않는다. 대신, 오늘날의 대의제에 추첨을 통해 선택된 기구들을 접목하여 시민의 참여를 어느 정도 보장함으로써 엘리트 위주의 정치에서 탈피하고자 하는 시도다.

저자는 하버드 대학 메리 앤 글렌드 교수의 "자기 통치는 심의, 타협, 합의 도출, 정중함, 근거 제시 같은 것을 단지 요구할 뿐만 아니라, 의미 있게 집행될 수 있는 공연장을 요구한다"는 점을 인용하면서 인민원이 이러한 공연장으로 기능할 수 있다고 설파한다. 이 책의 제목처럼 '민주주의 구하기'는 결국 시민들이 직접 참여할 수 있는 실질적 공간인 지역 민회와 그것의 전국 네트워크인 인민원이라는 공연장에서 심의와 토론을 통해 시민적 자기 통치술을 키워나갈 때 가능한 것으로 저자는 말하고 있다.

한국 민주주의 역시 위기를 맞고 있다. '새정치'가 표방되기도 하고 다양한 대안이 만나기도 한다. 그러나 여전히 시민을 찾아볼 수 없다. 기존 정당과 의회, 선거 안에서의 지엽적인 논의에만 매몰되고 일반 대중은 투표만 잘하면 되는 존재인양 치부되기도 한다. 아니면 심의와 토론도 없이 각자 자신의 컴퓨터 앞에 앉아 엔터키를 눌러 쟁점의 향방을 결정하는 극단적인 직접민주주의만이 해결책이라고 주장하기도 한다. 그럼 어디서부터 답을 찾아야 할까. 바로 헌법 제1조 제1항 "대한민국은 민주공화국이다"에 그 답이 있다. 바로 '민주공화국'에서 우리 민주주의 위기에 대한 답을 찾을 수 있다. 민주와 공화를 어떻게 구현할 것인가에서 시작해야 한다. 전자 직접민주주의는 인민이 지배와 통치의 주체가 된다는 점에서 가장 매력적인 대안이 될 수 있지만 민주주의 자체가 좋은 사회를 보장하지 않는다. 바로 공화주의가 결합할 때 그것이 가능하다. 시민 덕성으로 충만한 시민들이 공공선을 추구하는 것을 그 핵심으로 하는 공화주의가 함께 구현될 때 민주공화국은 가능하다. 그러면 시민은 어떻게 덕성을 구비할 수 있을까? 투표로 한정되는 현재의 참여 구조에서 벗어나 실질적으로 국가의 중대사 결정에 참여할 수 있는 무대를 마련하고 그 무대 위에서 토론하고 심의하고 논쟁하는 과정 속에서 자연스럽게 체득해나갈 수 있다. 그러한 성숙한 시민 덕성으로 무장한 시민이 통치와 지배의 주체가 되는 민주주의가 될 때 우리 역시 위기에 빠진 '민주주의를 구할' 수 있을 것이다. 바로 이 점에서 미국 역사와 전통, 현실을 많이 담고 있지만 이 책을 번역하여 소개하는 게 의미가 있다고 봤다. 또한 이 책에서는 민주주의의 이상인 '정치참여의 실질적 평등'을 도모할 수 있는 현실적 방안을 만날 수 있으며, 대의민주주의, 심의민주주의, 참여민주주의, 전자민주주의, 풀뿌리민주주의, 직접민주주의 등 다양한 동시대 민주주의론을 창조적으로 결합한 대안으로서 그 의의가 남다르다. 이 책이 우리 사회의 민주주의 대안 논의에 조금이라도 기여할 수 있기를 희망한다.

옮긴이의 번역 능력이 모자라고 미국 정치에 대한 이해가 부족한 상황에서도 출간으로 결실을 맺을 수 있었던 것은 많은 분들의 조언과 도움이 있었기 때문이다. 연세대 정치외교학과 진영재 교수님은 미국 정치의 전반적 내용을 이해할 수 있도록 큰 가르침을 주셨고, 연세대 법학전문대학원 김종철 교수님은 연구재단 지원을 받아 출간될 수 있도록 여러모로 지원해주셨다. 두 분 교수님께 감사드린다. 그리고 미국 지역정치를 풍부하게 이해할 수 있도록 도움을 주고 번역어에 대한 고민을 함께 해준 벗, 엘파소 커뮤니티 칼리지El Paso Community College의 박형래 교수에게도 고마움을 전한다. 연세대 대학원 석사과정생인 서경원, 김효열, 박건우의 노고 역시 잊을 수 없다. 끝으로 촉박한 일정임에도 독자들이 보기 편하게 책을 편집해준 강성민 대표를 비롯한 글항아리 분들께도 감사드린다.

2014년 6월

이지문

많은 사람이 이 책의 출간에 도움을 주었다. 영감을 얻지 못했던 저자들은 아무도 없었다. 내 스승 중 세 분은 특히 열정을 지적인 발상으로 전환하는 재능을 갖고 있는 것으로 두드러진다. 고등학교에서, 장래 올해의 교사로 선정되었던 마릴린 워리Marilyn Whirry의 학생이었던 것은 행운이었다. UCLA에서 들은 리처드 스클라Richard Sklar의 강의는 정치학에 대한 관심을 자극했다. 그리고 예일 대학 대학원에서 찰스 린드블럼Charles Lindblom은 지적 엄정성과 진취적인 발상의 모델이었다.

예일 대학에서 로저스 스미스Rogers Smith는 존 듀이와 미국 정치사상을 소개해줬고, 데이비드 메이휴David Mayhew와 로버트 달Robert Dahl은 미국 정치와 민주이론에 관한 지식을 심화시켜줬다. 특히, 이 책의 원고에 대한 린드블럼의 열정적인 반응은 앞으로 나아가는 데 큰 격려가 되었다. 만약 이 책이 가치가 있다면, 어느 정도는 그의 의견과 스승과 학자로서 보였던 모범 덕분이다. 그들이 저술을 통해 가르친 것처럼, 린드블럼, 래시Christopher Lasch, 슐레진저Arthur Schlesinger Jr.와 왈저Michael Walzer는 학자와 좋은 저술이 어떠한 것인지를 가장 잘 보여줬다.

친구들이자 동료인 올리버 아벤스Oliver Avens, 로저 보쉬Roger Boesche, 앨런 헤슬롭Alan Heslop, 데이비드 메니피-라이베이David Menefee-Libey, 댄 매즈매니언Dan Mazmanian, 마크 페트라카Mark Petracca와 잭 피트니Jack Pitney는 초고를 읽고 내가 집중할 수 있도록 도와줬다. 메이휴 교수와 익명의 논평가들로부터 받은 의견은 이 책이 보다 튼실해지는 데 가장 큰 도움이 되었다. 그들의 식견에 감사를 전한다. 빌 보야스키Bill Boyarski, 토니 데이Tony Day와 고故 아트 세덴바움Art Seidenbaum은 『로스앤젤레스타임스』의 훌륭한 멘토들이었다. 『로스앤젤레스타임스』 기자로뿐만 아니라 코로 재단에서 1년 동안 지원해준 연구원 생활은 현실 정치의 세계에 대한 매우 귀중한 기초 지식을 주었다. UCLA, 클레어몬트 대학원대학, 클레어몬트 맥케나 컬리지와 UC 어바인 학생들은 자극과 피드백을 제공했다. 캘리포니아 주 지역 일간지 『패서디나 스타뉴스』와 『로스앤젤레스타임스』에서 기자 경력을 쌓고 있었던 바쁜 시기에, 매즈매니언은 클레어몬트 대학원대학 방문 교수가 될 것을 제안했다. UC 어바인에서는 민주주의 연구센터의 전임 센터장이었던 러셀 달톤Russell Dalton과 현 센터장인 윌리엄 숀펠드William R. Schonfeld에게 특히 감사를 전하고, 연구원으로 초청해준 바바라 앤 도셔Barbara Anne Dosher 학장에게도 감사를 드린다. 클레어몬트 컬리지와 UC 어바인 두 대학은 진지한 학문 탐구가 가능했던 훌륭한 기관들이다.

연구자이자 언론인으로서, 캘리포니아의 오렌지카운티의 지역잡지인

『OC 메트로지』의 스티브 토머스Steve Thomas와 『패서디나 스타뉴스』의 래리 윌슨Larry Wilson과 함께 일했다는 것은, 그리고 『로스앤젤레스타임스』의 스캇 마텔Scott Martelle을 이웃, 친구, 동료 작가로 알고 지냈다는 것은 행운이다. 『OC 메트로지』의 편집자로 일하고 있을 때인 2000년 대통령 프라이머리 기간 인민원에 관한 것을 시리즈로 게재하려는 아이디어를 냈을 때 스티브 첨Steve Churm, 크랙 림Craig Reem과 소니아 정Sonia Chung은 지원을 아끼지 않았다.

오랜 시간에 걸쳐 민회에 관한 발상을 많은 언론인·학자들과 나누었다. 초기 단계에서 잭 마일스Jack Miles는 책으로 출간할 것을 말해줬고, 짐 팔로우즈Jim Fallows는 조언을 제공했고 초고들을 차분하게 읽어주었다. 또한 그들은 집필에 속도를 내도록 도왔다. 다른 시기에 조나단 알터Jonathan Alter, 에릭 알터만Eric Alterman, 토머스 게이건Thomas Geoghegan, 윌리엄 그라이더William Greider, 존 주디스John Judis, 로버트 커트너Robert Kuttner, 조나단 라우치Jonathan Rauch, 조나단 쉘Jonathan Schell, 로널드 스틸Ronald Steel과 캘리포니아 주 새크라멘토 지역 신문인 『새크라멘토 모임the Sacramento Bee』의 고故 존 제이콥스John Jacobs는 관심을 표하며 격려해줬다. 『워싱턴먼슬리』 편집장인 폴 글라스트리스Paul Glastris와 『거버닝Governing』 편집자 앨런 에런홀트Alan Ehrenhalt는 특별한 감사를 받을 자격이 있다. 워싱턴 D.C.에서의 미팅에서 글라스트리스는 인민원에 대한 묘사를 빨리 이해하고 즉각적인 정치적 적절함으로, 그 중간 단계로서의 국가 민회를 발전시킬 수 있도록 용기를 주었다. 앨런은 프로젝트의 초기 단계부터 격려해줬다.

바바라 아벨Barbara Abell, 엘리자베스 룬드Elizabeth Lund, 하이디 라이언스Heidi Lyons와 비키 로널드슨Vicki Ronaldson은 송고 정리나 원고 준비를 도울 때 직무 범위를 넘어서서 일해줬다. 스탠포드 대학 출판부에서는 아만다 모란Amanda Moran, 마가렛 피넷Margaret Pinette, 푸자 상가Puja Sangar, 팀 로버츠Tim Roberts가 프로젝트에 열정적이었고 함께 일하는 것을 기뻐했다. 재러드 스미스Jared Smith에게도 원고 작업에 대해 감사 인사를 함께 전한다.

친구와 가족은 저자에게 없어서는 안 될 존재다. 짐 번스타인Jim Bernstein, 피터 브라시니Peter Blasini와 낸시 예들린Nancy Yedlin, 스티브 콜롬Steve Colome과 캐시 로트Kathy Lottes, 제인 라핀Jane Lappin과 제프 그레피스Jeff Griffiths, 마가렛Margaret과 스캇 마텔Scott Martelle, 안토니오 모랍스키Antonio Morawski와 프란시스 슈무츠Francoise Schmutz, 수잔Suzanne과 배리 로스Barry Ross는 수년 동안 좋은 친구들이었고, 코로 재단 가족들인 짐 스코닝Jim Schoning과 벨라 선 플레쳐Velma Sun Fletcher 역시 그러하다. 여동생 케리Kerry, 부모님 샤를렌Charlene과 필 올리어리Phil O'Leary, 처남 스티브 로비노Steve Robinow와 장인, 장모 래리Larry와 릭키 로비노Ricky Robinow, 이 모든 이는 계속해서 나를 격려해줬다. 모티머 허쉬Mortimer Herzstein와 밥Bob과 프리실라 허쉬Priscilla Herzstein도 또한 그러하다.

이 책을 시작했을 때부터 가족이 늘 함께 했다. 두 딸 앨리슨Allison과 레베카Rebecca는 이 책을 기술하는 동안 자랐고 좀 더 성숙해졌다. 현명한 정치 관찰자들과 활동가들이 이 책의 내용이 시도해 볼만 가치가 있는 것으로 생각하기를 희망한다. 그리고 끝으로 아내인 리타 로비노Lita Robinow에게 이 책을 바치는 것은 나에게 기쁨 이상의 의미가 있다. 리타는 이 책에 믿을 수 없을 정도로 기여했다. 정치가들을 위해 일했고 자금을 모아왔던 그녀는 정치학자이자 언론인과 결혼했다. 배우자이자 가족의 구성원으로 책을 쓰는 저자가 있다는 것은 늘 편한 것만은 아니다. 그녀가 아는 것 이상으로, 나는 내 아내의 유머와 인내에 고마워한다. 이제 이 책은 다른 이들과 공유될 수 있을 것이고, 나는 이제 가족과 친구들에게로 돌아가고자 한다.

주

서문

1_ *It Could Always Be Worse*, A Yiddish folktale retold, including pictures, by Margot Zemach, New York: A sunburst Book/Michael di Capua Books, Farrar, Straus and Giroux, 1976.
2_ 2000년 인구조사에 따르면 미국 인구는 2억8140만 명이었다. 이 책 출간 당시인 2006년 2월에는 2억9810만 명 이상으로 증가했다. http://www.census.gov/main/www/popclock.html, 2006년 2월 16일 접속.
3_ 일반 대중이 특히 중요한 쟁점에 관해 사려 깊은 논의에 참여해야만 하는 것은, 예를 들면 테러 시대의 윤리에 관한 마이클 이그나티에프Michael Ignatieff의 통찰력 있는 묵상을 읽을 때 분명해진다. Michael Ignatieff, "Could We Lose the War on Terror? *New York Times Magazine*, 2 May 2004, pp.46~94와 *The Lesser Evil in an Age of Terror*, Princeton: Princeton University Press, 2004.
4_ 2006년 헤드라인에는 다음 기사들이 포함되어 있다. "세일: 톰 딜레이Tom DeLay, 잭 아브라모프Jack Abramoff, 큰 정부를 지향하는 보수주의", 『뉴 리퍼블릭』 2006년 5월 16일자와 존 니콜스John Nichols의 "남아 있다: 딜레이는 갔지만 그가 있었던 부패한 의회는 그대로 있다", 『네이션』 2006년 4월 24일자. 2005년 헤드라인에는 다음 내용이 포함되어 있다. 조너선 체이트Jonathan Chait의 "새로운 수준의 불법행위: 딜레이와 그의 후임자들은 오늘날 공화당이 권력을 어떻게 얻고 유지하는지를 보여주는 상징들이다", 『로스앤젤레스타임스』 2005년 9월 30일자 B11면, 프랭크 리치Frank Rich의 "태초 그곳에 아브라모프가 있었다", 『뉴욕타임스』 2005년 10월 2일자, 금주의 리뷰, 12면.
5_ Alexis de Tocqueville, *Democracy in America*[1835, 1840] trans. George Lawrence, ed. J. P. Mayer, Garden City, NY: Doubleday Anchor, 1969 참조.
6_ 일부 지역에서 정당 조직은 일반 시민에 주었던 미약한 발언권조차 없앴다. 이러한 문제는 '참여민주주의'를 위한 1960년대 운동이 촉발되는 데 영향을 미쳤다.
7_ Thomas E. Patterson, *The Vanishing Voter*, New York: Knopf, 2003, p.x.
8_ "지난 25년 동안 대통령 프라이머리 투표율은 88퍼센트가 최고였고 70퍼센트가 가

장 낮았던 경우다." 페이 피오르Faye Fiore는 "투표를 어디서 하느냐가 프라이머리의 관심사다"라고 『로스앤젤레스타임스』 2000년 2월 1일자 A16면에 기고했다.

9_ Daniel Yankelovich, *Coming to Public Judgement: Making Democracy Work in a Complex World*, Syracuse: Syracuse University Press, 1991.

10_ Neil Postman, *Amusing Ourselves to Death: Public Discourse in the Age of Show Business*, New York: Penguin Books, 1985, p.69[홍윤선 옮김, 『죽도록 즐기기』, 굿인포메이션, 2009, 116쪽].

11_ Thomas Friedman interview with Tim Russert on CNBC, 8 March 2003.

12_ "지난 40년 동안 미국 유권자는 더 부유해졌고 더 많은 교육을 받았다. 게다가 선거 개혁은 1800년대 후반 이래 그 어느 때보다 유권자들이 투표하는 것을 더 쉽게 만들었다. 선거학자들의 투표행동 분석 모델에 따르면, 이런 변화들만으로 투표율은 5퍼센트 이상 증가해 약 70퍼센트에 도달해야 했다. 그러나 투표율은 50퍼센트 대로 떨어졌다." Don Peck, "The Shrinking Electorate," *Atlantic Monthly*, November 2002, p.48.

13_ Mary Ann Glendon, "Democracy's Discontent: America in Search of a Public Philosophy" *The New Republic*, 1 April 1996, p.39. 강조 추가.

14_ 제왕적 대통령제 자체와 재유행에 관해서는 Arthur M. Schlesinger Jr., "Bush's Thousand Days", *Washington Post*, 24 April 2006, A17과 *The Imperial Presidency*[1973] with a New Introduction, New York: Houghton Mifflin, 2004; John W. Dean, *Worse Than Watergate*, New York: Warner Books, 2005; Senator Robert C. Byrd, *Losing America: Confronting a Reckless and Arrogant Presidency*, New York: W. W. Norton, 2004 참조.

15_ Robert A. Dahl, *Democracy and Its Critics*, New Haven: Yale University Press, 1989, p.338[조기제 옮김, 『민주주의와 그 비판자들』, 문학과지성사, 2008, 627~629쪽].

16_ "압도적인 미국인이 그들의 정부 형태가 세계에서 최고라고 말한다. 헌법상 장애물은 제쳐두더라도, 미국은 선거의 책임성을 더 명확하게 하는 의원내각제를 채택하진 않을 것이다. 미국은 특정한 선거구에서의 결과가 아니라 전국적인 정당 투표에 따라 의석을 할당하는 비례대표제를 사용하여 연방의회 의원을 선출하지는 않을 것이다. 우리의 정치적인 심금을 울리는 데 실패한 개혁들은 인기 있는 여행지처럼 각광받지는 못할 것이다"라고 했던 제이콥 해커Jacob S. Hacker와 폴 피어슨Paul Pierson에 동의한다. Jacob S. Hacker and Paul Pierson, *Off Center: The Republican Revolution and the Erosion of American Democracy*, New Haven: Yale University Press, 2005, p.190.

17_ Michael Walzer, *The Company of Critics*, New York: Basic Books, 1998.

18_ 진보적인 개혁가들은 대도시 행정의 좀 더 일관성 있고 합리적인 시스템에서 혜택을 얻는 기업 관계자들로부터 지원을 받았다. Samuel P. Hays, "The Politics of Reform in Municipal Government in the Progressive Era," *Pacific Northwest Quarterly* 55, 1964, pp.157~169 참조.

19_ Arthur M. Schlesinger Jr., *The Cycles of American History*, Boston: Houghton Mifflin, 1986 and E. J. Dionne Jr., *They Only Look Dead: Why progressives Will Dominate the Next Political Era*, New York: Simon and Schuster, 1996. Dionne's "central assertion is that the United States is on the verge of a second Progressive Era," p.11.
20_ 필자의 정치적 견해가 자유주의라는 것을 고려하면, 이 책에서 제시하는 개혁은 필자의 이데올로기적인 취향을 반영한다. 하지만 강력한 보수주의는 필자의 발상에 설득력 있는 사례를 또한 만들 수 있을 것이다.

제1장 규모와 민주주의

1_ *The World Almanac and Book of Facts 2004*, U.S. Population by the official Census, 1790~2000, New York: World Almanac Books, 2004, pp.370~371.
2_ 2000년 뉴햄프셔는 123만5786명의 인구에 하원의원 400명이었다. 이는 약 1 대 3786의 비율이다. 2000년 버몬트의 인구는 60만8827명이었고 하원의원은 150명이었다. 이는 약 1 대 4058의 비율이다. *Statistical Abstract of the United States 2000*, U.S. Census Bureau, 2000, 표 18과 표 387.
3_ 캘리포니아 주 상원 홈페이지에 따르면 캘리포니아에서, 주 상원 40명 각각은 84만 6791명의 유권자를 대표하고 주 하원 80명은 그 절반 규모의 선거구를 가진다.
4_ Edmund S. Morgan, *Inventing the people: The Rise of Popular Sovereignty in England and America*, New York: W. W. Norton, 1988, pp.74~75와 Bernard Manin, *The Principles of Representation*, Cambridge: Cambridge University Press, 특히 3장 참조.
5_ Jack N. Rakove, *James Madison and the Creation of the American Republic*, Glenview, IL.: Scott, Foreman/Little, Brown Higher Education, 1990, pp.78~79.
6_ U.S. Census data cited by Robert D. Putnam, *Bowling Alone: The Collapse and Revival of American Community*, New York: Simon & Schuster, 2000, pp.206~207[정승현 옮김, 『나 홀로 볼링』, 페이퍼로드, 2009, 344쪽].
7_http://factfinder.census.gov/servlet/DTTable?_bm=y&-state=dt&ds_name=DEC__2000_SF1_U&-gc_url=010:00₩52₩64₩72₩84₩85₩88₩&-CONTEXT=dt&-mt_name=DEC_2000_SF1_U_P001&-redoLog=false&-geo_id=01000US&-format=&-_lang=en
8_ *Statistical Abstract of the Untied States 2002*, U.S Census Bureau, 2002, Tables 1, 18, and 30; *The World Almanac and Book of Facts 1980*, New York: News-paper Enterprise Association, 1980, United States-State Governments, pp.316~317.
9_ Edmund Morris, *The Rise of Theodore Roosevelt*, New York: The Modern

Library, 2001, "Prologue: New Year's Day 1907," pp.xi~xxxiv.

10_ *The World Almanac and Book of Facts 2004*, U.S. Population by the Official Census, 1790~2000, pp.370~371.

11_ "U.S. Interim Projections by Age, Sex, Race, and Hispanic Origin," *U.S Census Bureau*, 2004, Table 1a. Projected Population of the united States, by Race and Hispanic Origin: 2000 to 2050. http://www.census.gov/ipc/www/usinterimproj/

12_ 미국과 세계 인구 시계에 따르면 2006년 출간 당시 세계 인구는 64억9800만 명이다.

http://www.census.gov/main/www/popclock.html, 2006년 2월 16일 접속.

13_ J. R. McNeill, *Something New Under the Sun: An environmental History of the Twentieth-Century World*, New York: Norton, 2000, p.282.

14_ Ali Piano and Arch Puddington, eds. *Freedom in the World 2005: The Annual Survey of Political Rights and Civil Liberties*, New York: Freedom House, 2005, p.5. "2004년 192개국 중 62퍼센트인 119개국이 선거민주주의 자격을 얻었고, 이는 2003년보다 2개국이 늘어난 것이다." 그 자격 부여는 최근 주요 선거가 '자유와 공정'이라는 확립된 국제 기준 아래 치러졌는지에 달려 있다.

15_ 저자와의 대화

16_ Walter Lippmann, *Public Opinion*[1992], New York: Free Press, 1965; Daniel J. Boorstin, *The Image: A Guide to Pseudo-Events In America*[1961], New York: Vintage Books, 1987.

17_ Robert A. Dahl and Edward R. Tufte, *Size and Democracy*, Stanford: Stanford University Press, 1973, p.3.

18_ 같은 책, p.2.

19_ *Statistical Abstract of the United States: 2002*, Table No.405. Number of Governmental Units by Type: 1952 to 2002.

20_ 지방정부에의 포함involvement, 배심 의무, 자유 토론은 공공 교육의 주요 수단이고, 특히 포함은 토크빌과 존 스튜어트 밀에 의해 시민들에게 권고되었다. Tocqueville, *Democracy in America*; John Stuart Mill, *Considerations on Representative Government*, edited with an introduction by Currin Shields, Indianapolis: Bobbs-Merrill, 1958, 특히 15장과 Dennis F. Thompson, *John Stuart Mill and Representative Government*, Princeton University Press, 1976, p.41 참조.

21_ 권리장전 원안은 12개의 수정조항을 포함하고 있었다. 수정조항 제11조는 결국 수정조항 제27조처럼 1992년에 비준되었다. 1791년 첫 10개의 조항이 비준되었을 때 채택되지 못했던 다른 조항들은 하원의 규모를 다룬다. 여기에는 "제1조 (…) 헌법 제1조에 의한 첫 번째 목록 뒤에, 3만 명당 한 명의 하원의원을 둬야 한다. 이는 그 수가 100명에 이를 때까지 기준이 된다. 이러한 기준을 초과해 하원이 100명이 넘으면, 4만 명당 최소한 1명의 하원의원이 있어야 한다. 이는 하원의원의 수가 200명이 될 때까지 기

준이 된다. 이 기준을 초과해 200명이 넘으면 5만 명당 1명의 하원의원이 있어야 한다."

22_ Ross Baker, *House and Senate*, New York: W. W. Norton, 1989. 규모가 현대 민주주의에 미치는 결과에 대한 국가 간 경험적 연구를 한 『규모와 민주주의Size and Democracy』에서 달과 터프트는 다음과 같이 썼다. "의회의 구성원이 증가함에 따라 (…) 토론은 더 부담스럽게 된다. 토론에 참여하는 것은 더 심하게 제한될 것이 틀림없다. 위원회에 권한을 위임하는 것은 조직화와 집단 통제의 문제를 만들어낸다. 즉, 의회는 입법기관으로서의 역할을 더 할 수 없게 된다. **그 결과, 의회는 무한정으로 확장이 허용될 수 없다.**" Dahl and Tufte, p.80. 강조 추가.

23_ 대규모 국가에서 민주주의는 확실히 장점이 있다. 외부 위협으로부터 스스로를 더 잘 방어할 수 있다. 게다가 국민국가의 규모가 정치 참여와 시민들 간의 효능감에 직접적인 영향을 주는 것으로 보이지 않는다. 하지만 이는 특정 국가 안에서 연방주의와 지방 분권의 강도에 달려 있다. 그리고 규모는 반대 비용을 낮추는 데에 유익하다. 정치 시스템의 구성원 수가 증가할수록 소수집단의 사람은 효율적으로 동맹을 조직화할 수 있는 가능성이 높아진다. 반면 구성원 수가 늘어날 때 참여의 비용은 증가한다. 규모가 커질수록 일반 시민은 자신이 선출한 의원을 직접적으로 대할 가능성이 줄어들고 지도자와 시민 간 지식의 커다란 편차가 생길 가능성이 많아진다. Dahl and Tufte, p.13, p.65, pp.87~91.

24_ Morris P. Fiorina, *Congress: Keystone of the Washington Establishment*, New Haven: Yale University press, 1977 참조.

25_ Richard F. Fenno Jr., *Home Style: House Members in their Districts*, with a new foreword by John R. Hibbing, New York: Longman, 2003.

26_ Roberto Michels, *Political Parties: A Sociological Study of the Oligarchical; Tendencies of Modern Parties*, trans. E. Paul and C. Paul; intro S. M. Lipset, New York: Collier Books, 1962.

27_ Dahl, *Democracy and Its Critics*, 특히 19장인 "소수 지배는 불가피한가Is Minority Rule Inevitable?"pp.265~279 참조. "미헬스는 정당으로부터 폴리아키 체계의 정부까지를 일반화하는 기초적인 실수를 저질렀다 (…) 여기서 논의된 소수 지배의 이론가들 대부분은, 선거권이 광범위하게 부여되는 국가에서의 경쟁적 정당 체계에 대한 경험이나, 경쟁적 정당 체계에 대한 체계적 분석 경험이 거의 없거나 아예 없다는 것이다." p.276[『민주주의와 그 비판자들』, 517쪽].

28_ Jean M. Yarbrough, *American Virtues: Thomas Jefferson on the Character of a Free People*, Lawrence: University Press of Kansas, 1998, p.111 and Robert A. Dahl, *Controlling Nuclear Weapons, Democracy versus Guardianship*, Syracuse: Syracuse University Press, 1985. 헌법제정자들이 대의정부를 민주정의 대안으로 의식적으로 선택했다는 주장을 하는 마넹의 『선거는 민주적인가 Representative Government』 참조. 미국이 엘리트주의적 민주주의 이해로부터 얼마나 빠르게 벗어났는가를 보려면 다음의 저서를 참조. Gordon S. Wood, *The Radicalism of the American Revolution*, New York: Vintage Books, 1991과 Robert H. Wiebe, *Self-Rule: A Cultural History of American Democracy*, Chicago:

University of Chicago Press, 1995.

29_ Dahl, *Democracy and Its Critics* 참조.

30_ Jane J. Mansbridge, *Beyond Adversary Democracy*, with a revised preface, Chicago: University of Chicago Press, 1983 참조. 맨스브리지는 직접민주주의 원칙을 따르는 도시 협동조합과 뉴잉글랜드 타운의 사례연구를 제공한다.

31_ James Miller, "Democracy is in the Streets", *From Port Huron to the Siege of Chicago*, New York: Simon & Schuster, 1987; Todd Gitlin, *The Twilight of Common Dreams: Why America Is Wracked by Culture Wars*, New York: Owl Book, Henry Holt, 1995와 *The Sixties: Years of Hope, Days of Rage*, New York: Bantam Books, 1987 참조.

32_ Robert A. Dahl, *After the Revolution?*, New Haven: Yale University Press, 1970 and David Brooks, *Bobos in Paradise*, New York: Simon & Schuster, 2000.

33_ Carole Pateman, *Participatory Democracy*, Cambridge: Cambridge University Press, 1970과 Mansbridge, *Beyond Adversary Democracy* 참조.

34_ Lippmann, *Public Opinion*, Part Eight "Organized Intelligence" and Fareed Zakaria, The Future of Freedom, New York: W. W. Norton, 2003, esp. Conclusion.

35_ Dick Morris, *Behind the Oval Office: Winning the Presidency in the Nineties*, New York: Random House, 1997, p.9.

36_ 언론사는 다양한 주제에 대해 여론조사를 실시했다. 그 주제는 '대량 파괴 무기에 관한 대통령의 신뢰성'부터 '엘비스가 살아 있는가'까지 있었다. 그러나 여론조사가 실제로 이해를 증가시키는가? 아니면 이것은 단지 잡음에 불과한가? 한 전문가는 말한다. "응답자가 전혀 이해하지 못하는, 그러나 당신에게 기꺼이 답을 주고자 하는 질문을 해보라. (…) 이것은 매우 불행한 일이라고 나는 생각한다." 복잡한 공적 쟁점에 대해 여론조사를 했을 때, 대부분은 사려 깊은 의견보다 반사적인 편견으로 반응을 보인다. 대부분 미국인이 뉴스의 많은 부분을 텔레비전을 통해 알고 있다는 것과 전국 뉴스 프로그램을 시청하는 사람이 주요 신문의 1면을 통해 뉴스를 접하는 사람보다 30분 분량의 정보를 덜 갖게 된다는 것은 널리 알려진 사실이다. 특히 유명인사·연예뉴스의 증가와 저녁시간대 뉴스 프로 시청자의 감소는 이런 정보 부족을 조장한다. 이는 싱크탱크인 퍼블릭 아젠다Public Agenda의 상무이자 리서치 책임자인 스티브 파카스Steve Farkas의 말이다. 이를 인용한 저널은 다음과 같다. Lori Robertson, "Poll Crazy," *American Journalism Review*, January/February 2003, pp.41~45.

37_ Scott L. Althaus, *Collective Preferences in Democratic Politics: Opinion Surveys and the Will of the People*, New York: Cambridge University Press, 2003, p.4. 여기에서 알트하우스는 대중이 생각하고 있는 것이 무엇인지를 확인하기 위해 사람들이 선거 결과, 언론, 이익집단에 기대하는 여론조사 이전의 시기에 대해 언급하고 있다. 하지만 내가 사용한 것처럼, 이 인용은 그의 주요 주장과 일치한다.

38_ 같은 책, p.3.

39_ Larry M. Bartels, "Is 'Popular Rule' Possible? Polls, Political Psychology, and Democracy" *Brookings Review*, Summer 2003, p.12.
40_ 여론 전문가들은 상대적인 무지를 판단력과 일치시키고자 오랫동안 시도해왔다. 그 분야의 논문을 보면, 도널드 킨더Donald Kinder와 데이비드 시어스David Sears는 다음과 같이 썼다. "미국인은 정치 세계에서 발생하는 많은 것에 무관심하고 주요한 역할자가 많다는 것에 혼란스러워 한다. 또한 정책 논쟁에 대해 부주의하고 전문가가 당연하다고 여기는 사실에도 무지하다." Donald R. Kinder and David O. Sears, "Public Opinion and Political Action," in G. Lindzey and E. Aronson, eds., *Handbook of Social Psychology*, 4th ed., New York, Random House, 1985, p.664.
41_ Samuel L. Popkin, *The Reasoning Voter: Communication and Persuasion in Presidential Campaigns*, Chicago: the University of Chicago Press, 1991, p.16, p.20.
42_ 팝킨은 여론조사 전문가인 러셀 뉴먼W. Russell Neuman을 인용했다. "Public's Knowledge of Civics Rises Only a Bit," *New York Times*, May 28, 1989, p.31. 이는 다음 저서의 좋은 요약이다. W. Russell Neumann, *The Paradox of Mass Politics: Knowledge and Opinion in the American Electorate*, Cambridge: Harvard University Press, 1992, p.96.
43_ Popkin, *Reasoning Voter*, pp.69~70.
44_ 같은 책, pp.102~114, p.75.
45_ John R. Zaller, *The Nature and Origins of Mass Opinion*, Cambridge: Cambridge University Press, 1992, p.26.
46_ "커뮤니케이션은 아래에서 위로, 즉 시민에서 정치인으로 선거, 운동, 로비, 설문조사 등을 통해 발생했다기보다, 위로부터 아래로 발생했다. 즉 엘리트는 설득력 있는 방법을 고안하거나 폭로의 강도를 통해 공공의 관심사에 관한 시민의 관점을 형성했다" 같은 책, p.268.
47_ Susan C. Strokes, "Pathologies of Deliberation", in Jon Elster ed., *Deliberative Democracy*, Cambridge: Cambridge University Press, 1998, p.124, p.126.
48_ E. E. Schattschneider, *The Semi-sovereign People*, New York: Holt, Rinehart and Winston, 1960 and Benjamin I. Page, "The Semi-Sovereign Public," in Jeff Manza, Fay Lomax Cook, and Benjamin I. Page, eds., *Navigating Public Opinions: Polls, Policy, and the Future of American Democracy*, New York: Oxford University Press, 2002, p.325, p.342.
49_ Zaller, *Mass Opinion*, pp.8~9, p.269.
50_ Lawrence R. Jacobs and Robert Y. Shapiro, "Politics and Policymaking in the Real World: Crafted Talk and the Loss of Democratic Responsiveness," in Jeff Manza, Fay Lomax Cook, and Benjamin I. Page, eds., *Navigating Public Opinion: Polls, Policy and the Future of American Democracy*, Oxford: Oxford University Press, 2002, p.55, and *Politicians Don't Pander: Political Manipu-*

lation and the Loss of Democratic Responsiveness, Chicago: University of Chicago Press, 2000.
51_ 같은 책, p.36.
52_ 같은 책, p.45.
53_ Wiebe, *Self-Rule*, p.256. 비슷한 분석으로는 Christopher Hitchens, "Voting in the Passive Voice: What Polling has Done to American Democracy," *Harper's*, April 1992, pp.45~52 참조.
54_ 많은 관찰자는 소비와 세금에 관한 문제는 옵션, 우선순위, 교환의 맥락에서 이해될 수 있다고 주장한다. John Mark Hansen, "Individuals, Institutions and Public Preferences over Public Finance," *American Political Science Review* 92, 1998, pp.513~531 참조.
55_ 트루먼 독트린부터 흐루시초프의 경솔한 허풍과 쿠바 미사일 위기까지, 베트남과 니카라과부터 '악의 제국'에 대한 레이건 대통령의 연설까지, 냉전은 우리 생활의 중심이었다. 핵 대참사의 항상 존재하는 위험은 그에 비해 다른 위험을 옅게 만든다. 핵폭탄은 우리의 마음에 역광을 비춘다. 1990년 존 업다이크John Updike의 소설 『잠든 토끼Rabbit at Rest』에서, 늙은 로저 "토끼" 옹스트럼Roger "Rabbit" Angstrom은 거대한 투쟁에 대해 아쉬운 듯이 말한다. "나는 냉전이 그립다. 냉전은 아침에 일어날 이유를 줬다." John Updike, *Rabbit at Rest*, New York: Ballentine Books, 1990.
56_ 공화주의 신념부터 절차적 중립주의까지 미국의 정치적·법적 사고에 있어서의 전환에 대한 논의는 Michael J. Sandel, *Democracy's Discontent: America in Search of a Public Philosophy*, Cambridge: The Belknap Press of Harvard University Press, 1996 참조.
57_ 우리 모두는 민주적 과정의 기본 요소에 익숙하다. 즉, 조직을 형성하고 가입할 자유, 표현의 자유, 투표권, 지지를 획득하기 위해 경쟁하는 정치 지도자의 권리, 대체 정보원, 근대 민주주의 국가의 민주적 절차의 핵심을 이끄는 모든 것인 자유롭고 공정한 선거. 물론 미국은 항상 이런 공식적인 요구조건을 수용해왔다. 그러나 운영상의 정의는 민주주의의 윤리적이고 실질적인 관점을 무시한다. 로버트 달과 찰스 린드블럼은 일련의 기본적인 정치적 권리를 위해 '폴리아키polyarchy', 지도자에 대한 통제라는 용어를 만들었다. Robert A. Dahl and Charles E. Lindblom, *Politics, Economics and Welfare*, Chicago: University of Chicago Press, 1953, chs.10~11; and Robert Dahl, *A Preface to Democratic Theory*, Chicago: University of Chicago Press, 1956, and *Polyarchy*, New Haven: Yale University Press, 1971.
58_ 사실 미국인은 1960년대 시민권과 전쟁동원령 반대 운동 기간에 광범위한 민주적 행동주의와 반대 시위를 목격했고 참여했다. 그러나 그러한 격렬했던 시기를 제외하고, 선거와 이익집단은 근대 미국인이 민주주의에 대해 생각하고 실행하는 주요 방식이 되었다.
59_ Joseph Schumpeter, *Capitalism, Socialism and Democracy*, New York: Harper and Row, 1942, chs.20~22. 민주주의 이론에 대한 슘페터의 수정은 "Socialism and Democracy" 섹션에 나타난다. 이것은 우연이 아니다.

60_ 유럽의 보수주의자인 슘페터는 귀족, 부르주아 계층이 지배하는 사회에서 편안함을 느꼈다. 19세기 후반 영국 '보수민주주의Tory Democracy'가 그의 정치적 이상이었다. Richard Swedberg, "Introduction, The Man and His Work," in *Joseph A. Schumpeter*, ed. Richard Swedberg, Princeton: Princeton University Press, 1991, p.8, p.13 참조. 비록 그의 공개적인 입장은 유럽 보수주의였지만, 슘페터의 개인적인 정치적 견해는 더 반동적이었다. 오스트리아 태생 슘페터의 전기에는 폴 드 망Paul de Man 스캔들과 유사한 충격적인 발견이 있다. 슘페터가 반유대주의자였고 파시스트인 독일과 일본이 일으킨 전쟁의 지지자였다고 드러난 것이다. Bernard Semmel, "Schumpeter's Curious Politics," *Public Interest* 106, 1992, pp.3~16; Robert Loring Allen, *Opening Doors: The Life and Work of Joseph Schumpeter*, New York: Transaction Books, 1991.
61_ Schumpeter, p.269[이영재 옮김, 『자본주의, 사회주의, 민주주의』, 한서출판, 1985, 418쪽].
62_ 같은 책, pp.284~285, 강조 추가[『자본주의, 사회주의, 민주주의』, 439쪽].
63_ 유권자가 직면한 인식의 문제를 단순화하기 위해 시도할 때, 슘페터는 시민에게 요구된 복잡한 정치적 판단을 소비자에게 요구된 더 간단한 시장市場 선택으로 축소했다. Charles E. Lindblom, *Politics and Markets*, New York: Basic Books, 1977, 10장, 특히 pp.134~136. 린드블럼은 다음과 같이 썼다: "오늘날의 많은 민주주의 이론은 경제학 이론으로부터 선호의 개념을 빌려왔다. 사람들이 상품과 서비스에 대한 선호를 갖고 있는 것과 마찬가지로 그들은 또한 지도자나 특정 공공정책에 대한 선호를 갖고 있다고 간주한다. (…) 그러나 선호의 개념은 폴리아키(그리고 민주주의)의 모습을 왜곡시키고 있다." p.134[주성수 옮김, 『정치와 시장』, 인간사랑, 1989, 165쪽]. 반대로, 자유의지는 복잡한 판단이며, 이것은 정치적 사고를 묘사하는 더 좋은 방법이다.
64_ 슘페터를 따르는 많은 미국 정치학자가 주로 절차적인 조건에서 민주주의를 생각하기 시작했고, 민주주의를 정의하는 이런 방법은 저널리즘과 일상의 토론에 스며들기 시작했다. 절차적 관점의 중요한 초기의 예는 다음 저서에 나와 있다. Dahl and Lindblom, *Politics, Economics and Welfare*; Dahl, *A Preface to Democratic Theory*; Robert A. Dahl, *Who Governs?*, New Haven: Yale University Press, 1961; Anthony Downs, *An Economic Theory of Democracy*, New York: Harper and Row, 1957; David Truman, *The Governmental Process*, New York: Knopf, 1951; Bernard Berelson, Paul Lazarsfeld, and William McPhee, *Voting*, Chicago: University of Chicago Press, 1954, 14장. 지난 25년간의 두 중요한 예는 다음에 나와 있다. Robert A. Dahl, "Procedural Democracy," in Peter Laslett and James Fishkin, eds. *Philosophy, Politics, and Society*, 5th series, Oxford: Basil Blackwell, 1984 and William H. Riker, *Liberalism Against Populism: A Confrontation between the Theory of Democracy and the Theory of Social Choice*, San Francisco: W. H. Freeman and Company, 1982. 슘페터의 지속적인 영향은 오늘날 정치학의 많은 연구에서 볼 수 있다. 그 예로는 다음과 같다. John Mueller,

Capitalism, Democracy and Ralph's Pretty Good Grocery, Princeton: Princeton University Press, 1999 and Steven E. Schier, *You Call This an Election? America's Peculiar Democracy*, Washington, D.C.: Georgetown University Press, 2004.

65_ "신냉전 보수주의의 주요 테마는 공산주의에 동감했던 자유주의자에 대한 서구의 배신이었다. (…) 자유주의자는 초기의 맹공격으로부터 전혀 회복되지 않았다. 충성심을 입증해야 하듯 **방어적으로 움츠러들었다**." Sidney Blumenthal, *Pledging Allegiance*, New York: Harper Collins, 1990, pp.8~9, 강조 추가. 시민권 운동은 시민의 평등에 초점을 맞췄지만, 빈곤과의 전쟁은 부분적으로는 실패했다. 그 이유는 민주적인 가치와 같이 경제적 평등의 중요성에 관한 합의가 부족했기 때문이다. 여기에서 우리는 경제적인 평등을 서유럽 국가와 유사한 최소의 경제적인 발언권으로 생각할 수 있다. 이는 존 롤스가 평등에 대해 말한 것과 같다. 이는 존 롤스, 『정의론A Theory of Justice』, Cambridge: Harvard University Press, 1971 참조.

66_ 국가로서 미국은 민주적인 절차에의 약속을 넘어서는 정치적 신뢰에 의해 결합된다. 자유주의와 공화주의 전통을 함께 결합해 전체로 융합하면서, 존 듀이는 미국의 민주적인 경험의 중심부에 다섯 가지 가치를 두었다. 즉, 자유, 평등, 공동체, 지성, 공공선이 그것이다. 이 다섯 가지 가치는 우리의 거대하고 이종적이고 다문화적인 국가를 단일한 민주주의 공동체로 결속시키는 데 중요한 역할을 한다. 우리는 미국인이다. 우리의 압도적인 대다수가 이러한 민주적인 가치가 우리 공동의 이상이라고 믿으며 가치를 채택해왔다. 민주주의를 단지 선거를 통한 엘리트의 순환이라고 생각하는 것과는 달리, 듀이는 이러한 가치는 '삶의 방법으로서의 민주주의'를 구성하는 것이라고 주장했다. Robert B. Westbrook, *John Dewey and American Democracy*, Ithaca: Cornell University Press, 1991 and Kevin O'Leary, "John Dewey, Herbert Croly and Progressive Democratic Theory" unpublished dissertation, Department of Political Science, Yale University, 1989 참조.

67_ Louis Hartz, *The Liberal Tradition in America*, New York: Harcourt, Brace, 1955, p.5.

68_ 알카에다의 테러 위협을 치안 비상 대신에 '전쟁'이라고 정의함으로써 부시 대통령은 냉전의 이데올로기적인 틀로 돌아가도록 우리를 강요했다. Michael Howard, "What's in a Name? How to Fight Terrorism," *Foreign Affairs*, January/February 2002, pp.8~13.

69_ 참여민주주의에 영향을 주는 중요한 두 단행본이 있다. Pateman, Participation and Democratic Theory, Benjamin Barber, *Strong Democracy: Participatory Politics for a New Age*, Berkely: University of California Press, 1984. 두 저자 모두 루소의 영향을 강하게 받았다. 바버는 다음과 같이 기술했다. "대의 정부는 자유와 양립할 수 없다. 왜냐하면 그것은 진정한 자율통치와 자율성을 희생시키고 정치적 의지를 위임하고 따라서 소외시키기 때문이다." p.145[박재주 옮김, 『강한 민주주의』, 인간사랑, 1992, 223쪽].

70_ Jean-Jacques Rousseau, *On the Social Contract*[1762] with *the Geneva*

Manuscript and Political Economy edited by Roger D. Masters, trans. by Judith R. Masters, New York: St. Martin's Press, 1978.

71_ "Introduction," Rousseau, *Social Contract*, Roger D. Master ed., p.17 참조.

72_ Rousseau, *Social Contract*, bk.Ⅲ, ch.ⅩⅤ: On Deputies or Representatives, pp.102~103[이태일 옮김, 『사회계약론』, 범우사, 1988, 105~107쪽].

73_ 루소가 민주주의자로 간주되어야만 하는지에 대해 의문을 제기한 작가로 베르트랑 드 주브넬Bertrand de Jouvenel과 주디스 슈클러Judith Shklar가 있다. Bertrand de Jouvenel, "Rousseau's Theory of the Forms of Government," in Maurice Cranston and Richard S. Peters eds., *Hobbes and Rousseau: A Collection of Critical Essays*, Garden City, NY: Anchor Books, 1972 and Judith Shklar, *Men and Citizens*, Cambridge: Cambridge University Press, 1969. 슈클러는 연구를 통해 스파르타 도시와 가부장적인 가정은 둘 다 특별한 민주주의가 아님을 발견한다. 또한 직접민주주의의 옹호자를 위해, 루소는 치안 판사와 행정부에 의해 행해져야 할 것을 충분히 남겨두었다.

74_ James Miller, *Rousseau: Dreamer of Democracy*, New Haven: Yale University Press, 1984. 밀러는 전체 루소의 저작의 맥락에서 『사회계약론』이 차지하는 의미를 분석한 저작들과 루소에 대한 인물 묘사를 우리에게 제공했다. 이는 『사회계약론』으로만 루소의 모든 민주적인 상상과 환상을 나타내지 않기 때문에 중요하다.

75_ Rousseau, *Social Contract*, bk.Ⅲ, ch.Ⅳ: On Democracy, p.85[『사회계약론』, 76~77쪽].

76_ Miller, p.74.

77_ Rousseau, 같은 책, p.85[『사회계약론』, 78쪽].

78_ 근대 생활의 철저한 배제는『사회계약론』뿐만 아니라『인간불평등기원론The First and Second Discourses』를 읽을 때 명백하게 보일 수 있다.

79_ Miller, p.166

80_ 이 세 방향 각각은 루소에 빚을 진다. Miller, p.205 참조.

81_ David Broder, *Democracy Derailed: Initiative Campaigns and the Power of Money*, New York: Harcourt, Brace, 2000 참조.

82_ Peter Schrag, "California, Here We Come: Government by plebiscite, which would have horrified the Founding Fathers, threatens to replace representative government," *Atlantic Monthly*, March 1998, pp.20~31.

제2장 대규모 공화국에서의 부패

1_ Carl L. Becker, *The Declaration of Independence: A Study in the History of Political Ideas*[1922], New York: Vintage Books, 1958; Bernard Bailyn, *The Ideological Origins of the American Revolution*, Cambridge: The Belknap Press of Harvard University Press, 1967. J. G. A. Pocock, *The Machiavellian*

Moment, Princeton: Princeton University Press, 1975 and Gordon Wood, *The Creation of the American Republic, 1776~1787*, New York: Norton, 1969.

2_ 철학적 자유주의는 권리, 절차, 사리추구 집단 간의 다원적 투쟁에 주목한다. 자유주의 사상에서 정치의 본질과 자원은 정치 영역 밖으로부터 온다. 마이클 샌델이 지적했듯이 정부가 좋은 삶이라는 문제에서 중립을 지켜야 한다는 생각은 현대 정치사상에 독특한 것이다. Sandel, *Democracy's Discontent*, p.7[안규남 옮김, 『민주주의의 불만』, 동녘, 2012, 20쪽]. 반대로 공화주의 이론은 부분적으로는 정치의 목적을 공화주의의 존속에 필수적인 덕성과 특성을 육성하는 것으로 생각한다.

3_ Hartz, *Liberal Tradition*.

4_ Cass R. Sunstein, "The Enduring Legacy of Republicanism," in *A New Constitutionalism*, eds. Stephen L. Elkin and Karol Edward Soltan, Chicago: University of Chicago Press, 1993, pp.174~175.

5_ Quintin Skinner, "The Republican Idea of Political Liberty," in Gisela Bock, Quentin Skinner, and Maurizio Viroli eds., *Machiavelli and Republicanism*, Cambridge: Cambridge University Press, 1990, pp.293~309; Quentin Skinner, *Liberty Before Liberalism*, Cambridge: Cambridge University Press, 1998; Philip Pettit, *Republicanism: A Theory of Freedom and Government*, Oxford: Oxford University Press, 1999 and Maurizio Viroli, *Republicanism*, New York: Hill and Wang, 2002 참조.

6_ 민주주의는 '기본적'이지만 '부차적'인 재화라는 샤피로의 주장 참조. 어떠한 기본적인 정치적 약속도 민주주의보다 우리의 충성을 명령할 수 없기 때문에 민주주의는 기본적이지만, 인간이 추구해야 할 많은 다른 재화들이 있기 때문에 또한 부차적이다. Ian Shapiro, *Democracy's Place*, Ithaca: Cornell University Press, 1996, pp.109~136.

7_ Hannah Arendt, *The Human Condition*, Chicago: University of Chicago Press, 1958과 Alasdair MacIntyre, *After Virtue*, Notre Dame, IN: Notre Dame University Press, 1981. 마이클 샌델과 버나드 마넹은 영감을 찾기 위해 로마인보다 그리스인에 더욱 주목한 또 다른 두 명의 유명한 학자들이다. 4장에서 다루듯이 우리가 도출할 수 있는 것으로 아테네 민주주의와 로마 공화정이 있다. 그러나 정치가 최고이며 가장 좋은 재화라고 말하는 것은, 그리고 키케로처럼 덕성을 사적 이익보다 정의 또는 공공선을 추구하는 정치 행위자의 능력으로 정의하는 것은 너무나 어마어마하다. Cicero, *On Duties*, Cambridge: Cambridge University, 1991, p.53, pp.59~60, Iseult Honohan, *Civic Republicanism*, New York: Routledge, 2002, p.34에서 재인용.

8_ 한나 아렌트는『혁명론On Revolution』[1965], New York: Penguin Books, 1977에서 공적 행복은 혁명의 추동력이며 제퍼슨의 『독립선언서』의 초안은 "삶과 자유, 공적 행복의 추구"였다고 주장한다.

9_ Tom Holland, *Rubicon: The Last Years of the Roman Republic*, New York: Anchor Books, 2003, p.4.

10_ Sunstein, "Enduring Legacy of Republicanism," pp.180~181. 또한 Herbert J. Storing, *The Complete Anti-Federalist*, 7 vols., Chicago: University of Chicago Press, 1981, esp. vol.1, "What the Anti-Federalists Were For" "The Small Republic," pp.15~23, and the key texts by the most important Anti-Federalist writers: The Federal Farmer, Brutus, A [Maryland] Farmer, and The Impartial Examiner 참조.
11_ 같은 책
12_ Holland, *The Last Years of the Roman Republic*, p.xviii[김병화 옮김, 『공화국의 몰락』, 웅진닷컴, 2004, 9쪽).
13_ 같은 책, p.xv, p.8, p.11.
14_ Madison, *Federalist* 10, in Alexander Hamilton, James Madison, and John Jay, *The Federalist Paper*, Introduction by Clinton Rossiter, New York: New American Library, 1961.
15_ Dahl and Tufte, *Size and Democracy*, p.89.
16_ 진보개혁론자는 선출된 공직자들이 공공 자금을 빼돌리는 것에 대해 우려했다. *Plunkitt of Tammany hall*, Introduction by Arthur Mann, New York: Dutton, 1963과 Lincoln Steffens, *The Shame of the Cit*ies, New York: Sagamore Press, 1957 참조. 물론 직접적인 금전적 부패도 여전히 존재한다. 예를 들어, "공화당 소속 캘리포니아 하원의원인 랜디 '듀크' 커닝햄Randy "Duke" Cunningham은 방위산업 계약업자로부터 240만 달러를 뇌물로 받고 100만 달러 이상의 액수를 탈세했다는 죄를 자백하고 나서 월요일 사퇴했다." Tony Perry, "Rep. Cunningham Pleads Guilty to Bribery, Resigns" *Los Angeles Times*, 29 November 2005, A1.
17_ 예를 들어, 전직 하원의 다수당 지도자 톰 딜레이의 동료의원들에 대한 수많은 조사가 이 범주에 속한다.
18_ William Greider, *Who Will Tell the People: the Betrayal of American Democracy*, New York: Simon & Schuster, 1992; Postman, *Amusing Ourselves to Death*; and Jedediah Purdy, *For Common Things: Irony, Trust and Commitment in America Today*, New York: Knopf, 1999.
19_ Benjamin Ginsberg and Martin Shefter, *Politics by Other Means*, 3rd ed., New York: W. W Norton, 2002.
20_ George F. Will, "The Veep and the Blatherskite: Perot's watery Caesarism may be a glimpse of what the 21st century has up its nasty sleeve," *Newsweek*, 29 June 1992, p.72.
21_ 일부 사람들은 우리의 공적 삶에 대한 민주적 통제의 위기가 테러와의 전쟁이 시작된 이후 더욱 심화되어 왔다고 주장한다. "부시 독트린은 우리를 세계의 재판관이자, 배심원이자 사형 집행관으로 전환시켰다—우리의 동기가 얼마나 선의적인 것이건 간에, 이처럼 세계의 재판관이자 배심원, 사형 집행관으로 우리 스스로를 만든 상황은 우리의 리더십을 타락시키게 마련이다." Arthur Schlesinger Jr., "Good Foreign Policy a Casualty of War," *Los Angeles Times*, Sunday Opinion, 23 March 2003, p.M1.

22_ David M. Ricci, *Good Citizenship in America*, Cambridge: Cambridge University Press, 2004, pp.254~255, p.292.
23_ Madison, *Federalist* 10, p.78[김동영 옮김, 『페더랄리스트 페이퍼』, 한울아카데미, 2005, 62쪽].
24_ Tocqueville's phrase in *Democracy in America* gained contemporary currency with Robert Bellah et al., *Habits of the Heart*, Berkely: University of California Press, 1985.
25_ "그래서 그들은 모든 인간이 자기 자신의 이익에 따라 행동하는 것을 부정하지 않는다. 그러나 그들은 각각의 이익이 좋은 것일 수 있다는 것을 증명하려고 노력한다." Tocqueville, *Democracy in America*, 제2권 제2부 제8장, "이기주의의 원리를 바르게 이해함으로써 개인주의를 극복하는 아메리카인들의 방법How Americans Combat Individualism by the Doctrine of Self-Interest Properly Understood," pp.525~528[『미국의 민주주의 Ⅱ』, 691쪽].
26_ 로버트 벨라Robert Bellah, 바버라 에런라이크Barbara Ehrenreich, 로버트 퍼트넘Robert Putnam을 포함한 일단의 학자들은 미국의 시민문화가 바로 이러한 방식으로 어떻게 부패해왔는가에 대해 논평해왔다. Bellah et al, *Habits of the Heart: Barbara Ehrenreich, The Worst Years of Our Lives*, New York: Pantheon Books, 1990와 Putnam, *Bowling Alone*.
27_ Dennis F. Thompson, "Mediated Corruption: The case of the Keating Five," *American Political Science Review* 87, 1993, pp.269~281. 상원의원들은 민주당 소속인 데니스 디콘치니Dennis DeConcini, 알란 크랜스턴Alan Cranston, 존 글렌John Glenn, 도날드 리글Donald Riegle, 공화당 소속 존 매케인John McCain이다.
28_ *California Journal*, December 2004.
29_ U.S. Census Bureau data. Patterson, *The Vanishing Voter*, esp. ch.1, "The Incredible Shrinking Electorate," quote from 4, and U.S. Census Bureau, *Statistical Abstract of the united States*, 2002, Table No. 396 Resident Population of Voting Age and Percent Casting Votes-States: 1994 to 2000 참조.
30_ 닉슨 대통령 시기에 관한 *the Time of Illusion*, New York: Vintage Books, 1976과 핵위협에 관한 *the Fate of the Earth*, New York: Avon Books, 1982의 작가인 조나단 쉘은 1996년 대통령 선거 기간에 이러한 간단하지만 심오한 질문을 한다. Jonathan Schell, "The Uncertain Leviathan," *Atlantic Monthly*, August 1996, pp.70~78 참조.
31_ Patterson, *Vanishing Voter*, p.22.
32_ Michael Kingsley, *Big Babies*, New York: Morrow, 1995.
33_ Grieder, *Who Will Tell the People*, p.18.
34_ Adam Clymer, "The Body Politic: Nonvoting Americans and Calls for Reform Are Drawn Into Stark Focus in 2000 Races," *New York Times*, 2 January 2000, A1 and 20.
35_ 같은 기사, A20.

36_ The California Voter Foundation의 이사장인 킴 알렉산더Kim Alexander와의 전화 인터뷰, John Gaventa, *Power and Powerlessness: Quiescence and Rebellion in an Appalachian Valley*, Urbana: University of Illinois Press, 1980 참조.
37_ 2006년 봄 대중들이 얼마나 침묵했는지에 대해 논평하면서, 『로스앤젤레스타임스』 칼럼니스트 스티브 로페즈Steve Lopez는 "나는 국가 지도자가 대중을 일깨우기 위해 무엇을 해야 하는지 모르겠다. 우리가 최근에 접했던 뉴스들이 군중들을 거리로 나오게 했던 시절이 있었다"라고 썼다. Steve Lopez, "The Sound of Apathy Over War Resounds," *Los Angeles Times*, 14 April 2006, B1.
38_ Popkin, Reasoning Voter와 W. Russell Neuman, *The Paradox of Mass Politic* 참조.
39_ V. O. Key, *The Responsible Electorate*, New York: Vintage Books, 1966, p.7.
40_ Patternson, *Vanishing Voter*, pp.84~85. Joan Didion, *Political Fictions*, New York: Knopf, 2001, pp.10~11.
41_ Mark E. Warren, "What Can Democratic Participation Mean Today?" *Political Theory* 30, 2002, p.681, Pippa Norris ed., *Critical Citizens: Global Support for Democratic Government*, New York: Oxford University Press, 1999, 특히 pp.1~27과 pp.257~272.
42_ Ronald Inglehart, "Postmodernism Erodes Respect for Authority, But Increases Support for Democracy," in *Critical Citizens*, p.236.
43_ Norris, *Critical Citizens*, p.27.
44_ Dan Morain, "Wealth Buys Access to State Politics," 『로스앤젤레스타임스』 1999년 4월 18일 A1면. 신문은 3500만 명의 거주자가 있는 주에서 약 330명의 개인, 회사, 정치행동위원회가 10만 달러 이상을 주州 정치를 위해 기부했는데, 이는 1998년 선거운동에서 사용된 것으로 추정된 5억 달러의 약 60퍼센트에 해당한다.
45_ 덕망 있는 신사들인 "자연 귀족"을 보호하기보다는, "새로운 금융가·투자자들의 귀족정치"를 만들기를 원했던 해밀턴에게 그 문은 열려 있었다. Morgan, *Inventing the People*, p.286. 해밀턴에 대한 보다 호의적인 시각으로는 Stanley Elkins and Eric Mckitrick, *The Age of Federalism*, New York: Oxford University Press, 1993 참조.
46_ 이 모든 것들이 해밀턴이 국가의 재화를 보살폈다는 점에서 공화주의자가 아니라는 것을 말하는 것은 아니다. 다른 건국자들보다 그는 상업적 공화주의와 거대한 권력으로 미국의 미래를 보았다. 매디슨이 볼 때는 견제와 균형의 헌정적 전략은 수동적인 정부를 위해 만들어진 것이었다. 그러나 해밀턴은 변동을 원했고, 금융 이익과 새로운 국가와의 긴밀한 연계를 육성함으로써 상위 계층적 편향을 구축하고자 했다. 일반적으로 해밀턴은 강력한 국가를 지원할 수 있는 자본주의 이익을 보호하는 정부를 원했다. Forrest McDonald, *Alexander Hamilton: A Biography*, New York: Norton, 1982 참조.
47_ Manin, *Representative Government*, p.120[곽준혁 옮김, 『선거는 민주적인가』, 후마니타스, 2007, 154쪽].

48_ "그 자신의 눈에는 그의 이론이 효능이 없다는 것이 해밀턴주의의 승리로 인해 아주 분명하게 입증되었다." Forrest McDonald, *Novus Ordo Seclorum: The Intellectual Origins of the Constitution*, Lawrence: University Press of Kansas, 1985, p.203.
49_ Michael Lind, *The New American Nation*, New York: The Free Press, 1995, esp. chs.4 and 5.
50_ Kevin Phillips, *Wealth and Democracy: A Political History of the American Rich*, New York: Broadway Books, 2002.
51_ 같은 책, p.xiii, 강조는 원저자[윤덕한 옮김, 『부와 민주주의』, 도서출판 중심, 2004, 16쪽].
52_ 같은 책, p.324[『부와 민주주의』, 514쪽].
53_ Senator Bill Bradley, Speech to the John F. Kennedy School of Government, Harvard University, 16 January 1996, quoted in Phillips, *Wealth and Democracy*, p.405, p.407[『부와 민주주의』, 595쪽].
54_ David Cay Johnston, *Perfectly Legal: the Covert Campaign to Rig Our Tax System to Benefit the Super Rich-and Cheat Everybody Else*, New York: Portfolio/Penguin, 2003.
55_ Phillips, *Wealth and Democracy*, p.325[『부와 민주주의』, 515쪽].
56_ 같은 책, p.325[『부와 민주주의』, 515쪽]. 부시 대통령의 첫 번째 조세 감축은 상위 1퍼센트의 소득을 올리는 사람들에 43퍼센트의 조세 감축으로 귀결되었다. 그의 2003년 조세 감축안은 미국 상위 1퍼센트의 소득계층에게 연평균 4만5000달러의 세금 감축으로 이어졌다. 소득 분포의 20퍼센트를 차지하는 중산층들은 평균 265달러라는 세금 감면을 받았다. 그리고 가장 불운했던 소득 하위 60퍼센트의 사람들은 매년 95달러의 감세 조치를 받았을 뿐이다. Joe Conason, *Big Lie: The Right-Wing Propaganda Machine and How it Distorts the Truth*, New York: Thomas Dunne Books, St. Martin's Press, 2003, p.16, p.26 참조.
57_ Numbers from Phillips, *Wealth and Democracy*, p.xviii [『부와 민주주의』, 24쪽].
58_ 같은 책. p.149, chart 3.19 [『부와 민주주의』 248쪽, 표 3-19].
59_ Paul Krugman using averages from table on 154 of Phillips, *Wealth and Democracy*, chart 3.23 Up, Up and Away: The Rise of Top Corporate Executive Compensation, 1981~2000. Paul Krugman, "Plutocracy and Politics," *New York Times*, 14 June 2002, A35.
60_ Lindblom, *Politics and Markets*, esp. chs.12~14. 이 책에 대한 논평에서 『비즈니스위크』는 "린드블럼은 그의 저서에 놀라운 힘을 부여하기 충분한 만큼 명확성과 객관성으로 그의 논지를 주장한다"고 했다. Robert G. Magnuson, "Yes to Markets, No to Big Business," *Business Week*, 26, December 1977, p.17 참조.
61_ 린드블럼에 더해 프레드 블록Fred Block의 '자본 파업capital strike'의 발상은 "The Ruling Class Does Not Rule: Notes on the Marxist Theory of the State," in *Revisiting State Theory: Essays on Politics and Postindustrialism*,

Philadelphia: Temple University Press, 1987 pp.51~68 참조.

62_ 데렉 복은 이 핵심 포인트에 대해 다음과 같이 지적한다. "시민의 무관심으로 나타나는 가장 좋지 않은 특징 중 하나는 그것이 인구 전체에 대단히 불균등하게 퍼져 있다는 것이다. 서유럽에서의 저소득층 시민과는 다르게, 가난한 노동계급 미국인들은 더 많이 교육받고 더 부유한 동료 시민과 비교해서 공공 문제에 대해 더욱 덜 신경쓰고 덜 투표한다. 따라서 저소득층이 미국으로부터 거의 보호를 받지 못하고 다른 선진 민주주의 국가가 오래전에 모든 시민에게 보장해주었던 의료보험 및 육아 휴가의 보장권과 같은 기초적인 안전장치와 이득을 받지 못하고 있다는 사실은 우연이 아니다." Derek Bok, *The Trouble with Government*, Cambridge: Harvard University Press, 2001, pp.396~397.

63_ 미국은 노동계급 정당이 없는 유일한 서구의 산업화된 국가다. 하나의 이유는 양당 체제다. 다른 이유는 블루칼라 노동자들 사이의 인종적 갈등이다. 하나의 중요한 사례는 1890년대 중서부 농민들을 동부 해안의 소수민족 출신 노동자들과 통합시키고자 했던 인민당Populist의 실패다. 그 결과, 윌리엄 매킨리는 1896년의 결정적인 대통령 선거에서 윌리엄 제닝스 브라이언을 패배시켰으며, 유일한 민주당원이었던 우드로 윌슨을 제외하고 링컨으로부터 허버트 후버에 이르기까지 대통령 직위에 대한 공화당의 통제력을 강화했다.

64_ Michael Barone, *Our Country: The Shaping of America from Roosevelt to Reagan*, New York: Free Press, 1990.

65_ Thomas Byrne Edsall, *The New Politics of Inequality*, New York: Norton, 1984와 Lind, *Next American Nation* 참조.

66_ Bolivar Lamounier, "Brazil: Inequailty Against Democracy," in Larry Diamond, Juan J. Linz, and seymour Martin Lipset, eds., *Volume Four, Democracy in Developing Countries: Latin America*, Boulder, CO: Lynne Rienner Publishers, 1989, pp.111~157 참조.

67_ 기업이 후원하고 있는 연구단체인 컨퍼런스위원회the Conference Board가 작성한 1998년의 보고서 참조. 이전의 연구들은 1980년대 동안 저소득층 집단의 수입이 줄어들었고 고소득층 집단의 수입이 늘었기 때문에 계급 불평등이 급격하게 증가했다는 것을 보여주었다. 이를 종합하면, 소득 하위 20퍼센트는 1977년 15.5퍼센트의 세전 가계소득을 가지고 있었지만 1989년에는 12.8퍼센트로 하락했다. 상위 20퍼센트는 1977년 45.6퍼센트로 시작하여 1989년까지 51.4퍼센트로 증가했다. Source: Congressional Budget Office tax simulation model, cited in *U.S. House Ways and Means Committee*, Green Book, 1992, p.1521.

68_ Gregg Easterbrook, "Trading Up: There's Chaos in Seattle. Fabulous," *The New Republic*, 20 December 1999, p.16.

69_ Phillips, *Wealth and Democracy*, p.322[『부와 민주주의』, 510쪽].

70_ Jonathan Chait, "Special K: Why the Bush Administration is worse than DiIulio said," *The New Republic*, 30 December 2002 and 6 January 2003, p.17.

71_ Paul Glastris, "Vision Quest: How John Kerry can create jobs by taking on K Street," *Washington Monthly*, April 2004.

72_ 여기에서 그들은 존 롤스의 트리클 다운trickle down 주장을 따른다. 롤스, 『정의론』 참조. 또한 개번타의 『권력과 무력감Power and Powerlessness』과 사람들이 경제적으로 억압받고 고통 받고 있을 때에는, 그들은 정치 참여를 포기하며 그들의 편은 결코 승리할 수 없다는 그의 주장 참조.

73_ Michael Walzer, *Spheres of Justice*, New York: Basic Books, 1983.

74_ 시민 평등을 위한 미키 카우스Mickey Kaus의 호소에 대한 논평에서, 크리스토퍼 래시는 "사회적·시민적 평등은 최소한 대체적인 경제적 평등을 전제로 하고 있다"라고 적는다. Christopher Lasch, "Introduction: The Democratic Malaise," *The Revolt of the Elites and the Betrayal of Democracy*, New York: W. W. Norton, 1995, p.22[『엘리트의 반란과 민주주의의 배반』, 31쪽]과 Mickey Kaus, *The End of Equality*, New York: Basic Books, 1992 참조. 루소, 제퍼슨, 토크빌과 왈저는 모두 민주주의가 어느 수준의 경제적 평등이 유지될 때 더욱 잘 작동한다는 점에 동의한다. 시민들 사이에 일정 정도의 경제적 평등을 유지하기 위한 노력은 제퍼슨이 벤저민 프랭클린과 매디슨(그의 말년에)과 함께 해밀턴에게 격렬하게 반대하면서 가능한 한 오랫동안 농민 경제를 유지하기를 원했던 이유다. Drew R. McCoy, *The Elusive Republic: Political Economy in Jeffersonian America*, New York: Norton, 1982 참조. 시민공화주의자들은 1990년대 말 급등한 주식 시장에 의해 촉발된 급격한 경제적 불평등의 증대가 민주적 공동체 의식을 부식시키는 계급 간 갈등과 정치적 무능력을 야기했다는 것을 인식했다. 사치스러운 윤택함의 거품은 폭발했지만 억제되지 않는 자본주의와 민주주의 간의 불안한 관계의 문제는 남아 있다. Charles Lindblom, *The Market System: What It is, How It Works, and What to Make of It*, New Haven, Yale University Press, 2001과 Kaus, *The End of Equality* 참조.

75_ Bok, *Trouble with government*, p.395.

76_ Hacker and Pierson, esp, ch.2 and Jacob S. Hacker and Paul Pierson, "Abandoning the Middle: The Bush Tax Cuts and the Limits of Democratic control," *Perspectives on Politics* 3, March 2005, pp.33~53.

77_ 이라크 전쟁 이면의 속임수에 대해서는 프랭크 리치Frank Rich가 『뉴욕타임스』 일요일 판에 실은 일련의 칼럼 참조.

78_ Zaller, *Mass Opinion*, p.313, 원저자 강조.

79_ Wood, *Creation of the American Republic*, p.429.

80_ John P. McCormick, "Machiavellian Democracy: Controlling Elites with Ferocious Populism," *American Political Science Review* 95, 2001, p.311 and Adam Przeworski, "Minimalist Conception of Democracy: A Defense," in Ian Shapiro and Casiano Hacker-Cordon, eds., *Democracy's Value*, Cambridge: Cambridge University Press, 1999, pp.23~55.

81_ Jennifer Hochschild, roundtable discussion of Theodore Lowi, "Presidential Democracy in America," in *Political Science Quarterly*, Special Issue, 109, 1994, p.425 and Dahl, *Controlling Nuclear Weapons*.

제3장 건국의 이상에 기반 두기

1_ Madison, Hamilton and Jay, *Federalist Papers*.
2_ Wood, *Creation of the American Republic*, p.232.
3_ Madison, *Federalist* 52, p.327[『페더랄리스트 페이퍼』, 321쪽].
4_ Michael Barone and Grant Ujifusa, *The Almanac of American Politics 1990*, Washington D.C.: National Journal, 1989, p.71.
5_ Wood, *Radicalism of the American Revolution* and Manin, *Representative Government* 참조.
6_ *Federalist* 10, p.82, 강조 추가[『페더랄리스트 페이퍼』, 66쪽. 다만 '후자'를 '전자'로 수정]
7_ 건국자들은 그들이 제정하고자 했던 헌법이 다음 세대들이 수정해야만 하는 오류를 포함하고 있다는 사실을 알고 있었다. 해밀턴은『페더랄리스트 페이퍼』마지막인 85장을 새로운 국가를 세우기 위해 시도한 사람들의 실수를 바로잡기 위해 경험과 새로운 지식을 허락하도록 하는 흄의 조언으로 마무리 짓는다. "그것이 군주제든 공화제든, 일반적인 법률 하에 거대한 국가나 사회의 균형을 유지하는 일은 너무도 어려워서 아무리 포용력 있고 능력 있는 사람이라 해도 이성과 생각의 힘만으로는 성취할 수 없다." *Federalist* 85장, pp.526~527[『페더랄리스트 페이퍼』, 516쪽], Hamilton quoting Hume, *Essays*, "The Rise of Arts and Sciences," vol.1, p.128.
8_ Charles A. Beard, *An Economic Interpretation of the Constitution of the United States*, New York: Macmillan, 1913.
9_ *Federalist* 10, p.80[『페더랄리스트 페이퍼』, 64쪽].
10_ *Federalist* 10, p.79[『페더랄리스트 페이퍼』, 63쪽].
11_ *Federalist* 10, p.83, 강조 추가[『페더랄리스트 페이퍼』, 67쪽].
12_ *Federalist* 51, p.325[『페더랄리스트 페이퍼』, 319쪽].
13_ Samuel H. Beer, To *Make a Nation: The Rediscovery of American Federalism*, Cambridge: Belknap Harvard, 1993, p.264.
14_ 해링턴은 공화주의 전통 속에서 특이한 존재다. 그는 존 포콕을 포함한 많은 사람에게 위대한 영국 공화주의자로 인정받는다. 그는 이탈리아 도시국가들의 공화주의 발상을 미국 건국자들에게 전달하는 데 가장 크게 기여했다. 그러나 해링턴은 제안하는 제도 자체는 공화정인 반면, 정치에 대한 기본적인 이해에 있어서는 마키아벨리보다 홉스에 훨씬 더 가깝다. 홉스처럼 그의 열망은 사회평화와 안정이었고, "우리는 홉스의 『리바이어던Leviathan』과 마찬가지로 해링턴의『오세아나Oceana』에서 고전적 시민권의 참여 기반이 사라지는 것을 본다. 양자 모두 그 이유는 같다. 즉, 평화를 성취하기 위해 그렇게 해야 한다는 것이다. 하지만 홉스와는 달리 해링턴은『오세아나』전반에 걸쳐 참여의 **실체**는 폐지하지만 외형적인 모습은 보존하고 의식화한다." Jonathan Scott, "The Rapture of Motion: James Harrington's republicanism," in Nicholas Phillipson and Quentin Skinner eds., Political *Discourse in Early Modern England*, Cambridge: Cambridge University Press, 1993, p.151, 원저자 강조.

15_ Beer, *To make a Nation*, p.264.
16_ Beer, 같은 책, pp.267~277.
17_ Joseph M. Bessette, *The Mild Voice of Reason: Deliberative Democracy and American National Government*, Chicago: University of Chicago Press, 1994, p.106
18_ *Federalist* 10, pp.83~84[『페더랄리스트 페이퍼』, 66~67쪽].
19_ Beer, *To Make a Nation*, p.281, 강조 추가.
20_ 비어는 이러한 해석을 위해 확고한 사례를 제시한다. Beer, *To Make a Nation*, ch.9, "Auxiliary Precautions" 참조. 사뮤엘 커넷Samuel Kernell은 매디슨이 일반적으로 생각하는 것보다 권력분립 발상을 덜 중요하게 여기고, 정치 행위를 심판하기 위해 좀 더 기꺼이 다원주의를 이용하고자 했다고 믿는다. "The True Principles of Republican Government: Reassessing James Madison's Political Science," in Samuel Kernell ed., *James Madison: The Theory and Practice of Republican Government*, Stanford: Stanford University Press, 2003, pp.92~125 참조.
21_ *Federalist* 10, p.82[『페더랄리스트 페이퍼』, 66쪽].
22_ David Hume, "That Politics May Be Reduced to a Science," in *Philosophical Works*, eds. T. H. Green and T.H. Grose, London: Longmans, Green, 1875, vol.3, pp.99~100.
23_ Gary Remer, "James Harrington's New Deliberative Rhetoric Reflections of an Anticlassical Republicanism," *History of Political Thought* 16, 1995, p.536.
24_ Manin, *Representative Government*, p.1[『선거는 민주적인가』, 13쪽].
25_ Wood, *Radicalism of the American Revolution*, p.258.
26_ Cass R. Sunstein, *The Partial Constitution*, Cambridge: Harvard University Press, 1993, p.xvi, quoting Madison.
27_ Wood, *Creation of the American Republic*, p.475, 콤마와 강조 추가.
28_ *Federalist* 63[『페더랄리스트 페이퍼』, 382쪽).
29_ Beer, *To Make a Nation*, p.280.
30_ Bruce A. Ackerman, *We the People: Foundations*, Cambridge: Belknap Press of Harvard University Press, 1991.
31_ Wood, *Creation of the American Republic*, p.516, 강조 추가.
32_ Patrick Henry, in Debates III, p.167, cited by Isaac Kramnick, "Editor's Introduction," Madison, Hamilton, and Jay, *The Federalist Papers*, New York: Penguin Books, 1987, p.43. Richard Henry Lee in Wood, *Creation of the American Republic*, p.516.
33_ Sunstein, *Partial Constitution*.
34_ 더글러스 아데어Douglass Adair는 매디슨과 흄 사이의 연관성을 발견한 최초의 역사학자다. Douglass Adair, "That Politics May Be Reduced to a Science: David Hume, James Madison, and the Tenth Federalist,"[1957] *Fame and the Founding Fathers, Essays of Douglass Adair*, ed. Trevor Colbourn, New York:

W. W. Norton, 1974, pp.93~106.

35_ David Hume, "Idea of a Perfect Commonwealth,"[1752] in *Essays: Moral, Political and Literary edited with a foreword, notes, and glossary* by Eugene F. Miller, Indianapolis: Liberty Classics, 1985, pp.512~529.

36_ Hume, "Idea of a Perfect Commonwealth," p.527.

37_ Hume, 같은 글, pp.516~517. 강조 및 (런던) 추가.

38_ James Harrington, *Oceana*[1656] in *The Political Works of James Harrington*, edited with an introduction by J. G. A. Pocock, Cambridge: Cambridge University Press, 1977; Pocock, "Historical Introduction," *The Political Works of James Harrington*, pp.1~152, and Manin, *Representative Government*, pp.67~70.

39_ Hume, "Idea of a Perfect Commonwealth," pp.522~523.

40_ Hume, 같은 글.

41_ Beer, *To Make a Nation*, p.269

42_ Mancur Olson, *The Logic of Collective Action*, Cambridge: Harvard University Press, 1965 and "The Second Coming," in William Butler Yeats, *Selected Poems and Three Plays*, New York: Macmillan, 1966.

43_ 로크적 자유주의에 관해서는 John Locke, *Second Treaties of Government*, New York: New American Library, 1965, 특히 6 section. *A Letter Concerning Toleration*, Indianapolis: Bobbs-Merrill, 1955; Becker, *Declaration of Independence*; Hartz, *Liberal Tradition in America* and Rogers M. Smith, *Liberalism and American Constitutional Law*, Cambridge: Harvard University Press, 1985 참조. 시민공화주의에 관해서는 Arendt, *On Revolution; Bailyn, Ideological Origins of the American Revolution*; Wood, *Creation of the American Republic*; Pocock, *Machiavellian Moment*; and Paul Rage, *Republics: Ancient and Modern* vols.3, Chapel Hill: University of North Carolina Press, 1994 참조.

44_ Garrett Ward Sheldon, *The Political Philosophy of Thomas Jefferson*, Baltimore: The Johns Hopkins University Press, 1991, esp. ch.3 and Honohan, *Civic Republicanism* 참조.

45_ Thomas Jefferson, *Notes on Virginia*[1781] "Query XIX: The Present State of Manufacturers, Commerce, Interior and Exterior Trade?" in *The Life and Selected Writings of Thomas Jefferson* edited, and with an introduction by Adrienne Koch and William Peden, New York: The Modern Library, 1944, pp.278~279.

46_ Lance Banning, "Jefferson's Ideology Revisited: Liberal and Classical Ideas in the New American Republic," *William and Mary Quarterly* 43, 1986, pp.3~19; McCoy, Elusive Republic; and Joyce Appleby, *Capitalism and a New Social Order: The Republican Vision of the 1790s*, New York: New York University Press, 1984 참조.

47_ 따라서 제퍼슨을 오직 공화주의자로만 묘사하는 것도 실수이지만, 제퍼슨의 자유주의적 헌신이 "그를 [공화주의적] 전통 밖으로 몰아냈다"라고 말하는 것도 오해다. Don Herzog, "Some Questions for Republicans," *Political Theory* 14, 1986, p.483 참조.
48_ Sean Wilentz's critical review of David McCullough's *John Adams* 참조. Sean Wilentz, "America Made Easy: McCullough, Adams, and the decline of popular history," *The New Republic*, 2 July 2001, pp.35~40. "무엇보다도 애덤스는 뚜렷한 사회적 이익들의 결합으로서의 정치에 대한 고전적 이해를 결코 버리지 않았다." p.40.
49_ Jean Yarbrough, "Republicanism Reconsidered: Some Thoughts on the Foundation and Preservation of Representative Government," *Review of Politics* 41, 1979, p.87 and Yarbrough, *American Virtues*, esp. ch.4 "Civic Virtue, Statesmanship, Self Government," pp.102~152.
50_ Sheldon, *Political Philosophy of Thomas Jefferson*, p.86.
51_ Arendt, *On Revolution*, p.232, p.235.
52_ Arendt, 같은 책, p.136
53_ Thomas Jefferson to John Taylor, 26 May 1810, in *Jefferson Writings*, p.1227.
54_ 같은 책, p.1226.
55_ Thomas Jefferson to Samuel Kercheval, 12 July 1816, in *Jefferson Writings*, p.1399.
56_ Thomas Jefferson to Joseph C. Cabell, 2 February 1816, in *Jefferson Writings*, p.1380.
57_ Thomas Jefferson to John Taylor, 28 May 1816, in *Jefferson Writings*, p.1392.
58_ Arendt, *On Revolution*, p.251[홍원표 옮김, 『혁명론』, 한길사, 2012, 385쪽].
59_ Arendt, *On Revolution*, p.253[『혁명론』, 387~388쪽]. 분명 이 발언에는 어느 정도의 과장이 있다. 미국인은 다양한 방법으로 정치적 영역에 참여한다. Sidney Verba, Kay Lehman Schlozman, and Henry E. Brady, *Voice and Equality: Civic Voluntarism in American Politics*, Cambridge: Harvard University Press, 1995와 Putnam, *Bowling Alone*, p.45 참조.
60_ 선스타인은 자유주의적 공화주의 사상에서의 심의의 중요성에 대해 말했다. Cass R. Sunstein, "Interest Groups in American Public Law," *Stanford Law Review* 38, 1985, pp.29~87, "Beyond the Republican Revival," *Yale Law Journal* 98, 1988, pp.1539~1590과 *Partial Constitution* 참조. 샌델은 공동체주의적 관점에서 공화주의적 입장을 분명하게 표현하고 있다. Sandel, *Democracy's Discontent* 참조. 스키너, 페팃과 비롤리는 정치적 자유사상을 강조하는 케임브리지 학파의 공화주의적 학풍의 중요한 학자들이다. Skinner, "The Republican Idea of Political Liberty," Skinner, *Liberty Before Liberalism*; Pettit, *Republicanism: A Theory of Freedom and Government*와 Viroli, *Republicanism* 참조. 매코믹은 그가 "마키아벨리적 민주주의"라고 부르는 활동적인 다원주의에 대한 주장을 제시한다.

John P. McCormick, "Machiavelli Against Republicanism: On the Cambridge School's 'Guicciardian Moments'" *Political Theory* 31, 2003, pp.615~643과 "Machiavellian Democracy," pp.297~313 참조.

61_ McCormick, "Machiavelli Against Republicanism" and "Machiavellian Democracy" 참조.

62_ Herzog, "Some Questions for Republicans."

63_ Gurpreet Rattan, "Prospects for a Contemporary Republicanism," *The Monist* 84, 2001, p.122.

64_ Nicholas Buttle, "Republican Constitutionalism: A Roman Ideal," *Journal of Political Philosophy* 9, 2001, pp.331~349 and Timothy O'Hagan, "Review of Pettit's Republicanism," *Journal of Applied Philosophy* 15, 1998, pp.212~215.

65_ Viroli, p.61.

66_ Rawls, *Theory of Justice* and Milton and Rose Friedman, *Free to Choose*, New York: Avon Books, 1979.

67_ Tocqueville, pp.305~315.

68_ Isaiah Berlin, "Two Concepts of Liberty," *Liberty: Incorporating Four Essays on Liberty*, ed. Henry Hardy, Oxford: Oxford University Press, 2002, p.169[박동천 옮김, 『자유론』, 아카넷, 2006, 344쪽].

69_ Berlin, pp.176~177. "이 의미의 자유가 모종의 독재 또는 어떤 정도가 되었든 자치의 부재와 양립할 수 없는 것이 아니라는 점이다. 이 의미의 자유에서 주된 관심은 어떤 근거 또는 어떤 힘에 의해 통제가 이뤄지느냐가 아니라 통제의 범위가 어디까지 미치느냐에 있다. (…) 이 의미의 자유와 민주주의 또는 자치 사이에 논리적인 연관은 없다."[『자유론』, 357쪽].

70_ Pettit, p.9[곽준혁 옮김, 『신공화주의』, 나남, 2012, 51쪽].

71_ Honohan, *Civic Republicanism*, p.67. "가장 높은 관리들은 군주의 의지 앞에 재산뿐만 아니라 목숨까지 임차한 사람으로 알려져 있다는 것은 이해가 된다." 제임스 해링턴, *The Commonwealth of Oceana and a System of Politics*, ed. J. G. A. Pocock, Cambridge: Cambridge University Press, 1992, p.20.

72_ 이 예시 단락은 비롤리, pp.35~36에서 광범위하게 빌려왔다. 비롤리는 고대 가사 노예들은 "종종 그들의 주인이 멀리 떨어져 살고 있거나, 착하거나 우둔하기 때문에 이러한 주인의 간섭 없이 제 마음대로 생활할 수 있다. 하지만 이들 노예는 여전히 주인의 자의에 예속되어 있는 상태인데, 왜냐하면 주인은 마음만 먹으면 언제든지 이들 노예들에게 가혹한 벌을 가할 수 있기 때문이다."[김경희·김동규 옮김, 『공화주의』, 인간사랑, 2006, 93~94쪽]

73_ Viroli, p.40, 원저자 강조[『공화주의』, 99~100쪽].

74_ Skinner, 1990, p.308.

75_ Harrington, *Commonwealth of Oceana*, p.20.

76_ 물론 롤스는 자연권에 대한 호소 없이 자신의 주장을 전개했으며 공화주의적 전통은 정치적 자유주의와 양립 가능하다고 주장했다. *Theory of Justice Political Lib-*

eralism, New York: Columbia University Press, 1993 참조.

77_ Viroli, pp.8~10[『공화주의』 43쪽, 46쪽].

78_ Geoffrey Pridham, *Hitler's Rise to Power: The Nazi Movement in Bavaria, 1923~1933*, New York: Harper Torch Book, 1974.

79_ 그러나 토크빌은 미국 민주주의의 어두운 측면을 무시하지 않았다. 흑인 노예와 원주민들에 가해진 불평등에 대한 그의 예리한 묘사 참조. Tocqueville, *Democracy in America*, 특히. pp.316~363.

80_ Philp Pettit, "Reworking Sandel's Republicanism," *Journal of Philosophy* 95, 1998, p.85; Skinner, 1990, p.304.

81_ O'Hagan, p.214.

82_ Sandel, *Democracy's Discontent*.

83_ MacIntyre, *After Virtue*, p.200.

84_ Albert O. Hirschman, *The Passions and the Interests: Political Arguments for Capitalism Before Its Triumph*, Princeton: Princeton University Press, 1977 참조.

85_ William Galston, "Defending Liberalism," *American Political Science Review* 76, 1982, p.629. Quoted in Jeffrey C. Isaac, "Republicanism vs. Liberalism? A reconsideration" *History of Political Thought* 9, 1988, p.357 참조.

86_ Karl Marx, "On the Jewish Question," in *The Marx-Engels Reader*, ed. Robert C. Tucker, New York: Norton, 1971, p.33. 원저자 강조. Quoted in Isaac, "Republicanism vs. Liberalism?" p.357.

87_ Cary J. Nederman, "Rhetoric, reason and republic: republicanisms-ancient, medieval, and modern," in James Hankins ed., *Renaissance Civic Humanism: Reappraisals and Reflections*, Cambridge: Cambridge University Press, 2000, pp.247~269.

88_ 해링턴과 홉스의 관계와 고전적 참여에 대한 해링턴의 거부에 관해서는 미주 14번 참조.

89_ 이상화된 국가로서 영국에 대한 해링턴의 비전이었던 『오세아나』에서는 의회는 토론을 담당하는 300명으로 구성된 엘리트 중심의 상원과 다수결 투표를 통해 결정을 담당하는 1050명으로 구성된 인민의회, 혹은 '특권적 집단'이 있는 양원제였다. 해링턴은 인민의회에서 토론하려는 그 어떤 사람도 처형한다는 규정을 명기하면서 토론은 오직 상원에서만 이뤄져야 한다는 점을 강조했다. 게리 리머Gary Remer가 말하듯, "해링턴에게 대중의 토론은 사형 이외에 어떤 결과도 낳지 않을 것이었다." 말을 하려는 사람은 문자 그대로 누구든지 침묵하게 될 것이었다. Remer, "James Harrington's New Deliberative Rhetoric," pp.535~536.

90_ Madison, *Federalist* 63[『페더랄리스트 페이퍼』, 382쪽].

91_ Nederman, pp.263~264. Mark Hulliung, *Citizen Machiavelli*, Princeton: Princeton University Press, 1983 또한 참조.

92_ Nederman, p.267.

93_ Herzog, "Some Questions for Republicans" 참조.
94_ "제퍼슨으로부터 출발한 활동적 시민의 이상은 한물갔다. 너무나 엄격하고, 너무나 재미없고, 차가운 샤워를 생각나게 한다. 오늘날 우리의 탈근대주의 시대에서는 전통적인 것에서 벗어나는 것보다 더 잘할 수 있는 것은 없다. 로마인을 숭배하는 것은 **너무나** 19세기적이다." Holland, *Rubicon*, p.xvi. 원저자 강조.
95_ Skinner, p.304.
96_ John Ferejohn, "Pettit's Republic," *the Monist* 84, 2001, p.94.
97_ 사회선택이론에 대한 강력한 비판과 공익은 존재하지 않는다는 주장에 대해서는 Gerry Mackie, *Democracy Defended*, Cambridge: Cambridge University Press, 2003 참조.
98_ Robert E. Goodin, *Reflective Democracy*, New York: Oxford University Press, 2005.
99_ Shelley Burtt, "The Politics of Virtue Today: A Critique and a Proposal," *American Political Science Review* 87, 1993, p.365. "전통적 공화주의자들은 (…) 공화주의자의 자유로운 정치체에 대한 희망과 충돌하는 사적 이익(권력과 지위에 대한 열망)을 가진 야심찬 엘리트로서 그들 자신들을 주로 간주했다."
100_ Burtt, p.367. Writers who fall in this camp include John Dewey, *The Public and Its Problems*[1927], Athens, Ohio: Swallow Press, n.d, Stephen L Elkin, *City and Regime in the American Republic*, Chicago: University of Chicago Press, 1987; Ricci, *Good Citizenship in America* and Goodin, *Reflective Democracy*.
101_ Viroli, *Republicanism*, p.55, p.54[『공화주의』, 120~122쪽].
102_ MacIntyre, *After Virtue*, p.220.
103_ "만약 모든 남성이 자유롭게 태어난다면, 어째서 모든 여성은 노예로 태어나는 것인가?" Mary Astell, *Reflections upon Marriage*, 1706 Preface, xi, in Patricia Springborg ed., Mary Astell, *Political Writings*, Cambridge: Cambridge University Press, 1996 and Patricia Springborg, "Republicanism, Freedom from Domination, and the Cambridge Contextual Historians," *Political Studies* 49, 2001, pp.851~876.
104_ Pettit, *Republicansim*, p.277. Honohan, *Civic Republicanism*, pp.61~62 또한 함께 참조.
105_ 1960년 케네디와 닉슨 간의 대통령 선거에 관해 모트 사울Mort Saul은 다음과 같이 재담했다. "오늘날 우리는 1억5000만 명의 사람을 보유하고 있으며 두 명의 대통령 후보는 케네디와 닉슨입니다. 공화국의 첫 시작 시기에는, 우리는 300만 명의 사람과 조지 워싱턴, 토머스 제퍼슨, 알렉산더 해밀턴, 벤저민 프랭클린과 많은 다른 전문가들이 있었습니다. 당신은 이것이 무엇을 증명하는지 알고 있습니까? 그것은 다윈이 틀렸다는 것입니다!"
106_ Judith Shklar, "Montesquieu and the New republicanism," in Bock, Skinner, and Viroli, eds., *Machiavelli and Republicanism*, p.277.

107_ Niccolo Machiavelli, *The Prince and the Discourses*, ed. Max Lerner, New York: Random House, 1950, *The Discourses*, ch.5, p.122.

제4장 사실상의 국가 민회

1_ Manin, *Representative Government*, p.8, p.237[『선거는 민주적인가』, 287~288쪽].
2_ Pateman, *Participation and Democratic Theory*; Peter Bachrach, *The Theory of Democratic Elitism: A Critique*, Boston: Little, Brown and Company, 1967; Peter Bachrach and Aryeh Botwinick, *Power and Empowerment: A Radical Theory of Participatory Democracy*, Philadelphia: Temple University Press, 1992; Barber, *Strong Democracy*; Mansbridge, *Beyond Adversary Democracy*.
3_ 7장에서 심의민주주의를 논의한다.
4_ 해링턴은 직접 참여와 대의 정부를 대결적 측면에서 맨 처음 사고한 사람 중 한 명이기 때문에 핵심적이다. 그는 공화주의와 도시국가 사이의 연계를 끊었다는 점에서 획기적이다.
5_ 맥코믹은 엘리트를 통제하기 위한 모델로서 마키아벨리의 『로마사 논고 Discourses』를 추천한다. McCormick, "Machiavellian Democracy" 참조.
6_ 정당정치로부터 정치 컨설턴트 정치로의 변환에 관해서는 Sidney Blumenthal, *The Permanent Campaign*, Boston: Beacon Press, 1980, especially the introduction; Alan Ware, *The Breakdown of Democratic Party Organization 1940~1980*, Oxford: Clarendon Press, 1985; Alan Ehrenhalt, *The United States of Ambition: Politicians, Power, and the Pursuit of Office*, New York: Times Books, 1991; David Menefee-Libey, *The Triumph of Campaign-Centered Politics*, New York: Chatham House, 1999; and Joe Klein, *Politics Lost: How American Democracy Was Trivialized by People who Think You're Stupid*, New York: Doubleday, 2006 참조.
7_『워싱턴먼슬리』의 편집장이자 클린턴 대통령의 연설원고 작성자이었던 폴 글라스트리스Paul Glastris는 국가 민회에 관해 생각하도록 도움을 주었다.
8_ 자신의 삶에서 영웅이 되는 것의 중요성에 관해서는 Adair, *Fame and the Founding Fathers*, and Ernest Becker, *The Denial of Death*, New York: Free Press, 1973 참조.
9_ 복은 왜 현명한 참여의 독려가 중요한지를 지적한다. "대중이 더 많은 국민투표를 계속 요구하고 의회 지도자들이 점점 여론조사에 의존하여 현안에 어떻게 투표할 것인지를 결정함에 따라, 잘못된 정보와 무지는 과거보다 공공정책 결정 과정에 더욱 많은 해로움을 가져왔다. 대중의 의견은 더 좋은 정보뿐만 아니라 새로운 사실과 주장을 듣고 생각을 검증할 수 있는 보다 많은 심의의 기회와, 인민의 보다 큰 관심과 노력으

로 개선되는 경향을 보인다고 믿을만한 많은 이유가 있다." Bok, *Trouble with Government*, pp.381~384.

10_ 피시킨의 발상 중 하나의 버전은 대통령 후보 지명 과정을 개선하는 것이다. 전체 유권자의 전국적 샘플은 양 정당의 대통령 후보자와 만나기 위해 시카고나 오스틴과 같은 한 장소로 모인다. 참석한 개인들은 소규모 집단을 이루어 후보자와 만나며 며칠 뒤 후보자와 쟁점과 관련된 질의 및 응답 시간을 갖는다. 이 프로그램은 텔레비전을 통해 전국적으로 방송되어 더 많은 사람이 시청하고 판단을 가능하게 만들 수 있다. 또 다른 버전은 애커만과 피시킨이 '심의의 날Deliberation Day'이라고 부르는 것이다. 그들은 정치토론을 위해 전국 규모 선거 2주 전 국가 공휴일을 제정할 것을 제안한다. Bruce Ackerman and James Fishkin, *Deliberation Day*, New Haven: Yale University Press, 2004 참조. '심의의 날'에 대해서는 5장에서 논의할 것이다.

11_ Fishkin, *Democracy and Deliberation*, p.1. 공론조사Deliberative Polling는 피시킨의 트레이드마크다.

12_ Fishkin, p.4, 원저자 강조[김원용 옮김, 『민주주의와 공론조사』, 이화여대출판부, 2003, 34~35쪽].

13_ Shapiro, "Elements of Democratic Justice," p.602.

14_ 네드 크로스비Ned Crosby는 무작위 표본 포럼의 형태를 실험한 초기의 도입자 중 한 명이다. 미네소타 주에서 그는 시민 배심 심의 과정the Citizen Jury deliberation process의 사용을 촉진시키기 위해 '새로운 민주적 과정을 위한 센터 the Center for New Democratic Processes'를 발전시켰다. 일반적인 여론조사와는 대조적으로 마치 하나의 배심이 된 것처럼, 시민 배심원은 주장과 증거를 듣고 행동의 가장 좋은 방향에 대해 숙고한다. 국가 쟁점 포럼 프로그램과 유사하게, 크로스비는 수많은 시민 배심원단 프로젝트를 지역, 주, 연방 전체의 쟁점에 대해 수행한다. Ned Crosby, "Citizen Juries: One Solution for Difficult Environmental Questions," in Ortwin Renn, Thomas Webber, and Peter Wiedman eds., *Fairness and Competence in Citizen Participation: Evaluating Models for Environmental Discourse*, Boston: Kluwer Academic Publishers, 1995 참조.

15_ "미국 투표자의 정치적 무지는 동시대 정치의 가장 두드러지는 특징들 중 하나이다." Larry M. Bartels, "Uninformed Votes: Informational Effects in Presidential Elections," *American Journal of Political Science* 40, 1996, p.194.

16_ Shapiro, "Elements of Democratic Justice," p.603

17_ 해리 트루먼 대통령 이래로 지속된 의료보험 개혁 노력을 연구하고 나서 와이든Wyden 상원의원은 개혁 시도 초기에 대중의 개입 여부가 성공을 좌우한다는 것을 확신했다. 그는 만약 대중이 무엇이 제시되었는지에 대해 기초적인 지식을 얻는다면 강력한 이익집단이 그러한 노력을 좌절시키는 것이 더욱 어렵게 될 것이라고 주장한다. 와이든-해치Wyden-Hatch 법안은 26명의 시민 의료 실무그룹Citizen Care Working Group의 후원 아래 수행되는 수백 곳 공동체의 청문회와 미팅으로 구성된 국가 의료보험 대화를 책임짐으로써 대중과 함께 시작한다.

18_ Section 1014 of the Medicare Prescription Drug, Improvement, and

Modernization Act of 2003, "Health Care That Works For All Americans: Citizens Health Care Working Group."

19_ Joel B. Finkelstein, "Bill Aims for Public to Drive Health Reform," *American Medical News*, 9 December 2002.

20_ Matthew Miller, "Ron Wyden's Healthy Idea," *Tribune Media Services*, 23, October 2002.

21_ 마지막 법안 통과에서 그 법안의 이름은 해치-와이든Hatch-Wyden으로 개정되었다. 이는 상원의원 해치가 상하 양원을 통제하는 공화당의 당원, 상원 재정위원회의 두 번째 서열의 공화당원, 법사위원회의 의장이라는 지위를 갖고 있었기 때문에 이러한 명명상의 변화는 예측할 수 있었다.

22_ 피츠버그 출신 민주당 소속 조 캔시아밀라Joe Canciamilla와 노스리지 출신 공화당 소속 케이스 리치맨Keith Richman 두 하원의원은 2006년 1월, 선거개혁민회법안 2006the Citizens Assembly on Electoral Reform Act of 2006을 제출했다.

23_ Lind, "A Radical Plan to Change American Politics."

24_ Madison. *Federalist* 58, 강조 추가[『페더럴리스트 페이퍼』, 351~352쪽].

25_ Yankelovich, *Coming to Public Judgment* 참조.

26_ 그것이 정치든 패션이든 음악에 관한 것이든 어떤 주제에 대해 지식이 있는 사람은 종종 다른 사람에게 영향을 미친다. 카츠와 라자스펠드는 이를 '2단계 흐름two-step flow' 커뮤니케이션이라 불렀다. Elihu Katz and Paul Lazarsfeld, *Personal Influence*, Flencoe, Illinois: Free Press, 1955.('2단계 흐름 커뮤니케이션'은 라자스펠드 등에 의해 제창된 가설로 매스커뮤니케이션은 받는 쪽에게 직접 영향을 미치는 것이 아니라 매스미디어와의 접촉도가 높고 다른 사람보다 정보를 많이 가지고 있는 오피니언 리더를 중개자로서 간접적으로 그 주변의 사람들에게 영향을 미친다는 것이다.—옮긴이).

27_ 그 모임은 대중에게 공개될 것이며 관심 있는 시민은 참여하고 청취할 수 있지만, 사회자가 청중으로부터 질문이나 논평을 요청하지 않는 한 참여할 수는 없다.

28_ 이는 아테네 민주주의에서 운영된 500인 평의회의 기능과 유사하다.

29_ Josiah Ober, *Mass and Elite in Democratic Athens: Rhetoric, Ideology and the Power of the People*, Princeton: Princeton University Press, 1989 and *The Athenian Revolution: Essays on Ancient Greek Democracy and Political Theory*, Princeton: Princeton University Press, 1996, ch.3 "Public Speech and the Power of the People in Democratic Athens" 참조.

30_ Frank M. Bryan, *Real Democracy: The New England Town Meeting and How it Works*, Chicago: University of Chicago Press, 2004 and "Direct Democracy and Civic Competence: The Case of the Town Meeting," in Stephen L. Elkin and Karol Edward Soltan, eds., *Citizen Competence and Democratic Institutions*, University Park: The Pennsylvania State University Press, 1999, p.198.

31_ Manin, *Representative Government*, p.17[『선거는 민주적인가』, 34쪽].

32_ 약간의 회의 참석비를 제외하고는 대리인은 보수를 받지 않는 반면, 국가운영위원회를 구성하기 위해 선출된 50명의 사람들은 고위 입법부 관료가 받는 것에 비견될 만한 월급을 받아야 한다고 주장해볼 수 있다. 국가운영위원회에 봉사하는 것은 최소한 파트타임 또는 종종 풀타임의 헌신을 필요로 하는 부담이 큰 일이다. 운영위원회의 기능은 인민원의 운영에 매우 중요하며, 각각의 개인들이 자신들이 얼마만큼의 보수를 받는가에 대해 우려하지 않은 채 자신의 공적 의무에 집중할 수 있도록 하는 것이 중요하다. 또한 운영위원회는 인민원의 리더십을 구성하기 때문에, 이 대표자들이 다양한 이익집단의 로비 행위에 주목하고 있을 때 이들의 정직함과 진실성을 보장해주는 것이 중요하다.

33_ 이러한 쟁점에 관해서는 Cass R. Sunstein, "The Law of Group Polarization," *Journal of Political Philosophy* 10, 2002, pp.175~195 and Michael Rabinder James, *Deliberative Democracy and the Plural Polity*, Lawrence, Kansas: University Press of Kansas, 2004 참조.

34_ Goodin, *Reflective Democracy*.

35_ Mill, *Representative Government*, pp.78~79[서병훈 옮김, 『대의정부론』, 아카넷, 72~74쪽]

36_ 이 문단은 캘리포니아 주의회 의원 조 캔시아밀라와 케이스 리치맨이 층화추출로 구성되는 시민의회 법안을 제안하면서 배포한 보도자료에서 차용했다. 보도자료: 2006년 1월 26일, "Canciamilla and Richman Announce Legislation to Establish a California Citizen Assembly," Joseph Canciamilla 의원 사무실

37_ 포함inclusion에 대한 달의 기준은 다음과 같다. "데모스는 단기 체류자나 정신적으로 결함이 있다고 판명된 사람들을 제외한 결사체의 모든 성인 구성원을 포함해야 한다." Dahl, *Democracy and Its Critics*, Ch.9, p.129[『민주주의와 그 비판자들』, 256쪽]. 불법 이민자에 대해서는 Peter H. Schuck과 Rogers M. Smith, *Citizenship without Consent*, New Haven: Yale UP, 1985 참조. 이주 노동자에 대해서는 Walzer, *Spheres of Justice*, Ch.2 참조.

38_ Manin, *Representative Government*, p.13[『선거는 민주적인가』, 28~29쪽].

39_ Akhil R. Amar, "Choosing Representatives by Lottery Voting," *Yale Law Journal*, 1984, p.93.

40_ Dahl, *Controlling Nuclear Weapons*, p.88. 그는 이러한 정책 배심원단을 오직 자문권만 가지고 있으며 행정부나 사법부에 대한 어떠한 구속력도 갖지 않는 것으로 구상했다.

41_ Dahl, *Democracy and Its Critics*, pp.97~99[『민주주의와 그 비판자들』, 196~200쪽].

42_ 이러한 일반적 몰이해를 바로잡기 위해서는 Ober, *Mass and Elite in Democratic Athens* 참조.

43_ Manin, *Representative Government*, p.24.

44_ M. I. Finley, *Democracy Ancient Modern*, revised ed., New Brunswick, NJ: Rutgers University Press, 1985, p.54.

45_ James Wycliffe Headlam, *Election by Lot at Athens*[1891], Cambridge: Cambridge UP, 1933, p.2. 이 책은 고대 아테네의 추첨을 가장 잘 보여주는 연구 중 하나다.
46_ Aristotle, *The Politics*, ed. Stephen Everson, Cambridge: Cambridge University Press, 1988, VI, 2, 1317b, 42~43[천병희 옮김, 『정치학』, 도서출판 숲, 2009, 334쪽].
47_ Manin, *Representative Government*, pp.29~30[『선거는 민주적인가』, 48쪽].
48_ Aristotle, *The Politics*, IV, 9, 1294b, 8-11[『정치학』, 225쪽].
49_ 의회선거에 대해 미국의 유명한 전문가는 다음과 같이 말하고 있다. "오늘날 평균적인 상황에서 하원 선거를 위한 최소 비용은 약 70만 달러에 육박한다. 1996년부터 2002년까지 현직자를 패배시켰던 매 37명 도전자 중 한 명은 이보다 더 많은 비용을 지출했다." Gary C. Jacobson, *The Politics of Congressional Elections*, 제6판, New York: Pearson Longman, 2004, p.44.
50_ Aristotle, *The Politics*, IV, 4, 1290b, 1~4[『정치학』, 206쪽].
51_ Mogens Herman Hansen, *The Athenian Democracy in the Age of Demosthenes*, trans. J. A. Crook, norman: University of Oklahoma Press, 1999, p.236
52_ Headlam, p.32. 이는 Aristotle, *The Politics*, IV, 4, 1292, pp.10~20에서 얻어낸 것이다.
53_ Manin, *Representative Government*, pp.236~238[『선거는 민주적인가』, 287~289쪽].
54_ 대부분 자유민주주의 세계에서 사는 우리는 대의민주주의가 무엇인지 알고 있다. 그러나 대의는 대단히 까다로운 철학적 주제다. 먼저, 단어의 어원학적 기원은 're-presentation'라는 의미가 'making present again'이라는 것임을 알려준다. 루소 자신은 정치적 대의는 불가능하다고 주장했다. 모든 선출된 공직자가 직면하는 전통적인 질문은 대표자가 자신의 유권자가 원하는 것을 해야 하느냐 마느냐, 그들의 의사에 구속되어야 하느냐 마느냐, 그것이 아니라면 자신에게 그가 보기에는 유권자들의 복지를 추구할 최상의 수단을 추구할 행동의 자유가 있는지에 관한 질문이다. 두 번째 관점으로는 에드먼드 버크의 대의는 신탁이며, 남을 돌보는 엘리트 또는 후견이라는 유명한 주장이 있다. 그는 대표자는 유권자들의 의견이 아니라 그들의 이익을 위해 헌신해야 한다고 말했다. Hanna Fenichel Pitkin, *The Concept of Representation*, Berkeley: University of California Press, 1967, p.8, p.114, p.145, p.176.
55_ Manin, *Representative Government*, p.129[『선거는 민주적인가』, 164쪽].
56_ 같은 책, p.116[『선거는 민주적인가』, 150쪽].
57_ 같은 책, p.129[『선거는 민주적인가』, 164쪽].
58_ 이 글에서 반연방주의자는 버크주의적 엘리트주의를 분명하게 거부하나, 위의 미주 54에서 설명된 그 반대의 입장을 완벽하게 수용하지는 않는다.

1_ Finley, *Democracy Ancient and Modern*, p.36.
2_ 가능성은 있는데, 그 이유는 구區의 총인구가 6500명으로 연방 하원의원 선거구의 100분의 1이지만, 인구 구성에서 특정 연령대가 많고 적음에 따라 성인 시민의 총수는 3000명에서 6000명의 범주 안에 있기 때문이다.
3_ 동시에 체제를 압도하는 직접민주주의의 열망에 대해 따로 걱정할 필요는 없다. 왜냐하면 인민원은 견제와 균형을 행사하는 헌정 구조의 일부이며 사법부는 과도한 열정과 비합리성을 억제할 준비가 되어 있기 때문이다.
4_ Viroli, *Republicanism*, p.27.
5_ 이러한 체제는 수동적이기보다는 적극적인 사회정치적 성향에 의해 추동된 정치문화뿐만 아니라, "인민 대의와 직접적 인민 참여의 제도적 융합"에 기초하게 된다. McCormick, "Machiavellian Democracy," p.311.
6_ 정보가 결여된 평상시의 여론조사에 의해 추동되는 오늘날의 정치에 대한 비판으로는 Zakaria, *The Future of Freedom*, 특히 pp.166~167 참조.
7_ Glendon, "Democracy's Discontent."
8_ 조나단 라우치는 '데모스클레로시스demosclerosis'의 과정에 대한 통찰력 있는 분석을 했다. Jonathan Rauch, *Government's End: Why Washington Stopped Working*, New York: PublicAffairs, 1999.(참고로 데모스클레로시스는 무능한 중앙정부 아래 각종 이익집단이 이익을 챙기기 위해 날뛰는 것, 그래서 국가의 행정력이 마비상태에 이르는 것을 가리키는 신조어다.—옮긴이)
9_ Lasch, *The Revolt of the Elites*, pp.11~12[이두석·권화섭 옮김, 『엘리트의 반란과 민주주의의 배반』, 중앙M&B, 1999, 20쪽].
10_ 권리의 평등보다 상호작용의 평등에 보다 주목하여, 국가 민회는 민주주의에 대한 적극적이고 활발하며 강한 이해를 실천으로 옮기는 수단이 될 것이다. Wiebe, *Self-Rule*, pp.252~253.
11_ Lippmann, *Public Opinion*.
12_ 국가 민회는 1960년대 일부 사람들이 꿈꾼 '참여적 사회'를 초래하지는 않을 것이나, 인민들에게 지역 정당의 유무와 무관하게 참여의 길을 제공할 것이다. '참여민주주의'에 대해서는 Pateman, *Participation and Democratic Theory*와 Barber, *Strong Democracy* 참조. 이에 대한 호의적인 비판에 대해서는 Gitlin, *The Twilight of Common Dreams*와 Miller, "Democracy is in the Streets" 참조.
13_ Abraham Lincoln, "Address to the Young Men's Lyceum of Springfield, Illinois," Jan. 27, 1838, *Speeches and Writings 1832~1858*, edited by Don E. Fehrenbacher, New York: Library of America, 1989, pp.28~37.
14_ Jurgen Habermas, "Struggles for Recognition in the Democratic Constitutional State," in Charles Taylor's *Multiculturalism*, edited and introduced by Amy Gutmann, Princeton: Princeton University Press, 1994, p.113.
15_ Yankelovich, *Coming to Public Judgment*.

16_ Nelson W. Polsby, "Legislatures," in Philip Norton ed., *Legislatures*, New York: Oxford University Press, 1990, pp.129~147.
17_ Woodrow Wilson, *Congressional Government*[1885], New York: Meridian Books, 1956 참조.
18_ 오늘날 다수의 연구자들은 공동체적 연계에 대한 토크빌적 주제와 시민사회에 대한 강력한 감정의 필요성을 강조한다. Alan Wolfe, *Whose Keeper?: Social Science and Moral Obligation*, Berkeley: University of California Press, 1989 참조. Bellah, *Habits of the Heart*, Robert D. Putnam, *Bowling Along*과 *Making Democracy Work: Civic Traditions in Modern Italy*, Princeton: Princeton UP, 1993, 그리고 Michael J. Sandel, *Liberalism and the Limits of Justice*, Cambridge: Cambridge UP, 1982 참조. 이러한 목표를 강력하게 주장하는 마이클 왈저는 근대적 유동성이 어떻게 공동체의 전통적 이해를 어렵게 만들었는지에 대해 통찰력 있는 에세이를 쓴 바 있다. Michael Walzer, "The Communitarian Critique of Liberalism," *Political Theory* 18, pp.6~23, 특히, "네 개의 유동성"에 대한 그의 논의 참조.
19_ Steven J. Rosenstone and John Mark Hansen, *Mobilization, Participation and Democracy in America*, 2nd ed., New York: Longman, 2003, pp.1~2.
20_ 같은 책, p.230.
21_ 같은 책, p.228.
22_ Jack L. Walker Jr., *Mobilizing Interest Groups in America*, Ann Arbor: University of Michigan Press, 1991.
23_ Robert E. Goodin, "Institutionalizing the Public Interest: The Defense of Deadlock and Beyond," *American Political Science Review* 90, 1996, p.341. 듀이는 "모든 공직자는 투표자로서 또는 공식적인 관리로서 대중을 대표하는지 여부와 무관하게 이중 자격을 갖는다"라고 했다. Dewey, *Public and Its Problems*, p.76.
24_ Schattschneider, *Semi-Sovereign People*.
25_ Madison, *Federalist* 10, p.83[『페더랄리스트 페이퍼』, 67쪽].
26_ 이들 미니 입법자들은 이익집단과 현금의 힘에 취약할까? 만약 대리인들이 기금 모금 행사가 선거구에 제한되어 있다 하더라도 전국교육연합이나 미국은퇴자협회, 전국총기협회와 같은 광범위하고 대단히 의욕적인 구성원을 가진 조직이 선거를 위한 자원봉사자를 제공할 수 있었기 때문에 당선되었다면, 이는 하나의 위험이 될 수 있다. 추첨에 의해 선출된 국가 민회 대리인들은 돈도, 선거용 자원 봉사자도 필요 없다. 그리고 대리인이 만약 외부 단체로부터 기금을 받는 것은 지역 언론이 캐내는 데 탁월한 부패의 유형 중 하나다. 대리인인 셜리 존스Sally Jones가 매우 값비싼 휴가를 보내고 새로운 메르세데스-벤츠 승용차를 몬다면, 많은 사람이 놀랄 것이다.
27_ Dahl, *Who Governs?* 참조.
28_ Dahl, *Preface to Democratic Theory*, 특히 pp.132~133, p.150과 Dahl, *Who Governs?* 참조. 이익집단 다원주의에 대한 비판에 대해서는 Theodore Lowi, *The End of Liberalism*, 제2판, New York: W. W. Norton, 1979 참조.
29_ Lowi, *End of Liberalism*, p.59.

30_ David M. Brady and Craig Volden, *Revolving Gridlock: Politics and Policy from Jimmy Carter to George W. Bush*, 2nd ed., Boulder, Colorado: Westview Press, 2006, pp.204~207, John Mark Hansen, *Gaining Access: Congress and the Farm Lobby, 1919~1981*, Chicago: University of Chicago Press, 1991. 브래디와 볼든이 발하듯이, 한센은 다양한 정책적 선택들이 어떻게 자신들에게 정치적으로 영향을 미치는지와 관련된 정보를 선출된 대표자들이 원한다는 것을 보여주는 치밀한 분석을 제공하고 있다. 시간이 지나면서 가장 좋은 정보를 제공하는 집단이 입법자가 사고하는 데 가장 좋은 접근권을 얻고 유지하게 된다.
31_ Hugh Heclo, "Issue Networks and the Executive Establishment," in Anthony King, ed., *The New American Political System*, Washington, D.C.: American Enterprise Institute, 1978.
32_ Stockman, *Triumph of Politics*, New York: Avon Books, 1987; *The End of Government*에서 라우치가 묘사한 데모스클레로시스의 과정 참조.
33_ Jeffrey Birnbaum and Alan Murray, *Showdown at Gucci Gulch: Lawmakers, Lobbyists and the Unlikely Triumph of Tax Reform*, New York: Vintage Books, 1988.
34_ 이러한 일이 일어난 하나의 이유는 대형 입법이 통과되고 기관들이 설치되고 난 이후 이익집단들이 활발해지기 때문이다. 이익집단은 정부의 성장, 특히 연방 관료의 팽창의 원인이라기보다는 결과다. Walker, *Mobilizing Interest Groups*.
35_ Rauch, *Demosclerosis: The Silent Killer of American Government*, New York: Times Books, 1994, p.135. 이것은 그의 *The End of Government*보다 앞 버전이다.
36_ Rauch, *Government's End*, p.153, p.148.
37_ Zakaria, *The Future of Freedom*, p.177[나상원·이규정 옮김, 『자유의 미래』, 민음사, 2004, 199~200쪽 참조].
38_ 정부의 꽉 막힌 동맥들과 같은 "데모스클레로시스"는 양대 정당의 목표에 손상을 입힌다. 라우치는 다음과 같이 말한다. "보수주의자에게 있어 데모스클레로시스는 유행에 뒤떨어지거나 비생산적인 진보적 정책을 쓸어버릴 더 이상의 희망이 없음을 의미하는데, 이는 오래된 것이라면 어떤 것도 폐기할 수 없기 때문이다. 진보주의자에게 있어서, 이는 정부를 진보적인 문제 해결의 도구로서 사용할 어떤 희망도 없음을 의미하는데, 시행착오를 통한 학습법이 실패해왔기 때문이다. 정치인들에게 이것은 공공 정책의 일부분을 땜질하는 것을 의미한다. 대중에게는 기능 부전이며, 점차 일종의 살아 있는 화석으로 변해갈 정부를 감수해야 한다는 것을 의미한다. Rauch, *Government's End*, p.163.
39_ Dionne, *They Only Look Dead*, p.285.
40_ 특정한 조치를 본회의 투표로 상정할지 여부는 내용적 장점보다는 법안의 가치와 관련이 있다. William Muir Jr, *Legislature: California's School for Politics*, Chicago: University of Chicago Press, 1982.
41_ 7장에서, 심의민주주의에 대해 논의하겠지만 모든 민주주의 이론가들이 공화적

민주주의 진영이나 심의민주주의 진영에 속해 있는 건 아니다. 예를 들어 오늘날 가장 영향력 있는 민주주의 이론가이자 가장 선도적인 학자 중 한 명인 달은 대중의 이성에 기초한 심의보다는 계몽된 선호의 공정한 총합으로서의 민주주의를 선호하는 것으로 보인다. 린드블럼과 함께 폴리아키polyarchy에 대한 자신의 생각을 처음 개괄한 달의 책인 *Politics, Economics, and Welfare, 1953*부터 *Who Governs?*, 1961, *After the Revolution?*, 1970, *Polyarchy: Participation and Opposition*, 1971, *Dilemmas of Pluralist Democracy*, 1982, *Democracy and Its Critics*, 1989와, 최근의 *How Democratic is the Constitution?*, 2001과 많은 논문은 현대 정치학에 강한 영향을 미쳤다. Robert A. Dahl, *Toward Democracy: A Journey, Reflections: 1940~1997*, Berkeley: Institute of Governmental Studies Press, University of California, Berkeley, 1997.

42_ Jack Knight and James Jonson, "Aggregation and Deliberation: On the Possibility of Democratic Legitimacy," *Political Theory* 22, 1994, p.280.

43_ 같은 책, p.282.

44_ "심의민주주의는 정치공동체가 직면하는 사회선택 문제들을 줄일 수 있는 계기가 될 수 있다"고 라고 데이비드 밀러는 썼다." David Miller, "Deliberative Democracy and Social Choice," in David Estlund, ed., *Democracy*, Oxford: Blackwell Publishers, 2002.

45_ 피시킨은 심의민주주의에 대한 샤피로의 비판에 대응해 이렇게 설명한다. James Fishkin, "Defending Deliberation: A Comment on Ian Shapiro's The State of Democratic Theory," *Critical Review of International Social and Political Philosophy* 8, 2005, pp.71~78.

46_ Dewey, *Public and Its Problems*, p.207. Knight and Johnson, "Aggregation and Deliberation," p.277에서 재인용. 원저자 강조.

47_ Robert Westbrook, "Pragmatism and Democracy: Reconstructing the Logic of John Dewey's Faith," delivered at a conference entitled "The Revival of Pragmatism," City University of New York, 4 November 1995. Eric Alterman, *Who Speaks for America? Why Democracy Matters in foreign Policy*, Ithaca: Cornell University Press, 1998, p.172에서 재인용.

48_ Bok, *Trouble with Government*, p.202, 강조와 괄호 추가.

49_ 최근 두 제도적 제안 또한 언급할 가치가 있다.『대중적 요구에 따라By Popular Demand』에서, 존 가스틸John Gastil은 심의민주주의를 반드시 선거절차와 연계시켜야 한다고 주장한다. 그는 무작위 샘플로부터 선출된 시민 패널이 다양한 쟁점에 대해 간단한 결론을 내리고, 결론을 담은 보고서를 유권자가 사용할 수 있도록 만들어야 한다고 제안한다. 만약 유권자들이 여성투표자동맹의 구성원처럼 양심적이라면 이는 좋은 아이디어일 것이다. 그러나 현실적으로 이러한 제안은 부담스럽다는 것이 드러날 것이며 효과가 제한적일 것이다. 모의투표는 이미 엄청나게 이뤄지고 있으며, 유권자는 선거운동의 마지막에 집중 포화를 받게 될 것이다. 많은 유권자가 이미 쟁점과 후보자에 대한 통찰을 얻기 위해 지역신문의 사설란을 보고 있다. 중간층

이나 교양이 더욱 부족한 유권자가 새로운 정보를 어떻게 다룰 것인가는 불분명하다. John Gastil, *By Popular Demand: Revitalizing Representative Democracy through Deliberative Elections*, Berkeley: University of California Press, 2000. 『미국에서의 심의민주주의Deliberative Democracy in America』에서, 레이브Ethan J. Leib는 무작위로 선발된 시민이 시작 과정에 있는 사안을 토론하고 투표할 수 있는 네 번째 유형의 정부를 만들어야 한다고 주장한다. 그의 대중적 유형의 정부는 매 사안마다 피시킨의 공론조사 방식으로 무작위로 선발된 500명으로 구성된다. 그 결과로 레이브가 예상하는 것은 진보주의자가 승리하는 보다 개선된 국민투표 및 국민발안 과정이다. 나는 지적인 심의와 실제 정부의 정책 결정 과정을 연계시키는 레이브의 방식에 동의한다. 그러나 그의 모델은 세 가지 이유로 문제가 있다. 먼저 무작위 표본 추출은 아주 소수의 참여만을 필요로 한다. 사실, 대중적 유형 정부의 구성원으로서 무작위 표본 추출된 500명의 시민을 생각하는 것은 매우 이상하다. 이와 대조적으로, 내가 제시하는 개혁안은 정기적으로 4만 명 이상의 시민 참여를 필요로 한다. 둘째, 레이브는 선택받은 시민들은 참여가 의무적이어야 한다고 말한다. 미국 정치문화의 저항적 성격을 고려하면, 이는 매우 가능성이 낮다. 셋째, 매우 중요한 문제에 대한 토론과 정책 결정에 참여하는 시민들이 매우 적을 경우 로비의 압력으로 심의적 결과와 심의민주주의의 기본적인 규범적 목표가 침해받을 가능성이 있다. 이러한 위험에 대한 방어책으로 레이브는 참여자의 절대적인 사생활 보호의 필요성을 느끼게 될 것이다. 이는 레이브의 의도가 아니나, 독자들은 경찰국가 민주주의로서 익명성과 강압의 불운한 결합을 보게 될 것이다. 어떻게 심의민주주의를 헌정적 구조에 결합시킬 것인가에 대한 그의 제안은 대중적이고 투명한 미국의 전통 그리고 민주주의의 성공에 중요하다고 건국자들이 생각했던 것에 대한 긍정적 열망과 충돌할 것이다. 달과 피시킨을 넘어서고자 하는 레이브의 시도는 잘 드러나 있으나, 그의 모델은 결함이 있다. Ethan J. Leib, *Deliberative Democracy in America: A Proposal for a Popular Branch of Government*, University Park, PA: The Pennsylvania State University Press, 2004.

50_ Michael Walzer가 저자에게 보낸 편지. Althaus, *Collective Preferences in Democratic Politics*, p.101.

51_ Ackerman and Fishkin, *Deliberation Day*, p.3.

52_ 같은 책, p.33.

53_ 같은 책, p.21.

54_ Shapiro, *The State of Democratic Theory*, p.25.

55_ Ackerman and Fishkin, *Deliberation Day*, p.12, p.164, p.171.

56_ 제인 맨스브리지는 남녀평등 헌법수정안을 헌법의 일부로 만들려고 했지만 실패했던 시도에 관해 충고성의 이야기를 적었다. Jane J. Mansbridge, *Why We Lost the ERA*, Chicago: University of Chicago Press, 1986.

57_ Robert A. Dahl, "The Pseudodemocratization of the American Presidency," *The Tanner Lectures on Human Values*, Vol.10, Salt Lake City: University of Utah Press, 1988, p.52.

58_ 같은 책, pp.58~59.
59_ 이례적인 수십 년 간의 치열한 행동주의를 위한 합법적인 제도적 채널을 제공함으로써, 그리고 일상정치 기간의 풀뿌리 참여를 육성함으로써, 국가 민회와 인민원은 미국 정치가 참여의 퇴장과 '거리 민주주의' 사이에서 과도한 주기적 공명을 되풀이하는 것을 해소하는 데 도움을 줄 수 있다. James A. Morone, *The Democratic Wish: Popular Participation and the Limits of American Government*, rev. ed., New Haven: Yale UP, 1998; Miller, "Democracy Is in the Streets" 참조.
60_ *The 9·11 Commission Report: Final Report of the National Commission on Terrorist Attacks upon the united States*, Authorized Edition, New York: W. W. Norton, 2004; and Maura Reynolds, "Bush Supports 9·11 Panel Not on Details: He would keep proposed intelligence czar separate from the white House and limit the post's budget powers," *Los angeles Times*, 3 August 2004, A1.
61_ 이 세 사례(국제 무역, 전기격자 입법, 고속도로 법안)는 2004년 의회에서의 실제 입법으로부터 도출되었으며 창조적인 전개과정을 겪었다. 2004년 8월 4일 수요일 존 딤즈데일John Dimsdale이 진행하는, 의회에서의 입법 지체가 어떻게 커다란 경제적 결과를 야기하는가에 주목하고 있는 '오전 9시부터 오후 5시까지 일하기Workin' Nine to Five'라는 이름의 라디오 프로그램에 기초했다.
62_ 왜 그러한 리포트가 경고가 될 수 있을지에 관해서는 Jonathan Rauch, "The New Old Economy: Oil, Computers and the Reinvention of the Earth," *Atlantic Monthly*, January 2001, pp.35~49 참조.
63_ 토머스 프리드먼은 미국은 휘발유 가격을 1갤런 당 3.5달러에서 4달러로 고정시키는 세금을 도입해야 한다고 주장한다. Thomas L. Friedman, "The New 'sputnik' Challenges: They All Run on Oil," *New York Times*, 20 January 2006와 "Gas Pump Geopolitics," *New York Times*, 28 April 2006 참조.
64_ 이 예는 스티브 토마스Steve Thomas에게 신세지고 있다.

제6장 제도상 영향

1_ Charles O. Jones, *The Presidency in a Separated System*, Washington, D.C.: Brookings Institution Press, 1994, p.294. Keith Krehbiel, *Pivotal Politics: A Theory of U.S. Lawmaking*, Chicago: University of Chicago Press, 1998, p.20에서 재인용.
2_ Brady and Volden, *Revolving Gridlock*, pp.202~203, p.208.
3_ David R. Mayhew, *Divided We Govern: Party Control, Lawmaking, and Investigations, 1946~2002*, 2nd ed., New Haven: Yale University Press, 2005 참조. Krehbiel, *Pivotal Politics*, pp.52~53에서 재인용.
4_ 이는 조지 체벨리스의 연구에서 나타나듯이 오늘날 정치학의 중요한 관심사다.

George Tsebelis, *Veto Players: How Political Institutions Work*, Princeton: Princeton UP, 2002, "Veto Players and Law Production in Parliamentary Democracies: An Empirical Analysis," *American Political Science Review* 93, 1999, pp.591~608, "Decision Making in Political Systems: Veto Players in Presidentialism, Parliamentarism, Multicameralism and Multipartyism," *British Journal of Political Science* 25, 1995, pp.289~325 참조.

5_ Tsebelis, "Veto Players and Law Production," p.593.

6_ Tsebelis, *Veto Players*, pp.7~8.

7_ 같은 책, p.14

8_ 이 점에서 체벨리스의 연구는 크레비엘과 브래디, 볼든의 연구에 동의한다.

9_ 같은 책, p.157

10_ Krehbiel, *Pivotal Politics*, p.47.

11_ William H. Riker, "The Justification of Bicameralism," *International Political Science Review* 13, 1992, p.101.

12_ 같은 글.

13_ Dahl, *Democracy and Its Critics*, pp.136~162.

14_ Keith Poole and Howard Rosenthal, *Congress: A Political-Economic History of Roll Call Voting*, Oxford: Oxford University Press, 1997.

15_ Kenneth Arrow, *Social Choice and Individual Values*[1951], New Haven: Yale University Press, 1963, Duncan Black, *The Theory of Committees and Elections*, Cambridge: Cambridge University Press, 1958. 각각 선호가 다른 세 명의 투표자가 있다고 하자. 만약 X가 Y를 이길 수 있고 Y는 Z를 이길 수 있고, Z는 X를 이길 수 있다면, "조별 투표 집계pairwise voting에서는 끝없는 투표 순환이 나타날 수 있다." Dennis C. Muller, *Public Choice*, Cambridge: Cambridge University Press, 1979, p.39.

16_ Riker, "Justification for Bicameralism," p.113, 강조와 괄호 추가.

17_ Brady and Volden, *Revolving Gridlock*, p.3.

18_ Krehbiel, *Pivotal Politics*, p.94, 원저자 강조.

19_ 같은 책, p.99.

20_ 여기서 나는 상원에 대한 탐 게이건의 주장에 의지했다. Tom Geoghegan, "The Infernal Senate: The Real Source of Gridlock," *The New Republic*, 21 November 1994, pp.17~23과 *The Secret Lives of Citizens*, Chicago: University of Chicago, 2000, Ch.4, "In the Gridlock Archipelago," pp.62~78. 또한 Francis E. Lee와 Bruce I. *Oppenheimer, Sizing Up the Senate: The Unequal Consequences of Equal Representation*, Chicago: University of Chicago Press, 1999 참조.

21_ Geoghegan, *The Secret Lives of Citizens*, pp.76~77.

22_ Goodin, "Institutionalizing the Public Interest," p.333.

23_ Terry M. Moe, "Political Institutions: The Neglected Side of the Story," *Journal of Law*, Economics, and Organization 6, 1990, p.240.

24_ Riker, "Justification for Bicameralism," pp.114~115.
25_ Goodin, "Institutionalizing the Public Interest," pp.333~334.
26_ Goodin, 같은 책, p.340.
27_ Ian Shapiro, *The State of Democratic Theory*, Princeton: Princeton University Press, 2003, p.30.
28_ Robert A. Dahl, *How Democratic Is the American Constitution?*, New Haven: Yale University Press, 2001, pp.144~145 참조.
29_ 좋은 예로서, 캘리포니아의 오렌지카운티는 보수주의적 정치로 유명하다. 6개의 의석 가운데 5개를 공화당이 차지하고 있으며, 이들 모두 보수주의적이다. 그러나 자유주의적 정치로 유명한 샌프란시스코보다 오렌지카운티에 더 많은 민주당원이 있다는 사실은 거의 알려져 있지 않다. 60만 명의 공화당원과 경쟁하는 오렌지카운티의 45만 명의 민주당원은 하원에서 영향력이 없다. 그들의 투표는 주 전체에서의 상원의원이나 주지사 선출에서는 차이를 만들어낼 수 있지만, 하원의원 선출에서 그들의 투표와 목소리는 묻힌다. 유사한 상황이 선거구에 상관없이 모든 의회의 소수파에 존재한다.
30_ Geoghegan, "The Infernal Senate."
31_ Richard N. Rosenfeld, "What Democracy? The Case for Abolishing the United States Senate," *Harper's Magazine*, May 2004, pp.35~44 참조.
32_ Hacker and Pierson, *Off Center: The Republican Revolution the Erosion of American Democracy*; Dionne, *Why Americans Hate Politics*는 유권자의 핵심으로부터 거의 지지받지 못하는 극단적 정치로 밀어붙이는 당파들의 경향을 논의한다. E. J. Dionne Jr., *Why Americans Hate Politics*, New York: Simon & Schuster, 1991.
33_ Richard E. Neustadt, *Presidential Power and the Modern Presidents*, New York: The Free Press, 1990 and Arthur M. Schlesinger Jr., *The Imperial Presidency*[1973] with a new introduction, Boston: Houghton Mifflin, 2004.
34_ Theodore J. Lowi, *The Personal Presidency: Power Invested, Promise Unfulfilled*, Ithaca, NY: Cornell University Press, 1985.
35_ Goodin, 같은 책, p.39.
36_ Brady and Volden, *Revolving Gridlock*, pp.208~209.
37_ Joshua Cohen, "Deliberation and Democratic Legitimacy,"[1989] in James Bohman and William Rehg, eds., *Deliberative Democracy: Essays on Reason and Politics*, Cambridge: The MIT Press, 1997, p.84, 강조 추가.
38_ Ackerman and Fishkin, *Deliberation Day*, p.12, p.164, p.171.
39_ James Surowiecki, *The Wisdom of Crowds: Why the Many are Smarter Than the Few and How Collective Wisdom Shapes Business, Economies, Societies, and Nations*, New York: Anchor Books, 2005, p.xiv, p.xvii[『홍대운·이창근 옮김, 『대중의 지혜』, 랜덤하우스코리아, 2005, 15쪽].
40_ 재정 문제에서 하나의 사례를 들 수 있다. 최악의 성과를 낸 투자단체는 사람들이 사회화되어 있고 서로 비슷하게 생각하는 반면 가장 좋은 성과를 낸 단체는 서로

에게 무관심하고 반대 의견을 환영하는 사람들로 구성되어 있다. Cass R. Sunstein, "Mobbed Up. *The Wisdom of Crowds: Why the Many are Smarter Than the Few and How Collective Wisdom Shapes Business, Economies, Societies and Nations*, Book Review." *The New Republic*, 28 June 2004, p.40.

41_ Surowiecki, *Wisdom of Crowds*, pp.71~72, pp.267~68.

42_ 같은 책, p.267.

43_ Sunstein, "Mobbed Up," DNA 예를 빌려왔다.

44_ Ackerman and Fishkin, *Deliberation Day*, p.4.

45_ Dahl, *Controlling Nuclear Weapons*.

46_ Cass R. Sunstein, "Deliberative Trouble? Why Groups Go to Extremes," *Yale Law Journal* 110, 2000, p.107.

47_ Sunstein, "The Law of Group Polarization," p.191.

48_ 1999년 6월, LA 시민들은 도시의 상징물을 바꾸고 이를 통해 마을 평의회와의 네트워크를 수립하는 것을 지지했다. 동부 해안에서는 공동체위원회가 뉴욕 시에서 25년 이상 진행되고 있다. 마을 평의회 체제가 있는 다른 도시는 앨라배마의 버밍햄, 오하이오의 데이턴, 오리건의 포틀랜드, 미네소타의 세인트폴, 텍사스의 샌안토니오가 있다. Jeffrey M. Berry, Kent E. Portney, and Ken Thomson, *The Rebirth of Urban Democracy*, Washington, D.C.: The Brookings Institute, 1993 참조.

49_ 이 금액은 서던 캘리포니아의 어바인 통합학교구the Irvine Unified School District로부터 산출된 것이다.

50_ 토마스 제퍼슨이 윌리엄 찰스 자비스William Charles Jarvis에게 보내는 편지, 28 September 1820, *The Writings of Thomas Jefferson*, ed. Paul L. Ford, New York: G. P. Putnam's Sons, 1899, vol.10, p.161.

제7장 대중에게 권력 돌려주기

1_ Ian Shapiro, "Elements of Democratic Justice," *Political Theory* 24, 1996, p.582, 강조 추가.

2_ C. Wright Mills, *The Power Elite*, New York: Oxford University, 1956, pp.298~299.

3_ Arendt, *The Human Condition*; Dewey, Public and Its Problems; Jurgen Habermas, *Between Facts and Norms*, trans. William Rehg, Cambridge: The MIT Press, 1996.

4_ Nancy Fraser, "Rethinking the Public Sphere: A Contribution to the Critique of Actually Existing Democracy," in Craig Calhoun, ed., *Habermas and the Public Sphere*, Cambridge: The MIT Press, 1992, pp.110~111. 시장과 포럼의 차이에 관해서는 Jon Elster, "The Market and the Forum: Three Varieties of Political Theory," in Jon Elster and Aanund Hylland, eds., *Foundation of Social Choice*

Theory, New York: Cambridge University Press, 1986, pp.3~33 참조.

5_ Jurgen Habermas, *The Structural Transformation of the Public Sphere*[1962] trans. Thomas Burger, Cambridge: The MIT Press, 1989.

6_ Immanuel Kant, *Foundations of the Metaphysics of Morals and What Is Enlightenment?* Translated with an introduction by Lewis White Beck, New York: Liberal Arts Press, 1959, p.83. "다른 사람의 지시 없이 자신이 이해한 것을 활용하지 못하는 사람들의 무능"

7_ Habermas, *Structural Transformation*, p.104[한승완 옮김, 『공론장의 구조변동』, 나남출판, 2001, 199쪽].

8_ Habermas, *Structural Transformation*, p.176[『공론장의 구조변동』, 287쪽].

9_ Bernard Manin, "On Legitimacy and Political Deliberation," *Political Theory*, 15, 1987, p.345, pp.351~352.

10_ 앞 글, p.352, 원저자 강조.

11_ Jon Elster, "Introduction," Jon Elster, ed., *Deliberative Democracy*, Cambridge: Cambridge University Press, 1998, p.5.

12_ 교의적 열정의 시기에 관해서는 Samuel P. Huntington, *American Politics: The Promise of Disharmony*, Cambridge: Belknap Press of Harvard University Press, 1981; Ackerman, *We the People* 참조. 몇몇 저자는 이러한 민주적 갈구를 비이성적으로 본다. 그러나 그렇지 않다. 대신 공화주의 정신은 미국 민주주의 경험에 있어 핵심이다. Marone, *The Democratic Wish* 참조.

13_ Dionne, *They Only Look Dead*, p.253 and Lasch, *Revolt of the Elites*, pp.170~171[『엘리트의 반란과 민주주의의 배반』, 211쪽]. *Revolt of the Elites*에서는 특히 "Introduction: The Democratic Malaise," ch.6 "Conversation and the Civic Arts", ch.9 "The Lost Art of Argument" 참조.

14_ John Dewey, *Democracy and Education*, New York: The Free Press, 1966, pp.158~159[이홍우, 『민주주의와 교육』, 교육과학사, 2008, 255~256쪽]

15_ Hannah Arendt, *On Violence*, San Diego: Harcourt Brace Jovanovich, 1969.

16_ Dahl, *Democracy and Its Critics*, chs.8~9.

17_ Cohen, "Deliberation and Democratic Legitimacy."

18_ Habermas, *Facts and Norms*, p.276 and *Legitimation Crisis*, Boston: Beacon Press, 1975, p.108.

19_ Cohen, "Deliberation and Democratic Legitimacy," p.74.

20_ Jane Mansbridge, "Everyday Talk in the Deliberative System," in Stephen Macedo, ed., *Deliberative Politics*, Oxford: Oxford University Press, 1999, p.225 quoting Habermas, *Structural Transformation*[1962].

21_ 하버마스와 그의 동료인 일부 심의민주주의 이론가들은 논리와 이성을 통해 알려진 언어에 비중을 두는 반면 수사법rhetoric과 감성적 언어를 비합리적 영역으로 격하시킴으로써 시민공화주의 덕성으로부터 거리를 둔다. 나는 여기서 Iris Marion

Young, "Communication and the Other: Beyond Deliberative Democracy," in Seyla Benhabib, ed., *Democracy and Difference*, Princeton: Princeton Up, 1996; Benedetto Fontana, Cary J. Nederman, and Gary Remer, "Introduction: Deliberative Democracy and the Rhetorical Turn," in *Talking Democracy: Historical Perspectives on Rhetoric and Democracy*, University Park, PA: The Pennsylvania State University Press, 2004, pp.4~11에 동의한다.

22_ Mansbridge, "Everyday Talk," pp.225~226.

23_ Cohen, "Deliberation and Democratic Legitimacy," p.75.

24_ 합의를 과도하게 찾거나 갈등을 가능한 무시하고자 하는 것의 위험성에 관해서는 Christopher F. Karpowitz and Jane Mansbridge, "Disagreement and Consensus: The Importance of Dynamic Updating in Public Deliberation, in John Gastil and Peter Levine, eds. *The Deliberative Democracy Handbook: Strategies for effective Civic Engagement in the 21st Century*, San Francisco, CA: Jossey Bass, A Wiley Imprint 2005, pp.237~253 참조.

25_ Ian Shapiro, "Optimal Deliberation?" in *the Journal of political Philosophy* 10, 2002, p.199.

26_ Sunstein, *Partial Constitution*, esp. pp.19~24.

27_ 이는 아놀드 슈왈츠제네거의 임기 첫 해에 관해 전직 캘리포니아 주 상원 민주당 지도자였던 존 버튼John Burton이 한 말이다. Ann E. Marinow, "Governor Seeking Budget Compromise," *San Jose Mercury News*, 23 April 2004.

28_ John Dewey, *The Quest for Century*, New York: Milton, Balch, 1929, p.262.

29_ Madison, *Federalist* 42, p.268. Bessette, Mild Voice Reason에서 인용.

30_ John Rawls, *Political Liberalism*, p.226, p.243[장동진 옮김, 『정치적 자유주의』, 동명사, 1998, 281쪽, 302쪽].

31_ Sunstein, *Partial Constitution*, pp.19~20.

32_ Young, "Communication and the Other," p.122.

33_ Shapiro, "Optimal Deliberation?" p.211

34_ John Rawls, *Political Liberalism*, New York: Columbia,1993, pp.xxv, pp.45~46[『정치적 자유주의』, xxiii; 57~58쪽].

35_ 왜 심의적 정치가 중요한지에 관한 최상의 설명 중 하나로 Amy Gutmann and Dennis Thompson, *Why Deliberative Democracy?*, Princeton: Princeton University Press, 2004 참조. 대부분 이론가들 이상으로 구트먼과 톰슨은 심의와 구체적인 공공정책 사이의 교차점을 논하는 데 신중했다. 또한 Amy Gutmann and Dennis Thompson, *Democracy and Disagreement*, Cambridge: The Belknap Press of Harvard University Press, 1996 참조.

36_ Shapiro, "Elements of Democratic Justice," p.581.

37_ Barber, *Strong Democracy*, pp.145~146.

38_ Jon Elster, "Introduction," *Deliberative Democracy*, p.8 참조.

39_ Michael Walzer, "Deliberation, and What Else?" in Stephen Macedo, ed.,

Deliberative Politics, Oxford: Oxford University Press, 1999, p.67. 왈저는 계속 해 말했다. "사람들에게 심의하는 것을 **제외하고는** 그 어떤 것도 하기를 원치 않는 배심원 협의실 같은 곳은 정치 세계에서는 전적으로 존재하지 않는다."

40_ Lynn M. Sanders, "Against Deliberation," *Political Theory* 24, 1997, p.362, p.370 참조.

41_ Young, "Communication and the Other," p.124, pp.128~131.

42_ Dahl, *After the Revolution?* pp.79~88

43_ Hanna Pitkin and Sara Shumer, "On Participation," *Democracy* 2, 1982, p.50.

44_ Fraser, "Rethinking the Public Sphere," p.134.

45_ Mansbridge, "Everyday Talk," p.212

46_ "요약하면 공론장은 담화의 질과 참여의 양, 이 양쪽에 의존하는 민주적 정체政體에 적합하다." Craig Calhoun, "Introduction: Habermas and the Public Sphere," in Craig Calhoun, ed., *Habermas and the Public Sphere*, Cambridge: The MIT Press, 1992, p.2.

47_ '삶의 방식'으로서 민주주의를 설명하고 확장하고 보호하는 것은 미국의 위대한 철학자 듀이의 핵심에 놓여 있다. Westbrook, *John Dewey and American Democracy*, and O'Leary, "John Dewey, Herbert Croly and Progressive Democratic Theory"를 참조. 좀 더 일반적인 것은 Alan Ryan, *John Dewey and the High Tide of American Liberalism*, New York: W. W. Norton, 1995 참조. 심의 이론가로서 듀이의 최근 인식에 관해서는 Jason Kosnoski, "Artful Discussion: John Dewey's Classroom as a Model of Deliberative Association," *Political Theory* 33, 2005: pp.654~677 참조.

48_ Dewey, *Public and Its Problems*, pp.15~16.

49_ Dahl, *Who governs?*

50_ Arendt, *Human Condition*, p.200[이진우·태정호 옮김, 『인간의 조건』, 한길사, 1996, 263쪽] and Arendt, *On Violence*, p.44[김정한 옮김, 『폭력의 세기』, 도서출판 이후, 2000, 74쪽].

51_ 때때로 민주주의는 "공동의 자치에 관한 것만큼이나 자의적인 권력 행사에 대한 반대와 관련된 것이 많다." Shapiro, "Elements of Democratic Justice," p.582.

52_ John R. Hibbing and Elizabeth Theiss-Morse, *Congress as public Enemy: Public Attitudes Toward American Political Institutions*, New York: Cambridge University Press, 1995, p.18. Muller, *Capitalism, Democracy and Ralph's Pretty Good Grocery*, p.179에서 인용.

53_ Frank Michelman, "Law's Republic," *Yale Law Journal* 97, 1988, pp.1493~1537 and Sunstein, "Beyond the Republican Revival" 참조.

54_ Schattschneider, *Semi-Sovereign People*, p.71[박수형·현재호 옮김, 『절반의 인민주권』, 후마니타스, 2008, 128쪽].

55_ Richard Kraut, review of Bernard Yack, *The Problems of a Political*

Animal: Community, Justice, and Conflict in Aristotelian Political Thought, Berkeley: University of California Press, 1993, *Political Theory*, August 1995, p.548.
56_ Gaventa, *Power and Powerlessness*, p.42.
57_ Gaventa, pp.13~16. 또한 Bachrach and Baratz, "Two Faces of Power," Lukes, *Power: A Radical View*, and Stokes, "Pathologies of Deliberation" 참조.
58_ Shapiro, "Optimal Deliberation?" p.199.
59_ 중요한 비평들은 다음을 포함하고 있다. Walzer, "Deliberation, and What Else?"; Ian Shapiro, "Enough of Deliberation: Politics Is about Interests and Power," in Stephen Macedo, ed., *Deliberation Politics*, Oxford: Oxford University Press, 1999; Sanders, "Against Deliberation"; Stokes, "Pathologies of Deliberation"; and Iris Marion Young, "Activist Challenges to Deliberative Democracy," *Political Theory* 29(2001), pp.670~690.
60_ 이러한 점에서 샤피로는 왈저를 따른다. Shapiro, *The State of Democratic Theory* 참조.
61_ Walzer "Deliberation, and What Else?" p.67, 원저자 강조.
62_ Dewey, *Public and Its Problems*, p.209.
63_ Dewey, *Public and Its Problems*, p.146.
64_ Machiavelli, *Discourses*, Ch.5, pp.121~122[강정인·안선재 옮김, 『로마사 논고』, 한길사, 2006, 89쪽].

제8장 헌법적 균형

1_ Arend Lijphart, *Democracies: Patterns of Majoritarian and Consensus Government in Twenty-One Countries*, New Haven: Yale University Press, 1984.
2_ 예를 들어, 브루킹스 연구소의 제임스 선퀴스트James Sundquist는 하원의원 임기 4년, 팀(정당)티켓, 선거자금 개혁을 포함하는 일련의 온건한 개혁을 주장한다. James L. Sundquist, *Constitutional Reform and Effective Government* Revised ed., Washington, D.C.: The Brookings Institution, 1992 참조.(팀 티켓은 동시선거를 할 때 선거별로 후보에게 투표하는 것이 아니라 정당 자체에 투표하는 것을 말한다. 예를 들어 한국 경우 지방선거를 할 때 광역단체장, 광역의원, 기초단체장, 기초의원별 투표를 하는데 팀 티켓이 시행되면 특정 정당 한 곳에 투표를 해서 승리하면 그 정당에서 공천한 후보들이 당선되는 방식이다.—옮긴이)
3_ David Osborn and Ted Gabler, *Reinventing Government*, New York: Plume Books, 1993 and Albert Gore's report on streamlining the Federal Government, *From Red Tape to Results: Creating a Government that Works Better and Costs Less: Executive Summary: The Report of the National Performance Review*, Washington, D.C.: The Review, 1993 참조. 선거자금 개혁에 관해서는

The Constitution and Campaign Finance Reform: An Anthology, Frederick G. Slabach, ed., Carolina Academic Press, 1998; David Donnelly Janice Fine, and Ellen S. Miller, *Money and Politics*, Boston: Beacon Press, 1999; E. Joshua Rosenkranz, *Buckley Stops Here: Loosening the Judicial Stranglehold on Campaign Finance Reform, Report of the Twentieth Century Fund Working Group on Campaign Finance Litigation*, New York: The Century Foundation Press, 1998; Anthony Corrado et al., *The New Campaign Finance Sourcebook*, Washington, D.C.: The Brookings Institution, 2005 and Andrew C. Geddes, "Campaign Finance Reform After McCain–Feingold: The more speech–more competition solution" *Journal of Law and Politics* 16, 2000, pp.571~637 참조.

4_ James Q. Wilson, *Bureaucracy: What Government Agencies Do and Why They Do It*, New York: Basic Books, 1989. Sylvia Nasar, "The Bureaucracy: What's Left To Shrink?" in *New York Times*, 11 June 1995, Section 4, 1 또한 참조.

5_ David Frum, "The Elite Primary," *Atlantic Monthly*, November 1995, pp.22~36 참조. 정치에서 돈의 영향을 줄이기 위한 제안은 과할 정도로 많다. 가장 최근에는 맥케인-페인골드 개혁안이 제정되었다. 예를 들어 Lind, *Next American Nation*, pp.311~314와 전직 상원의원 빌 브래들리와 전직 내무장관 브루스 배빗의 제안 참조. 모든 제안들은 돈을 언론의 자유와 동일시하는, 특히 1976년 버클리 대 발레오 판결을 통해 선거운동에서 지출 제한을 없앤 대법원의 결정과 같은 현재의 대법원의 판결을 해결하려고 노력해야 한다. 모든 진지한 제안들은 대법원이 이러한 입장을 재검토할 것을 요구한다. 버클리 대 발레오 판결에 대해서는 E. Joshua RosenKranz, *If Buckley Fell: A First Amendment Blueprint for Regulating Money in Politics*, New York: The Century Foundation Press, 1999 참조.

6_ Jonathan Rauch, "Give Pols Free Money, No Rules, How to Repair America' s Campaign Finance System, Part 1" *U.S. News & World Report*, 29 December 1997~5 January 1998, p.54.

7_ Bruce Ackerman and Ian Ayres, *Voting with Dollars: A New Paradigm for Campaign Finance*, New Haven: Yale University Press, 2002. 대법원이 정치 담화를 구성하는 것이 무엇이어야 하는지에 관해 근본적으로 시각을 변화해야 한다는 선스타인의 제안처럼 애커만과 에어즈Ayres의 제안은 고려할만한 가치가 있다. Cass R. Sunstein, *Democracy and the Problem of Free Speech*, New York: The Free Press, 1995 참조.

8_ F. Christopher Arterton, *Teledemocracy*, Newbury Park: Sage Publications, 1987, p.194.

9_ 발안 과정은 복잡한 정책 거래를 수행하기에는 부적합하다. 종종 발안은 유권자에게 어떠한 프로그램이 영향을 받을 것인지에 대해서는 언급하지 않은 채 세금을 낮출 것인지 올릴 것인지를 물어본다. 벤자민 바버는 이러한 문제를 해결하기 위한 2단계 국민투표 절차를 제안하고 있다. Barber, *Strong Democracy*, pp.281~289 참조[『강한 민주주의』, 408~419쪽 참조].

10_ Bruce E. Cain, Sara Ferejohn, Margarita Najar, and Mary Walther, "Constitutional Change: Is It Too Easy to Amend our State Constitution?" in Bruce E. Cain and Roger G. Noll, eds., *Constitutional Reform in California: Making State Government More Effective and Responsive*, Berkeley: Institute of Governmental Studies Press, University of California, 1995, p.281.

11_ 사회 문제는 고도의 감정적인 사안을 제외하고는 대중에게 크게 중요하지 않다. 그러나 이러한 쟁점이 종종 입법부에 의해 더욱 잘 해결된다는 것은 분명하다. Thomas Cronin, *Direct Democracy*, Cambridge, Harvard UP, 1985, p.158과 John Ferejohn, "Reforming the Initiative Process," in *Constitutional Reform in California*, p.319 참조.

12_ 발안은 종종 오히려 분열을 초래한다. 불법 이민에 관한 캘리포니아 주의 제안 187호는 대표적인 사례로 남아 있다. 1990년대 초 캘리포니아의 심각한 경기 침체에 대해 비난받는 것을 피하기 위해, 피트 윌슨Pete Wilson 주지사는 불법 이민에 대한 백인들의 반발을 1994년 자신의 재선을 보장하기 위한 하나의 수단으로 사용했다.

13_ George Gallup Sr., interview, Jan. 10, 1984; quoted in David D. Schmidt, "United States Direct Democracy in Perspective: The Case for the Initiative and Referendum," Paper presented at the American Political Science Association Meeting, Washington, D.C., September 1986, p.9. Cited in Cronin, *Direct Democracy*, p.158.

14_ Broder, *Democracy Derailed: Initiative Campaigns* 참조.

15_ James W. Robinson, ed., *Ross Perot Speaks Out*, Rocklin, California: Prima Publishing, 1992, p.66, 20, February 1992 speech.

16_ Philip Roth, *The Plot Against America*, New York: Houghton Mifflin, 2004.

17_ Mills, *The Power Elite*, pp.303~304.

18_ 그러나 임기 제한을 위한 노력은 좋은 정부보다는 정치권력에 관한 것으로 보인다. 이 운동의 에너지와 자원은 연방의회와 주의회에서 의석을 얻는 것을 목표로 하는 보수주의 집단으로부터 압도적으로 분출된다. 공화당원에게 있어서 임기 제한은 캘리포니아에서 의회의장 윌리 브라운Willie Brown을 물러나게 하고 민주당으로부터 하원을 빼어오기 위한 싸움에서 강력한 무기가 되었다. 공화당의 공직자들은 1994년 하원을 통제할 수 있게 되자 임기 제한에 대한 흥미를 갑작스럽게 잃어버렸다. Thomas Mann, "The Wrong Medicine: Term Limits Won't Cure What Ails Congressional Elections," *The Brookings Review*, Spring 1992, p.23 참조.

19_ Aristotle, *The Politics*, III, 1, 1275a. 시민은 재판업무와 공직에 참여하는 사람으로 정의될 수 있다.

20_ 연방의회나 주의회에서의 복무를 자신들의 평상시 직업에서의 일시적인 일탈로 보고 "국가가 직면한 힘든 도전에 대처할 수 있는" 사람인 시민-입법자citizen-legislators에 대해 그들은 이야기한다. 테네시 주 출신의 공화당 소속 전직 상원의원인 프레드 톰슨Fred Thompson은 1995년 1월 25일 상원 법사위의 헌법, 연방주의와

재산권 분과위원회에 제출되기 전 의회 의원 임기 제한에 대해 증언했다. *Congressional Digest*, April 1995, p.108.

21_ UC 어바인의 마크 페트라카Mark P. Petracca 교수는 의원 임기 제한에 관한 증언을 1995년 1월 25일 상원 법사위의 헌법, 연방주의와 재산권 분과위원회에 제출되기 전 의회 의원 임기 제한에 대해 증언했다. *Congressional Digest*, April 1995, p.118.

22_ Ehrenhalt, *The United States of Ambition*, pp.xxii~xxiii.

23_ David R. Mayhew, *Congress: The Electoral Connection*, New Haven: Yale University Press, 1974 참조.

24_ 주 하원의원들은 세 번의 2년 임기로, 주 상원의원들은 두 번의 4년 임기로 제한된다. Kevin O'leary, "Time's Up: Under Term Limits, California's Legislative Engine Sputters," *American Prospect*, 17 December 2001, pp.30~33 참조.

25_ 임기 제한을 경험한 유일한 민주주의 국가인 코스타리카에 대한 연구는 이를 '마지막 임기에서의 문제'로 언급한다. "야심찬 입법자들이 미래의 경력 기회를 통제하는 자들의 구미에 맞추고자 하기 때문에" 우리는 마지막 임기에서 노골적인 부패와 직무유기를 예상할 수 있다. John M. Carey, *Term Limits and Legislative Representation*, Cambridge: Cambridge UP, 1996 p.25 참조.

26_ "Congressional Redistricting: How to Rig an Election," *The Economist*, 25 April 2004; 캘리포니아 주지사 아놀드 슈왈츠제네거는 임기 동안 추진할 목표의 우선순위를 은퇴한 판사들로 이루어진 패널에 의해 변경했으나 그가 지지했던 주민발안은 2005년 부결되었다.

27_ 대부분의 미국인은 미국이 세계에서 가장 강력한 입법부를 가지고 있다는 사실을 인정하지 않는다. 패트릭 모이니핸Patrick Moynihan 상원의원이 말하듯, "미국은 **진짜** 입법부를 가지고 있는 나라 중 하나다. 연방의회와 주의회에 선출된 개인들은 방안을 내고 이를 법으로 제정한다. 이러한 '변환시키는 입법부transformative legislatures'는 헌법에 의해 의회에 부여된 권한 때문에 존재한다." Polsby, "Legislatures," pp.129~147 참조.

28_ George Skelton, "We'll Never Know Good Speaker Could Have Been," *Los Angeles Times*, 17 March 2000, A3. 주의회 의원에 대한 6년의 임기 제한은 의회 지도자가 실제로 지도력을 행사할 수 있는 시간이 필요하다는 점을 고려하기 전까지는 합리적인 것으로 보일지도 모른다. 주차원에서는, 10년의 임기 제한은 정치인이 입법부 내에서 권력을 획득하고 사용할 시간을 줄 수 있을지도 모른다. 그러나 임기 제한의 지지자들에게는 10년은 마치 영겁의 시간처럼 느껴진다.

29_ 두 가지 개혁안이 필요하다. 먼저 정기 항공권을 후보자가 이용할 수 있도록 함으로써 자금의 필요성을 줄이는 것이다. 둘째, 현직자와 도전자 간의 공정한 경쟁의 장을 마련하기 위해 공적 대부와 다른 선거운동 자금 조달 개혁안을 제공한다. 공적 대부는 다음 선거운동과 이에 필요한 자금을 어떻게 마련할 것인가에 대한 모든 정치인의 집착을 약화시킬 수 있을 것이다. 우리는 영구적인 선거운동을 억지하고 통치에 주목하기를 원한다. 선거 경쟁에 제공되는 공적 대부의 비용은 마치 서커스를 하듯 아슬

아슬하게 기금을 조달하는 것을 중지시키는 데서 나오는 막대한 이득을 고려하면 상대적으로 낮다. 만약 50만 달러가 각 선거구별로 절약될 수 있다면, 각각의 주요 정당 후보자는 25만 달러를 유권자들과의 소통과 선거 사무실 운용을 위해 사용할 수 있을 것이다. 435개의 의회 선거구별로 50만 달러가 절약된다면 이는 2억1700만 달러에 달한다. 미국 예산에서는 아주 작은 액수다. 손익 계산에 입각한 분석은 이러한 개혁안을 당장 시행할 것을 주문한다. 배우이자 정치 행동가인 워런 비티는 이러한 방안을 옹호하고 있으며, 저널리스트인 앨런 에런홀트Alan Ehrenhalt도 마찬가지다. Ehrenhalt, *The United States of Ambition*, pp.xxiii와 저자와의 대화 참조.

30_ O'Leary, "Time's up" 참조.

31_ Woodrow Wilson, *Congressional Government*.

32_ William S. Livingston, "Britain and America: The Institutionalization of Accountability," *Journal of Politics* 38, no.4, November 1976, pp.879~894; Lloyd N. Cutler, "To Form a Government," *Foreign Affairs* 59, 1980, pp.126~143; Committee on the Constitutional System, *A Bicentennial Analysis of the American Political Structure*, Washington, D.C.: Committee on the Constitutional Structure, 1987; James Sundquist, *Constitutional Reform and Effective Government*; and Mickey Kaus, "The Madison Curse," *The New Republic*, 31 May 1993, p.4 참조.

33_ Mayhew, *Divided We Govern*.

34_ 의원내각제가 갖고 있는 결정적인 약점은 정치에 관심 없는 대중을 정치로 보다 긴밀하게 끌어들이지 못한다는 것이다. 영국 체제에서 권력은 보다 중앙집권화되어 있으며, 정책 결정에 있어서 의회의 다수당과 대중은 내각에 밀린다.

35_ R. Kent Weaver, "Are Parliamentary Systems Better?" *Brooking Review*, Summer 1985, p.17.

36_ 비례대표와 다당제를 지지하는 명쾌한 논의들은 Michael Lind, "A Radical Plan to Change American Politics," *Atlantic Monthly*, August 1992, pp.73~83; Douglas Amy, *Real Choices New Voices: The Case for Proportional Representation in the United States*, New York: Columbia University Press, 1993 and Steven Hill, *Fixing Elections: The Failure of America's Winner Take All Politics*, New York: Routledge, 2002 참조.

37_ 예를 들어서, Kathleen Bawn, "Representing Representation in California: Checks and Balances without Gridlock," *Constitutional Reform in California*, pp.129~162 참조.

38_ 비례대표제를 수립하는 몇 가지 대안이 있다. 스티븐 힐Steven Hill은 "서로 인접한 3개의 선거구를 비례대표제에 의해 25퍼센트 이상 득표 시 선출되는 하나의 3석 선거구로 통합하자"는 방안을 제시한다. 그는 남부의 이러한 선거구를 통해 자유주의적 흑인 민주당원, 보수적인 백인 공화당원, 각 당의 온건 중도주의자도 선출될 수 있을 것이라고 말한다. Hill, *Fixing Elections*, p.289 참조.

39_ 양당제 하에서는 후보자들에게 '이상적인 중위 투표자median ideal voter'에 모

여들도록 하는 강력한 유권자들의 압력이 있다. Downs, *Economic Theory of Democracy.*

40_ Kenneth A. Shepsle and Mark S. Boncheck, *Analyzing Politics: Rationality, Behavior and Institutions*, New York: W. W. Norton, 1997, p.190.

41_ Kenneth A. Shepsle, "Representation and Governance: The Great Legislative Tradeoff," *Political Science Quarterly* 103, 1988, pp.461~484.

42_ Arthur M. Schlesinger Jr., *The Disuniting of America: Reflections on a Multicultural Society*, New York: W. W. Norton, 1992.

43_ Hill, *Fixing Elections*, pp.23~27. 힐Hill은 이러한 수단이 다수결을 보장하고 "선거인단 투표가 국가 차원의 일반투표와 부합할 수 있는 것을 보다 더 보장하는 데 가장 근접하게 다가가는 것"이라고 주장한다.

44_ Hendrick Hertzberg, "Count 'Em," *The New Yorker*, 6 March 2006, p.27.

45_ 힐은 결점의 목록을 제공한다. 비례대표제에 호의적인 저자들에는 Hendrick Hertzberg, Michael Lind, and Lani Guiner가 포함된다.

46_ Mayhew, *Congress: The Electoral Connection and Ware, The Breakdown of Democratic Party Organization 1940~1980.*

47_ 1950년 미국정치학회의 정당분과위원회는 정당 개혁 관련 유명한 보고서를 출판했다. Report of the Committee on Political Parties, "Toward a More Responsible Two-Party System," *American Political Science Review*, 3, Supplement 1950 참조. E. E. Schattschneider, *Party Government*, New York: Farrar and Rinehart, 1942와 Austin Ranney, *The Doctrine of Responsible Party Government*, Urbana: University of Illinois Press, 1962 참조. 민주당 여론조사위원인 몰리뉴Guy Molyneux는 1990년대 전국 차원의 민주당을 정치 컨설턴트들의 정당으로 묘사했다. "그 지역에 민주당이 있으면, 항상 30~40명의 정치 컨설턴트들의 네트워크가 있다." John B. Judis, *The Paradox of American Democracy: Elites, Special Interests and the Betrayal of the Public Trust*, New York: Pantheon Books, 2000, p.8 참조.

48_ Postman, *Amusing Ourselves to Death*, p.133.[『죽도록 즐기기』, 206~207쪽].

49_ Report of the Committee on Political Parties, "Toward a More Responsible Two-Party System."

50_ Hacker and Pierson, *Off Center*, p.9, and ch.5, The Republican Machine. "More than ever, American Politics is being driven from the top," p.135.

51_ 같은 책, pp.186~187.

52_ 같은 책, pp.186~187.

53_ 메이휴의 *Congress: The Electoral Connection, and David R. Mayhew, Placing Parties in American Politics*, Princeton: Princeton University Press, 1986의 마무리 페이지에서 영국과 미국의 시스템 차이 참조.

1_ 선스타인은 *Republic.com*, Princeton: Princeton University Press, 2001과 "The Law of Group Polarization," pp.185~186에서 이 쟁점에 대해 걱정하고 있다.
2_ Putnam, *Bowling Alone*, p.179, 원저자 강조[『나 홀로 볼링』, 298쪽 참조].
3_ "두터운 기술thick description"의 중요성에 대해서는 Clifford Geertz, Interpretation *of Cultures*, New York: Basic Books, 1973; Thomas L. Friedman, "Brace New World," *New York Times*, 22 September 2000 참조. 프리드먼은 일본에서 유행 중인 도코모로 알려진 작고, 화려하고, 손바닥 크기만 하며 음성 연결과 무선 인터넷 접속을 제공하는 작은 화면의 휴대폰에 대해 말하고 있다. 그는 일본의 도시에서 지금 유행하는 것은 "미국의 미래에 대한 짧은 경험"이라고 말한다. 한 어머니는 프리드먼에게 "나는 이 상황이 진심으로 개탄스럽다. 17세인 내 아들은 여자 친구가 있는 것 같은데, 서로 자주 만나지 않고 주로 이메일을 통해 소통하기 때문에 확신할 수가 없다. 인간의 물리적 접촉으로부터 우리가 배울 것은 너무나 많은데, 이 젊은 세대들은 이러한 인간관계의 기술을 점차 잃어버리고 있다."
4_ 예를 들어, 아이러니하고 미묘한 유머는 종종 글로 쓰인 형태보다 직접 말할 때 더욱 잘 소통된다. 이러한 종류의 미묘한 소통은 하원과 같이 구성원들이 자주 연합을 구축하고 지지를 구해야 하는 집단에서 매우 중요하다.
5_ Stephen Doheny-Farina, *The Wired Neighborhood*, New Haven: Yale University Press, 1996. "공동체는 복잡한 사회적·환경적 요구를 늘 포함해야 하는 장소에 의해 제한된다. 당신이 쉽게 결합할 수 있는 것은 아니다. 당신이 네트워크에서 논의 그룹을 지지하는 것과 같은 방식으로 공동체를 지지할 수는 없다." p.37.
6_ 집단의 성공에서 사교 또는 결속의 장려가 왜 중요한지에 관해서는 James Q. Wilson, *Political Organizations*, New York: Basic Books, 1973 참조.
7_ Ray Oldenburg, *The Great Good Place: Cafes, Coffee Shops, Community Centers, Beauty Parlors, General Stores, Bars, Hangouts, and How they Get You Through the Day*, New York: Paragon House, 1989.
8_ Stephen Doyle, "The Very, Very Personal is the Political", p.45.
9_ Andrew L. Shapiro, *The Control Revolution: How the Internet Is Putting Individual in Charge and Changing the World We Know*, New York: A Century Foundation Book, 1999 참조. 인터넷 혁명과 이것이 특히 민주당을 어떻게 동요시켰는지에 관해서는 Jerome Armstrong and Markos Moulitsas Zuniga, *Crashing the Gate: Netroots, Grassroots, and the Rise of People Powered Politics, foreword Simon Rosenberg*, White River Junction, Vermont, Chelsea Green Publishing Co., 2006 참조.
10_ Michael Walzer, *What It Means to Be an American*, New York: Marsilo, 1992. 이 섹션은 왈저의 통찰력 있는 글에서 도움을 받았다.
11_ Horace M. Kallen, *Culture and Democracy in the United States*, New York: Boni & Liveright, 1924.

12_ 인권과 같은 보편적 원칙에 호소하는 것은 지적으로 난공불락일 수는 있지만 종종 감성적인 공감을 결여하곤 한다. 집단 정체성과 소속감은 사람들에게 심리학적으로 중요한 것으로 보인다. 만약 당신이 편견에서 자유롭기를 원한다면, 민주적인 방식을 만들어내는 것이 중요하다. Rogers M. Smith, *Civic Ideals: Conflicting Visions of Citizenship in U.S. History*, New Haven: Yale University Press, 1997 참조. 이는 스미스가 미국 역사에 대한 자신의 깊이 있는 연구를 통해 끌어내고 있는 중요한 교훈 중 하나이다.

13_ Walzer, *What It Means to Be an American*, pp.63~66.

14_ 같은 책. p.45.

15_ 같은 책, p.95, p.98.

16_ Ronald Dworkin, "Liberalism," in Stuart Hampshire, ed., *Public and Private Morality*, Cambridge: Cambridge University Press, 1978; and Rawls, *Theory of Justice*.

17_ Walzer, *What It Means to Be an American*, p.96.

18_ 같은 책, p.99.

19_ Wolfe, *Whose Keeper?*

20_ 세계무역센터에 대한 테러 공격의 가장 가슴 아픈 측면 중 하나는 107층의 유명한 '세계의 창Windows of World' 레스토랑을 포함해, 빌딩에서 일하는 이들이 전 세계에 걸쳐 있다는 점이다. 레스토랑 79명의 아침 근무자들은 빌딩의 붕괴와 함께 사라졌다. 이 직원들은 가나인 접시닦이, 에콰도르인 버스보이, 방글라데시인 요리사를 포함하여 마치 UN의 축소판과 같았다. 그들은 브라질, 콜롬비아, 이집트, 아이보리 코스트, 파키스탄, 필리핀, 폴란드, 우루과이, 예멘에서 온 미국인들이었다. National Public Radio report, 20 September 2001; Steven Greenhouse, "A Showpiece's Survivors Wonder What do To Now," *New York Times*, 21 September 2001, B12 참조.

21_ 출처는 미국의 역사적 통계와 미국 상원에 의해 통과된 2004년 예산결의안이다. www.gpoaccess/usbudget는 2007년 회계연도 기준 총 2656조 달러라는 것을 보여준다.

22_ 물론 미국은 지금 식민지가 없지만 제국인지 여부는 미국이라는 파도를 뒤집어쓴 국가들이 미국을 어떻게 인식하고 있느냐에 달려 있다. 신식민주의는 식민주의의 새로운 형태이며, 특정 제3세계 국가와 다국적 기업 및 초강대국과의 다양한 정치경제적 관계에 따라 그 정도가 변한다. 이에 대한 고전적인 연구로서 Colin Leys, *Underdevelopment in Kenya: The Political Economy of Neo-Colonialism, 1964~1971*, Berkeley: University of California, 1974 참조.

23_ Machiavelli, *The Discourses*, bk.1, ch.6, pp.127~129 and Hulliung, *Citizen Machiavelli*, p.5.

24_ Chalmers Johnson, *The Sorrows of Empire: Militarism, Secrecy, and the End of the Republic*, New York: Metropolitan/ Owl Book, 2004, p.312[안병진 옮김, 『제국의 슬픔』, 삼우반, 2004, 416~417쪽].

25_ Michael Hilzik et al. "How Did Hijackers Get Past Airport Security?" *Los Angeles Times*, 23 September 2001, A15.
26_ Adam Ulam, former director of Harvard's Russian Research Center, cited in Alterman, *Who Speaks for America?*, p.8.
27_ Haynes Johnson and David S. Broder, *The System: The American Way of Politics at the Breaking Point*, Boston: Little, Brown, 1996, pp.205~207.
28_ James Fallows, "A Triumph of Misinformation: Most of what everyone 'knows' about the demise of healthcare reform is probably wrong – and more importantly, so are the vague impressions people have of what was really in the Clinton plan," *Atlantic Monthly*, January 1995, pp.26~37. 복은 의료보험 토론이 "대중을 대단히 혼란스러운 상태로 빠뜨렸다. 대중은 클린턴이 계획을 처음 드러내고 나서 이달 초 충분한 토론을 하고 난 후에 오히려 이 주제에 대해 덜 알게 된 것 같다"라고 말하며 이에 동의한다. Bok, *Troubling with Government*, pp.377~378. 원저자 강조.
29_ David Halberstam, *War in a Tine if Peace: Bush, Clinton and the Generals*, New York: Scribners, 2001.
30_ United States Department of Defense 2006 Discretionary Budget Authority, $419.3 billion, Budget of the United States Government, Fiscal Year 2006, Washington, D.C.: U.S. Government Printing Office, 2005, p.83.
31_ Anthony Downs, *Economic Theory of Democracy*.

결론: 통제하기

1_ Hacker and Pierson, "Abandoning the Middle," p.33. 제이콥스와 샤피로는 *Politicians Don't Pander*와 "Politics and Policymaking in the Real World"에서 클린턴 대통령 시절 백악관을 탐구하면서 그들의 이론을 발전시켰다.
2_ Joe Klein, "The Culture War Is Really a Culture Circus," *Time*, 8 March 2004, p.25.
3_ Tocqueville, *Democracy in America*, vol.2, part4, ch.6, "What Sort of Despotism Democratic Nations Have to Fear," p.691, p.693[『미국의 민주주의 Ⅱ』, 888, 890쪽 참조].
4_ 동의이론에 대한 돈 헤르조그Don Herzog의 『행복한 노예Happy Slaves』에서, 그는 "행복한 노예"가 되기로 선택함으로써 자신의 자유와 소원해지는 것이 가능한지에 대해 고찰했다. Don Herzog, *Happy Slaves: A Critique of Consent Theory*, Chicago: University of Chicago Press, 1989, pp.ix~xii.
5_ Schumpeter, *Capitalism, Socialism and Democracy*, p.269.[『자본주의, 사회주의, 민주주의』,418쪽].
6_ Przeworski, "Minimalist Conception of Democracy: A Defense," p.23, citing

Karl Popper, *The Open Society and Its Enemies*, London: Routledge and Kegan Paul, 1962.

7_ Ian Shapiro and Casiano Hacker-Cordon, "Promises and Disappointments: Reconsidering Democracy's Value," in Ian Shapiro and Casiano Hacker-Cordon, *Democracy's Value*, p.4

8_ 같은 책.

9_ Hacker and Pierson, "Abaondoning the Middle," p.33, p.38 참조. 해커와 피어슨은, 대중이 부시 대통령의 백악관과 공화당이 이끄는 의회와 단절된 것이 이러한 염려의 한 원인이라고 주장한다. 나는 이에 동의하지만 이러한 염려는 슘페터가 제시한 것보다 더욱 다양한 민주주의에 대한 이해에 기초해야만 한다. 해커와 피어슨은 자신들의 주상을 나음과 같이 요약하고 있다. "자신들이 한 공약으로 일반 유권자에게 책임을 지는 정치인이라는 공화주의 정부의 기반을 공격함으로써 새로운 공화당 정부는 미국 민주주의 그 자체를 위협하고 있다." Hacker and Pierson, *Off Center*, book jacket.

10_ Albert O. Hirschman, *Exit, Voice and Loyalty*, Cambridge: Harvard University Press, 1970.

11_ Demetrios James Caraley, "Complications of American Democracy: Elections Are Not Enough," *Political Science Quarterly*, 120, 2005, pp.399~400.

12_ 마키아벨리가 보았듯이, 인민은 엘리트보다 타인을 지배하는 것을 덜 염원하며 자유를 뒤엎으려는 동기를 덜 가지고 있다. "어떤 사물이든 그것을 차지하려는 마음이 가장 적은 자에게 맡겨야 한다." Machiavelli, *The Discourses*, bk.5. p.121.[『로마사 논고』, 89쪽].

13_ Buffett's annual letter to shareholders of Berkshire Hathaway Inc., March 2004.

14_ Rosenstone and Hansen, *Mobilization, Participation, and Democracy in America*, p.248, 강조 추가.

15_ Hill, *Fixing Elections*, 민주당 찰리 슈머Charles Schumer와 공화당 알폰스 다마토Alfonse D'Amato가 붙었던 1998년 뉴욕 주 상원선거에 대한 그의 충격적인 서술에 대해서는 pp.148~149 참조.

16_ Morgan, *Inventing the People*.

17_ Lasch, *The Revolt of the Elites*, p.10[『엘리트의 반란과 민주주의의 배반』, 18쪽 참조].

18_ Jack L. Walker, "A Critique of the Elitist Theory of Democracy," *American Political Science Review*, 60, 1966, pp.285~295, pp.391~392 and Joel D. Aberbach, Frank R. Baumgartner, Thomas L. Gais, David C. King, Mark A. Peterson, and Kim Lance Scheppele, "Foreword," in Jack L. Walker, *Mobilizing Interest Groups in America*, p.ix. This might "be changed through the patient and deliberate building and amending of institutions by enlightened leaders." 침묵과 무관심에 대해서는 Gaventa, *Power and Powerlessness* 참조.

19_ Manin, *Representative Government*, p.3[『선거는 민주적인가』, 16쪽].

20_ 미국 인구조사국은 미국의 인구를 2010년 3억800만 명으로 예측하고 있다. "U.S. Interim Projections by Age, Sex, Race, and Hispanic Origin," *U.S. Census Bureau*, 2004, Table 1a. Projected Population of the United State, by Race and Hispanic Origin: 2000 to 2050. http://www.consensus.gov/ipc/www/usinterimproj/

21_ Arendt, *On Revolution*, p.255[『혁명론』, 390쪽].

22_ Gabriel Garcia Marquez, *One Hundred Years of Solitude*, New York Harper Perennial Library, 1998.

23_ 미국 실용주의에 관한 이러한 이해의 명쾌한 진술은 John Dewey, *Reconstruction in Philosophy*[1920], Boston: Beacon Press, 1957; *the Quest for Certainty* 참조.

24_ Croly, *The Promise of American Life* 참조.

25_ Tocqueville, *Democracy in America*, p.642[『미국의 민주주의 Ⅱ』, 829쪽].

26_ George Bernard Shaw, *Pygmalion*, New York: Pocket Books, 1989.

| ㅁ |

| ㅂ |

| ㅎ |

민주주의 구하기

초판인쇄 2014년 6월 23일
초판발행 2014년 6월 30일

지은이 케빈 올리어리
옮긴이 이지문
펴낸이 강성민
편집 이은혜 박민수 이두루
편집보조 유지영 곽우정
마케팅 정민호 이연실 정현민 지문희 김주원
온라인 마케팅 김희숙 김상만 이원주 이천희

펴낸곳 (주)글항아리 | 출판등록 2009년 1월 19일 제406-2009-000002호

주소 413-120 경기도 파주시 회동길 210
전자우편 bookpot@hanmail.net
전화번호 031-955-8891(마케팅) 031-955-1903(편집부)
팩스 031-955-2557

ISBN 978-89-6735-121-2 03300

이 도서의 국립중앙도서관 출판시도서목록(CIP)은 e-CIP홈페이지(http://www.nl.go.kr/ecip)와
국가자료공동목록시스템(http://www.nl.go.kr/kolisnet)에서 이용하실 수 있습니다.
(CIP제어번호 : 2014018349)